R. N. ベラー
R. マドセン　W. M. サリヴァン
A. スウィドラー　S. M. ティプトン

善い社会

道徳的エコロジーの制度論

中村圭志訳

みすず書房

THE GOOD SOCIETY

by

Rober N. Bellah
Richard Madsen
William M. Sullivan
Ann Swidler
Steven M. Tipton

First published by Alfred A. Knopf, Inc., New York, 1991

Japanese translation rights arranged with
Alfred A. Knopf, Inc. through
The English Agency (Japan) Ltd., Tokyo

善い社会——目次

謝辞

本書『善い社会』の最初の草稿が完成したとき、私たちは、さまざまな分野の研究者、市民活動家、聖職者、学生の方々にそれを見ていただき、批判的な教示を仰いだ。『心の習慣』の執筆のさいにも行なったことだが、今回はさらにそれを徹底した。原稿を部分的にでも読んでいただき、議論に加わっていただいた方々の数は優に百人を越える。そのすべてのお名前をここに書き連ねることは不可能であるが、その助力と思慮あるご批判に対して、私たちはほんとうに感謝している。また、私たちは、本書のための調査においてインタビューさせていただいた方々からも多くのことを学んだ。『心の習慣』のときと同様である。本書の内容については私たちに全責任がある。しかし、本書において意義のある議論が行なわれているとすれば、そのすべては、私たちの同胞市民との継続的対話の過程より生まれたものであり、また、そうした対話の継続と発展に貢献すべきものである。

ジョン・チャン氏は調査のさいにおおいに協力してくださった。ハーラン・ステルマック氏はバークレー神学士連盟におけるいくつかの会議を見事に運営してくださった。エリ・セーガン、メラニー・ベラーのお二人には最終稿を読んでいただき、いくつか助言していただいた。また、編集のエリザベス・シフトン氏のおかげで、私たちは文章をおおいに明瞭なものにすることができた。

調査と執筆にあたって、豊かな資金を提供していただいたのは、伝統的人文学のみならず人文学的社会科学の研究も支援する国家人文基金《ナショナル・エンドウメント・フォー・ザ・ヒューマニティズ》（ＮＥＨ）である。ＮＥＨからの助成金の管理者は、カリフォルニア大学バークレー校の社会学部であった。研究の後半にかんしては、バークレー神学士連盟の倫理・社会政策研究センターの管理のもと、リリー基金の宗教・第三セクター部門の助成金を仰いだ。両基金と管理機関には、精神・物質両面におけるご支援をたまわったことをここに感謝したい。リチャード・マドセンの調査の一部は、フォード財団の資金にもとづく社会科学調査会議の外交研究プログラムからの助成金によって行なわれた。

本書の最終稿は一九九〇年の初夏に仕上がった。ここには東欧における「ビロード革命」〔チェコスロバキアの穏健な民主革命〕とベルリンの壁の崩壊〔一九八九年一一月〕がもたらした状況からのある程度の影響がみられる。ソ連と東欧における真の民主主義の建設の闘いは、困難なものになるだろうと私たちは考えた。そして民主的制度に不可欠な信頼の創造は、多くの逆行が待ち受ける長いゆっくりとした過程であり、しかもそれは必然的なものではないと指摘した。一九九〇年の秋に起きたサダム・フセインのクウェート侵攻や、一九九一年一月・二月の湾岸戦争のことは、私たちは予期していなかった。だが、湾岸戦争は、私たちが論じてきた基本的な事柄の多くを劇的に表現するものであった。とりわけそれは、現代世界の極めて大きな特徴となっている相互依存性に内在する危険と機会とを明らかに示した。国際的な諸機関が育成してきた相互依存関係がいかにもろいものであるか、それらを強化することがいかに重要なことであるかを、私たちは認識した。今世紀の幕が下りようとしている今日、国家的また国際的な諸制度を変容させて、国連の指導のもとで、新たな、いっそう民主的な、いっそう平和な世界秩序をもたらすために、私たちにはまだ重要な機会が残されている。そしてこれを目指すことが緊急に求められている。この可能性を現実化するために、注意を払い、責任を引き受ける能力が、私たちにはある。そう希望し続けることは過度の楽観主義ではないだろう。

善い社会

序論　私たちは制度のなかを生きている

一七世紀と一八世紀にヨーロッパとアメリカに始まり、二〇世紀初頭に厳しい逆行を経験した世界民主革命が、ここ数年間〔一九八〇年代後半〕に、東欧、ソ連、南アフリカ等、世界各地で、新たな激しい段階に入った。政治的成長のこの新しい展開は、合衆国においてもかなりの影響をおよぼすことになるだろう。たとえアメリカ人の最初の反応は、家にいながらテレビで何が起きているのかを眺めているくらいのものであったとしても。私たちが本書に取り組み始めたときには想像もつかなかったことであるが、それは、世界民主革命の一環をなしている合衆国における新たな民主的変容のあり方にも関係のある出来事であることがわかってきた。だが、ここアメリカでそうした変容が成功するためには、私たちはアメリカ固有の障害について理解しなければならない。それは一見したところ、たとえばソ連が直面している障害ほど厳しいものには見えない。しかし、それはそれで十分に手強いものである。

民主主義は何かしらの信頼の上に成り立つ。私たちはしばしばこの信頼の存在を当然のことのように思っている。民主主義社会では、市民は、たとえばもし自分が政争において政敵に破れたとしても、殺されることはないだろう、と信じることができるようでなければならない。こちらが選挙に勝てば、こちらが政権を得るということを、政敵もすなおに認めるであろうと期待できるようでなければならない[1]。中欧・東欧諸国においてこの種の信頼を築くことは容易なことではないだろう。信頼を築くのは失うよりもむずかしいものだ。失うといえば、これこそ私たちアメリカ人が抱えている問題である。私たちは、自分たちの制度に対する信頼を失い始めている。幸い、選挙による政権交替にかんしてはまだそのようなことは起こっていないが、選挙に対するシニカルな見方もまた成長しつつあるところだ[2]。安定した民主主義の基盤である信頼の遺産は蝕まれつつある。この信頼という資源は、回復のきかないものではないが、破壊は回復に比べてはるかに簡単である。だからこそ、私たちの抱えている問題は、将来に対して不吉な要素をはらんでいるのである。

1　共同生活の行動様式としての制度

現代アメリカのどの都市を歩くときでも、私たちが決まって参加することになる一つの儀礼がある。それは、善い社会が不在であるとき、善い個人であることは困難であるということを完璧に表わすものである。豊かさのただなかで、おそらくは自分を町に招き入れた高価な食事、新しいブラウス、電気製品の馬鹿らしいほどの無駄さ加減に後ろめたい思いをしながら、私たちは、食べ物や宿を乞うホームレスの男性――ばかりか子供を抱えた女性もいる――のそばを通りすぎる。余分な小銭をあたえようか。いや、やめておこうか――。個人的にどう決断しようとも、正しい選択とはならないことを私たちは知っている。ホームレスの人々の窮状を救うことのむずかしさを、個人的な心痛む道徳的ジレンマとして体験するわけだ。しかしこのむずかしさは、実は私たちの共同生活が依拠している大きな制度の欠陥に由来している。

　ホームレスの問題は、私たちの抱える多くの問題と同様、社会的選択によって生み出されたものである。シングルルームのホテルから高級観光ホテルへの市場論理による建て替え、ダウンタウンを活性化する一方、賃上げをもたらし、貧困層への住宅供給を減らした政府の都市再開発プロジェクト、家族を養うだけの収入を得られる未熟練職をなくしてしまう経済構造の変化、州による精神障害者の「施設からの解放」政策、地域の保健計画のための予算の切り詰め、これらが重なりあってホームレスの危機的状況を生みだしたのだ。しかしこの問題をめぐっても、他の多くの問題と同様、私たちは、こうした選択を意味づけた――あるいは無意味にした――制度のあり方を見通すことなどとてもできないと思いがちである。[3]

　『心の習慣』では、「私たちはいかに生きるべきか？　いかに生きるべきかということを私たちはいかに考えているか？」と問いかけ、私たちの共同生活について考えるための文化的・個人的資源に焦点を当てた。[4]『善い社会』でも同じように問いかけるが、しかし、ここで私たちが焦点を当てるのは、アメリカ人が共同生活を送る上で築き上げた行動様式の型――つまり社会学者の言う「制度」――である。[5]共同生活のための既成の行動様式の多くは、世界中でテクノロジー・経済・政治上の巨大な変化が進行しつつある現在、機能不全に陥っている。あるものは意図どおりに働かず、またあるものは意図しない結果を引き起こしている。人間のみならず自然環境にも深刻な影響が及び始めている。

　異なる時代に異なる条件のもとで成立した諸々の制度が、時代の変化に合わせて変更を必要とするというのは、少しも不思議なことではない。私たちの制度のなかには一八世紀に始まるものもある。そのころ合衆国は、世界の列強から遠く離れ、十分に遮断された、主として農業経済にもとづく小国であった。大戦後、「自由世界」を共産主義の圧政から護るという巨大な軍事的事業に合衆国が乗り出した時期に生まれた制度もある。この時期に成立した制度のなかには、一八世紀に遡る制度よりもうまく機能していないものもある。

アメリカの都市のホームレスや第三世界の貧困に始まって、オゾン層の減少や温室効果〔地球温暖化〕にいたるまで、今日私たちが直面している諸々の問題が、テクノロジーやエキスパートの手腕のみによって解決できると考えるのは、とても魅力的なことだ。しかし、自らの社会の制度について考える私たち自身の能力を高めないことには、こうした困難な問題の解決のために手をつけることさえ容易ではない。まして個人的生活における空虚さ、無意味さを解決することなどできないのである。私たちは、生のいかに多くの部分を、制度のなかで、制度によって生きているかということを理解する必要がある。また、より善い生を送るためには、より善い制度が不可欠であるということを理解する必要がある。そして、現在の制度を見直し、そのなかの健全なものと変更されるべきものとを選り分ける必要がある。あらゆる制度が依拠している再生不可能な自然的資源、またほぼ再生不可能と言ってよい社会的資源が破壊されようとしている場合は、とりわけそうである。

現在私たちを取り巻く状況は、私たちに、テクノロジーばかりではなく、道徳においても、その新たな可能性に注意を向けることを要求している。私たちは、テクノロジーの世界における新たな可能性を道徳的文脈の上に据えることのできる能力を、これまで以上に高めなければならない。それはとても叶わぬことのように私たちは思いがちである。しかし、個人的にであれ、集団的にであれ、私たちの生がもっと生き生きとしたものになる可能性、道徳的な力がもっと豊かになり充実した生をもたらす可能性はある。いちばんの難題、とりわけ個人主義的なアメリカ人にとって困難な課題の一つは、制度とは何か——私たちはそれをどのように形成し、次いでそれは私たちをどのように形成するのか——を理解すること、そして、私たちは制度をより善いものへと変えることができると心に思い描くことである。

『心の習慣』では、アメリカの中産階級の実情を描出した。また、中産階級の人々が自己の社会と生とを理解するさいに用いる文化的資源を明らかにした。そこに見られたのは、まず、個人的な業績達成と自己達成の言語であった。この言語は、親密な間柄であれ、公共的な人間関係であれ、人々の他者に対するコミットメントの維持をしばしば困難にしているように思われる。私たちはまた、より古い伝統、聖書的伝統と共和主義的伝統とを取り上げた。こちらのほうが、個人は共同体のなかにおいてのみ、また共同体の働きによってのみ実現されるという真理を的確に把握していた。しかし現代のアメリカ人にとって、これらの伝統の今日の姿を理解することは、また、それらと自らの生との関わりを理解することは、困難であることも明らかとなった。私たちは、道徳的エコロジーの理解を深めるよう呼びかけた。たとえ自分一人の力で何かを成し遂げたと思えるときでも、道徳的エコロジーは私たち一人一人の生を支えているのである。「道徳的エコロジー」とは、健全な制度を言い換えたものに他ならない。しかし、個人主義の文化のせいで、この制度という概念からして多くの者にとって理解困難なものとなっている。私たちアメリカ人は、自分たちにとって必要なのはただ精力的な個人と公平さを保証する少数の非人格的なルールだけであると考えがちである。それ以上のものは、余分なばかりか、危険――つまり個人を甘やかすか個人にとって抑圧的に働くか、あるいはその両方――ですらあるというのだ。『心の習慣』で明らかにしたように、しばしばアメリカ人は、個人と制度とは対立するものだと考えている。[6] 制度こそ、人が個人となるのに必要な場を提供するものであり、私たちを抑制するだけでなく支援するものであり、また、私たちの個性を試す敵対的な闘争の場ではなく個性を形成するのに不可欠な源泉であるというのに、私たちはそのように考えることが苦手なのだ。こうなった理由としては、制度のうちのあるものが、統制のきかない、理解すらむずかしいものへと成長してしまったということがあるだろう。しかし、そうした制度から逃れることが幻想である以上、それらを変えてゆくというのが筋というものである。

『心の習慣』と『善い社会』が取り上げた諸々の問題は、はるか昔の時代に始まった変化に根ざしている。近代科学や近代経済の出現によって、根本的に新しい、急速に変化するタイプの社会の到来が明らかとなって以来、社会理論家のみならず、宗教的指導者や政治的指導者たちは、数世紀にわたって、この変化を理解しようと取り組んでいる。新たな形態の社会に生じつつある諸問題にどう対処するかをめぐって、近年では、哲学的リベラル〔『アナーキー・国家・ユートピア』(一九七四年)のロバート・ノージックらいわゆるリバタリアン〕と共同体主義者《コミュニタリアン》〔アラスデア・マッキンタイア、マイケル・サンデルなど〕との対立という形で議論が立てられている。そして『心の習慣』は、しばしば共同体主義に位置づけられている。[7]

問題のすべては自律的個人、市場経済、手続きとしての国家によって解決できると考えるのが哲学的リベラルであり、より実質的な倫理的アイデンティティーと民主的政策へのより能動的な参加とが健全な社会の存続には不可欠だと考えるのが共同体主義者であるとすれば、確かに私たちは共同体主義者である。しかし、「共同体主義」という言葉には、誤解を招くところがある。家族、教会の信者、近隣といった顔見知りの集団だけが共同体であり、国家、経済、その他今日の私たちの生活を大幅に支配している一切の大構造に反対する者が共同体主義者であると、そう考える人もあるからだ。しかし私たちが言おうとしているのは、経済や国家の大構造に市民がより大規模に参加する必要があるということである。そうすることによってのみ、私たちは現代の社会生活のますます深刻化する諸問題を克服することができるであろう。[8]誤解を招かないように、私たちは二〇世紀初頭に戻って、問題点をより有効に表現できる用語法を探ることにしよう。

2　「大きな社会」は「善い社会」か？

一九一五年グレアム・ウォーラスは、『大きな社会』[9]と題する書物を公刊した。これは、とくにアメリカ公共哲学者の二巨頭、ジョン・デューイとウォルター・リップマンに極めて大きな影響をあたえたものである。ウォーラスの言う「大きな社会《グレート・ソサエティ》」とは、近代世界全体をかつてないほどに強制的な形で連結しつつある、ほとんど人間の理解力を越えた、ましてや人間の力で統御できるものではない、交通と商業の「見えない環境」のことである。彼にとって「大きな社会」とは、近代文明を表わす中立的な——だがやや恐ろしくもある——概念なのであった。一九二七年、ジョン・デューイは、『公衆とその問題』において、近代性の中心的問題に対する彼の診断を次のように示した。「この時代に対する私たちの関心は、大きな社会を成長させつつある機械時代が、大きな共同体（Great Community）を未だ生み出さないままに、古い時代の小さな共同体をいかに侵略し、いかに部分的に崩壊させつつあるかを詳述する点にある」。[10]デューイには、古い小さな共同体に対する郷愁はなかった。それは慣習に封じ込められており、個人的・社会的成長のエネルギーを解放することができない。「大きな共同体」という語は、おそらく一九一六年にこの語を標題とする書物を公刊したジョサイア・ロイス[11]からの引用である。それは古い小さな共同体、ドイツで言うゲマインシャフトのたんなる再生ではなく、「大きな社会」として特徴づけられる今やおおむね見えないものとなった構造体に、公共精神と公共意識を吹き込むような、新しい何かなのでなければならない。デューイは、私たちの制度的な生の全体に民主主義が行きわたり、活気づくことに希望を託した。

「大きな社会」の対語として、もう一つ、「善い社会（Good Society）」という語を用いたのは、二〇世紀の政治的現実主義の偉大な提唱者、ウォルター・リップマンである。彼はこの語を一九三七年公刊の書物の題名としている。[12]「共同体」という語は狭い意味にとられる恐れがあるので、私たちはリップマンの用語を採用し、彼の著書名を本書の題名とした。リップマンが同時代のアメリカ人に向けて繰り返し訴えたのは、今や自分たちは地球規模の変容の時代、定住農耕の開始以来最大の変化の時代を迎えているということである。ここ数世紀のあいだ、大きな社会は、とりわけ分業と交換経済という形で、さらに皮肉なことには激しさを増した国際間の暴力を通じて、人間社会のますます多くの部分を、地球規模で相互に連絡しあう一個の全体へと押し上げている。その過程は決してなだらかなものではない。生の単位や条件が不均衡に発展するにつれ、繰り返し、道徳的な意味と連帯の危機が、そしてとてつもない暴力と怒りへと向かう崩壊が引き起こされる。

しかし、この同じ過程が、人類史上希有であるようないくつかの可能性もまた呼び起こす。リップマンは『善い社会』のなかでこう述べている。「分業が始まり、人々が他者の自由な協力に依存するようになるまでは、この世の指針は略奪的たらざるをえなかった。一方、精神が要求するものはあの世的であった」。ここに福音が訪れるとリップマンは言う。相互依存と豊かなテクノロジーの到来とともに「ついに展望が開けた。人類はこの地上に善い社会が訪れる可能性を見たのだ」「やっとのことで、世俗世界と精神との、私利と無私との古来の裂け目が閉じる可能性が訪れた。人類がまったく新しい指針をもつことが理論的に考えられるようになった。そして実際それが必要とされるようになったのだ」[13]。

新しい指針の必要性は、近代戦争によって明白なものとなったとリップマンは考えた。近代戦争は、異邦人どうしの戦いではますますなくなり、「緊密に関連しあい、複雑に相互依存しあう一つの共同体のなかでの」「共倒れ的な」戦いとなってきている。リップマンによれば、「近代戦争は、生活水準の維持を――ある程度は生命の維持までをも――相互に依存しあうようになってきた巨大な集団をばらばらに引き裂く」[14]。たしかに核兵器の発達により、リップマンの議論はますます的確なものとなっている。

リップマンによれば、戦争の挑発は今日では非常に強力な道徳的制裁を招くようになったが、それは、戦争が、国家の長期的な利益の道具としてますます合理的・実際的意味を失ってきているからである。公正さを基盤として地球規模の安全保障秩序を築こうという高邁な道徳的意識が、ますます求められるようになってきている。冷静に利益計算をする限りはそういうことになる、と、戦略的現実主義者であるリップマンは考える。善い社会は、理想主義的な企図としてばかりでなく、新しい時代の長期的な実際的必要性として浮上するのである。

ジョン・デューイ、ウォルター・リップマンばかりでなく、他の多くの近代世界の観察者や分析者からも引用を続けることができるが、しかし、私たちが学びたいと思うのは、彼らの精神である。両者はともに、彼らを取り巻く状況に対し、批判的である。また、消え去った過去を懐古的に求めることをしない。両者とも、アメリカ人は直面するたいへんな難題、大きな社会を善い社会へと変容させるという難題に対処できると、穏やかな希望を抱いている。確かに、私たちは、制度の改革にかんする彼らの提案から学ぶことができる。しかし、今日の私たちの社会のありさまを見るならば、彼らの議論は、やり遂げるべき建設的事業の、せいぜい端緒となるにすぎないことがわかる。私たちは彼らや他の先人たちの業績から出発すべきであるが、彼らを越えて、彼らが探究しなかった領域にまで踏み込む必要がある。

ここで読者は、「善い社会」なる語で私たちが正確に何を意味しようとしているのか、私たちはそれをどう定義しようというのか、これが「善い社会」だとどのようにして知ることができるのかを知りたいと思うことだろう。あるいは次のように問う読者もいるかもしれない。「誰にとって善い社会なのか？」「誰の見解において善い社会なのか？」と。私たちは本書の全編を通じてその特徴のいくつかを描出するよう努めるつもりだが、私たちの究極の答えとしては、筆者らであれ、他の誰であれ、これがそれだと単純に決めて人々に同調を求めることができるような善い社会のパターンなど存在しない。善い社会と私たちが言うとき、その概念の中心にあるのは、それは社会のすべての構成員が進んで問うべき、開かれた問いだということである。デニス・マッキャンが言うように、共同の善（公益）とは、共同で善を追求することなのだ。(15)

私たちの理解では、多元主義は善い社会という概念と矛盾するものではない。なぜなら、善い社会とは、まず多様性の大きな広がりがあることを認め、その多元的な諸々の共同体から資源を引き出すことで、全体の善に必然的に関わるような事柄を見分けていこうとするものだからである。先ほど見てきたデューイやリップマンの考えのなかには、私たちの善い社会の定義となるものがある。すなわち、民主的参加の拡大と制度の説明責任《アカウンタビリティ》の拡大、個人や集団の搾取的な構造を和らげ、誰もが社会の善に参与できるような共存共栄の関係、および世界の平和——それなしには善い社会の追求も絵空事となってしまう——がそれである。

自由は、大多数のアメリカ人にとって善い社会の定義には欠かせない必須の要件であるし、私たちもそう考える。しかし、さらに深く掘り下げて考え、「自由」が本来何を意味するのかを明らかにする必要がある。徳性に関わる重要な用語については、いつもそうしなければならない。私たちの多くにとって、「自由」には、一人でいる権利という古い意味合いが残っている。人生の大部分を自分の農場で送ることができた昔のアメリカでは、そうした概念もまるで絵空事ではなかった。しかし、今日の大きな社会においては、たんに他の人間から離れていることをもって自由とすることはできない。自由は、諸制度の内に存立し、諸制度によって保証されるというのでなければならない。また、自由は、私たちの生に影響をあたえる経済上・政治上の諸決定に参加する権利を包含するものでなければならない。平和、繁栄、自由、正義という、善い社会についての偉大な古典的批判基準のすべてが、今日では、民主主義の新たな実験が成功するか否かにかかっている。民主的諸制度を新たに拡張し、一段と高度なものにしなければならない。そしてこの惑星上で、私たちおよび私たちの後に来る世代が善い生活を送るために、私たちはほんとうに何を求めているのか、何を求めるべきなのかを、市民として、私たちがいっそうはっきりと認識できるようにしなければならない。ここにすべてがかかっているのだ。

3　なぜアメリカ人は制度の理解が苦手なのか

なぜアメリカ人は、制度という概念自体にこれほどまでに尻ごみするのか。また、こうした不安を乗り越え、制度について創造的に考えることが、なぜそれほど大事なのか。私たちは、まずこの点を理解しなければならない。公式的な社会学的定義によれば、制度とは、個人と集団の期待される行為の型であり、社会からの肯定と否定の両側面における制裁によって強制されるものである。たとえば、社交の場における確認の握手のような単純な慣習がある。[16] 差し出された手に応えることを拒否するならば、その場は気まずいものになり、何らかの説明が求められることになろう。また公共の業務を遂行するのに必要な税制のように、高度に公式的な制度もある。もし納税を拒否するならば、罰金か禁固によって懲罰されるだろう。制度には必ず道徳的な要素がある。握手は社会的連帯のしるし、あるいは少なくとも他者の人格の最低限の認知である。税制は、とくに民主国家においては、合意された共通目標の達成という目的に資するものであり、その査定においては公正であることが期待されている。

個人主義的なアメリカ人は、制度が自らの自由を侵害することを恐れている。握手の場合では、侵害を感じるといっても、ちょっとしたためらいですむ。しかし、より強力な制度の場合は、より直接的に私たちの自由を脅かすように思われる。まさしくこの理由から、古典的リベラルの立場では、制度は諸個人がそれぞれに自分の目標を達成するために利用すべき、可能なかぎり中立的な機構であるべきだと考えた。この見解は非常に説得的なものであるから、ほとんどのアメリカ人はこれを当然のことと見なし、適切な制限を受けない、中立的でない制度は抑圧的なものとなろうというリベラリズムの恐れを共有している。このように信ずるとき、私たちは制度を効率的また非効率的な機構であると見て、たとえば州の自動車局を、自分の目標のために利用するのには便利なものだとするか、さもなくば悪意に満ちた「官僚制」と見て、私たちを非人格的な車輪の下敷きにするものだと考えるかということになる。どちらと取っても、まったくの誤りとはいえない。近代社会においては、どのみち制度を操作する手法を学ぶのは必要なことである。そして私たちはみな——とくに貧しい者、権力をもたない者はそうだが、彼らばかりではない——自分が制度に左右されていること、制度はしばしば完全にはわからないような形で私たちの生を支配していることに気づくのである。しかし、もしこれが制度についての私たちの唯一の理解なのだとすれば、共同生活について、私たちはとても貧困な考えしかもっていないことになる。こんな考え方では、私たちの抱える問題にうまく対処できないばかりか、問題を悪化させるばかりである。

　制度《インスティテューション》という概念には曖昧なところがある。この曖昧さは避けがたいものだが、私たちはここをはっきりとさせたいと思う。制度とは、法とモーレス（習律）——非公式的な慣習・習慣——の内に埋め込まれ、またそれらによって強制される規範的な型である。さらに通例の語法では、具体的な組織のこともインスティテューション（制度、施設、機関）と呼ばれる。組織は確かに私たちの生に大きくのしかかってはいるが、もし制度ではなく組織ばかりのことを考えるとすれば、私たちは問題を極度に単純化してしまうことになる。企業はアメリカ人の生活にとって中心的な制度であり、私たちもこれについては多くのことを取り上げたいと思うが、制度としては、権利と義務、権力と責任についてのある特定の歴史的な型こそが、企業を私たちの生における主要な勢力としているのである。個々の企業は、企業とは何かを定義づける法あるいは法以外の型に従って作動する組織である。制度と組織とを区別しないままでいると、企業をめぐる問題とは、それらの効率化を図り、その責任を明確化するだけのことで終わってしまう。しかし、企業がアメリカ社会に制度化されているあり方、その底辺にある権力と責任の型にかんしても、問題はあるのである。たんに個々の組織の改善を図るだけでは、企業生活をめぐる問題を解決することはできない。つまり、私たちは制度そのものを改善しなければならないのだ。もし私たちが組織と制度を混同するのであれば、自分が不公正な扱いを受けていると感じたとき、私たちは私的生活に退却するか、一つの組織から他の組織へと逃避して歩くことになろう——別の会社なら、あるいは新たな結婚生活なら、もっとうまくいくと期待しながら。しかし、私たちの抱える問題の究極の源泉にまで触れようとするのであれば、個々の組織ではなく、組織の構想そのものの変革、組織運営が依拠する規範の変革、すなわち制度上の変革にこそ向かわなければならない。

同じ論理が私たちの社会生活の全体に当てはまる。確かに善い家庭もあればまずい家庭もある——幸せな、互いに親身な家庭と、あまりそうではない家庭がある。しかし、アメリカ人が家庭生活を制度化するやり方それ自体、アメリカ社会がすべての家庭に対して示す圧力と誘惑それ自体が、深刻な問題の源泉なのであり、たんに個々の家庭にうまく振る舞うように求めるだけでは——それもまた大事なことだが——問題の根をつきとめることにはならない。実際、私たちは社会について考えるとき、物事を還元的に考える伝統的傾向があるようだ。私たちはまず第一に、問題はおそらく個人にあるのだろうと考える。そこに問題がなければ、組織に問題があるのだろうと考える。この思考法では、私たちは制度のもつ力を見ることができないし、よくも悪くも制度のもっている大きな可能性を見ることができない。

アメリカ人が社会を見るこうした見方には、何が欠けているのだろうか。それは、私たちは他者とともに生を営みながら、言葉と行動を通じて、この生を可能にしている諸制度を不断に創造し、また再創造しているという自覚である。この過程は決して中立的なものではなく、常に倫理的であり、政治的である。なぜなら、制度は（家族のような親密な制度でさえ）個々の善悪の観念と善（幸福）についての捉え方によって、生きもし、死にもするものだからである。逆に言えば、私たちが他者と協力して制度を創造するとき、制度もまた私たちを創造するのだ。制度は、私たちを教育し、形成する——とりわけ社会的に実演されたメタファー、状況と行動の意味を規範的に明らかにしてくれるメタファーを私たちに提示することによって。メタファーのなかには、適切なものもあれば、不適切なものもあるだろう。しかし、メタファーを排除することはできない。ある地域教会の信者たちは、自分たちを「家族」だと考えるかもしれない。ある企業のトップは、経営者と労働者はみな「チーム・プレーヤー」だと言うかもしれない。民主主義それ自体が、特定の制度であるというよりも、むしろ多くの制度に含まれるある側面について考えるためのメタファーな手法である。

手短に言えば、私たちは外的な存在としての制度を操作し、それからの操作を受ける、孤立した原子《アトム》ではないということだ。何か重要な対話をするたびに、いやまさしく親あるいは子として、学生あるいは教師として、市民あるいは公務員として演ずるたびに、範型とメタファーに行動の善し悪しの基準を求めながら、私たちは制度を形作り、制度は私たちを形作るのである。制度は束縛するだけでなく、力をあたえる。制度とは、私たちがまっとうな社会を達成しようと協力するとき、自分や他者のアイデンティティーについて理解する場となるような、実質的な形態なのである。

制度を、そのなかに住む個人の生から本質的に離れている客体的な機構であるとする考えは、道徳的にも政治的にも高い代償を強いるイデオロギーである。古典的なリベラルの見解は、自律という一つの徳性をほとんど唯一の善であるかのように称揚するが、しかし、自律といえどもある特定の制度的構造に依拠しているのであり、制度なるものからの逃げ道とはならないということを認識し損なっている。こうした見方は、個人が制度のみか他の個人にも依らずに自律してやっていけるような世界を思い描いている。しかしこの見解は、自律――それ自体は価値のあるものだ――が他の徳性と並ぶ一つの徳性に他ならないことを忘れている。また、制度を通じてのみ実践することのできる責任や世話といった徳性の働きなくしては、自律それ自体が――『心の習慣』において論じたように――実質のない形骸だけのものとなってしまうということを忘れている。

4　制度のなかで果たされる責任

政策アナリストのデヴィッド・カープは、彼の著書『ラーニング・バイ・ハート』[17]のなかで、制度とは何かをより豊かに示す感動的な実例を提示している。彼は同僚とともに、エイズの子供の受け入れという課題に直面した数多くの公立学校を研究した。異様な不安がみなぎるなかで、教育長、校長、教師、親は、自分たちはどのような学校を、どのような共同体をもちたいのか、決断することを迫られた。施設の当局者がどう話し、どう振る舞うかが、それに応じる両親の側の受容力とともに、計り知れない重要性をもった。危険性は極めて小さいと医者は説明していた。しかし、学校の理事と親たちは、およそ危険性など引き受けるべきかどうか、道徳的共同体を拡大して、苦難を抱えた子供を受け入れるべきかどうか、この点を決断しなければならなかった。メタファーの適切性――エイズの子供を、まず特別な同情を必要としている一人の人間として見るか、それとも危険な汚染源として見るか――が結果を決定的に左右した。

ここに例証された真理は、人類学者メアリー・ダグラスが次のように表わしたものである。「正義についてのもっとも深遠な決断を下すのは、たんなる個人ではなく、制度のなかにあって、制度のために考える個人である」[18]。私たちは、彼女の洞察をさらに拡げて、責任とは、私たちが個人として、ただし制度のなかで、制度のために果たすものである、と言うことができる。ある特定の個人の、とりわけ教育長や校長などの姿勢は、エイズパニックに直面した学区の住民が見出した結論を大きく左右した。だが、彼らの姿勢じたい、部分的に共同体全体の歴史と道徳的資源を反映したものであった。役員と両親は、この大きな課題に対して自らが出した答えを通じて、自分たちの学校と地域共同体の制度としてのあり方を変更した。責任と世話という徳性によって態度を決定した者たち（重要なのは、これらの徳性が彼ら個々人の内にあるというばかりでなく、自分は制度を代表しているという意識の内にあるということだ）は、自分たちは正しいことをしたと考えたばかりでなく、自分たちの子供もまた、ふだんの授業では得難い価値ある授業を受けたと考えた。「自分のもの」を保護するために、スティグマのある子供を拒否することを選んだ者たちは、事件のかなり後まで、閉鎖的な、厳しい、防衛的な態度を続けた。彼らの子供たちもまたここから学ぶことになった。すべての者が、こうした過程から制度を学んだのであった。ある学校が他の学校よりも上手に問題をクリアしたというだけのことではない。ある人々が、善い学校とはどうあるべきかを理解するにいたり、この制度的理想の深い理解を自らの学校において実現するべく努力したということなのである。

しかし、私たちの生にとって非常に重要な意味をもつ制度の多くは、見たところ、地域の学区における意思決定などの場合に比べて理解しにくく、参加しにくいもののように思われる。私たちの生活が、国内経済や国際経済の変化、連邦政府の政策や諸外国との関係、地球環境を脅かす産業開発や農業開発、そしてマスメディアの影響下にあることは、私たちもわかっている。しかし、大きな社会のこうした複雑な諸相を理解するのはたいへんなことである。それらを変えるべく多くのことを行なうには、私たちは無力であるように感じられる。

こうした複雑さへの忌避の例外と思われるのが、現在爆発的に高まっている環境意識である。一九七〇年、合衆国において、最初の「地球の日」が開かれた。このとき以来、環境への関心とそれによる緑の政治《グリーン・ポリティックス》が、強力な全世界的潮流となっている。自然の資源・地域・種の保護のため、多くの国で法律が制定され、海洋法のような国際間の立法も行なわれた。数千万の市民が、地球の健康、さらには地球の存続のための必要条件と考えたものに合わせて、消費や活動のスタイルを変え始めている。もっとも注目に値する点は、エコロジーをめぐる気運の盛り上がりが、現代の大衆が尊重し、価値を置くものにかんする因習的理解をものともせずに飛翔しているように思われることである。

　発電所建設予定地でどんぐりを選り分けているリスの希少種が、テレビの画面に映し出される。これを見た数百万の視聴者が、自然の驚異は人間の独占物ではないことに改めて気づく。人々のこうした反応の内に、大自然の網の目のなかでともに生きる生き物たちに自己の運命を重ね合わせる能力を見ることができる。緑の意識《グリーン・コンシャスネス》が関心を振り向ける個々の事柄には、地域の生態系もあれば、森林あるいは鯨、あるいは地球上の遠く離れたどこかの原生地区もある。そのいずれもが、人間が方向づけることはできるが一方的に支配することはできない大きな文脈のあることを示唆している。エコロジー運動の目指しているものは、「持続可能性《サステナビリティ》」〔環境を破壊せずに資源が活用されること〕という言葉で表わされる。ここには、どの生態系の「収容力《キャリーイング・キャパシティ》」〔ある地域が維持できる特定の生物の個体数の上限〕にも限界があり、それに対する配慮がなければならないという認識がある。こうした立場をとるならば、最低、効用についての長期的展望が必要になる。多くの環境保護論者は、さらに進んで、地球全体へのいたわりにまで彼らの展望を拡げる。エコロジーをめぐる意識は、従って、人々が何が危機に瀕しているかを認識し、自分たちが行動することで何かができると感じる領域の一つなのである。

　しかし、ここでもう一つ注目しなければならないことがある。生を功利主義を離れた文脈から捉えようとするこの強力な新しい意識は、主として互いにかけ離れた二つのレベルにおいて作動している。まず、ごみのリサイクル、ある特定の製品だけを使うこと、車の運転を控えることなど、非常にローカルな、個人的とさえ言える「緑の行動《グリーン・ビヘイビア》」のレベルがある。そして次に、絶滅の危機に瀕している種、熱帯雨林、オゾン層などの保護といった地球レベルの関心がある。ところが、個々の家庭と地球全体の生態系とを結びつける媒介的な諸関係、つまり人間の制度と文化という接合剤は、締め出しを食っている。ローカルなレベルと地球レベルの中間にくる非常に大事な領域において、私たちの意識は途切れてしまうのだ。地球環境の退廃を、貧困と飢餓の問題と結びつけて理解することは稀である。家庭、経済、政治のなかにある私たちの日常の人間関係の社会的効果について理解することよりも、地球大の生態系について考えることのほうがなぜ容易なのだろうか。環境保護論者はときおり、人間文化はそれ自体、キケロの言うように「第二の自然」なのだということ、その真の目的は自然の他の部分を搾取することではなくて、人間性のなかに創発する潜在能力を調和的な完成へ向けて高めながら、自然を育成することだということを忘れているようである。

自然のエコロジーという文脈にかんして私たちが育んできた感性は、私たちの社会制度へとその焦点を拡げてしかるべきである。自然のエコロジーと社会のエコロジーは、深いところで絡み合っている。地球の生態系に対する脅威のほとんどは、人間の常習的な物理的世界とのつきあい方――それは制度的な布置が命じたものだ――がもたらしたものである。逆にまた、私たちが自然に接するあり方、つまり私たちが土地、物質、人間以外の種を用いるやり方は、人間関係のあり方を枠づける諸制度を明らかにすると同時に、それに形をあたえもする。しかし、環境問題に対する制度面からの現実的なアプローチを見出すためには、私たちはなお、長い道のりを歩かなければならない。

本書の論点はこうである。大規模な制度を理解するのは、複雑で困難なことではあるが、そうした理解は深めることができるし、また深めなければならない。また、大規模な制度は、市民の行動に応じるものであり、全世界的な世論の影響に服すものであるとも論じたい。大規模な制度を、それ自体の神秘的な内的論理によって作動しているもの、エキスパートのみが微調整を行なうことができるようなものと捉えることは、世界を闇の力が支配するものと考え、人々を自己の生き残りのみに心砕くように導く、いわば現代のグノーシス主義を選ぶ道である。知的な世論と公共的参加によって統治される民主主義という近代的理想を、私たち自身の社会において回復することには意味がある。そればかりでなく、それは、可能なかぎり、人類共同体の全体に拡張される必要がある。そう私たちは信じている。こうした議論の構築に当たって、私たちは、アメリカ公共哲学の草創期の努力を甦らせようと思う。それは、粗野な個人主義の決まり文句の罠に囚われるところの少ない、社会的責任という力強く充実した意識にいっそう開かれたものであった。だが、責任ある社会参加も、道徳的・知的な複雑さに対処できるような市民意識の覚醒も、たんなる熱弁から生み出されるものではない。私たちの同胞市民に「飛び込む（社会参加する）」ように懇願するだけでは確かに不十分である。そうした社会参加を可能にし、それを鼓舞し、それを十全な、積極的なものにする諸々の制度を創造しなければならないのである。

制度は言語に依存するところが非常に大きい。言語によって想像することも表現することもできないものは、社会学的な意味での実在になる可能性は低い。私たちは本書において、『心の習慣』におけると同様、私たちの宗教的諸伝統そして政治的諸伝統が語ってくれる洞察に耳を傾け、また私たちの共同の利害の刷新について考える上で、それらが教えてくれる言語に耳を傾ける。これらの伝統に助けられることで、私たちは、相互依存的な世界が必要とする自己規律の新しい水準とはどのようなものであるか、また、この惑星上での私たちの共同生活は、超越的実在の光のもとで新しくどのように営まれるのかについて、考え、また語り合うことができるだろう。

5　制度をめぐる今日のさまざまな問題

第一章「理解する」において、私たちは、今日のアメリカ人が直面している問題のいくつかを取り上げ、なぜ制度上のジレンマはまた道徳的なジレンマでもあるのか、なぜこれらを扱う私たちの文化的資源は貧困なものとなっているのかを考察する。第二章「アメリカの世紀の興隆と衰退」では、多くのアメリカ人が未だに「本来の姿」だと考え、ここを基準にしてそれ以降の出来事を評価する大戦直後のアメリカ社会を描写し、こうした社会をもたらした歴史的要因について考察する。第三章「政治経済《ポリティカル・エコノミー》――市場と労働」では、経済を、たんに客体的な機構としてではなく、人間によって作られ、私たちがどのような国民となるかに深く影響をあたえる一連の制度的な布置として取り上げる。第四章では、政府と法と政治について考察する。合衆国の創建者たちの大多数は、ほどよい規模の中央行政と大幅な地方自治を認める国家を想定した。巨大な中央集権国家や、たえず拡大し続ける法制度の成長は、人間的必要に対する人間的応答として理解しなければならない。しかしこのように応答することによって、私たちは自らが予期もせず、望みもしなかったものへと形作られることもあったことを理解すべきである。第五章は、私たちの多くにとって非常に中心的なものとなってきた教育制度――初等・中等教育と大学――について考察する。もっとも、制度はすべて教育的なものだというのが、本書の主張の一つである。学校は、子供たちを家庭や地域から引き離し、経済と国家の大規模な構造体のなかで働く技術をあたえるものであり、それゆえそれは、社会の機能にとって、また私たちの形成において、決定的な意味をもつ制度である。学校、とくに総合大学は、わが世俗社会の「教会」であるが、それはこの機能をどこまでよく果たしているか、私たちは考えてみなければならない。とくに、私たちの学校や大学が民主的な学びの共同体となることができるかどうか、私たちはそれの助けを借りて、複雑な社会の技術的問題だけでなく道徳的問題についても、対処することができるかどうかを、私たちは問うことにする。

第六章では、宗教の諸制度がアメリカ社会にどのように関わっているかを見ていく。宗教の諸制度は、自らが宣べ伝えようとしていることにどの程度忠実であるのか、また裏切っているのか。現代の課題に対処するための――そしてとくに、今やたいていの者が見失っているかに見える生の意味を見出すための――個人的あるいは社会的能力を、宗教の諸制度はどう育成しているのか、あるいは育成し損ねているのか。この辺りを探ることにする。宗教の伝統は、(完全に世俗的なものも含めて)他の伝統の見解を尊重するような形で解釈されるならば、それが民主的討論に資するところは大きい。それをいかに生かすことができるかがわかりさえすれば、私たちは、アメリカ社会と世界にとってよい生の形態を求める討論を進めることができるだろう。第七章「世界のなかのアメリカ」では、世界の権力機構における合衆国の地位の変化がアメリカ人の生にあたえた衝撃を取り上げる。私たちは、伝統的に、世界をどう捉え、世界のなかでどう行動してきたか、全世界的な圧力が私たちの国民としてのあり方にどのような影響をあたえるか、この辺りを論ずることにしよう。また、私たちが民主的学習能力を増大させる必要が高まってきているということについても論じようと思う。結論の章では、ふたたび、アメリカの制度的生の創造性と活力の問題、すなわち諸制度のなかでの、また諸制度に対する個人的・社会的責任の重要性の問題を取り上げる。そして、私たちが現実に大きな社会を善い社会に変容させるための、いくつかの方法を提案する。そして付録において、私たちは、哲学的また社会学的に、本書の根幹をなす制度の概念の弁護を行ない、現代の私たちにも役立つはずのアメリカ公共哲学の資源について、さらに深く考究することにする。

『善い社会』も『心の習慣』も、ほぼグループの努力の成果であると言える。どの章もグループの集中討論を基にした多元的な修正が施されているが、最終的な修正はベラーの責任において行なわれた。序論および結論の章については、著者ら全員が貢献しているが、第一に責任を負うのはベラーであり、またとりわけサリヴァンの貢献は広範におよぶ。具体的内容にかんする各章については、おおむね章立てに即する形で、個々の制度ごとに分業がなされた。私たちはそれぞれに研究を行ない、場合によっては『心の習慣』のときと同様、受け持ち領域にかんするフィールド調査とインタビューを行なった。サリヴァンは政治史と政治経済に、スウィドラーは規制国家と法制度に、ベラーは教育に、ティプトンは宗教に、マドセンは世界に占めるアメリカの位置に責任を負う。インタビューは『心の習慣』のときよりも少なく、より精選されたものである。なぜなら本書では、市井の人々の文化的苦境を理解することよりも、経営者、政府の専門家、教会の職員、外交政策顧問といった人々の考え方を知ることに意を注いだからである。

本書の初期の草稿に目を通してくれた人々のあいだから、本書でさかんに用いられている「私たち」と、これと対になる、本書が訴えかける「あなたたち」とは、いったい誰を指しているものか気になるという声が上がった。『善い社会』における「私たち」がそれぞれ誰を指しているかは、文脈に応じた判断をしていただきたい。それは筆者ら五人を指していることもある。アメリカ人を指していることもある。地球上のすべての住人を指していることもある（翻訳においては英語の一人称複数代名詞をいつも訳しているわけではない。原文では多くのweやourが用いられていると理解されたい）。『心の習慣』におけると同様、筆者らは、自分たちを本書の読者や本書で取り上げた人々の上に立つものと考えるつもりはない。「私たち」と言う意図は、押しつけではなく、誘いである。「あなたたち」に「私たち」への参加を呼びかけて、私たちの共通の諸問題とは何か、どうしたらそれらにいっそうよく立ち向かうことができるか、一緒に考えてみようというのである。「私たち」に参加せよと言っても、筆者らの解決法を試験的にでも受け入れてくれと言うのではない。私たちの論述への賛同を求めているのでさえない。ただ、対話そのものへの参加を求めているのだ。私たちは、合衆国（あるいは世界）があらゆる道徳的問題・政治的問題をめぐって根本的に相違する一群の閉じた「共同体」に分かれていると想像する人々には同意しない。私たちの見るところでは、世界を形づくる多くの共同体は、その基本的関心において多く重なり合っている。文化間の翻訳が困難であることを軽視するわけではないが、それにもかかわらず、私たちは越えがたい境界を越えた対話が可能であると楽観的に考えている。もちろん、私たちに言えることは何もない、従って対話に参加するつもりもないと考えるのであれば、私たちを無視してくださって、放っておいていただいて結構である。「著者の許諾」を得よとは言わない。私たちは、恐れずに自分たちの見解を述べる。ときには強硬な見解を述べる。そして読者の多くが同じくらい強硬な見解を返してくれることを期待している。意見を戦わせることによってのみ、討論は続けられるのである。

第一章　理解する

　自分は何者であるか。自分はどのように、また誰とともに生きるべきか。これを見出すことが、アメリカでは厳格に求められる。アメリカでは、個人の人生は極めて挑戦的で込み入ったものである。私たちのェネルギーのほとんど全部を吸い取ってしまうとしても、不思議ではない。アメリカ文化における個人主義的な考え方からすると、私たちは、それぞれの個人的な目的のために、国家の機関、自分が勤める会社や団体、自分が通う学校などの大きな制度を——それらから根本的な影響を被ることなしに——利用し、自分が選んだように生きることができる。私たちはそう信じている。これは、往時以来のフロンティア心理——隣家の煙突の煙を見るようになったら潮時だ。西へ移住しよう！——の今日的表現である。しかし、(かつてはどうであれ) 今の時代に、移住できるような西部などありはしない。かつてない複雑な相互関係の時代に、他人とかかわりあいにならずに暮らせる土地などあるはずがない。ほとんどの人はこのことに気づいている。自分の人生は自分の思うがままだ、と強がってみせても、内心、自分の未来は自分にはどうにもできない要因によって決定されてしまうのではないかと恐れている。守備範囲に専念するというのは自信の表われであるかもしれないが、運命論に屈しているということであるかもしれない。

　好むと好まざるとにかかわらず、私たちは、より大きな世界——本書で呼ぶところの「大きな社会」——が差し出す機会と障壁、誘惑と脅迫によって、形成されていく。自分がいちばんなりたい者になるためには、外の世界を無視することはできない。個人としてのアメリカ人が、自分たちの「頭越しに」遂行される政府や財界の操作をあたかも自分に関係ないことのように見過ごしているのは、世界から賞賛されているアメリカの民主主義の力を自ら放棄しているも同然である。自らの生をかくも左右している諸制度に対し、真に「ものを言える」ようになるために、市民として、いかに自らを教育すべきなのか。私たちは、この点を問題としなければならない。

　確かに複雑な問題ではある。しかし、非民主主義的な経営者や専門家がこの複雑さを隠れ蓑にするのを許してはならない。私たちの文化や制度の導くままに従えば、こうした大きな問題は自分たちの手に余ると思い込むことになるかもしれない。しかし、そうした思い込みは変えなければならない。公共的責任を真摯に果たそうとする社会科学は、その一助となるはずである。現代世界は複雑であるには違いないが、この複雑さそのもののなかに、私たち個々人にとっての、また、他者との関係における、豊かな可能性が含まれている。現代社会に暮らす市民が、今よりも知識を拡げ、この大きな世界にいっそう活発に参加することはできないと考える理由は何もない。正しい知識にもとづきながら、活発に参加することによって、私たちは自らの生を豊かなものにし、純粋な私的満足の追求にあまりに偏ったときに経験する不安に対抗することができる。こうした参加を可能にする制度的形態を見出すことが、まさしく、私たちを包囲する経済的・政治的な諸問題を解決していくための必要条件である。

私たちアメリカ人は、一九八九年の最後の数週間、テレビに映し出されるライプツィヒの夜の祈り〔東ドイツ体制の民主化を求める毎週月曜の市民デモ。一九八九年は六月に天安門事件があり、八月より東ドイツ市民の西側への大量脱出が始まり、一〇月にライプツィヒでのデモに軍隊が不介入決定、一一月九日にベルリンの壁が解放された〕、ベルリンの壁の崩壊の祝典、プラハのウェンツェスラス広場における数千人の集会〔ベルリンの壁の崩壊直後の、チェコスロバキアにおける学生デモ。その後チェコは比較的穏健に民主化され（ビロード革命）、反体制作家のハヴェルが大統領に就任した〕などの光景に喜んだものだ。しかし、アメリカが抱えている問題もまた、同種の行動を必要としていることに思いいたった者は少ない。チェコスロバキア、ソ連、南アフリカにおいて民主主義が成功するかどうかは、民主的参加を制度化していく長い過程にかかっているということを、私たちは知っている〔ソ連は本書刊行後の九一年一二月に解体。チェコスロバキアは九三年にチェコとスロバキアに分かれる。南アフリカは本書刊行と前後してアパルトヘイト（人種隔離政策）を廃止、九四年に黒人指導者マンデラが大統領となった〕。民主主義とは、たえず道徳的に問い続けることであって、最終的な状態なのではない。私たちもまた、アメリカ社会において、同様の長い過程を続けていく必要があるのだ。

本章では、アメリカの大きな制度が自分や周囲の人々の生活にどのような影響をおよぼしているかを理解しようと努めている人々に会うことにしよう。彼らが抱えている問題を知ることによって、私たちは、いったいどのような障害があるために、制度の適切な理解や、制度内での責任ある行動が阻まれているのかを、詳しく知ることができるのではないか。現代社会と確信をもって取り組むためには、こうした障害は打ち破られなければならない。

1　ある日突然、足場を失う

「認められました。昇進しました。そしてズドン！　一巻の終わり！」　自分が昇りつめたキャリアの突然の終幕について、マリアン・メッツガーはこう表現する。彼女はおおむねたいへん成功したキャリアの持ち主である。中西部の塗料メーカーに勤めていた彼女は、四〇代半ばで経営の中枢にまで昇った、社内唯一の女性であった。会社――ここではパーシス・ペイントと呼んでおこう――は、八〇年代初めに不況を迎え、古い顧客の多くを失ったが、これを乗り切った後は、順調に成績を伸ばした。マリアンは、自らが編み出した、顧客の需要に応じた特注製造という新市場戦略が成功し、昇進を勝ち取ったことを誇りに思っていた。この戦略によって、パーシスは不況期に売り上げを伸ばすことができた。しかし皮肉なことに、このおかげでまた、パーシスは企業買収の恰好の標的となったのである。

八〇年代後半、それは予告なしに突然やってきた。パーシスより大きな塗料メーカーの経営陣が、パーシスの事業を乗っ取ることを決めたのだ。パーシスは突然買い取られた。インディアナ州にある工場は不要となり、組織は改編され、パーシスの従業員の大多数とともに、マリアン・メッツガーは職を解かれた。彼女に回ってきた最後の仕事は皮肉なものだった。それは、パーシス・ペイントの中枢部をインディアナ州からニュージャージー州の新しい本社に移動させ、事業の拡張にスムーズに流れ込むように取り計らうというものであった。

「買収やら、経営陣の突然の差し替えやらが起きてみると、今まで自分がやってきた仕事が根本的に空しいもののように思われてきました」と、マリアンは振り返って言う。「営業を新しい方向にうまくもっていくために、私はずいぶんと頑張ってきたんです。初めのうちは上司だってたいして力になってくれませんでした」。空しいとは感じたものの、最後の仕事は精力的にこなした。「どんな仕事でも要領よくこなせるというのが私の自慢でした」と彼女は説明する。「変えようとも思いません。そういう人間なのです」。

パーシスで確保していたはずの地位を、彼女が比較的苦痛を味わうことなく諦めることができたのは、新しい会社が、解雇した彼女のような管理職に対し、有利な条件で解職手当を払ったからである。それに彼女の場合、年金もつくことになっていた。次に何をするつもりかと聞くと、彼女は熱意を込めてこう答えた。「これはいけそうというのが一つあります。義父といっしょにアンティークの店を開こうかと。以前からやりたかったことなのです。義父は、退職前は学校の理事をやっていました。義父も私も、かなり以前からアンティークに興味をもっていたのです」。マリアンの夫は大学教授である。二人の子供は、どちらも経済的独立への道を着実に歩んでいる。

十分な解職手当と年金収入、それに高い教育のおかげで、マリアンには新しいキャリアへ地平を拡げることになんの懸念もなかった。同時に彼女は、パーシス・ペイントの従業員たちの多くが――とくに小売り店の従業員たちが――もっと厳しい状況に置かれていることも十分に知っており、これらの労働者とその家族たちのことでは「胸を痛めた」。彼らのことを思うとき、新会社であれ、パーシスであれ、経営の首脳陣に対する腹立たしい思いがこみ上げてくる。彼女はきっぱりと言う。「結局彼らは、利益のことしか頭にないのです。自分の身に降りかかってこないかぎり、たいして気にもとめません」。彼女の営業努力が次第に実を結び始めたとき、パーシスの上層部は、彼女の仕事がお気に召したようであった。しかしそれは、彼女がこの仕事を愛していた理由とは違っていた。マリアンが自分の仕事を愛した理由は、新機軸を打ち出すことで、社内においても、顧客とのあいだでも、チームスピリットと協力関係が生み出されたからである。「お偉方は、そんなものなど当てになるかと思っていました」。そしてようやく善い関係を築き上げたところで、「オーナーが変わるやら何やらでしょう。せっかくの善い関係をよってたかって壊しにかかるのです」。

では、こうした顚末に対して、彼女は結局どういう判断を下しているのであろうか。個人的利害は別にすると、企業買収は善いことなのか、悪いことなのか。経営とはそういうものなのか。ここでマリアン・メッツガーは躊躇する。「私にはよくわかりません」。一方では、事業を合同することによって、経済的単位としても、投資家の資金の運用としても、効率を高めることになる。とくに「国際競争に直面したとき」には、企業は大きいほど「経済全体に利益をもたらすことでしょう」。他方また、「それが私の住んでいるインディアナ州北西部にとっての利益でないことは、確実です。職を失う人のすべてにとっても、プラスではありません。やりきれないのは、古くからの人たちを切り落としても、会社が生き残れば、事の全体を成功と呼ぶことです。辞めた人たちや彼らの痛手のことなど、忘れてしまうのです」。

マリアン・メッツガーの境遇も、それに対する彼女の受けとめ方も、決して独自なものではない。過去二〇年間、経済が穴だらけになってきたことに、次第に多くのアメリカ人が気づき始めている。長年の極めて安定し、かつ活発な経済環境にすっかり慣れきったあとで、七〇年代初め、石油不足に見舞われた。気づけば、今や自分たちはそれほど見通しのよくない世界市場に依存しているのであった。まもなく合衆国は、石油需要の半分を世界市場に依存するようになった。八〇年代も終わりの今日、アメリカは、国内外の市場において、外国との厳しい競争にさらされている。

アメリカ人は、活発な市場システムが進歩を生み出すものといつも信じてきた。マリアン・メッツガーはこの典型と言える。私たちはまた、景気循環の厳しさと、市場の成長がもたらす「創造的破壊」の過酷さも知っている。しかし、私たちが忘れがちなのは、経済市場はそれ自身の自律的な論理によって動いている面がある一方で、それを生み出した特定の制度的な取り決めがあってこそ存続が可能となっていることである。なかでも重要なのは、過去二、三世紀間に成長をとげた契約法と法人法である。また、より公的性格の少ないものとして、企業生活の背景をなし、その具体的あり方を決めている諸々の行動原理や前提的理解がある。

マリアン・メッツガーは、自らを責任感の強い人間だと考えている。私的生活でも、会社に対しても、また、人々、すなわち顧客や原料メーカーとよりよい関係を築いていく姿勢においても、責任感が強いと。いずれの点から見ても、彼女は賞賛に値する人間であり、アメリカ社会の強さと誠実さは、彼女のような人間の存在にかかっていると言えるだろう。しかし、自らのキャリアの一段階を無理やり終わらせた吸収合併劇においては、彼女は、責任ある行動を取りたくても取れないという自らの限界に直面することになった。困惑と落胆を覚えるなかで、彼女は、市場の命令をそれなりに合理的なものとして受け入れるか、それとも市場の大義を公言する人々の無神経さを拒絶するかの二つに引き裂かれる思いを味わった。だが、彼女の苦境をもたらした制度的形態について責任をもって考えるという方向には向かうことはなかった。

コネチカット州などいくつかの州では、パーシス・ペイントのような工場で働く労働者たちが、自分たちの会社を買い取り、自ら経営できるよう、資金と専門家の助言とを提供する機関が存在する。経済競争における主要な相手国のなかには、合衆国でこれまで許されてきたような買収や乗っ取りといったものに厳しい制限を設けている国もある。会社の運命が決まった瞬間に、そういった選択肢に思いをめぐらす暇など、マリアン・メッツガーにはほとんどなかったことは確かであるとしても、彼女の市民としての責任意識は、総じて、自らの人生に影響をおよぼしている（経済あるいは他の領域の）諸制度に対して責任ある姿勢を取るというところまでは、いたっていない。こうした制度を、彼女は当然のように受け入れている。天気のようなもので、まず自分にどうこうできるようなものではないと思っているのだ。この点で、彼女はたいていのアメリカ人と同じである。しかし、一方で、彼女には、こうした制度の本質について批判的に考察できるような、大きな市民意識を受け入れるだけの力があることもまた、確かである。

二〇世紀を通じて、次第にアメリカ人は、市場のもたらすものが自分たちの道徳意識や個人的福利と衝突しそうになると、政府に向かって、即刻の打開策を打ち出すことを求めるようになってきた。マリアン・メッツガーも、他の多くのアメリカ人も、こうした反応には不安なものを感じている。私たちはふつう、たいていの問題は自分自身でなんとかすべきである、必要ならボランティア組織の支援を受けるのもよいが、政府の干渉を受けるのは、ごく一部の事柄を除いて、最後の手段にとどめておくのが望ましい、と考える。しかし、さまざまな支持団体からの絶えざる圧力の結果として、政府は、その場しのぎのやり方ではあるが、私的経済のすべての領域に深く関わるようになってきた。私たちの社会の経済制度の公共的目的や公共的責任をめぐって、全般的討議がなされたことはほとんどない。したがって、この領域における政府の適切な機能を明らかにすることもまた、できていないのである。

2　共通の基盤を求めて

一九八八年七月、数百万のテレビ視聴者は、歴史上注目に値する出来事を目撃した。人種差別が法制化されていた時代の南部に生まれ育った一人の黒人牧師が、一つの主要政党〔民主党〕の党員と全国民に向けて、党の大統領指名の候補者として演説した。これに劣らず注目に値するのは、おそらく、彼――ジェシー・ジャクソン――が彼の五人の子供たちから受けた紹介であろう。党の代表者と数百万の視聴者は、彼の上品な息子たち、娘たちが静かに述べるはっきりとした証言を耳にした。コズビー・ショウ〔黒人コメディアン、ビル・コズビー主演の八〇年代の人気テレビドラマ〕よりも説得的に、ジャクソン一家は、アメリカの主流の生活形態に対し、黒人家庭からの主張を述べ上げた。

演説のなかで[1]、ジェシー・ジャクソンは、ほとんど四半世紀も前の公民権運動と、運動に殉じた指導者、マーティン・ルーサー・キング・ジュニア師の言葉に触れた。「私たちは今、一つの場にいます」とジャクソンは言った。「奴隷の主人の息子と娘たち、そして奴隷の息子と娘たちが、一つのテーブルを囲んで座っております。そして、わが党と、わが国の進むべき方向を決めようとしています」。マーティン・ルーサー・キングの心は――と、一九六〇年代にはキングの朋友であったジャクソンは宣言する――「今宵、成就したと言えましょう」。ジャクソンは、彼のいう「共通の基盤」を見つけ出すことを求めた。「自分たちの生き残りと堪え忍びの能力」をあてにして「誤った独立《インデペンデンス》の意識」を選ぶのか、それとも「相互依存《インターデペンデンシー》」すなわち「より大きな善のために行動し、団結するための能力」を選ぶのか。選択はこのどちらかであった。そのあと、彼はあらかじめ用意した文面から離れて「貧者、弱者、世界中の多くの者たち」が希望と尊厳を失うことがあってはならないと強く訴えた。彼の姿は画面に大きく映し出された。

ジャクソンの子供たちは、公民権獲得のために戦ってきた世代の次の世代に属しているが、彼らもまた、父と同様、この戦いのおおいなる成果を体現している。一方、ジャクソンが代弁しようとしている「最下層階級」は、公民権運動の成果が不完全であることを衝撃的に体現する者たちである。

第二次世界大戦と同様、公民権運動もまた、アメリカ国民の意識を深く作り替え、国全体の道徳的秩序を変える働きをした。人種の平等は、議論の余地のない中心的信条となり、法的基本前提となった。しかし、第二次世界大戦の場合と異なり、この運動が勝利したかどうかは、判然としないままである。一九六〇年代の半ば、公民権の法制化が行なわれた〔一九六四年人種差別（とくに雇用差別）撤廃、六五年投票権登録の差別撤廃、六八年不動産差別撤廃〕。これは有効だが、限定的な勝利である。それは思いもよらぬ結果をもたらしたのだ。

開かれた住宅供給と反差別のための諸法によって、自由へと向かうおおいなる炸裂が起こった。しかし一方で、何百万という黒人が、過密な、次第に退廃しつつある都市のゲットーに、また、低収入の職業に縛り付けられたままとなった。幸運な者たち、確かな歩みが可能であった者たちは、中産階級の居住地域あるいは職業に参入していった。しかし、都市中心部における仕事口が次第になくなっていくこの時期に、労働市場に入り込む足掛かりを得られない者もあった。かくして「最下層階級」の孤立化と退廃が始まることとなった。

差別廃止による学校統合と、黒人を援助するアファーマティブ・アクション〔歴史的に差別されてきた者たち（黒人や女性など）を教育・労働の場で一定数受け入れることを法制化したもの〕といった国家的努力は、意図としては人種差別の旧弊を一掃することをねらった正しいものであったが、それ自体、むずかしい問題を生み出すことになった。これらを通じて多くの黒人が教育的にも経済的にも利益を受けたが、これらは一方の集団の「権利」と他方の集団の「権利」とを対決させることにもなった。その結果生まれた不信と苦悩を見ると、公民権運動の時代に獲得したものが足下から崩れ去っていくかのようだ。公民権運動の大勝利の日々とはすっかり様子が変わり、今や、政府に何ができるのか、政府は何をすべきなのか、善意の人間にすら見通せないことがしばしばである。

ジェシー・ジャクソンは政府の重要性を強調したが、ある意味でそれはまったく正しいことである。人種間の正義を追求する努力ばかりでなく、他のさまざまな点においても、今日のアメリカ人は連邦政府に深く依存している。経済の領域では、シリコンバレーにおける電子産業ブームも含めて、私たちの自慢とする近年の企業家的エネルギーの爆発の多くは、連邦の国防費によって開発され、資金を得たテクノロジーに支えられている。今日のアメリカ人は、大気汚染や水質汚染が続くことを許しはしない。また、癌や肺気腫やエイズを、人間には不可避的な条件の一部だとはますます思わなくなってきており、同様にまた、身体に障害を受けたり死んだりすることを、労働に当然ともなう危険性だとは考えていない。そしてアメリカ人は、職場環境や、食べ物や、子供のおもちゃが引き起こす予防可能な危険性や、怪我や、死から自分たちを保護してくれることを、政府に期待している。以前には個人的な不幸と見なされていたものを、今では、自然災害に対する国家の安全対策や救済と同じように、公共的責任を問うてしかるべき問題だと考えるようになってきている。

しかし同時に、政府の権力に対するアメリカ人の伝統的な猜疑心もまた、消え去ったわけではない。従来アメリカ人は、政府を利用するのは私的経済の濫用を取り締まることだけに限るようにし、政府の専制化の危険性を避け、政府の効用をうまく引き出すようにするという考え方をとってきた。政府に対して明確な公的権限・目標をあたえることは、稀であった。しかしながら、こうした「規制国家」は、それ自身問題をはらんでいる。保健医療について考えてみよう。リンドン・ジョンソンの「貧困との戦い」政策の一環として始められた、公的財源による老齢者健康保険は、数百万の人々にとって天からの賜物であった。しかし、この制度の濫用を減らすために払われた努力の結果、連邦政府は、医療施設の優先順位を見直すこととなり、入院日数が少ないほど、また高額の治療よりも低額の治療ほど、有利であるようにと調整した。かくて政府は、各病院の医療の質にかんするデータをもつことになった。政府はまもなくこうしたデータを個々の医師にも提供するようになるだろう。このように、連邦政府は、医療のために支払うあるいは負担すると同時に、医療供給のあり方をも規制することになる。そしてまもなく、政府の政策立案者は、たとえば、主に老人向けの新たな医療技術と、貧しい女性に対する出産前の保健とでは、どちらに資金を充当するのがより合理的なことか、といったふうに問い始めることとなる。医療と他の公共善とのあいだでも、こうしたトレードオフをめぐる問いが次々と発せられるのである。

実は、この「トレードオフ」という言葉遣いにしてからが不適切である。この言語は問題をたんに技術的なものとしてしまう。だが、私たちにとって必要なのは、こうした問題についての公共的な討論に資するような、いっそう豊かな道徳的言説なのだ。

もちろん、こうした政府の介入がなければ、私たちはもっと健全で幸福になるはずだ、と言いたいのではない。そうならないことは確かである。私たちが保健医療にかけている費用の総額は、西欧に対しまだまだ落差がある。しかし、政府の介入の増大は、責任のみならず権威が集中することを意味している。問題は、政府がこれらの新しい決定を下してゆくさいの道徳的な共通基盤を、私たちが有していないことである。また、こうした決定が下されるとき、私たちの保健医療制度は何を目標とすべきか、誰がそれを支払うべきか、誰があれこれの部分を統制するべきかといった事柄について、広範な公共的討論が何も行なわれていないということも、問題である。私たちの政府は大きいが、政府に任務を遂行させるための、私たちの政治的・道徳的な能力は小さいのだ。

もし、マリアン・メッツガーが、ジェシー・ジャクソンのあの七月の党大会の晩の演説を聞いていたなら、ジャクソンの論点と彼女自身の経験の両方に関わる、一つの問いを発したかもしれない。すなわち、政府をどのように用いれば、あらゆる立場の人たちの自由を拡大し、市場の周縁にいる者たちに利益をあたえ、なおかつ政府の統制の行き過ぎや硬直を避けることができるだろうか？　という問いである。保健医療の例で見てきたように、政府の介入は、官僚的規制の「お役所主義」のみならず、ゆきすぎたデータ収集やデータ使用による統制をともなうことになるかもしれない。この問いには長いあいだ好まれてきた一つの答えがある。エキスパートが操作すればこうした難問も解決できるというものである。アメリカのビジネスが「科学的経営」の一環としてプロのエキスパートに依存するようになって久しい。彼らエキスパートの操作に任せるならば、社会的に有効でもあり、「政治を越えて」もいるようなやり方で、公共世界の諸問題と取り組み、その解決法を策定することができるように思われた。しかし、今日では、この一見立証済みのアプローチも、やっかいなジレンマに陥っている。もし、エキスパートの支配が、解決法であるどころか、当の問題の一部であるとしたら、私たちはどこに答えを求めたらいいのだろうか。

経済の場合と同様、政府が機能できるのは、制度という文脈においてのみであることに気づくのは、重要なことだ。私たちは長年にわたって「制限された政府」を支持してきたが、一方、私たちの抱える問題の多くは、政府のすばやい対処を必要としているということにも気づいている。私たちの認識は、二方向に引き裂かれている。しかし、行き過ぎた規制・介入から行き過ぎた規制解除へ、次いでまた逆へと、よろめきさまようよりも、今日の社会において政府が置かれている制度的文脈の全体を再考したほうがよい。問題は、政府は何を行なうべきかではなく、どのようにしてそれを行なうべきかなのである。市民を顧客《クライアント》扱いするのではなく、市民が個人として、また共同体や団体の一員として、イニシアチブを取り、また参加するのを助けるようなやり方で、政府が機能するにはどうしたらよいかが問題なのだ。

この問いに適切に答えるとなると、現システムに既得の利益のある諸々の強力な集団に挑戦することになる。しかし、民主主義とは、行政管理型社会にすみやかに変わろうとしている社会のイデオロギー的な装い以上のものだと信じるのであれば、この挑戦のみが、私たちが進むべき唯一の方向である。エキスパート任せの政府は、私たちの問いの答えとはならない。問いは、「いかなる種類の政府を？」である。ジェシー・ジャクソンも、他のリベラルな指導者たちも、この問いを無視したことはないが、国民の参加と国民への説明責任《アカウンタビリティ》——これのみが行政管理システムが専制化するのを防ぐのだ——について考えるための方策を提案することもなかった。政治家は、政府に突きつけられた目標の達成には、努力を傾注する。しかし、その手段に対しては、すなわち人間関係の構造、そして制度的形態に対してはそれほど配慮することはない。そうした目標が責任ある市民精神の可能性を減じるのではなく、増大させるように保証する制度的形態については、それほど注意が払われていないのだ。

3　命の値踏み

バッド・チャピンは、政府のエキスパートである。もっとも、こう呼ぶと本人はたじろぐことだろう。職業安全衛生管理局（ＯＳＨＡ）〔Occupational Safty and Health Administration 労働省の一局〕の古参の規制分析官である彼の任務は、マリアン・メッツガーが勤務していたパーシス・ペイントのような製造業の労働環境における危険性・安全性の許容基準を決定することである。しばしば高額なものとなる安全技術のコストと、人の命にかかわる危険性とのあいだで、トレードオフが行なわれる。このトレードオフの妥当性を計るために局で用いている標準的な経済手法に対し、チャピンは強い違和感を感じている。ＯＳＨＡの標準的手法は、いわゆる「費用・便益」分析である。これを人間の健康にあてはめるのは、チャピンに言わせれば「開いた口が塞がらない」ことである。「どうかしてますよ。間違ってます。完全に間違ってます」。

「人の命の値踏みができますか？　いや、なんとかかんとか値をつけているんです。でも、その値がいったい何であるのか、私にはわかりません」。これは、局の業務は何を基礎に置いて行なわれているかをずばり尋ねてみたときのチャピンの答えである。環境保護局（ＥＰＡ）〔Environmental Protection Agency 独立政府機関の一つ〕と同じく、ＯＳＨＡは、「六〇年代」の余波を受けて設立されたものである。新しい社会問題に対する国民的関心が高まった時代である。そしてＥＰＡと同じく、ＯＳＨＡは、経済学者の言う「外部性」を規制するのを任務としている。下水施設の過負担、高速道路の渋滞、大量のごみ、製造過程における危険物質の使用など、次第に増してきた諸活動間の相互衝突にかんして、その度合いを測り、意味づけるといった内容の仕事だ。かつて予想だにしなかったこうした衝突を規制するに当たって、いったい何を基準としたらよいのかが常に問題とされてきた。費用便益分析の手法は、有毒廃棄物の場合のように、もともと市場が存在しないところに、報償と損害を想定して、市場を仮構する。こうした架空の市場を作り上げるには、人間の命から景色のよさまで、あらゆるものに価格をつけ、それらの財のあいだのトレードオフが費用と便益として計算できるようにする必要がある。バッド・チャピンのようなアナリストに任されているのは、諸々の規制を編み出すことで、企業に対する経済的報償を実際に作りだし、安全性と危険性の問題をビジネスに内在するコストとして真剣に取り上げられるようにすることである。

では、チャピンはどのように仕事を進めるのであろうか？すなわち「今日におけるもっとも安直なアプローチ」によって。すなわち「最大多数に対し、最大の善を、最低の価格で」を目標とするやり方である。これは経済学の知的生みの親である哲学的功利主義の公式として、福祉経済学の古典的公式となっているものである。

チャピンがそう理解しているように、彼のような大学仕込みのエコノミストが行なっているのは、トレードオフの案出である。有毒なごみの浄化で五〇歳以上の人間一人が救われるとする。しかし、その費用を、工場の有害物質の規制か、貧困層の母親の保健医療に充てるかすると、より低コストでより多くの生命が救われるかもしれない。では、お金はこちらに回すべきではないか――。こういった問題に合理的な答えを出すのが彼らの仕事である。「でもやっぱり」とチャピンは言う。「怪我や命をドルで計るなんてことは、できることなら願い下げたいものです」。どうしてであろうか。「策略やら公式やらテクニックやら計画やらを動員して、なんとかかんとか需要曲線と供給曲線の交点を意味づける。しかし、ここにあるのは市場の配慮だけです。他のことはまるで考えていない」。そのテクニックは私たちに何を教えてくれるのであろうか。「もし、あなたがこの事業で今日百万ドルを費やすならば、今日の、明日の、将来の利益は、さあ、実人数でこれだけのものです。もし、今は見送ろうということならば、利益はこれだけになります。……そして、病気や怪我の回避による利益は、これだけの額になります」。

チャピンのような反体制的なエキスパートは、ここに、ある限界のあることを認める。アメリカ社会の次第に増大する相互関連性をどう見積もるか。費用便益分析やその他類似の手法は、これを「客観的に」計量することをもくろんでいるが、そこには「何か抜け落ちているものがあります」。しかし、費用便益的な論理を根本的には認めていないチャピンにとってさえ、この種の論理には説得力があり、真にこれに取って替わる手法を想像することは、困難であった。結局、彼の案というのは、この手法を用いながらも、条件つきでそれを緩和させるというものであった。

新しい時代からの挑戦に、いっそう適切に対処できる知的資源を、私たちはどこに求めたらよいのだろうか。バッド・チャピンがやむなく依拠している経済理論の主たる盲点は、それがばらばらの個人ばかりを見て、個人に意味をあたえ、世界のなかでの自らの場所をあたえている制度を見過ごしている点である。彼の業務の出発点にある理論的展望は、個人にとっての善と利益しか含んでいない。しかもそれらは、足し合わせはできるが中身を論ずることはできない、固定した選択であるとされている。この典型的な経済学的思考は、そうした善や利益が、文化的に構成された、歴史的に変化するものだという事実に目を塞ぎ、社会の制度的生活として具体化されるいかなる共同善も、幻想としてあらかじめ除外することにしている。すなわち、チャピンのようなエキスパートが見落としているものは、公共の（国民的）討論なのである。公共の討論は、人々の選択を明らかにし、また、道徳的コンセンサスを掘り下げることで、まさしくそうした選択自体を変えることができるかもしれないものである。エキスパートらの職務を枠づけている法的規定は、彼らが用いる道徳的ロジックを正当化するには、あまりにも根拠の薄い、その場限りの妥協の産物であり、公共的討論の裏付けのほとんどないものである。彼らはこのことを理解していない。

ジェシー・ジャクソンは、共同善の追求を中心に据えた、拡大された、かつ包括的な社会についての展望を喚起するために、宗教的な言語を用いた。こうして彼は、アメリカの古い伝統と彼自身の生い立ちとの両方を受け入れることができた。私たちの宗教の諸制度は、今でもこのような資源を供給することができるのだろうか。それらは奴隷制の廃止や、社会的福音《ソーシャル・ゴスペル》〔イエスの教えを社会に適用しようとする二〇世紀初頭のアメリカのプロテスタントの運動〕や、公民権運動のときのように、時代にふさわしい霊感をもたらすことができるのだろうか。

4　このもっとも小さい者

ピードモント高原にそびえ立つきらめく一群の広告塔が見えたら、「新南部」の首都アトランタに到着である。ジェシー・ジャクソンが共通の基盤を求めて演説した、超現代的なホールから歩いてわずかの所に、ポンセ・デ・レオン通りの老朽化したアーケードがある。この二マイルほどの区間に、近年の再開発の波に乗って、新しいスーパー、ショッピングセンター、小オフィス街、ピカピカのマンションがぽつぽつ建ち始めている。しかし、マーケットは二四時間体制で警備員を雇い、マンションは鉄壁の警備システムを売り物にし、酒屋の店員はレジの下に野球のバットを隠し持っている。というのも、この通りの付近にはまた、貧困者や移動労働者のための荒廃した宿泊施設や、単身者用アパートや、アトランタの家も職もない貧窮者の一種の基地となっているごみだらけの空き地などもあるからだ。彼らにとってポンセ・デ・レオン通りには、若返りの泉はない。彼らは、表通りの広い歩道を徘徊し、ネオンに輝く食堂やバーの前に群がり、駐車場で裕福な隣人たちを呼び止め、物乞いをしている。

一〇年ほど前、二人の長老派の牧師と一組の信徒の夫妻が、かつて婦人組合伝道団があった閑散とした古いポンセ・デ・レオン・ビルに引っ越してきて、「開かれた扉の共同体《オープン・ドア・コミュニティー》」を始めた。「カトリック労働者の家」（カトリックの活動家でベトナム反戦運動も行なったドロシー・デイの社会運動にもとづく全米各地の救貧施設）の長老派版だというこの共同体は、家のない者には住む場所を、空腹な者には簡易食堂を、垢まみれの者には共同シャワーを、身寄りのない者には居住者で作る「パートナー」あるいは「ボランティア」のグループを提供している。こうしたグループは、路上からやって来る「ハウスのお客さん」と一緒になって、家事、共同体の世話、祈りを行なうのである。

「開かれた扉」の創始者の一人、エド・ローリングが小さな古い長老派教会の牧師としてこの地に赴任したのは七〇年代半ばのことであった。当時彼は、四〇歳より少し若く、自分と妻のマーフィー・デーヴィスが近くの大学で博士号を取得するまで、ほんの数年間をここで過ごし、そののちは教会の大学で教鞭を執ろうという心積もりであった。だが、事は違ったふうに進んだ。日曜の晩の小さな聖書研究会では、福音書のメッセージをいかに生活に生かしていくかを話し合ったが、ローリングとデーヴィスは、次第に新しい伝道の意識に目覚めていった。「私たちは、神に奉仕する召命とは貧者に奉仕する召命であると気づいたのです」とデーヴィスは語る。彼女は、マタイ伝二五章の「最後の審判」の一節にあるイエスの言葉を引用する。「はっきり言っておく。わたしの兄弟であるこのもっとも小さい者の一人にしたのは、わたしにしてくれたことなのである」。貧しい者たちの苦しみのなかでこそ、「私たちはキリストの苦しみが理解できるのです」と彼女は言う。

ローリングとデーヴィスは、もう一組の若いカップル、ロブ・ジョンソン、キャロリン・ジョンソン夫妻の協力を得て、教会のなかにアトランタのホームレスのための夜間宿泊所を設けた。ドロシー・デイの「カトリック労働者の家」の例がいくらか参考になった。マーフィー・デーヴィスは、当時の様子をこう振り返る。「エドはこの古いブルーのワゴン車で町を一回りして、車を止めては、教会で一晩泊まりませんか、と聞くんですよ。おわかりになるでしょう？　どこでも、こいつ頭がおかしいんじゃないかと思われてしまって。でも、その後うわさが広まりました」。うわさの効果は絶大で、まもなく教会はホームレスの人々でいっぱいになった。「私たちは〝もてなし《ホスピタリティー》〟という言葉を真摯に受けとめています。ただ宿を提供するというだけでなくて、もてなしを提供するように努めているのです」。ここでローリングが説明を加える。「神学的に説明しますと、もてなしというのは、宿や食べ物だけではなくて友情もあたえられるような空間を提供しようと努めることです。その礎《いしずえ》となるものが、私たちに対する神の友情なのです」。

しかしこれには問題があった。信者のなかには、夜間宿泊所の手伝いを断り、これが次第に大事になっていくのに抵抗する者もいた。教会内の結びつきが脅かされるのではないか、エドが牧師の仕事から外れていくのではないかと心配する者もいた。ローリングとデーヴィスとジョンソン夫妻にとっても、本来の仕事と、ふくれあがってきた宿泊所に対する責任の両方をかかえるのはたいへんなことであった。貧しい者たちとともに生活することなしに、真にキリストに従い、彼らに食をあたえることができるだろうか？　両夫妻ともこのことで迷ったと述べている。

結局、八一年に「開かれた扉」は教会から引っ越し、新たに独自の拠点をもつことになった。費用には、ローリングとデーヴィスの家を売って得た資金と、アトランタ長老派教会からの援助金を充てた。「貧しい人々のただなかで神に奉仕するという経験をするうちに、私たちは新たな召命を感じました」とローリングは言う。「私たちはキリスト者共同体の新たなスタイル《オルタナティブ》を創りたかったのです。住居としての共同体です」。

「開かれた扉」は、共同体での生活、ホームレスの人々への奉仕、そして彼らのための社会的弁護のスタイルを維持してきた。しかし、それは苦しい戦いであった。見ず知らずの他人を、ともに神に造られた者あるいは隣人であるとして、無条件に「もてなす」。「開かれた扉」のこの聖書的理念は、国家や公共機関が福祉の「対象者《クライアント》」にあたえる職業的サービスとは対照的なものである。「対象者」が援助を受ける資格の有無を判定するためには、「貧窮」の度合いを「査定」しなければならない。すなわち農務省から余剰食料の給付を受けるのに必要な正確な記録をとらなければならない。「開かれた扉」はこれを潔しとせず、政府に援助を仰ぐのを断念した。しかし、政府の援助は、喉から手が出るほど欲しいところである。

「開かれた扉」の四人の発起人のうちの二人、ジョンソン夫妻は、今は手を引いている。自ら助けるとも限らない者を助ける道をたえず求めることは、たいへんなことである。彼らはただ貧しいというばかりではない。酔っぱらいもいれば、虐待常習者、暴力をふるう者もいる。「開かれた扉」の扉を開けて「たくさんの悪事を持ち込んできた」者もあると、今は去った世話人の一人が言う。持ち込まれた悪事にのっかる者もいた。「私は、イエス・キリストがスープを求めて扉を叩くという神学と格闘しました。こんなありさまでも彼らはイエス様なのだ、とは、ちょっと言えない気持ちでした」。

そうこうするうちに、（主として黒人の主として低学歴者の）客人の一部から「開かれた扉」の世話人の権限に対し、抗議の声が上がった。「ここの人間の半分には決定権がない。じゃあどうしてほんとうの共同体と言えるかね」。こうした挑戦に、エド・ローリングはどう答えるのか。「教会の目的、ペンテコステの目的は、バベルの塔の崩壊から立ち直り、エフェソの信徒への手紙の二章（「従って、あなたがたはもはや、外国人でも寄留者でもなく、聖なる民に属する者、神の家族であり……」）にあるように、私たちが新たな統合のもとで暮らせるようにすることです。むずかしいのは、ここに書かれている現実を、階級と人種の違いのなかでどう展開するかです。どうしたものか、今でもよくわからない。……今の私は、外では得られない平等や助け合いが、この家の内側では達成できるなどとは思っていません。五年、六年、七年前にはそう思っていましたが。ここの世界もけっこうなていたらくです。たいしてできてやしない。でも、何かはやっているのです。とにかく、多様な人間がここでいっしょに生活しているのです」。

道徳的な証しの共同体という、もっとも理想主義的で模範的な形をとることができたときでも、彼らの教会は「外の社会」から逃れることはできないし、それを無視することもできない。また、ローリングが理解しているように、教会はすべての傷を癒せるわけでもない。少数のアメリカ人が選ぶ無私の奉仕の人生も、多くのアメリカ人が実践するほどほどの慈善も、ともに大事なものである。だが、マーフィー・デーヴィスが得た結論によれば、「私たちのわずかなパンくずだけでは不十分です。貧しい者たち、虐げられた者たちに必要なのは、私たちの断片的な慈善ではなくて、正義なのです。全体なのです。神の子供たちすべてに行き渡ることなのです」。

超満員で財源不足の「開かれた扉」。ときにメンバーから疑問の声が上がる。教会あるいは社会全体にこうやってメッセージを発していても、何ほどの効果があるものだろうか？「もしかすると」とデーヴィスは考える。「貧しい者を愛するように、神が私たちを召されたのは、一つには、私たちが進歩や成功を自分のものにしようとするのを、貧しい者たちの現実によって挫けさせるためかもしれません」。この厳粛な洞察と関連して、「開かれた扉」には、社会正義、自発的な貧困、貧しい者たちとの連帯といった自分たちの理念とは相容れないかのような外の社会からは、一歩身を引いた所に立っていきたいという衝動がある。しかし、同時にまた「開かれた扉」は、公共の教育、弁護、討論に精力的に取り組んでおり、いつの日か、飢えた者が食を得、家のない者が宿を得、貧しい者もまた共同善のために働くことができる、そんな社会が訪れるという希望を抱いている。込み入った姿勢であるが、いかなる宗教的なビジョンと不完全な世界とのあいだにもある緊張関係を表わしたものであろう。しかしまた、彼らのこの姿勢は、自発的な宗教的奉仕の努力につきまとう大きな問題をも示唆している。苦難を軽減しようと努力してみても、その苦難を生み出している大きな制度的文脈のほうは変えられないのであれば、他者のために働く人間は、倫理的理想をあれこれの行動のなかにどう生かしたらよいのだろうか。この問題がいつもついて回るのである。

マーフィー・デーヴィスのようなラジカルなキリスト教徒は、バッド・チャピンが置かれているような状況に身を置いて考えたりは滅多にしないものだ。しかし、ある重要な点では、この二人の目的は――見解さえも――近いところにあると言える。どちらも、競争的な市場の計算ばかりを重視する社会の冷たさを訴え、当惑している。デーヴィスはこう書いている。「福音を聞いて、私たちは失敗者となるために召されるのだと考えるのは、なんとむずかしいことでしょうか。……救いが訪れるのは、私たちの仕事が、神の国の到来に向けて、着実な歩みを見せているからではありません。神は、私たちとすべての被造物に対する愛と恵みにあふれているから、救いが訪れるのです。これを学ぶのは、むずかしいことです」。デーヴィスとチャピンは、ともに、理性を心に呼び覚ますことで、私利にもとづく計算の狭量さをなんとか埋め合わせたいと思っている。現代社会は、頭と心が切り離されている。ふたたびくっつけて、まともに動くようにしたい。そう二人は考えている。

この問題にかんしては、マーフィー・デーヴィスとエド・ローリングは、バッド・チャピンよりも深い理解から出発している。チャピンは、命の「値踏み」に対して良心の呵責を覚えているものの、それに取ってかわる具体的な意味をもたらすことのできる共同体と伝統を欠いている。これと対照的に、デーヴィスとローリングは、大きな経済機関や政府機関と関わりをもつことを、可能なかぎり避ける道を選んできた。チャピンが引き受けた責任を回避することで、チャピンが不承不承行なっている妥協には手を染めないで済ましている。だが、純粋さと自由を得るかわりに、彼らは大きな代償を払うことになった。その真剣な取り組みにもかかわらず、彼らの共同体は、永遠に最下層から這いあがれないかもしれない不運な人々に降りかかっているさまざまな問題の深さと複雑さにどうにも対処できないのである。急速に変化し、複雑化する一方のテクノロジーが経済を突き動かしてゆくなかで、職業教育と経済活動への参加はどうしたらよいのか？　彼らはいかなる解決法を提示できるのだろうか？　彼らの証しは、深い、感動的な希望の身振りである。しかしそれはついに身振りに留まる。全社会の変容を予示するしるしではあっても、それを生み出す行動の型ではない。デーヴィスとローリングがたいへんな苦難を通じて学んだことは、個人の回心《コンバージョン》は――それがいかに重要だとしても――制度の転換《コンバージョン》に取って替わることはないということである。とはいえ、よりよい社会のあり方を探る彼らのビジョンの価値が減ずるわけではない。排除することのいっそう少ない社会、私的獲得よりも人間の全体性を志向する社会。彼らのこのビジョンは、現行の諸制度が是非とも体現すべきものである。彼らは、自分たちの教会にはこの制度的転換のための青写真がないことを知っている。だが、彼らはまた、正しい答えを模索する者どうしの対話のなかにこそ、この青写真が見出されることも知っている。[2]

5　現実主義者と理想主義者

貧困や不正の問題に立ち向かうには、世俗の権力構造から身を引かねばならないと、あらゆる宗教の信者が考えているわけではない。キリスト教徒のみながそう考えているわけでないことは確かだ。たとえば、プロテスタント神学者、ラインホールド・ニーバーは、人間の本性には悲劇的な限界があるがゆえに、善をなす道筋において、何らかの悪を行なわないわけにはいかないと論じ、社会に幅広い影響をあたえた。ただし、彼はこう続けている。人間的努力じたいに正義を振り向けるよう、神は罪深い人間に命じている――そうした試みじたいが皮肉な結果に終わることもしばしばなのだが――と。[3] 第二次世界大戦以来、アメリカが世界情勢を支配する時代が続いた。この重要な時期、ニーバーの見解は、いわゆる「現実主義」の立場を支える強力な原理となった。当時でも、また今日でも、多くの善意のアメリカ人はこう感じることだろう。国際社会においてアメリカが演ずるべき役割を考えるとき、「開かれた扉」におけるような受容的な慈善が適切なメタファーになるとは思えない、と。

　長いあいだ、リチャード・ニクソンは、彼流儀の「現実主義」のすぐれたスポークスマンであった。「アメリカ人としては、国際舞台における平和時の闘争は、クイーンズベリー侯のルール〔ボクシングの正規の作法〕に従って行なうほうが望ましい」。八〇年出版の著書、『リアル・ウォー』の言葉である。「だが、ソ連の指導者は、平和時でも戦時と同じルールを適用する。何でもありというやくざ者の流儀である。彼らの挑戦に対抗するため、合衆国大統領は、自己が掌握するすべての権力を効果的で責任あるやり方で行使しなければならない。……すなわち彼は、現実主義的に考えるべきである。ナイーブではだめなのだ。……国家の行動においては、道徳的完全性は期待できないし、またそれを要求してもならない。これを彼は受け入れなければならない(4)」。

ジミー・カーターが追いつめられていた政権最後の年に出版されたニクソンのこの心からの叫びは、カーターが大統領選の遊説中に述べた理想を辛辣に批判したものである。ラインホールド・ニーバーを精神的な師と仰ぐカーターは、ニクソン＝キッシンジャー路線の外交政策を精力的に批判し、それに代わる方策を約束していた。遊説中の声明のなかで、カーターはこう述べている。「近年、わが国の高官は、あまりにもプラグマティックに――シニカルにさえ――なっているのではないでしょうか。またその結果として、しばしばわが国を特徴づけていた道徳的価値を無視しているのではないでしょうか。ここを私は疑問に思うのです」。彼は警告する。「軍事力だけでは不十分です」。国家の真の力は、建国の文書のなかに具体化された諸価値のなかにある、と彼は言う。「こうした基本理念が、我々を偉大にしてきたのです。我々の外交政策の上にこの基本理念を反映するのでないかぎり、我々はこれらの価値を嘲笑することになるのです」。大統領就任演説で彼が引用したのは、ミカ書の六章八節である。「主が何をお前に求めておられるかは、お前に告げられている。正義を行ない、慈しみを愛し、へりくだって神とともに歩むこと、これである(5)」。

八〇年の選挙のあと、『タイム』誌は、ニクソンの『リアル・ウォー』が置かれたきれいな机に向かって座っているロナルド・レーガンの写真を掲載した。国民の多くは、議論は一巡して元の場所に帰ってきたと思ったことだろう(6)。実際、ニクソン、カーター、レーガンが繰り広げた議論は、外交にかんする「現実主義者」と「理想主義者」との長い――建国以来の――公論の一部なのである。ジョージ・ワシントンは、「いかなる国家も、その利害の束縛を越えてまで信を置かれるべきではない」と慎重に述べた。一方、建国当初よりアメリカ人は、自分たちは模範であると考えてきた。カーターにせよ、レーガンにせよ、強調点こそ違っているものの、この同じ自己像に訴えて論じていたのである。

一九世紀にハリエット・ビーチャー・ストー〔黒人奴隷の運命を描いた小

説『アンクル・トムの小屋』の著者〕は、アメリカ人を「自由と宗教の灯火を世界中に伝え、神の国《ミレニアム》——すべての戦いが終結し、悪の束縛より解放された全世界が、主の光のもとに喜び輝く至福の千年——をもたらすという任を帯びた」民として描いている[7]。合衆国が世界の救世主であるかのように主張することは、とりわけ一九世紀にはやさしいことであった。当時わが国は、市民が自分たちのものだと思っている大陸に他国から離れて安全に納まっていられたからである。ウッドロー・ウィルソンは、アメリカの第一次世界大戦参戦を布告したとき、アメリカの千年王国論《ミレニアリズム》を二〇世紀のパワー・ポリティックスの世界に持ち込んだ。彼は言う。「我々が自由と正義をもたらすことで、世界を贖うときがきた[8]」。しかしながら、すべての理想主義者が救いようのない夢想家だったわけでも、すべての現実主義者が幻滅した冷笑家だったわけでもない。外交官のジョージ・ケナンや、歴史家のアーサー・シュレジンガー・ジュニアのような著名人のなかには、ニーバーの「道徳的現実主義」を生かして、複雑にして曖昧な、悲惨なほど非道徳的な世界のなかに、責任のある道徳的なパワー・ポリティックスを実践しようと努めた者もいる。彼らは、現実主義と理想主義の真摯な討論を通じて得られる、公共の道徳的理解の精妙さ、むずかしさを教えてくれる好例である。

とはいえ、過去二〇年間、世界におけるアメリカの卓越に陰りが生じ、新たな勢力が成長してくるにつれて、理想主義と現実主義とは、実際に行なわれている外交政策から奇妙にも遊離するようになってきた。カーターのレトリックにはウィルソン的理想主義の色彩があり、ニクソンには露骨な現実主義のとげとげしさが、レーガンには荒削りの千年王国論が見られたが、レトリックにおけるこうした対照は、外交にかんして彼らが実際にとった行動の根本的な相違に対応していないし、また、彼らのこの方面における成功と失敗を説明してもいない。

任期終了時には、一般にはカーターは外交上の失敗者であると見られていた。カーターは善良であり、まっとうであったにもかかわらず——というより善良でまっとうであったからこそ——彼の政治運営は、ソ連のアフガニスタン侵攻や、とくにイランの人質事件などにおける挫折に見られるように、微力で無能だった、というふうに評された。これとは逆に、カーターの理想主義的熱意があったからこそ、キャンプ・デービッドにおけるイスラエルとエジプトの合意の仲介という、カーター政権最大の勝利がもたらされたと論じることもできよう。さらに、カーターの政策は、決してソフトな理想主義だったわけではない。カーター政権は、国家安全保障会議顧問のズビグニュー・ブレジンスキの提言に従って、国際的な勢力均衡におけるアメリカの優位性の最大化を冷静かつ体系

的に図る、ニクソン政権と同様の地政学的な戦略を採用している。(9)

カーターの外交政策における問題は、批判者が言うような、甘ったるい理想主義や無定見によって弱体化したということではない。国際的な政治経済があまりにも複雑化してきたために、現実主義者が好む地政学的戦略の標準的な道具を効果的に用いることができなかったということなのである。「われわれの戦略の弱点は」と、かつてカーターの国家安全保障会議のスタッフを務めていた人物が言っている。「力の道具として何が適切であるのか、十分につかめていなかった点にある。我々が直面した問題の多くに対して、軍事的な対応は不適切だとわかっていた。東西戦略上の問題については、軍事力を用いることができる。しかし［我々の基本的な問題の多くに対しては］軍事的な力はあまり使い道がない。思想の力や経済の力に頼らなければならないのだ」。

どの国の政府の場合とも同じく、合衆国政府もまた、国際間の情報の流れや地球規模の経済力学を制御することができないことは、もう一〇年以上にわたって明白である。カーター政権がソ連のアフガニスタン侵攻に対して穀物禁輸による懲罰に努めたときも、アメリカの撤退によって生じたソ連貿易の空隙を、他の穀物輸出国がただちに埋め合わせるという結果となった。イランの革命家たちがテヘランで四二人のアメリカ人を人質に捕ったときも、国際メディアの報道は事件を巨大な心理劇に変えてしまい、事件によって合衆国に引き起こされた苦痛、挫折、屈辱を増大させることになった。

レーガン政権は、カーター政権を見舞った外交上の敗北を避けることに努め、ある程度それに成功した。グレナダ侵攻のようなアメリカの力の誇示は、軍事的に成功し、士気を高めた。その他の多くの行動、海兵隊のレバノン駐留、ニカラグアの港湾での機雷敷設、ペルシャ湾への海軍急派などは、成功していない。レーガンのホワイトハウスは、すでにカーター時代に増大していた軍事費を大きく引き上げ、ソ連に対する疑問の余地のない軍事的優越の達成を目指し、アメリカの覇権の建て直しを図った。しかし結局のところ、この戦略はどれほど成功したのだろうか。戦略兵器削減交渉における大成功は、レーガンの功績としてもっとも有名なものであろう。しかしこれは、彼の初期の政策を着実に継続した結果というよりも、むしろそれを劇的に破棄した結果として訪れたものである。ソ連の破産を狙った軍拡競争は、成功したと言えるかもしれない。ただし、アメリカが抱えた負債を見るならば、自分の方でもほとんど似たような結果を引き起こしていると言える。こうした負債は、アメリカを次第に他国の好意に依存させていくことになり、アメリカの国際的な戦略的地位の全体を弱める恐れがある。政権を握った当初、ロナルド・レーガンと彼の顧問たちの目に手堅い現実主義と映ったものは、今やドン・キホーテ的理想主義のように見える。この変質の理由を、伝統的な現実主義と理想主義の論争のなかに見出そうとしても無駄である。これは地球規模の断層変移に由来しているのである。

国際経済の力学は、ヨーロッパ経済共同体、日本、東アジアの新興工業国家との競争を増大させた。私たちの軍事力には、これを妨げる力はない。同じ力学が、合衆国の経済政策から出た軽率な援助と相まって、ラテン・アメリカおよびアフリカにおける貧困を増大させた。この問題にかんしても、私たちの軍事力はなすところがない。かわりに中米その他における代理戦争政策をもたらすくらいなものだ。複雑化した国際的な相互依存関係は、外交政策上の課題を理解するための、これまで受け入れられてきたカテゴリーを、時代遅れにしてしまった(10)。

現行の外交政策論議で用いられている言葉は、もはや存在しない世界に関わるものである。現実主義者は、合衆国は国益を守るために必要なことであれば、何であれ行なうべきだと言う。しかしながら、今や私たちは、ダニエル・ベルが最近、「国民国家は、生活上の大きな問題に対処するには小さすぎ、小さな問題に対処するには大きすぎるものになりつつある」と述べたような時代に入りつつあるのだ(11)。私たちの経済生活は、一つの国家の行動などに左右されない巨大な世界市場の力学に支配されている。環境汚染問題は国境を越えている。核兵器の増殖は地球全体の安全を脅かしている。世界の富と力の莫大な格差は泥沼の闘争を引き起こし、世界中で経済の安定と政治の安全性を危険にさらしている。

こうした環境においては、現実主義者が強調する自国の利益と、他の社会の利益とをいつも判然と区別できるものではない。逆の場合もそうである。理想主義のある立場からすると、合衆国は独自の理念をもっており、この理念を世界中に拡げるのは私たちの意のままである。今もそれが真実であるとしても——ある意味では確かに真実である——、他の国々はわが国の何を学ぼうとしているのか、あるいは私たちの示す模範がそれらの国を窒息も抑圧もしないようにするにはどうしたらよいのか、私たちはあまりよく理解していない。それゆえ、私たちの理念も利害も、ともに新しい、より地球的な視点からの建て直しを必要としている。そしてこの地球的な視点というのは、制度的な視点なのである。

現実主義的な展望は、国民国家は「自然状態」のなかにあるとの考えに立脚している。それによれば、国家は永久に、現実的・潜在的な「万人の万人に対する戦い」のなかに置かれているものとして行動しなければならない。理想主義的な展望もまた、諸国家は孤立した「個」であると考えている。

そうしたなかで、合衆国は他の国々を引き上げる模範例として傑出しているというのである。しかし、結局私たちが悟りつつあるのは、洞察力ある者にはとうの昔より明らかであったことだ。すなわち、国家は地球規模の大きな社会の網の目に捉えられており、最強の国家といえどもそのきびしい拘束のなかにあるということである。国際的な諸制度――条約、協定、契約――は、第二次世界大戦の終結以来、巨大な成長を遂げており、いかなる国も簡単には無視できない国際世論が形成されている。人類のすべてを危険にさらす軍事的、経済的、また生態系上の脅威に視点を置いて考えるならば、今日の課題は、地球全体の共同善にとって必須であるような国際的な諸制度を強化し、拡張することなのである。

6　道徳的ジレンマとしての制度のジレンマ

以上、私たちはいくつかの真摯な個人の例を見てきた。彼らはみな、「大きな社会」を織りなす諸々の複雑な経済的・政治的・国際的な制度をどう理解したらよいか、そのなかでどう行動したらよいか、戸惑っている様子であった。教育ある経営者、エキスパート、政治的指導者、被選挙公務員も、事実を評価し、目標を決定するのに必要な適切な公共哲学を欠いているかに見える。そうであるならば、一般の市民が日常の経験に対してしばしば困惑しているとしても、驚くに足らないことだ。

自らの理解を超える問題に出会ったとき、私たちは手っ取り早く理解できる文脈で考えようとする。なじみのない制度や出来事にまで意味の世界を拡げようとするとき、家族のような身近な制度がメタファーとして働く。アメリカ人が、他の都市や他の国の人々へと共感と関心を拡げることができるのは、こうした人々の生を、自分たちが家庭や身近な人間関係のなかで体験している生と同様のものと見なすことによってである。メキシコやアルメニアで地震が起きる。倒壊した建物の瓦礫の下から怪我をした子供が運び出される。こうした映像を見るとき、私たちは、これらはるか遠くにいる人々が何を必要としているか、ただちに理解する。メタファー的な理解に使われるもう一つの身近な制度は、スポーツである。たとえば、ビジネスにおける諸々の組織の功績と失敗は、「チーム」の働きとして描けば理解できるし、また、「チーム」として生きるとき意味をなす。しかし、新聞やテレビを通じて私たちに送られてくる情報の大半は、やはりよく理解できないままである。制度的な文脈がつかめれば、それらは血の通ったものとなるだろうが、私たちにはそうした感覚が得られないのだ。

先に述べたように、アメリカ人は、制度という概念そのものを厭わしく思っている。しかし、意識的にはどうであれ、アメリカ人は制度の道徳的ドラマに深く魅了されている。少なくともスポーツのように、彼らがよく理解している、あるいは理解していると自ら感じている場合には魅了されてしまうのだ。

アメリカ人の国民的娯楽、野球のことを考えてみよう。数千万のファンが一シーズン熱狂できるのは、スポーツそれ自体のためばかりではない。競技上の、あるいは経済上・法律上の複雑な規則よりなるリーグの制度のおかげでもある。毎年、ペナントレースのドラマが成立するのは、選手やチームの技術がコーチ・審判・会計士・契約が織りなす、より見えにくい構造に支えられ、導かれているからに他ならない。さらに、野球に対する集団的な敬意、忠誠、献身といった道徳的な下支えも欠かせない。多くのファンにとって、野球のドラマが佳境に入るのは、このような制度的な大構造が見えてくるときである。とりわけ、チームが長年一体化していた本拠地の都市を離れるときとか、スキャンダルが発覚し、野球を律するはずの徳義や慣習についての国民の意識が動揺を受けたときのような危機のときである。

スタープレーヤーは莫大な報酬を得て当然とされている。しかし、彼がチームに対する実際の貢献以上に自分を偉いと思い、勝手な振る舞いを見せ始めたときには、プレイの楽しみは道徳的憤激に変わる。オーナーがひたむきなスポーツの世界を食い物にして、私利を貪っていることが発覚したときもそうである。だが、なぜ憤激するのだろうか？　憤激する大衆は、野球には道徳的規範が織り込まれていることを認めているのである。こぞって憤激するのは、ファンが制度としての野球に道徳的に強く一体化していることの現われである。この折には、明らかに、野球は、個人的満足のための中立的な仕掛けだとは考えられていない。そのようなものであるなら、誰がスキャンダルなど気にかけるだろう？　むしろ、野球は、その目的、慣例、規範を含めて、集団的な道徳的事業、完全な意味での制度なのである。そして多くのアメリカ人は、このことを大切にしている。制度として野球は、どのシーズンにおいても、出場する個々の選手や組織以上のものである。それゆえ私たちは、野球をそのあるべき姿に照らし合わせて、あるときは成功と、あるときは失敗と見ることができるのだ。以上のような理解は、野球コミッショナーの故A・バーレット・ジャマッティの一九八九年八月一〇日の声明に美しく表現されている。彼は、シンシナティ・レッズのかつてのスタープレーヤー、この時点ではマネージャーであったピート・ローズに対し、彼の賭博行為のゆえにプレイからの終身追放を決定した。これはそのことにかんする声明である。

私は、野球は美しいエキサイティングなゲームだと思います。それは数百万の人々に愛されている。そのなかには私もおります。そして私は、野球は重要で永続的なアメリカの制度だと思います。それは、誠実さ、プロの技量、ルールを遵守するフェアプレイといった最高度の徳義を要求し、鼓舞しなければなりません。人間が創ったいかなる制度とも同じく、この制度もまた、そうした最高度の目標に常にかなっているわけではないでしょう。当然です。この世のいかなる制度も、そうはいかないはずです。しかし、この制度、野球は、私たち国民の歴史の非常に大切な一部となっており、また、私たち国民の魂をしっかりとつかんでいます。そのことを考えるならば、それはまた、プレイを見守る方々、ファンや後援者の方々に対して、義務を負うはずです。あらゆることに卓越するように奮闘すること、最高度の理想を促すことが求められるのです。

　私は理想家だと言われるかもしれません。私もそれを願っています。私自身と私の国のために、私が抱いている理想を、国民的ゲームの上に、あるいは他の国民的な制度の上にも、私はこれからも掲げ続けるつもりです。野球場の内外で起きるあれこれ個別の問題については、議論があり、反論があるはずです。また、ゲームの気高い部分は、このゲームのために働く人々、さまざまな役割の人々の人間的な弱さによって、汚されることがないとは言えません。しかし、野球の目的や、野球に対する私たちの献身に、疑いや反対があってはなりません。また、ゲームを傷や汚れ、すなわち不名誉から守るために、警戒し、活力を保ち、そして忍耐強くあろうとする私たちの姿勢に、疑いや反対があってはならないのです。[12]

　スポーツのファンは、すべてのアメリカ人が知るべき重要なことを、直観的に理解している。制度化されたスポーツに熱狂しているうちに、彼らは、個人的な卓越性が、集団が支える名誉と規律のコードに依存していることに気づく。世代から世代へと、コーチは要求し、選手は受け入れる。このようにしてスポーツは、性格《キャラクター》を教え、形成する。だが、これは他のどの制度にも言えることだ。この点においてスポーツはそれほど特異な例なわけではない。

　制度とは、集団と個人の経験に形をあたえる、社会的行為の様式である。家族は、その成員の人生に意味と目的をあたえ、それぞれ配偶者、親、子として自覚させる。同様に、一つの制度は、個人のアイデンティティーを導き、支える、複合的な一つの全体である。制度は、他者に対する振る舞い方、関係の仕方のうちの、あるものを許し、あるものを許さないことによって、個人を形成する。それは、責任を割り当て、説明義務《アカウンタビリティー》を要求し、各人が自らの成し遂げたものの美質を認識できるような基準をあたえることで、性格に形をあたえる。各個人の将来の可能性も、当人が入っていこうとする制度的な文脈の内部で得られる種々の機会次第である。フィールド上の仲間がこぞって努力するのでなければ、満塁ホームランもありうるはずがない。

それゆえ、理想と意味を支えるものとして、制度は欠くことのできないものである。とはいえ、現実の世界では、それは不完全にしか具体化されない。個々の目標を達成するにも、こうした達成をいつも後ろで支えているパターン化された社会活動を実行するにも、物質的資源が必要である。目標の達成はまた、権力の行使をともなう。このため、軍隊であれ、スポーツのチームであれ、さらには家族でさえ、あらゆる制度は、何らかの程度は富と権力の両方に不可避的に関わることになる。ということは、あらゆる制度は、実に簡単に、それ自体が目的となってしまうということだ。制度は腐敗する。腐敗の深浅はさまざまである。莫大な金銭がかかっているプロ・スポーツでは、腐敗の根は深く、そのため多くのファンは、大好きなスポーツに対して同時にひどくシニカルになっている。純粋なビジネス上の思惑や権力闘争によって、試合の透明性がなくなったときには幻滅である。それまでよくわかっていたつもりの制度が、突然、まったく理解不能な制度となってしまう。道徳的にはっきりしていたことが、道徳的に不明瞭となる。アメリカ人には大きな制度に対するアレルギーがあるとは何度も述べたことだが、それも不思議なことではない。しかし、シニカルな気持ちにはなっても、なお私たちは制度を頼りにしている。スポーツの場合がまさにそうだ。

しかし、腐敗はそれと認識できるし、批判することもできる。制度のなかに具体化された諸々の理想が完全に死に絶えたのでないかぎりは、理想を具体化したものの腐敗は理想自体によって判定できる。私たちが見落としやすいのはこの点である。腐敗した制度を一掃する英雄的個人といえば、映画やテレビでおなじみの、私たちのもつ伝説に登場する主要人物である。腐敗に立ち向かう正直者のデカや正義派の記者。彼らがまさに行動を起こすとき、自らが戦いを挑む当の制度の核心にある規範や理想をよすがとし、また、自らその規範や理想を演じてみせている。この点は見過ごされやすい。英雄的行為の効果に永続性があるとすれば、それは、他の者たちがその行為に触発されて、警察やジャーナリズムの最高度の規範に対する献身にふたたび目覚めるからである。つまり、英雄的行為は、改革された制度のなかに表現を得なければならないのだ。

さてしかし、私たちには経済や政治の計画のことを「ゲームプラン」、指導者のことを「クオーターバック」と考えてしまうくせがあるが、これは一考を要する問題である。スポーツの制度を隠喩にすると、わかりにくい状況もわかりやすくなるし、この事実を研究してみるのも有益であろう。だが、スポーツの特徴からいって、限界もまたある。スポーツをもとにして今日の「大きな社会」の中心的な諸制度を考えるとなると、誤解を招くような要素がある。たとえば野球の試合は、その形式的性格として、時の動きに左右されないかのような客体性を帯びている。もちろん規則のちょっとした改変は可能だが、ゲームの基本的なパターンに手を触れることはできない。それを大々的に変えてしまえば、別のゲームを発明したことになる（歴史的には事実起きていることではあるが、ふだんスポーツについて考えるときには真剣に取り上げるようなことではない）。一方、私たちの経済や政治の諸制度を、所与のもの、時の動きに左右されないもの、「自然な」ものと考えることは、それらを急速に変化しつつある世界のなかにおいて考える方法としては、根本的に間違っている。

スポーツは、いかなる生きた制度の核心にも道徳的なコードがあること、また、制度の存続と繁栄を図るには、このコードに周期的に命を吹き込まなければならないことをわかりやすく教えてくれる。しかし、制度が徹底的革新を要する重度の障害に陥っているときには、スポーツはあまり参考にならない。私たちの世界を理解するための制度的なメタファーとして、家族とスポーツは有効に働くことも少なくない。しかし、私たちの社会が今日直面している諸問題にかんしては、なじみのメタファーに留まっていてはいけない。メタファーのレパートリーを増やし、あまりにも長いあいだ当たり前とされてきた事柄について、真剣に、批判的に考えるようにする必要がある。

今日、私たちの国の主要な制度の大半は、そして私たちの既成の行動様式は、前例のない数々の問題からの挑戦を受けている。問題が新しすぎて、その性格と意味が正確なところ何であるのか、なお議論が止むことがない。それでも、一つだけ明らかなことがある。この先、新しい千年紀が始まるまでのあいだに、私たちの信念、習慣、生き方に対する深い挑戦に対して、私たちは国民として答えを出さなければならないだろう。経済、学校、政府、世界のなかでの国家の立場をめぐって私たちが下す決定は、私たちの具体的な生き方から、国民としての道徳的な生き方から、切り離すことはできないのだ。

私たちの制度の未来にかんして、私たちが行なっている、またこの先行なうであろう種々の決定は、道徳的存在である私たち自身を再形成してゆく。そして、挑戦や変化に私たちが答えていくときには、家族、学校、大学、教会、シナゴーグといった私たちの経済的・政治的諸制度が――集団的な記憶や文化的伝統の担い手として、また、重要ではあるがしばしば意識されない、意味と自己認識の型を表現するものとして――決定的に重要な役割を果たすことだろう。

「汝自身を知れ」というソクラテス的訓告に優るしるべは、あるいはないかもしれない。自分たち自身の制度について反省すること、これが自己認識を育む第一の手だてとなるだろう。

7　生の意味をつかむ

自分の身の回りの体験について理解するほうが、大きな社会の制度や構造を理解するよりも容易である――本章の初めで、私たちはこう論じた。だが、誰しも気づいていることだが、自分の生活においても、身近な者の生活においても、意味がつかめないという状況は頻繁にある。私たちのジレンマは、私たちの自由と関係しているように思われる。こんなときはこうするものだとはっきり定まっている社会では、人生はたとえむずかしくても、訳がわからないものではない。

私たちが規則をもっていないというのではない。ある意味では、規則はかつてないほど明確なものとなっている。アメリカ社会において人生に成功するためには、続々と現われる要件を適切に処理する才能が必要である。第一に、技術的な手腕を発揮しなければならない。第二に、他者と効果的に渡り合える才を示さなければならない。教育システムは、職業システムに歩調を合わせて、これらの点に力を入れ続けている。中産階級の家庭における子供の社会化の過程も、この行動様式を強化している。大事なことは、学校の成績を上げ、（スポーツでも学業でも）競争的に振る舞い、他の人間と仲良くやっていくことだとされる。家庭、余暇、学校、仕事を通じて、強調されているのは、手段と目標の関係をうまく計算することである。かくして私たちが『心の習慣』で描いたような「功利的個人主義」の型が現われる。この行動様式をごく部分的に緩和するものが、人間関係への配慮――「表現的個人主義」――である。ごく部分的にというのは、こちらの型が重点を置くのもまた、はっきりと戦略的な生き方であるからである。

こうしたパラダイムにおける人生とは、（大学入試、望む学部への進学、ＧＰＡ〔成績評価点平均〕、ＬＳＡＴ〔法学部検定試験〕、学位取得、望む会社への就職、上層部への出世といった）客観的な標識をクリアする競争である。これらが手に入れば、人生に価値をもたらすあらゆる善きもの（望ましい伴侶を引きつける魅力、ふさわしい家の購入、アメリカン・エキスプレスのゴールド・

カード、ヨーロッパでのバカンス）が入手可能となる。(13) しかし、こうした形の人生は、それを意味づけるはずの、大きな視点から見たときの道徳的意味も、共同善への貢献も、まったく無視するのではないとしても、最小限にしか考慮に入れていない。だから、規則はたくさんあり、これを守れあれを守れとたいへんうるさく言ってくるものの、そこに理由というものはほとんどない。つまり、意味が見えてこないのは、「大きな制度」に限ったことではないのだ。自分の人生からして意味不明なのである。規則の命ずるままに先に進むことのほかは、自分の一挙手一投足が道徳的に何を意味しているのかを理解することも困難なのである。

個人にしてみれば、教育システム・職業システムは、客観的にあたえられたもの、疑う余地のないものに見える。これらに適応できなかったり、適応を拒んだりなどしたら、このパラダイムにおいて人生を価値づけている、諸々の報酬に与《あずか》る当の権利を剝奪される結果となることは避けられない。私たちの社会には、この点で失敗した人々が数多くいる。彼らの存在は、彼らの仲間入りはするまいとの意を堅くするための戒めとなっている。しかし、彼らの存在はまた、さりげなくではあるが、こうした行動様式全体の正当性に疑問を投げかけてもいるのだ。私たちは、野球の場合に直観的に理解した制度的な意味を、自らにかくも多くの要求を突きつけている教育・経済・行政上の諸制度に関係づけて見ようとしない。問題の一部はこの点にある。必要なのは、高度な技能、エキスパートとしての技術、「プロ精神」のみであると私たちは思っている。（いかなる善い制度の基礎にもあるべき）道徳的な知恵が必要なのだとは思ってもみない。事がうまく運ばなくなると、私たちは個人を非難する傾向がある。彼らには「倫理感」がない。そう言って私たちは責めたてる。だが、制度それ自体がどれほど道徳的なものかについては、問うてみようとはしない。

ハーバード大学、この一流大学で四年間を過ごした最近のある卒業生は、卒業式の式辞で、こう述べた。「しかしながら、私の同級生たちはみな、ある一つの考え、ある一つの意識を共有していたように思います。ハーバードでの数年間の、いつかあるときに身につけたものです。それを一言で申しましょう。紳士淑女のみなさま、〝混乱〟です」。同年の大学院生の式辞は、こうである。「私たちが教えられたことは、こうです。ある価値が他に優っていると述べるのは異端である。道徳的議論を信じるのは幻想である。自分の判断よりも賢明な判断に服するのは奴隷根性である。私たちの時代の自由とは、自分が気に入ったいかなる価値に身を投ずるのも自由だということですが、ただし、その価値が真実であると思ってはならないのです」。

皮肉にも、これらの優れた学生たちを脅かしている混乱とニヒリズムは、アメリカにおける成功の鍵であり続けた理性、知識、教育へのコミットメントと関係がある。アメリカは、教育ある市民の知性、商人や職人の良識、また最近では、わが国を経済的にもテクノロジー的にも指導的な国としてきた科学的・技術的な知識を賞揚してきた。それは悪いことではない。だが、市民たちが知識に深く依存するようになった時点において、当の知識の目的と意味とをめぐる危機が訪れた。この危機は、バッド・チャピンが公共の安全保護のための高度な経済学的手法を運用しようとしてジレンマに陥ったときのような辛辣な状況を生み出した。要するに、私たちは、知識の道徳的目的よりもその技術的な効果のほうに意識を集中させるようになったのである。

技術的理性、すなわち私たちがコンピュータを設計し、DNAを分析するときに用いる知識と、実践的ないし道徳的理性、すなわち人生いかに生きるべきかを理解する頭の働きとのあいだには、深い裂け目がある。私たちはしばしば、教えうるのは技術的理性のみであると耳にするし、初等教育から大学にいたるまでの、私たちの教育への関わり方もまた、こうした信条を体現しているかに見える。だが、技術的理性のみでは私たちの社会の難問に対処するにも、私たちの生の意味を理解するにも不十分であることは、これまで見てきた通りである。私たちは、強力なコンピュータの作り方やDNAの組み替えの仕方だけを知ればよいというものではない。そうした知識を用いて私たちは何をすべきなのかということこそが、他の何にもまして知るべきことである。私たちは、世界をあやつる才に長けるにつれて、この知識を用いて何をすべきなのかという点については、貧困な理解しかもっていないことが明らかになってきた。制度をどうにかしなければ問題は解決しないと見てとったときでさえ、制度自体に内在する道徳的な本性の理解に努めるより先に、またもや「経営工学」といった類の技術的な解決法へと走ってしまうありさまなのである。

混乱のただなかで道徳的指針を見失っているのは学生ばかりではない。マリアン・メッツガー、バッド・チャピンはじめ、おおいに成功した人々のなかにも、制度の核心にある、より明らかな人生の指針となるはずの道徳的理性をうまく呑み込めないでいる人々がたくさんいる。しかし、問題なのは教育制度や職業制度での体験ばかりであるのならば、まだよいかもしれない。今日でもアメリカ人の大多数が、ここでこそ幸せでありたい、何かを勝ち得たいと考えているのは家庭の世界である。この家庭において家族とともに送る生活には何の問題もないのであれば、周りじゅうが不確かであっても、なお安らかでいられる中心的な領域が、少なくとも一つはあると感じられるであろう。ところが、そのような慰安の場さえ、どこにも見つからないのである。

8　家族のトラブル

すでに触れたように、私たちは、よく理解できない他の制度的文脈を理解するためのメタファーとして、しばしば「家族」を持ち出す。私たちはたいてい、この言葉の意味をよくわかっているものと考えているが、幾世代ものあいだアメリカ人が当たり前のものと考えてきた、この家族からしてが、今や不確かなものとなっている。家族は流動中である。トラブルの兆候は広範に見られる。期待は依然として大きいものの、実態は穏やかではない。郊外住宅地がおおいに拡大した五〇年代、家族に焦点が当てられたことがあった。郊外住宅に《一人では》暮らせないだろう、というのである。しかし、離婚率は上昇し続け、私たちが了解していた家族の意味そのものが問題となってきた。現代の家族は、痛ましい状況にある。これはおおむね、これまで論じてきたような大きな社会における変化と緊張の、すなわち、社会の諸制度の道徳的な意味が理解されなくなったことの、もっとも直接的な結果なのである。

少なくとも一八世紀以来、核家族は三つの要素からなる制度だと理解されてきた。異性愛者のカップルの情緒的な親交、その性生活、子供の養育と社会化である。[14]この制度の存続を支えてきたものは、地域社会、拡大家族（親族）、宗教的組織、さらには多くの経済的・法的・政治的な機能や拘束である。核家族という理想に対しては、近年、活発な批判が寄せられ、競合する概念も多いが、大多数の人々は、依然、この理想を支持している。しかし、こうした家族を創り上げ、無傷のままに保つことは、次第に困難になってきた。家族を支える共同体は弱体化し、家族の機能の多くは経済と国家が肩代わりするようになっている。その結果、核家族の理想は、ばらばらの要素に分離し始めた。情緒的な親交、性、子育ては、必ずしも「標準パッケージ」をなさず、文脈を変え、相手を変えて行なわれる。子育ての場合のように、配偶者がないこともある。家族のこうした分解には、実際的な、ときには道徳的な理由があるだろうが、しかしそれは、私たちの社会の大多数の者が望んでいるものとは一致していないし、（とりわけ子供たちにかんしては）彼らの最大の利益にもなっていない。

女性の権利をめぐる平等性の増大や職場への女性の進出が絵模様の一部をなしているとはいえ、家族生活をめぐるこうした変化を「ウーマン・リブ」のせいにしてしまうのは、事実としても間違いであるし、道徳的にも鈍感なことである。

女性の権利の改善や女性に対する労働市場の開放が、女性を「反家庭的」にしたとは決して言えない。なぜなら、ほとんどの女性は、依然として夫や子供を欲しいと思っているからだ。「家庭を救う」と称して、女性が法的権利をもたない状況、結婚したら自分自身の財産をもつことができず、高等教育もあたえられないような状況に女性を追い返すことなど、女性にとって耐え難いことであるのみならず、万人に認められるべき尊厳について今日私たちが理解していることとも相容れないだろう。とはいえ、ウーマン・リブと核家族の衰微とを関係づけることには、わずかながらも真実が含まれている。ウーマン・リブはまた、ここ数十年間、個人的達成が中心的な文化価値としてかつてないほど高く位置づけられていることにも関係している(この点については『心の習慣』に幅広い分析がある)。[15] しかしながら、フェミニスト社会批評家であるバーバラ・エーレンライクといった人々が説得的に論じているように、この個人的自己達成のイデオロギーを持ち出して家庭生活の責任を回避するのは、女性よりも男性の方なのである。[16]

家族社会学者のデヴィッド・ポペノーが「ポスト核家族傾向」[17]と呼ぶものを生み出しているこの変化は、いったい何なのか。その解釈の一つは、私たちは子供中心型の家族から大人中心型の家族へ移行しつつあるのだ、というものである。もっとはっきり述べたものもある。フランスのある法律家は「個人が家族に〝所属する〟代わりに、家族のほうが個人に奉仕するようになる」と書いている。[18] これは、私たちがもはや家族生活の制度的な論理を理解していないことを、鮮やかに述べたものだ。家族生活において個人的な満足を首位に置く傾向が強まってきたことの、もっとも顕著な結果は、離婚率の上昇である。個人が不幸な結婚生活に——まして虐待的な結婚生活に——追い込まれるような社会状況が戻ってきてほしいと願う者は少ない。離婚率の上昇が子供たちや社会全体に強いる犠牲について論じることがはばかられているのはそのためだ。とはいえ、離婚が子供たちにあたえる長期的な影響について研究した心理学者のジュディス・ウォラーステインは、最近、私たちを考えさせるような光景を描き出している。

離婚には、当の家族だけでなく、社会全体におよぶ波及効果がある。作家のパット・コンロイが、自らの離婚体験を振り返って述べたように、「離婚はすべて、小さな文明の死」なのである。一つの家族の離婚は、親戚、友人、近隣の人々、雇用者、教師、牧師、そして多くの見知らぬ人々に影響をあたえる。離婚する人々よりも離婚しない人々のほうが多いとしても、離婚は「彼らは彼ら、私たちは私たち」という問題ではない。誰しもが、何らかの形でその問題に関わっているのだ。今日、男女間のあらゆる関係が、高い離婚率に深い影響を受けている。私は全国の教師からこう聞いている。不安で目を見開いたままの生徒が、前の晩両親が喧嘩をしたと告げ、おののきながら「お父さんとお母さんは離婚することになるの？」と尋ねるということである。家族生活の激しい変化は、すべての家族、家庭、両親、子供、求婚、結婚に影響をあたえ、気づかぬうちに、社会全体にわたってその社会的組織を変えていくのである。(19)

もちろん、現在の状況はいささか極端であるとしても、家族は、歴史を通じて長いあいだ存続してきたし、新しい状況に適応する能力もまたあるということを忘れてはいけないだろう。ハーバードのロースクールの教授で、家族法を専門とするメアリー・アン・グレンドンは、私たちの現在の状況を、次のように鮮烈に描写して見せる。

現在のところ、家族は、脆く、ぐらついているように見える。しかし、私たちのほとんどにとって、家族は、善と悪、喜びと苦しみに対する自らの能力を完全に展開することのできる唯一の劇場であり続ける。家族ゆえに、私たちは、いずれは滅ぶさまざまな存在や感情に深く結びつき、かくして争いごと、苦痛、損失を体験することになる。家族は、愛情と義務、理性と情熱、目前の目標と長期的な目標、利己主義と利他主義などの緊張を呼ぶ。しかしまた、夫と妻、親と子といった関係は、このような緊張関係を解きほぐすための枠組みをもたらすこともできる。法的・経済的な結びつきが解消したのちに……なお家族をまとめあげる基本的な絆は、人間的な情による結びつきしかないかもしれない。しかし、おそらく私たちは――希望を失わないならば――このかぼそい絆の内に、あらゆる善意の男女からの応答を招く「愛」の類比を認めることができるだろう。一人の奏者が一つの楽器を奏でる。この調べは他の奏者の調べを誘うかもしれない。窓の外で奏でられるアコーディオン。それを聞いた子供は、歌い、踊り始めるかもしれない。(20)

私たちは、両親の情緒的な親交と性生活を子供の養育と結びつける現代の核家族が、家族の唯一可能で道徳的にまっとうなあり方だと論じているのではない。しかし、子供を生み、育てるに当たって、核家族は重要な役割を果たしており、それゆえそれは、私たちが無視することのできない、ある種の中心性と価値を備えているのである。私たちの社会における諸変化は、この種の家族をますます達成しがたいものにしてきている。私たちはこのことを考察しなければならない。そして、現在の趨勢に変更を加えるには、何を行なうべきかを考えなければならない。経済と国家からの圧力が家族を直撃している。家族をまわりから支える地域共同体は弱体化しつつあるが、これもまた、主として、経済と国家から加えられた圧力のせいである。

社会学者のアーリー・ホックシールドは、共稼ぎ家族にかんする重要な研究において、この問題について直截的にこう述べている。

> 子供の大切さが語られてはいるものの、時代の文化的状況は、子供のことを優先させる親たちに対して、わずかずつ、好意的ではなくなってきている。これは親たちが子供たちを以前ほど愛さなくなったからではなく、「仕事の文化」が「家庭の文化」を犠牲にしながら広がってきているからである〔邦訳『セカンド・シフト』三四〇頁〕。……勤め先の会社は、働く両親の必要性に応じるための措置をほとんどとってこなかったし、行政もそれをうながしてはこなかった。核家族は依然として圧倒的多数の人々が選択する生き方であり、そのなかで子供が育てられている。しかし、私たちは核家族が子育ての仕事をうまくこなすのに必要な外部からの支援態勢をまだ発明してはいない〔邦訳三八九頁〕[21]。

ホックシールドは、政策上のさまざまな変更を提案している。そのなかには、家族休暇、フレックスタイム、ジョブ・シェアリング〔一人分の仕事を二人以上で分けて行なう労働形態。仕事を社会全体で分かちあい失業を減らそうという考えから〕、搾取的でない非常勤労働のような、他の先進工業国では十分確立済みの政策もある。しかし、アメリカ人としてこうした政策を採用すべきかどうかが明らかとなるのは、私たちは家族に何を期待しているのか、そうした期待をよりよく達成するために、私たちは何をしたらよいのか、全国民的な討論を経た上でのことである。ともあれ、アメリカ人を未曾有の規模で労働力化し、未曾有の長時間の労働を強いてきた、収支合わせの圧力は、家族生活に対して深く破壊的であらざるをえないのである。

メアリー・アン・グレンドンは、家族法はおそらく国民の意図をはるかに越えて「改革」されてきたのであり、その結果、個人主義が行きすぎて、離婚女性とその子供たちの経済状況に対する否定的な結果を招来していると指摘している（この状況については、社会学者のリノア・ワイツマンの詳細な報告がある）[22]。こうした変化は、「家族の規制緩和」として皮肉に描かれてきた。しかし、グレンドンの理解によれば、家族を今よりも支援する形で離婚法を改正することが必要であるばかりではない（いくつかの州では、すでにそうした改正が始まっている）。彼女は、プラトンが『法律』のなかに記述した、個々の法律に添えられる前文なるもの〔その法律の目的・趣旨を述べたもの〕を現代向けに書き直して見せる。何かこうしたものもまた必要だと彼女は理解しているのである。そこにあるのは、夫婦生活や家族生活を個人的達成のための使い捨て資源のように考えるように私たちを教育する法律ではなくて、夫婦生活や家族生活を自らのアイデンティティーがそこに見出されるような運命共同体と見るように私たちを教育する法律である。こうした教えによって、私たちは次のことをよりよく理解できるようになるだろう。すなわち、結婚生活が必然というよりも選択——自律と独立を十分に備えた二人の人間のあいだにおける選択——である場合でも、なおそれは自らがなしたいと思う選択、自らが引き受けたいと思う義務、自らが保ちたいと思うコミットメントなのであり、それというのも、忠誠は純粋な自己という意識にとって必須の徳性であるがゆえにそうなのだ、ということである。また、こうした教えによって、私たちは、家族が最初の——ある意味ではもっとも重要な——学びの共同体であることを思い起こすことだろう。大きな社会を善い社会に変えるに当たっては、蘇生した家族が決定的に重要な資源となる。なぜなら、トクヴィルが信じていたように、家族は、女性のみならず構成員の全体に、利己的にならずに他者に関心を払うことを教えるからである。私たちは「伝統的な家族に帰る」必要はない。そうではなくて、今日の活力ある制度としての家族とは、実際どのようなものであろうか、ということを理解する必要があるのだ。

9　諸制度を変えるために

私たちアメリカ人は、実際、どのようにして人生を送っているのだろうか。私たちは、自分でそう思っているほど、私生活に閉じこもっているわけでも、シニカルなわけでもなさそうである。心理学の調査は、アメリカ人にはいくつか驚くような点があることを見出している。たとえば、私たちは、余暇においてよりも、仕事をしているときのほうが幸せに感じている。私たちは、気楽な暮らしよりも、深刻な問題に対処しなければならないような状況を面白いと思う。私たちは、一人でいるときよりも、家族や友人といるときのほうが幸せである——驚くには当たらないかもしれないが、やはりほっとする話だ。注目に値するのは、週のうち何時間もテレビを見て過ごす人がほとんどなのに、私たちは、テレビを見ているときには幸せでないということである。テレビを見ているときは、ほんとうにその時間を生きているというよりも、

「引き留められている」ような感じがするのだ。私たちがもっとも幸せに感じるのは、仕事上の、私生活上の、また地域共同体における挑戦に対し、首尾よく対処できたときである。[23]

それでは、なぜ、世界の人口のわずか五パーセントを代表するにすぎない私たちが、世界中の麻薬の五〇パーセント以上を消費しているのだろうか。なぜ、私たちは、年間一六〇〇億ドルもの金を娯楽に費やしているのだろうか。娯楽産業のうち主たるものはテレビであるが、それはたいがい気を晴らすものであって、物事に真剣に取り組むものではない。これはあたかも、私たちの生き方があまりにも多くの不安を生み出すものであるため、私たちはこの不安をかき消すために――しばしばからだと心に多大な犠牲を強いながら――莫大な量の金と時間を費やしているかのようだ。私たちがほんとうに願っている、活発で幸せな、責任ある国民になること、それを可能にするような活動に心を振り向けるよりも先に。

これを個人の問題と捉え、アメリカ人は利己的で放縦であり、溢れかえる、手に入れ放題の消費財に毒されてしまっていると評するのは簡単である。あるいはまた、これを文化的な問題と捉え、私たちは労働倫理を失ってしまい、善い生活とは享楽と慰安にふける生活のことと思うにいたったのだと言うのも簡単である。しかし、これはまた同時に――そして主として――制度的な問題である。私たちはこの点を論じたいのだ。今日の私たちの諸制度――家族から学校、企業、公共の分野まで――は、私たちが、何かを成し遂げるという喜ばしい意識、他の人の幸せのために貢献する意識をもつべく、全力をあげるように要求したりはしない。時にはそう要求することもある（首尾の善し悪しは制度によって違うだろう）が、そうでもなければ、状況はもっと悪いことになっていただろう。しかし私たちは、自分たちの制度を、あたえられるままに受動的に受け入れる傾向がある。制度のなかにはこうした受け身の姿勢を助長するようにできているものもあるが、私たちはこのことをはっきりとは理解していない。制度が機能不全に陥っているときには、私たちはただそこから逃げ出すことばかりを考える。改革しようとか、再活性化しようとかせずに、制度が壊れていくのを眺めているばかりなのである。制度が強制的なものである場合には、あたかも自然の力では変えられないものであるかのように、黙従しようとする。そしていつも漠然とぼやくことになるのだ。曰く、家庭にも職場にも意味が感じられない。政治は信用できない。組織をもった宗教には期待できない――。

アメリカ文化は、個人とは自己の利益の最大化を図るものであり、私的な利殖と私的な享楽が唯一計測可能な公共善である、という考えをひたすらに強調する。自分がもっともなりたい人物になる能力を、制度はいかに生かし、いかに殺すか、という点について、アメリカ人はこれまで盲目であった。個人の自由が最高の善であり、私たちの自由にとって制度は障害物であるとアメリカ人が考えるにいたった道筋を、私たちは歴史的に理解する必要がある。個人の自由という意味における自律の徳性は、世話や責任といった他の徳性とともにあってこそ実現しうるものであるが、このことを私たちがいかに捉え損なっているか、この点の理解が必要である。私たちが現在かかえる数々の問題は、歴史的な諸条件がもたらした結果であって、何か避けがたい歴史の法則の結果なのではない。それらは、歴史のなかで人々が行なってきたさまざまな生きた選択の結果なのである。もしみなが同じような選択を行なったなら、どのようなことになるかなどと考えることもなく行なってきた選択の結果である。現代の世界に作動している大きな力の流れをもっとよく理解するならば、私たちは違った選択を行なうことができるようになる。そして、私たちのみなにとって、今日とは違うなりゆきになることだろう。

私たちの社会にも、良好に機能している制度を見出すことができる。すなわち、そのなかにいる個人に目的とアイデンティティーをあたえる制度である。個人を鋳型にはめて順応させてしまうようなもののことではない。当人が自ら今何をしているのか、なぜそれをするのが大事であるのかを理解させるような制度である。この理解を通じて、活発で、革新的で、責任感があって、それゆえ幸せであるような人間となるように個人を啓発するような制度である。テクノロジーの発達と物質的豊かさは、私たちのかかえるもっとも奥底にある諸問題と関係している。テクノロジーと豊かさとを正しく用いることができたなら、職業上の、また市民としての達成、民主的な社会参加や家庭生活へのコミットメント、さらには純粋な霊性《スピリチュアリティー》の発揮の場においても、それぞれの可能性を拡大することができるだろう。とても手のつけられる問題ではないと私たちは思っているが、ほんとうに私たちが願っているのはこういうことである。

ここで私たちは、私たちが受け継いだ諸制度をよりよく理解するために、過去へ戻ることにしよう。善い社会を創造すべく、制度を変えていくための方法もまた、最後には見えてくるかもしれない。一九一四年から一九八九年まで、世界は二〇世紀の七五年戦争とも言うべき状態を続けていた。もし、一九八九年がこのおおいなる戦争の最後の年であるならば、私たちが抱える問題に対処していく上での見通しは、はるかに明るいものとなるだろう。この数十年間、廃物にしかならなかった、あるいは悪くすると恐るべき破壊へと姿を変えてきた莫大な資源が、これまでひどい仕打ちを受けてきた地球が抱え込んでいる、山積する生態学的・経済的・社会的な数々の問題の解決のために用いることができるかもしれない。絶えざる戦争あるいは戦争の脅威は、感覚の麻痺した偏執狂ともいうべき状況を作り出した。この状況のなかで鋳込まれた諸制度は、根本的に改造されなければならない。二〇世紀に起きた諸々の悲劇と、それらが世界の諸国民にあたえた打撃とを受け入れることが、智恵の始まりである。地上の天国の達成は、私たちの能力に余る。このことを私たちは学んだ。しかし、私たちは、もし慎み深く、また希望に満ちているならば、ほどよく暮らせる煉獄を作り上げ、地獄を避けることが可能であろう。(24) たとえ目指す目標がその程度のものであっても、私たちは、アメリカのみならず、世界中において、民主主義のまったく新たなレベルの制度的構築を達成する必要があるだろう。

第二章　アメリカの世紀の興隆と衰退

1　「未来展《フューチュラマ》」の予言と成就

一九三九年のニューヨーク博覧会において、ゼネラル・モーターズ社は「未来展《フューチュラマ》」を開催した。これを見た五百万人の人々が、もしそのままタイムトラベルして二十年後のアメリカの現実の光景を見たならば、博覧会の描く未来像が驚くほど予知的であったと感じたであろう。未来展において繰り広げられた高速道路、ハイテク農場、超高層都市などの息を呑む光景が、一九五九年までにはごくありふれたものになっていた。不況に苦しめられた一九三〇年代の最後には、そうした未来は、非常に魅力的ではあるが、到底手の届かぬものに思えたはずである。しかし、わずか二十年もすると、アメリカの景観は、自動車、全国高速道路網、郊外の団地、ショッピング・モールによる造り替えの真っ最中であった。この物理的変貌は、アメリカで進行中の社会生活・職業生活の刷新の現われでもあり、また、その推進力でもあった。

未来展が誇らかに見せたものは、超高層建築が立ち並ぶ大都会へと変身し、フリーウェーによって地方の田園生活へと開かれている都市の姿である。戦後の数十年間に、自動車の保有台数は急増した。連邦住宅局の住宅購買ローン、都市再開発局のスラム一掃策といった政府の大プロジェクトの後押しを受け、白人中産階級と多数のブルーカラー世帯は、こぞって郊外に転出した。しかし、何百万もの白人が出ていくのと入れ替わりに、機械化によって南部の農場を解雇された何百万もの黒人移住者が入ってきた。しかもその大都市中心部は、ハイウェー・プロジェクトによって、製造業やブルーカラーの勤め口を失っていた。一九三九年の博覧会のメッセージは、自動車とハイウェーによって、誰もが可動性というアメリカン・ドリームを手に入れ、大恐慌時代の社会闘争と貧困とから脱出できるようになるだろうというものであった。だが、皮肉なことに、過密都市からの脱出を促した過程そのものによって、新興の地方大都市には、激しい人種的・経済的分離あるいは経済格差がもたらされたのである。それは古くからの、コンパクトで多様性に富んだ工業都市よりも激しい格差であった。

労働人口のうち大部分の実収入は、一九四〇年と五九年のあいだに倍増していた。政府の支援を受けて、大学進学者も増加した。合衆国は、人種差別廃止への第一歩を踏みだしていた。経済成長、郊外および新都市の住宅開発、出生児総数は同時に「ブーム」を迎えた。家庭生活の未来は、恐慌と総力戦という暗い時代を潜り抜けて、かつてなく安定した、希望に満ちたものとなっていた。かつて未来展が約束した生活、すなわち「私たちに全力を尽くし、想像力を全開にすることを求める」生活、「万人にいっそうの機会を」もたらす生活が、まさに達成されたかに思われた(1)。

一九三〇年代、無数のアメリカ人がゼネラル・モーターズ社に賛同し、未来展が描く高度に可動的な自動車ユートピアの実現に夢ふくらませた。だが、これは驚くにはあたらない。アメリカの文化的信念の主流は、未来は過去より良くなるという期待を長らく培ってきた。領土の拡大と経済の発展が手を携えて歩み続けた結果、史上類のないほど高い水準にある物質的生活がもたらされた。アメリカ史は非常に幸運なものに思われた。無限の経済成長への希望が、現実化しつつあるかに見えた。

今日アメリカ人は、戦後のこの時代を、二度とは帰らぬ豊饒と希望の黄金時代として懐古的に振り返っている。いつもの楽観的進歩主義とは調子が違うが、それも無理からぬことだ。だが、私たちには、一九四五年と六八年のあいだに獲得された制度的パターンと習慣的思考がある。私たちが「標準的な」生活をイメージするときにも、これとはまるで異質な現在および未来の現実に立ち向かうときにも、依然、このパターンと習慣が力をふるっている。まさしくこのことが、現在の私たちの困難の主たる原因となっているというのは、皮肉なことである。

2　大衆の豊かさ——戦後アメリカの確信

長年のアメリカン・ドリーム、とくに経済的に成功し、社会的尊敬を得るという夢を、多くのアメリカ人は戦後の二十年で実現した。ほとんどのアメリカ人は、中産階級になった。厳密に経済的な意味においてではなく、社会的・文化的な意味においてである。一九六〇年には、史上はじめて、持ち家所有者が全国民の半数を越えた。彼らはまた自動車を所有し、次第に増えてくる家電——家事労働からの解放軍——を所有した。

マイホームの獲得は、大多数の国民にとっての中心的関心事、家族の責務となり、到達目標の象徴となった。一方それは、未だ国民生活に完全に入り込めないでいる人々、とくに黒人マイノリティーの多くにとっては、悲嘆と諦めの対象であった。マイホームの典型は、単一家族が暮らす、庭とガレージ付きの、プライバシーが保護された一軒家である。それは、個人ないし家族の達成を公に表明するものであり、社会的地位と経済的富の証しであり、「城」であり、避難所であった。マイホームは、中産階級の暮らしの快適性、安全性、社会的地位の象徴となった。

一九五〇年代と六〇年代における夢のマイホームは、国中にみなぎる、うきうきした「可能性」の気分を要約したものである。二〇世紀中でいちばん結婚年齢が低く、結婚の数が多く、生まれた子供の数が多かった時代である。これら急成長家族を、稀有の安定感が取り巻いていた。数十年来増加の一途を辿ってきた離婚率は横這いになり、児童の健康と栄養状態は改善された。これは一つには、雇用が拡大し、賃金が戦前の水準に比べて倍増したことによる。戦争による技術革新のために、労働時間当たりの実質購買力は年々上昇した。経済が拡大を続けるなか、労働組合は全労働者の四分の一ほどを代表することとなり（アメリカ史上最高の率である）、職の安定、賃金の上昇の保証に一役買った。

一九五〇年代の広告やマスコミが広めた幸福で安定した家庭の姿とは、稼ぎ手である夫、主婦である妻、そして成長期の三人の子供とからなるものであった。子供たちは、こぎれいな郊外住宅地の、清潔で健康的で犯罪のない環境で育てられる。一家の暮らしは年毎によくなるものと期待され、また実際しばしばよくなっていた。この記憶は、今日、多くのアメリカ人に強い郷愁を呼び起こす。だが、これはアメリカ史において例外的な時代だったのである。このことを、またその理由を理解することは、重要なことである。

戦後のアメリカ人は、豊かになって社会的地位を上昇させること、郊外での理想の暮らしを手にすることを生まれながらの権利と見なしていた。そして極めて鷹揚にも、この中産階級の地位は、宗教・人種の別なく万人に到達可能である（べきだ）と信じていた。そして、これまで長いあいだ出世の機会が閉ざされていた同胞たちに門戸を開くために、おおいなる戦いが起こされた。それは、彼らが行なったもっとも困難にしてもっとも気高い努力であった。公民権闘争という理想主義の裏には、国家の並外れた物質的豊かさへの自信があった。また、アメリカ的生活に完全に参加するとは何を意味するのかについての、幅広い道徳的合意ができ上がっていた。すなわち中産階級になること。これが参加のもつ意味であった。

一九四五年の時点で、アメリカ人が北米大陸の外側に目を向けたとき、自分たちの国が突出して強大であることに気づいたはずである。戦争の破壊はあまりにも激しく、一九四五年直後には、ヨーロッパも、アジアも、大部分はもはや存在していないも同然であった。唯一スターリン政権下のロシアが、アメリカの深刻な挑戦者となるべく、灰燼より立ち上がりつつあった。地球上で製造されたもののほぼ半分が、メードインUSAであった。ソ連を除くほぼすべての国が、アメリカに援助や指導や救済にいたるまでのものを期待していた。まったくこれを「アメリカの世紀」〔七章三節参照〕の始まりと捉える者があったとしても、不思議ではない。また、敗れた敵にも友と同じように寛大に振る舞うよい機会、地球大のニューディール、「大衆《コモン・マン》の世紀」〔F・D・ローズヴェルト政権の副大統領ヘンリー・A・ウォーレスの言葉〕だと考える者もいた。誰もが、未来はアメリカのパワーとアメリカの理想が支配すると考えた。

大衆の豊かさ《デモクラティック・アフルエンス》——多くの者にとって、これがアメリカ的生活のもつ意味であった。戦後早々に登場した機会民主主義の民衆的英雄の一人に、住宅開発業者のウィリアム・レヴィットがいる。彼は、大量生産方式による郊外住宅の供給を考案した。退役軍人管理局および連邦住宅局の援助のもとに、数百万人のマイホーム所有を実現しようというこのアイデアは大成功を収めた。事業振興にあたって、レヴィットは、これは共産主義との戦いに貢献するものだとの一言を添えた。彼はからかうように言う。「自分の家と土地を持っていれば、共産主義者にはなれません——そこまで持ってしまった以上はね」(2)。結局、一九五〇年代は、政治的・社会的におとなしい時代ということになった。見たところ満足している——あるいは消耗している——マイホーム持ちの国民に、批判の目を投げかける者は絶えなかったけれども。

ジョン・F・ケネディーは、一九六〇年のニューフロンティア政策において、結局は軍事力に訴えた。アメリカ流「大衆の豊かさ」は、アジア、アフリカ、ラテン・アメリカの新興独立国家の「感情と理性」を説得できる社会的理想であると信じていたからである。これらの国々は、「進歩のために」合衆国と同盟することになっていた。もちろん、戦後の国際社会の現実は、どこを見回しても穏やかならざるものがあった。「シェルター」を造り、核兵器の惨害に備えるようにと、政府が市民に向けて宣伝していた恐ろしい時代だ。しかし、アメリカ人には、自分たちが何者であるか、どこへ向かおうとしているのかがわかっているように思われた。また、国内の諸制度は、それを十分支えてくれるように思われた。

今日私たちは、平穏な一九五〇年代に郷愁を抱いているが、一見したこの安定性の上にも、複雑な、深く矛盾した相貌が現われていることを見逃すべきではない。一次大戦の勝利後の「常態」復帰の場合もそうだが、五〇年代もまた、経済・社会が根本的に被りつつある変化を隠蔽していた。この変化の力とモーメントからするならば、大衆の豊かさの時代も——狂乱の二〇年代〔一九二九年の大恐慌以前の繁栄・享楽と政治的無関心の時代。「ジャズ・エージ」とも言う〕と同様——一世紀ともつことはないだろう。

当時にあってさえ、中産階級の支配的生活スタイルの浅薄さを批判する者がいた。ルイス・マンフォードは、一九六〇年代初期の著作のなかで、「郊外住宅地への大量移動」は「歴史的な都市と古来からの郊外退避を二つながらに」戯画化したものであり、「脱出不能な質の悪い画一的な環境」を生み出している、と批判した。(3) その十年ほど前には、社会学者のデヴィッド・リースマンが、人々の行動や意欲が他者への同調を求めすぎることの危険性を訴えていた。(4) 同様の懸念は、ウィリアム・H・ホワイトの『組織の中の人間』(一九五六年)のなかの、野心的経営者と専門職についての批判的研究にも見られる。(5) 他方、C・ライト・ミルズは、『ホワイトカラー』(一九五一年)のなかで、社会を「大規模な売り場、膨大な書類、結び合わされた知識、新たな管理と操作の世界」として描いている。(6)

批判者たちは、戦後の経済発展によって階級差別の緩和が可能になったことについては、無視するか軽視するかした。かつてロバート・リンド、ヘレン・リンド夫妻などの、アメリカ社会の研究者が見出したように、戦前には、不公平な階級差別が歴然とあった。(7) とはいえ、批判者たちは、大衆の豊かさの世界の新しくかつ特徴的な点を、確かにつかんではいたのだ。アメリカ人が思うほど一般的なものではないとはいえ、新たな中産階級の労働・消費・家庭生活のパターンが、均一化という特徴を有していることは間違いない。しかし、こうした特徴が象徴するかに見える安全性らしきものは、実は社会と世界を作りかえつつある巨大な変化を覆い隠すものでもあった。技術革新は、労働や経済生活、そして国家の制度的構造の全体に影響をおよぼすような、長期にわたる複雑な変容の過程をもたらしつつあった。

あるレベルでは、戦後期は、静止してはいなかったものの、非常に保守的であった。二次大戦の終結時に、ハリー・トルーマン大統領は、次のように述べている。「私はどんな実験もお断りである。アメリカ国民はこれまでたくさんの実験を行なってきたので、休息を必要としている」。ニューディール政策も、戦争の引き金となった国際的な危機も、すでに過去のこととなっていた。アメリカ人は、自由市場で競争しながら幸福を追求する自由をふたたび手にしたはずであった。イデオロギー的にも、軍事的にも、動員の圧力はもはやなかった。その一方で、アメリカ人は、景気循環の厳しさを和らげるニューディール政策の諸介入の恩恵を、かなりの部分保持したままであった。

しかし、現実は違ったふうに進んだ。新たな競争相手、ソ連との厳しい対立を生き抜くために、絶えざる人的動員と産業の動員――徴兵と軍需契約――が行なわれ、経済の重要部分において、市場競争が無効にされた。国民のイデオロギー的な一体化と協力態勢が求められた。マッカーシズムの激しくヒステリカルな反共運動が起こったのも、不思議なことではなかった。しかし、国内において大衆の豊かさが広く浸透したことによって、闘争や社会変動は大きく緩和された。経済的にも軍事的にも卓越した国家という無類の地位のおかげで、当面、アメリカ人は、集団としては世界と戦いながらも、個人的にはそこから目をそらして、実現された「未来展」の心地よい夢にひたっていられたのである。

3　家族・職業・国家

所帯の独立、タウンシップの自治というジェファソン的理想を凌駕するものが現われたのは、一九五〇年代よりはるか以前のことである。本町通り《メイン・ストリート》〔地方の小都市を表わす。シンクレア・ルイスの一九二〇年の小説の題より〕よりもニューヨークのウォール街《ストリート》がものを言い始め、商工業都市の経済的チャンスが魅力を発し始めた時代である。全国市場の経済的引力は、アメリカ人を農場・作業場・小規模の会社などの、かつての中心的な生活の場から引き離し、大企業に引き入れた。この大企業が、今日まで私たちの経済を支配することとなった。

このような現実を、家族や地域共同体における記憶や連続性への欲求と調和させるのは、困難であった。歴史家のフレデリック・シーゲルは、この辺りの状況をこう描いている。

「仕事がブルーカラーからホワイトカラーに変わったとする。同時にこれは、新しい社会への移動である。これまでの自分の生活様式は、もはや受け入れられない。以前であれば、ボウリングやカナスタ〔トランプゲームの一種〕を始めたところを、今日からはブリッジやゴルフだ。妻も子育てを両親や姉妹やおばさんの手を借りずに、一人でやらなければならない。厄介な幼児の世話も、人の手を借りればだいぶ楽にやれたものであったが」。作家のソール・ベローは、経済的豊かさがもたらした新しい文化的自由のもつ予期せぬストレスについて、こう巧みに表現している。「人生において、所を得た、というような人間はもういない。自分の場を失った者たちばかりなのである」(8)。

だが、家族の理想像は極めて強力な、心に訴えるものであったため、この理想像がよろめきだすや、大勢のアメリカ人が人生の道徳的意味を見失って混乱することになった。侵食は内外両方向から進んだ。内面においては古い理想の道徳性が疑われ、外的にはアメリカの経済的・政治的な秩序が大きな変化を被った。

内面について見てみると、戦後の家族形態の必然性や、その道徳的正当性までもが、一九六〇年代以来繰り返し、競合する種々の社会生活の形態からの挑戦を受けてきた。フェミニストもまた、これを原理的に批判した。公民権運動は、中産階級の理想から非白人が排除されていることを問題とした。この議論は次第に説得性を増していったが、これは非常に重要な動きである。一方また、夫婦・親子間の典型的役割分担に真実味をあたえ、支えもした外的条件の方は、侵食が進む一方であった。では、この外的条件とは、どのようなものであったのか。

大衆の豊かさと中産階級の平和な生活は、偶然訪れたものではない。一方で歴史の流れが合衆国を並外れて恵まれた地位に押し上げ、他方で人間の意識的な努力が戦後の開花をおおいに助けた。マイカー通勤の郊外住宅地やサンベルトの都市の建設について言えば、大企業組織と政治的決定とが協働することで、はじめてこうした一貫した成果がもたらされたのである。黒幕が働いていたというのではない。経済的・社会的秩序の枠組みが発達し、互いにかけ離れた利害どうしが出会い、身を寄せるようになったということだ。

州間ハイウェーの連絡網と同様、この制度的枠組みは、個人の主体的行動の可能性を大幅に拡げた。同時にまたそれは、個人のエネルギーに道筋をあたえ、周到に巡らされた道筋から外れないように方向づけた。戦後の社会は、アメリカ人に、自己や他人の生活をそれぞれに定義づけ、それぞれに体験することを促した。このプロセスの中心にあるのは、経済的な出世と私的な満足という点から人生を理解し、評価する習慣である。世界の模範を自認する国民にふさわしい家庭生活と社会参加の形態を保証することが求められていたのである。

それゆえ、大衆の豊かさという枠組みには、社会的・政治的にデザインされた工芸品という側面があった。芸術のデザインと同じように、社会のデザインは、常に、美的価値以上のものを生み出す。デザインが望ましいアイデンティティーを劇的に表わすとき、それは未来へのゴーサインとなる。半ば無意識なデザインだとしても、つまり自分で創り出してはいないデザインをおおむね受け取るだけの場合でも、同様である。一九五〇年代、アメリカ人は、とくに誰の考えというのでもなく、あるデザインを描いた。それは、真剣な国民的討論にさらされることもなく、「自然な」ものとして受容された。私たちの未来は、すでに未来展によって先取りされていた。それは、国民の熟慮や道徳的選択の結果というよりも、「科学と産業」の必然的な産物として受容された。戦争が終わる頃には、アメリカ人は、自分たちが受け継いだ文化が定義をあたえ、近代工業が支援を約束したこの「当たり前の生活」を実現したいという欲望ではちきれんばかりになっていた。両党の指導者も、トルーマン大統領も、議会も、国家が大恐慌と大戦から立ち直り、中産階級の国家として成功することを絶対の目標としていた。

かくして、世界最大の経済機構を平和目的に計画的に転換するという意識的政策がとられることになった。価格と投資にかんする決定は市場の見えざる手に返すことにみなが同意した。だが、もっと見える手による経営計画が必要であることもまた明らかであった。

戦後デザインの三つの側面が、その推進力となった。一つは国内の経済活動に対する政府からの補助・規制の両面における介入、二つ目は労使の和解、そして三つ目は経済全体に対する連邦政府の誘導である。長期的に見るならば、この最後のものがもっとも重要であったといえるだろう。

数百万世帯が中産階級に上昇できたのは、助成金、保証付き融資、減税という直接の支援があったからだ。対日戦・朝鮮戦争のあとの退役軍人の大学教育などがそうである。のちにこの退役軍人の子弟が、政府の融資を受けながら、大卒者の軍勢を未曾有の勢いで増加させた。社会保障制度がニューディール政策のささやかな適用範囲を超えて拡大し始めた。高齢者扶養の負担を軽減することによって、若い家族を援助した。

全デザインの中枢にあるのは、アメリカ式経営そのものである。国民の誇りにたがわず、アメリカ産業の効率のよさは、世界の模範となるものであった。管理された石油・電力産業が生産する安価なエネルギーは、製造業の大規模な機械化を可能にし、労働者一人当たりの生産性を高めた。生産性全体が上昇し、製品が増え、価格が下がった。そしてもちろん、安価な燃料は、管理された鉄道会社とトラック輸送業者が、製品を市場へ輸送するのを容易にした。この市場は成長を続けていた。労働力の増大と実質賃金の上昇は、市場の需要の拡大を保証し、そしてこの需要の拡大が、労働力の増大を促した。まさにケネディー大統領の言うとおり、「上げ潮は、すべての船を持ち上げる」である。

結局、よい職につくならば――とくにそれが「ホワイトカラー」の職、急成長する専門職・管理職であれば――昇進による前進が期待できたのである。大衆の豊かさが安定してもたらされる社会においては、労働者は人生行路の予測を立てることができる。収入も着実に伸びるであろう。社会的地位も家計も安泰であろう――自分の代も、子供の代も。

アメリカ人の多くは、戦前の資本主義のリスクよりも、新秩序のこうした恩恵の方を好んだ。ある退役軍人は、大学を卒業するときにこう述べた。「ＡＴ＆Ｔ〔米国電話電信会社〕に勤めてもそんなに面白いことはないかもしれません。でも、ＡＴ＆Ｔのようなものはなくなることはないでしょうから」[9]。厳とした「独立市民」の国との自己イメージは変わらないものの、事実上アメリカは、労働者の一〇人中九人までが自己とは別の何らかの存在のために働く社会となったのである。

大衆の豊かさの時代は、伝統的な国防の他に、政府の責務を一個付け加えた。今や政府は、着実な進歩のシステムが壊れることのないように注意を払わなければならない。市民が選挙の候補者について考えるとき、あるいは政党について判断をくだすとき、判断の基準となるのは、それら候補者ないし政党が、どの程度、国家経済の将来の動向に——少なくとも庶民に関わりのある範囲で——影響をあたえると思われるかである。これは、新たに始まったテレビのニュース番組が教えたことである。労働と同様、市民的行動もまた、善き生活の基本要素を確保するための手段であると見なされるようになった。だが、テレビに登場する善き生活といえば、だいたいのところ、職を通じて全うされるようなものでも、公共的な活動のなかで全うされるようなものでもなかった。家庭で過ごす私的な時間、あるいは「娯楽」として過ごすような生活が、テレビの描く善き生活であった。アメリカ人は、自らの私的生活の幸せが、戦後政府が担うようになった国家経済の資金調達者・保証人・管理者としての巨大な役割にかかっていることを半分しか理解していなかった。

4　制度とモーレス

以上のすべてを支えている制度的な構造は、ふつうはたんにものごとを遂行する手段として正当化されているにすぎなかった。つまり、戦後の制度的枠組みは、不況に先んじて手を打ち、生活水準を高め、株主に利益をあたえ、労働者を教育し、高齢者や貧困者を援助するといった道具的目的のために存在していると考えられていたのである。しかし、そもそも制度というものは、とくに社会全体の生活を大きく左右するような制度は、たんなる道具ではありえない。効果を上げたり何かをもたらしたりすることばかりが制度の働きなのではない。制度は、制度に関わり、その効用を感じている人々の行動や思考を規定するようなものでもあるのだ。

制度というものは、常に、手段であるとともに、部分的に目的となるものである。制度はアイデンティティーと目的とを形成する。福祉制度が貧者を貧者の性格にするとは、近年言われていることである。だが、これに限ったことではない。制度は、戦後の大好況時代ならびにそれに続く時期には、中産階級の性格と思考とを強力に作り上げた。

万人が中産階級の繁栄に与《あずか》るという理想が、その道徳の中核であるとしても、この目的実現に向けて考案された諸制度は、理想そのものの性格を規定することとなった。よい仕事、家計を養う収入、万人に開かれた大学の門戸、政府の援助と組織的経済に裏打ちされた住宅所有——これらが制度的条件であった。こうした条件は、それ特有の生活経験をもたらすことによって、時代を通じて、中産階級の市民の期待や徳性

――「モーレス」――を形成することとなる。このモーレスが、経営エキスパートのノウハウに絶大な信を置く、進歩の公共哲学と共鳴した。

　仕事・学校・政治における毎日の実践によって、アメリカ人は、個々人の競争と成功という観点でものを考え、行動するように訓練された。職場や学校の外部では、私的な欲求とその充足が、生活の焦点となった。当時の社会観察者には、これは、消費財の量で測られる生活水準が強調されてきたことの必然的な結果であるように思われた。デヴィッド・リースマンは、子供はまるで「消費者訓練生」のようだと述べている。この傾向は、ある程度、制度の働きによって、とくに家庭や教会の働きによって相殺された。家庭と教会における習慣は、みなにとっての善を求めることを強調した。だが、こうした場の多くに共同善の論理が生きている一方で、公共の世界には、この論理はほとんど反映されなかった。他の民主国家とは異なり、一貫して合衆国は、社会保障制度を公共の備えではなくて、個人のための保険システムとして定義してきた。戦後のアメリカ人は、公共の問題を、経済的利益を引き出す場、つまり、自己の利益を追求し、必要とあらば他人と有利な取引をする場として考える傾向があった。市民的行動は、実際、市場や株取引に典型的であるような性格を帯びるようになった。のみならず、政府の財源が次々と新しい用途に充てられてゆくにつれて、市民的行動もまた、そうしたサービスに個人としてまたは特定集団の一員として与《あずか》ることのできる正当な権利として定義されるようになってきた。かくして、権利要求者《クレーマント》の政治が、市民の政治に影を落とすことになった。

　私的世界においては、人生で得られる最高のものを実現するべきだと考えられた。そこでは、親しい交わり、仲間の結束、また、スポーツ・芸術・工芸といった趣味の芸事が花開き、生活を彩り、完全なものにした。家族や交友関係の外側の出来事の一切が、つまり労働、売買、通学、そして商業あるいは行政上のサービスの利用が、公共の世界ということになった。こうした活動は、すべて、個人的目的のための手段であった。公共の世界は道具的なものと理解された。これに対して私的世界の活動は、追求すべき目的そのものと考えられた。社会生活がこのように分けられることが、自由のおおいなる進歩のように思われた。理論家の言によれば、「価値の多元主義」の世界、すなわち、他人からの干渉を最小限におさえ、誰でも自分が立てた「生活設計」を実行できるような世界が始まったのである。

　しかし、実際のところ、この大衆の豊かさの体制においては、「公共的」世界において達成される道具的な善を、「私的」生活における本来的な善に従わせることは困難であった。

金銭的報酬――あるいは教育によって拡大しつつある個人の選択肢――という道具的善の方が、ややもすると、本来上位に立つはずだった家庭生活への献身という善の魅力を圧倒してしまう。一九五〇年代半ば、ゼネラル・モーターズ社の広告に、次のようなものがあった。ぴかぴかの二台の車の前で、家族がそろってバーベキューをしている。二台目の車の購入を勧めているのである。キャプションに曰く、「別々に行くとますます仲良し」。まさかそんなことはないだろう。純粋に功利的な外側の活動とされていたものが、神聖なはずの私的生活の世界を侵食し始めたとき、豊かさがもたらす可動性のテーマは、深刻な緊張を生み出すことになった。かくて一九六〇年代のスローガンは「私的なものとは政治的なものである！」となった。

　一九六〇年代から七〇年代の大規模な社会運動、とくに公民権運動や女性運動が行なった大衆の豊かさへの痛烈な批判は、戦後のコンセンサスとは矛盾する道徳の観念を公衆の前へと突き出した。人種間平等の要求と人種差別への批判は、はっきりと道徳的な、それもしばしば宗教的な用語で表現された。この批判によれば、公共の秩序は道具的・個人的関与だけで支えられるものではない。ノーマン・ヴィンセント・ピール〔ニューヨークで精神科クリニックを開業したメソディストの牧師〕といった人物が、富裕層のために聖書宗教を「積極的思考《ポジティブ・シンキング》」に読み換えている一方で〔ピールの著書『積極的思考のすすめ』（一九五二年）は大成功をおさめ、日本でもよく売れた〕、マーティン・ルーサー・キング・ジュニアにとっては、信仰は、公共の秩序そのものの大改革を促すものであった。この運動に歴史的に反映された共和主義的・聖書的言語は、大衆からの応答を引き出したが、それにもかかわらず、公民権をめぐる国民的コンセンサスの創出は、長く、困難な戦いであった。公民権運動が疑問としたのは、大衆の豊かさの中核的教義である。善い人生を達成するには個人的努力のみで十分であるという教義に、公民権運動は異を唱えたのである。

　性《ジェンダー》の役割についてのフェミニズムからの批判は、相対的に目新しく、鮮烈な印象があった。というのも、フェミニストたちの攻撃は、私的世界そのものにまで踏み込むものであったからである。アメリカ人のほとんどは、私的世界を固有な価値の不滅の源泉と考えていたので、その規定を公然と疑うことによって、道徳的な足場が奪われてしまうのではないかと感じた。子育て、離婚、家事労働の分担という「私的な」問題が外の世界に出てきたとき、これらの問題を理解するための、アメリカの公共の言説の包容力が試された。そしてその足りないところが明らかにされた。私的世界と公共的世界との振り分けが、経験的にも非現実的であることが明らかになると、公私の道徳的分離にも根拠がなくなった。

5　公共哲学の失敗としての道徳的秩序の危機

戦後秩序の精神をもっとも明瞭に表わしているのが、一九六一年から六三年までのケネディー政権時代である。豊かな社会——歴史家のダニエル・ブアスティン呼ぶところの、世界の範たるべき「テクノロジーの共和国」——の基礎にあるものは、技術上・管理経営上の専門知識への信頼であった。ケネディー大統領によれば、アメリカの未来の鍵を握るものは「現代経済の実務的管理」である。「レッテルや決まり文句は要らない。巨大な経済機構が動いている。これを維持するための高度な、技術的な問題を、基礎から論じ合うことが必要なのだ」。彼はまた、必要なのは「技術的な解答であって、政治的な解答ではない」とも述べている。(10)

同時に、社会学者のマイケル・ハリントンと経済学者のジョン・ケネス・ガルブレイスは、貧困を根絶するために国家的努力が必要であると説いたが、この貧困というのは、言わばシステム内の技術的ミスの名残りなのであった。論理的に言って、当然、ニューディールや大戦以来発達してきた経済管理と資源配分のテクニックを応用せよということになろう。ジョンソン大統領の「偉大な社会」において法制化されたものは、おおむねこの精神に沿うものであった。顧問の一人の回想によれば、「偉大な社会」の目的は、アメリカの成長の「第二段階」を完了することにあった。第一段階は、巨大で生産的な経済システムを造り上げた。二〇世紀の幕開けとともに始まった第二段階は、「開花した経済システムを管理して、中・低所得者の生活水準を押し上げ、職の機会を拡大することを目指した」。物質的に恵まれぬ人々、とくに黒人系アメリカ人をシステムに組み入れることによって、その過程は完了するというのが、その論理的帰結である。これが達成されれば、今度はそれを土台として、また新たな段階に向かうこととなる。そこでは経済的関心に替わって、生活の質に対する関心が協議事項となるであろう。(11)しかし実際には、この善意溢れる楽観論のようには、事は運んでくれなかった。

一九六八年は、転機の年であった。政治的には流血があった。全国民に衝撃をあたえたマーティン・ルーサー・キングとロバート・ケネディーの暗殺である。また、この年、二次大戦以来堅持されてきた国民の団結心の大規模な崩壊が起こった。団結心はマッカーシー時代にその暗黒面を見せたが、同時代の闘争を生き延び、朝鮮戦争をも生き延びた。そして一九六四年、公民権法が議会を通過し、ついにアメリカも、長年にわたって自らを蝕んできた悪を正すにいたったかに思われた。国民の団結心は頂点に達した。だがそれは、ベトナム戦争を生き延びることはできなかった。一九六八年にはすでに、公民権運動と「貧困との戦い」の希望は、全国の都市を揺さぶる闘争によって打ち砕かれていた。自らも中産階級の端くれに立つことを漠然と願っている、都市の労働者階級ないし下層中産階級の白人は、なかなか人種平等が実現しないことにいらだつ、ゲットーの黒人の暴動と実力行使にたじろいだ。

これらと符合するように、国家の国際的地位の逆転が起こった。数年前には勝利達成の到達点のように思われていた経済的・政治的枠組みの有効性自体が、おおいに疑問とされるようになった。ベトナムでの宣戦布告なき戦いに投じられる軍事費によって、インフレと深刻な不均衡貿易が拡大しつつあった。ベトナムでの勝利は不可能とわかり、国家は内部崩壊の様相を呈した。

一九六〇年代の諸問題に対する最初の応答は、戦後の生活の基本パターンを崩さないような形で、これらの問題を定義づけることであった。しかし、一九七〇年代を通じて、アメリカは動揺を続ける。ある者は、すでに道が切り開かれている個人的自由と自己実現の、さらなる可能性を追求した。ある者は、自ら「保守」ないし「新保守」と称し、「家族の価値」という古い道徳的中心を保持しようとした。しかし、両陣営がなんと言おうと、世界は変化しつつあった。一つだけ例を挙げよう。女性の労働を認めようと認めまいと、経済の変化によって、大多数の世帯が二人の稼ぎ手をもつようになっていた。また、職場での仕事の分極化が進み、中産階級の地位への参入はますます困難となっていた。経済動向と中産階級の生活との相互強化の関係は、もはや判然とは読みとれない。私的世界と公共世界、道具的善と表現的善の区別という戦後の仮定は、崩れたのである。

一九八〇年、レーガン大統領は、戦後社会の幸福な状態を回復すると約束した。実際、レーガン政権は、富裕層のかなりの範囲に対し、かつての繁栄の要素のいくぶんかを提供した。だが、かわりに国家は空前の借金を抱えることになった。それは甚だしく高くついた。成功と失敗の溝はますます広がり、かつてのコンセンサスは取り戻せなかった。八〇年代の末までに、アメリカ人は、自分たちの生活の社会的な――そして道徳的な――組織の崩壊をふたたび恐れるようになった。理解不能、統御不能な変化が起きているようだった。この危機的な状況において、公共の言説は、事の重大さにまともに対処できる何物をももっていなかった。

6　一つのデザインの終焉？

合衆国が、一九八七年の憲法制定二百年祭の公式祝典を、フィラデルフィアではなく、ディズニーワールドのメインストリートの突き当たりにあるミニチュアのインディペンデンス・ホールで始めたことは、象徴的なことであった。アメリカには二つの魔法の国がある。人気一番の行楽地だ。カリフォルニア州のディズニーランドと、フロリダ州のディズニーワールドは、家族そろって楽しめる遊園地として知られている。実際、この二つのテーマパークは、休日の家族の目的地という新たなジャンルをつくり出した。オレンジ郡の柑橘類果樹園にディズニーランドが開園して以来、アメリカ全土にテーマパークが出現することになり、幾千万の子供たちの夢を方向づけ、私たちの想像力と生の形成に寄与した。

　一九五〇年代以降に育った子供であれば、たいてい誰でも知っているように、魔法の国は五つのゾーンに分かれ、それぞれに異なるエキサイティングな時空体験が楽しめるようになっている。前世紀の小都市を理想化し、多少縮小したような形の「アメリカ大通り」を中心として、「冒険の国」「開拓の国」「未来の国」「おとぎの国」が取り巻いている。ディズニーの遊園地は、その二番煎じあるいは競争相手と同様、綿密に計画された空間・建造物・景観・スタッフの織りなす有機体である。「あらゆる年齢の子供たち」、そのなかには（ニキータ・フルシチョフにいたるまでの）外国からの賓客や、デモインからはるばるやって来たおじいちゃんおばあちゃんが含まれるが、彼らは、ジャングルの川下り、宇宙旅行のシミュレーション、リンカーンのゲティスバーグの演説を体験することができる。ぽっぽと走る汽車からスルルと走るモノレールに乗り継いで、これらをはしごするのである。

　過去の平和なアメリカ像。その上で手招きする未来のテクノロジー。まさしくこの管理された多様性が、入園者を昔に帰らせるのであろう。あるいは、エキサイティングな乗り物や、いろいろ楽しめるお買いものがよいのかもしれない。テーマパークの本質は、魅惑のハイテクつきのおとぎの国である。また、未来の進歩の夢と、開拓地や小都市や建国時代に込められた愛国心との並置には、何か心をゆさぶるものがある。こうしたシンボルの内に、確かな自己のルーツが感じられる。個人のエネルギーを健全な生へと振り向けるような、道徳的グリッドパターンが心に浮かぶ。もちろん、こうした意味のすべてが、このテーマパークのデザインの一部なのである。

　ディズニーの遊園地は、極めて周到にデザインされ、計画されている。入園者の誰もが目を凝らす地図や表には明瞭で精巧な秩序が示されており、人々の想像力を掻き立てずにはおかない。それは、オーランド〔ディズニーワールドのあるフロリダの都市〕やオレンジ郡〔ディズニーランドがあるカリフォルニアの郡〕のしばしば判読不可能な市街地のパターンからくっきりと際立っている。このコントラストゆえに、遊園地の魅力がいや増すのかもしれない。ディズニーランドを軽蔑する習いの知識人も、旧世界の首都のモニュメンタルなデザインには魅力を感じているようだが、両者の魅力にそう差があるわけではない。

さて、この全体は結局何を意味しているのか。こう批評する者がいるかもしれない。入園者がディズニーのデザインを見て熱狂するのは、それがアメリカの集団無意識を全世界に向けて陳列しているからである、と。彼はまた、こう見破るかもしれない。アメリカ大通りと未来の国とを結ぶものは欲望である。すなわち、ある固定的な道徳的宇宙――かつてのアメリカの自信の拠り所とトクヴィルが見たようなもの――に安全に繋ぎ止められた、無限の物質的進歩へと向かう未来への欲望である。メタリックに輝く未来とパステル色の過去とが、欲望という地下の通路で連結しているのだ――。

だが、やはり小都市の本町通り《メインストリート》とインディペンデンス・ホールこそが要《かなめ》なのである。この二つが体現しているのは、テクノロジーや国際社会に大変革があろうとも、アメリカ的生活の道徳的・社会的次元は一定に保ちたいという欲望である。それはまた、かつての中産階級の共和国とその市民――冒険心に富むが、家族・家庭生活・地域共同体の根を失わない自立的市民――の精神を持続したいという欲望でもある。だが、すでに見てきたように、まさにこの基本的な、アメリカ的生活の輪郭じたいがぼやけつつあるのだ。アメリカのように急速に変化しつつある社会においては、何が、家族を、家庭生活を、職業を、そして地域共同体を構成しているのだろうか。こうしたやっかいな疑問が、今や、テーマパークの平和な秩序の上に覆いかぶさっている。

未来の国とは言うものの、はたしてこれは来るべき世界を正しく映し出したものだと言えるだろうか。そう、わが批評家は首をかしげるかもしれない。むしろそれは、もうどこかに行ってしまった夢、せいぜい残像が見えるばかりの夢に対する郷愁ではないだろうか。「未来世界」なるファンタジーからは、実際の未来への手引きは出てこない。すでにそれは、私たちの集団的過去なのである。未来への手引きが古い、おなじみの社会計画から出てくることもありえない。純粋に「技術的な解答」を選んだ戦後期の国民が、不要なものとして打ち捨てた、共同の討論・公共的創造のための能力を回復すること。私たちに必要なのはこれである。

7　進歩という賜物《カリスマ》

建国と同時に合衆国には、進歩の賜物《カリスマ》が下った。建国の年、一七七六年は、アダム・スミスの『国富論』が火をつけた知的革命の年でもある。新たに批准された合衆国憲法のもとで新たな連邦政府が誕生したのは、新時代の幕開けを告げるフランスのアンシャンレジーム崩壊と同じ時期のことだった。そして今日にいたるまでアメリカ人は、諸国民中でもっとも近代的な国民、世界中に進歩のメッセージを送る笑顔の預言者を自認している。

アメリカの自信の中核にあるものは、その革新的で極めて生産性の高い経済であった。私たちは、実現した「未来展」のなかに暮らす国民であり、コンピュータを発明し、はじめて月面有人着陸を行なった国民である。それゆえ、ここ二十年間の経済的困難が、払拭しきれぬ深い不安をもたらしたとしても不思議はない。それだけに、次の点を強調しておくことは重要である。歴史的に見て、私たちは極めて好都合な状況に巡り合わせていたのは事実だが、経済発展がだまって生じたわけではない。進歩のイメージが、純粋に道具的・技術的な計画であったわけでもない。進歩とは、道徳的理想であったのだ。

合衆国は、進歩へ向けて計画された。一八世紀の国家建設者にとって、経済生活がたんなる中立的な自然的事実ではないこと、政治経済学は政治倫理学の一部であり、政治経済政策は公共道徳上の実践に属することは、当然の前提であった。この公共道徳を最初に説いたのは、ジョン・ロックである。[12] 現在通用している社会的実在の理解の実に多くの部分が一八世紀末（すなわち建国期）に制度化された原型に由来しており、そしてその制度化の実に多くの部分がロックの思想に依拠している。ロックの思想は、かつて創出された思想のなかで、一番とは言わないまでも、最強力のイデオロギーの一つだと言える。それは、かつてないほどの個人の自由、物質的幸福を求める競争のための無際限の機会、個人の自発性に干渉する政府の恣意的な権力のかつてないほどの制限を約束した。これらすべてを動員して、それは、人類史の大部分を占めている支配と排除の階層構造とは対照的な、近代の自由主義的理想を表明した。

歴史家のジョン・ダンが力説しているように、ロックの思想は、その本来の文脈においては、彼の神学と、また彼の厳格なカルヴァン主義的な義務の観念と不可分であった。[13] しかし、すでに一八世紀の中頃には、彼の教説の世俗的な側面が、その展望の全体から引き離されていた。アメリカのロック信奉者が強調するところによれば、生命・自由・幸福追求の権利は、単独の個人の、自然状態からの財産所有のうちに具体化される。政府は、その財産の保護のために設けられる。交換の手段として貨幣の導入が合意されるならば、原理的に言って財産蓄積を道徳的に制限するものは何もない。個人の自由と自主性を制限するものは、その個人が（ごくわずかの）社会契約に参入するにあたって自発的に同意した条件の他は、すべて排除される。ロックは潜在的に女性の権利を、また明白な形で親に対する子の権利を論じているが、そうした議論を通じて、従来絶対君主制のモデルに利用されてきた家父長制を非難している。[14] ロック派の見解によれば、制限つきの政府が存在するのは、個人に蓄財を許す最小限の秩序を提供するためである。伝統的な制約はことごとく排除される。理性にもとづいて自発的に同意されたもの以外は、何であれ、そのままでは受け入れられない。

いささか簡潔になりすぎてはいるが、それでもこれは、ロックの立場を説明するものとして――あるいは少なくとも一八世紀末期のアメリカではどう理解されていたかを説明するものとして――不当なものとは言えない。ロックが自らの社会契約説が好ましい結果をもたらすと期待できたのは、彼には、「利害の自然調和」（ロックの先駆者、ホッブズには見られない仮説である）が自由で寛容な、善い社会の建設につながるという考えがあったからだ。おそらくロックとしては、もともとはこの教説を過去の社会的・文化的締め付けに対する抗議として編み出したのであり、これを一挙に実行に移す国があるとは思っていなかったであろう。彼の思考にとって基本的な、宗教的制約なしにそれが行なわれるとは、決して考えていなかったはずだ。

合衆国憲法が表明する政治経済学の最有力な設計者であるアレクサンダー・ハミルトンは、ロック哲学の信奉者であったが、ロック自身と同じく、この説を、古い道徳的秩序の観念が加味されたもの、つまり、個人のフリープレイばかりでなく、有能なリーダーによる慎重な演出が必要なものと考えていた。ハミルトンにとって、進歩は、紛糾をもたらしうる道徳観念であった。だが、進歩は制度化を必要としていた。それが社会のなかで有効に働くようになるため、公的な地位や承認があたえられなければならなかった。人間の本性は「放っておけば、自然に、もっとも有用で有効な役割への道を見出すだろう」と述べた道徳哲学者アダム・スミスの確信は、ハミルトンには無縁のものであった。

一七九〇年代以降、トマス・ジェファソンとジェームズ・マディソンは、ハミルトンの見解に公に反論するようになる。彼らもまた、ハミルトンと同様、経済的進歩を通して道徳的前進があることを固く信じていた。三人とも、啓蒙思想の自由主義が約束するものと、安全・正義・協力といったいくつかの本質的な善を実現することができるのは公共世界のみであるという、より古くからの共和制の考え方とを結びつける方法を探っていた。しかし、いかにして個人の自由を増大させ、かつ、公共善を維持するかという問題にかんしては、ジェファソンとマディソンの見解は、ハミルトンの見解とは大きく異なっていた。ハミルトンによれば、人間社会は進歩の精神を学びとるべきであるが、しかしひとたび学んだからには、社会の成員をよく教育して、慎重に普及すべきである。ハミルトン式政治経済学が設ける諸制度は、通貨供給や国立銀行から、公的に認可された事業振興組織、契約と義務にかんする法律にいたるまで、みな教育機関である。それらの目的は、人間を道徳的に変容させ、改良することであった。

ハミルトンは述べる。この制度化された公共の教育の目的は、「人間精神の活動を養育し、刺激すること」、つまり人間の能力を拡大し、それによって公共生活の質を向上させることにある。つまりハミルトンは「企業精神《エンタープライズ》」のことを言っているのだ。彼にとって「企業」とは、まさに精神的な問題なのである。企業は「有用にして多産ではあるが、社会のなかに見出される職業と生産物が単純であるか多様であるかに応じて、必然的に縮小あるいは拡大する」。ここでハミルトンは、スミスに同意し、市場経済がもたらす分業の拡大には利点のあることを認めて、社会の精神的富をめぐる教えを引き出している。「精神的富は、耕作者しかいない国家では、耕作者と商人がいる国家よりは少ないはずだし、耕作者と商人の国家では、耕作者と職人と商人がいる国家よりは少ないはずだ」(15)。

政治経済学の重要性の以上のような理解からするならば、ハミルトンが国家の統一を主張したこともうなずける。強力な新しい国家は、地方の上流階級の人間のゆるやかな同盟によってではなく、全国的な商業・金融エリートによってつくられるはずだ。活動的で勤勉な国民になることによって、アメリカ人は、諸国民のあいだにほどよい地位を見出すようになるだろう。経済発展による世界の進歩をめぐるハミルトンの見解は、以上のようなものであった。

国家の創建者たちのほとんどは上流社会に属していたが、移民のハミルトンはその局外者であったというのも、おそらく偶然のことではないだろう。トマス・ジェファソンは農園を高く評価していたが、ハミルトンはこれを信じていなかった。むしろ彼は、強力な中央政府と市場経済が、本来才能のある人間をたえず刺激して、上位の指導的地位に昇らせることに期待をかけていた。独立革命は、まさにこれをハミルトン自身にもたらした。成長する経済は、多くの人々に同じことをもたらすのではないか？

こうしたハミルトンの見解によれば、私的な市場交換の世界とそれにともなう制度が、国家のうちに発現される国民の意志によって確立され、公認されるべきである。この市場の作用が、次に、一八世紀の啓蒙主義が「作法《マナー》」と呼んだ徳性ないし精神を教えるだろう。かく教育されて、市民は、世論という自由な世界を形成する。この世論は、種々の団体を通じて組織され、国民の意思を形成し、それに政府が従う。ハミルトンの思い描いていた政治経済学は、このように、商業や技術においてばかりでなく、道徳においても、人間の円環状あるいは螺旋状の進歩を可能にするものなのであった。

ジェファソンとマディソンは、ハミルトンの計画に従うならば、結局、国家に特権を賦与された経済貴族の階級が生まれるのではないかと考えた。ハミルトンの推奨する国家の諸制度――国立銀行や、連邦政府による経済発展のための強力な支援――は、腐敗し、専制化し、下手をすると君主制の復活にもつながるのではないか。ジェファソン自身は奴隷所有者であり、貴族であったのだが、民主主義と庶民のイニシアチブへの基本的信頼を表明していた。長期的に見るならば、それは、ハミルトンの思想以上にアメリカ人のエートスを深く表明していた。彼は、ロックにならって、次のように信じていた。私的な財産および契約は、政府に先行する。それゆえに、それらは、本源的に私的な事柄であると考えられる。政府は私的契約と私的財産とを保護すべきであるが、それらに干渉したり、それらを共同の目的に適合しようとしてはならない――。自然権に対するこの自由主義的な見解においては、社会生活の第一の目的は、個人の自由を保護することである。それゆえにジェファソンは、同胞に対し、民主的共和国の市民として政治活動に励むように促したのであった。ジェファソンは、ハミルトン以上に、教育ある市民層を自由社会の必須条件と考えていた。この市民層が、政府の行動を常に監視する公民を形成するのだ。

一九世紀初期までには、ジェファソン派が決定的な勝利をおさめたかのように思われた。一八〇〇年のアメリカは、インディアンと黒人と女性が公民権から外されていたことを考慮に入れても、少なくとも狩猟採集時代以降ではおそらくもっとも平等な社会であった。ジェファソンは、ホワイトハウスの平和主義者であった。そしてそこは、確かにロック的世界であった。企業は自由で、政府は弱く、法は「エネルギーの解放」――抑制ではなく――に加担するものであった。さまざまな点から言って、一九世紀初期の世界は、本質的に平等な個人が古い伝統や巨大制度に妨げられずに成功することのできる国という「アメリカ」の自己像にかなうものであった。

さて、古い伝統の方は先細りであったが、巨大制度の方は、その後非常な発展を遂げた。二〇世紀後半のアメリカは、小都市の自律的市民の世界とはかけ離れている。私たちがどう考えようと、これが現実である。いったい何が起きたのであろうか？　なぜアメリカは、建国者たちが構想したロック的楽園になれなかったのだろう？

8　企　業《コーポレーション》の台頭

　ロック哲学の無制限の蓄財という観念は一大勢力をなし、予期しない、測り知れぬほどの結果をもたらした。すでに一八三〇年代には、かなりの規模の製造会社が出現している。実業界は、アダム・スミスの念頭にあったような、企業心あふれる個人が相互に競い合ってつくるようなものではなくなった。一九世紀も終わり頃には、労働人口のうち大会社に勤める者の数は、未曾有のレベルに達した。新たに出現したこの法人の世界は、これまでになく個人主義のイデオロギーを喧伝したが、社会学者のフィリップ・セルズニックが「私的政府」と呼ぶ数々の大組織が出現しつつあったのである。私的政府は、被支配者の同意にもとづいて支配しているのではない。長年の努力にもかかわらず、この私的政府を民主的政体に効果的に組み入れることは不可能であった。競争はたちまちにして、個人営業の農家や機械工や商人には不利なもの、「法人」なる資格のもとに組織される、ますます大規模化してゆく投資家たちの結合体には有利なものとなった。自由市場の経済学説・法学説には、問題点が現われ始めた。そもそもこの「法人」という語の意味からして、決定的に変わってしまった。

　法人（corporation）——これは英国法から借用した語である——とは、語の形が示すように、特定の機能を果たすことを国家によって認可された特殊な「からだ＝団体《ボディー》」を意味していた。ハミルトンとジェファソンも、そのように理解していた。本来この語が含意していたものは、自治体、教会、大学などである。ある経済的な目的のために私的集団が結成される場合、たとえば道路や運河の建設会社を作るような場合、州の立法府との協議によって法人設立許可の条項が決定される。そこには、新設される団体の権利やその特別な地位——通常は独占的な地位——ばかりでなく、その地位と引き替えに課せられる、公共の利益のための義務内容が明記された。ハミルトンが考えたのはこのようなものである。

　一九世紀には、これらのすべてが劇的に変化した。法人は、主にその特権化を避けるために、法制上の公共的性格を失った。新しい法案が議会を通過し、手数料を納付し、組織規定に従うだけで、事業法人は「自由に」、広く認可されることになった。裁判所の判決もまた、法人を、自由競争についてはあらゆる点で個人なみだが、財源の点では個人よりはるかに恵まれており、しかもその批判者が指摘したように、個人よりはるかに小さな責任しか負わない、私的な経済的行為者として遇する方向へと向かった。一九世紀後半までには、法人は、法律上個人のもつ自然権を有するものと考えられるようになった。最高裁判所は、市場が許すいかなる条件下においても、こうした「法人」が、雇用契約を含むいかなる契約をも自由に締結できるとした。国家が介入することは不可能であった(16)。

経済をめぐるこうした変化は、ハミルトンの期待も、ジェファソンの期待も、ともに打ち砕くものであった。法人が法的には「私的な」市民であるという理論は、今やまさに、ジェファソン派が懸念していた「経済の王党派」や、たぶんそれより悪いと思ったであろう「私的政府」の正当化に使われるようになった。一方、ハミルトンが推奨した組織化と教化の制度が顧みられることはなかった。政治経済学の市民教育は、明らかにおかしな方向に進んでいった。目指していたものとは正反対の結果が現われた。一方の種類の政治経済学のために計画された憲法上の規定が、それよりも古い規定が思いがけず招来してしまったまったく別種の経済システムに対処しようとしていた。ジェファソン派およびそのいっそう大衆的な継承者であるジャクソン派の勝利は、彼らがもっとも恐れていた経済の中央集権化の基礎となってしまった。富とはかつて土地、船舶、家屋、加工品などの有形の財を意味するものであったが、いつのまにか、現金、株券、債券などの換金可能な道具を第一に意味するようになった。だが、それに合わせて公共世界の制度的再建がなされるということはなかった。それどころか、立法府と裁判所は、新しい酒を古い皮袋に入れるのに余念がなかったかのようだ。

法人と、法人を取り巻く世界経済システムは、いわば国民の――さらには国家の指導者の――「頭越しに」成長したようなものである。新制度を誤解し、古いロックの言語で捉えることに固執したので、アメリカ人は、それのもつ意味を理解できなかった。そして、それらがいかなる予期せぬ結果を生み出したとしても――他のほとんどの近代国家の国民以上に――座視し続けてきた。そうした結果のなかには、実に深刻なものが含まれていた。

9　経済と国家

一九世紀には、産業、鉄道輸送、中央集権的な銀行業務が急速な発達を遂げた。大規模な経済組織は、まったく新しい問題を生みだした。しばしば極度に不安定な状況、そして好況と不況の周期的交替がもたらされるようになった。ヨーロッパや日本の企業と同様、アメリカの企業もまた、組織化を図ることで、市場に対する統制手段を得ようとした。政府が政治経済学を管理する伝統のある諸外国においては、企業をカルテルに組織し、労働組合をそれと同様の集団と認知することが可能であった。しかし、合衆国では、政治的伝統も、法制度も、大企業のそうした半ば公的な合法的組織化を阻止する方向に働いた。それでもなお、経済生活における政府の役割は重要な論点となった。二〇世紀を通じ、それはいっそう盛んに論じられるようになった。議論そのものが絶えることはなかった。経済と国家の関係を論じる言葉は変わったが、議論そのものが絶えることはなかった。

長らくアメリカの企業は、輸入品に高い関税をかけるように議会を動かしてきた。国外の競争者からの政治的防衛策である。国内には鉄道と電信によって巨大な市場が開かれ、大きな企業ほど競争に有利となった。このため、同族会社や合名会社よりも、共同資本の会社となるケースが増えてきた。しかし、市場が拡大し、複雑化が進んでみると、高度に資本化された企業は、さまざまなタイプの金融上の変動に弱いことがわかってきた。変動に対抗するためのもっとも魅力的な方策は、何らかの形の独占を形成することであった。

しかし、アメリカ人には、小規模生産者にも自由市場における機会をあたえるべきだとの信念がある。一八九〇年のシャーマン反トラスト法〔独占禁止法〕では、実質はともかく、形式的には、この信念が勝利をおさめた。これ以降、産業組織の整理統合は、種々の手口を使っての断続的な進行となった。モーガン一族が財を築いたときのような、合併・買収といった手口である。国の資源と生産体制の再組織化の過程が進行したが、しかし、法的には「私的」とされる領域の出来事なのであった。

とはいえ、アメリカの大衆は、長いあいだ、「独占者」——とくにジャクソン派が好んでそう呼ぶところの「財界人」——を強く警戒してきた。「財界人」とは、金持ちそのものとは違う。アメリカ人の多くは、経済的地位の向上には前向きであった。ここで標的とされているのは、自ら苦労せずとも、資産や債券を動かすことで軽く一儲けできる者たちである。あるいは、自らの経済的利害だけを基準に、何千もの従業員や、部品などの調達業者や、顧客に重大な影響をおよぼす決定を下すことのできる者たちである。彼らへの警戒心は、農民運動となって現われた。それは、政府が鉄道と銀行に統制を加えることを求めた。新しい経済のこうした側面には、プロテスタント的な国民的伝統と容易に和解できないものがあった。このプロテスタントの伝統は、二〇世紀初頭にはまだまだ中産階級に影響力を有していたのである。

大規模な経済組織の形態をめぐる論争は、熾烈さを増していった。そのため、経済の進歩を危ぶむ者が大勢いた。J・P・モーガンは、彼が考える経済秩序の効率的な、それゆえまた合理的な再構築に対する大衆の抵抗は、進歩に必要な変化を脅かすものだと主張した。ユージン・デブズなどの社会主義者は、私的な金融組織という資本主義的なシステムは、富と権力を専制的に集中することで進歩を阻んでいる、モーガンやその同類はその好例だ、と主張した。中産階級の改革者たちは、新時代の巨大組織は、中産階級にとってのいちばんの理想、すなわち独立独行、勤勉、寛容を無意味化しつつあると感じていた。

進歩の概念は、個人の人生と闘争に意味をあたえてきた。人々は、経済的発展、教育、子供の生活環境の改善を心から願っていた。それらは、新来の移民から人種差別に苦しむ黒人まで、アメリカ人のほとんどに共通の思いであった。だが、家族も、経済集団としての世帯も――道徳的世界の中心であり続けているものの――、もはや明らかにこうした物質的進歩のための媒体ではなかった。技術革新と分業の発達は、家内生産ではどうにも追いつかないレベルに達していた。今や労働市場は、市場の中核に納まるにいたった。それは、日常生活の行動までを、かつてないほどに侵害しつつあるように思われた。

「職」は、家族や親族、近隣、教会から切り離されるようになった。自分にではなくて誰か他の人、何か他のものに仕える者のほうが多くなった。農民の多くは、市場や、市場を操る鉄道や企業の権力と戦っていたし、(立脚点は互いにおおいに異なるものの)モーガンやデブズのように、経済組織の拡大は避けられないと主張する者もあった。しかし、市民の大多数は、どうとも結論を出しかねていた。事態が進行するに任せようとする一方で、古い信念を捨てることなしに新しい世界に適応できないか、そんな予兆は見えてこないものかと、遠くを見やっていた。こうしたなか、時に「改革」の大義が人々の心に訴えた。

一九〇九年、改革派は、無名のハーバート・クローリーが著わした『アメリカ的生活の約束』を読んで奮い立った。この本は、新たな論争の焦点を、アメリカの生活と制度へと振り向ける働きをした。それは、大事なところでは、今世紀いっぱい続く論争となった。クローリーの展望と、それに対する反論とは、政治経済学の従来ながらの捉え方、米国史の最初の一五〇年間が伝えてきた私的な捉え方に張り合うほどの注目を集めることとなった。

クローリーは、現代の分業と巨大経済組織のもつ高い効率性を認めた。しかし、彼はまた、政府の諸機関の積極的な役割と、国事に対する公共的な展望の必要とを論じた。彼は国家社会の新しいデザインを提案したばかりではない。政治的・経済的議論のための新しい文脈をもつくり出したのである。彼が国民のほとんどに先んじて見ていたものは、何であったろうか。彼は述べる。「アメリカの伝統的楽観論」は、妥当性を失った。「アメリカ的生活の約束」は今や必ずしも実現するものではない。「アメリカの国家的約束が自動的に成就すると考えてはいけない。それというのも、他でもない、個人の自由に対するアメリカの伝統的確信が、道徳的にも、社会的にも、好ましからぬ富の分配を招いているからである」(17)。当時広く「社会問題」として知られていたもの、すなわち技術革新による豊かさのただなかにおける貧困と抑圧は、意識的で周到な組織化を通じて処理されなければならないだろう。

合衆国が平等と自由という高邁な理想を掲げる以上は、従来までの受動的な「約束」は、能動的な「国家的目標」へと変容をとげる必要がある。クローリーは論じる。「いくら資力に富み、私欲を離れたものであっても、諸個人の自発的結社がこの責務を全うすることはできない」「この問題はアメリカ国家の民主主義の問題である。その解決は、主として国家の公的措置によって図られるのでなければならない」(18)。私的権力の途方もない集中は、「過度に個人化した民主主義」の限界を暴いただけであった。クローリーと彼の議論を受け入れた者にとって、これは避けられぬ解決法に思われた。「ある民主的理想がこの社会問題を不可避的に招き、その解決の試みを余儀なくしている」のだから、この国の制度を「民主主義のいっそう高度な社会化」へと向けて改革する必要があるのだ(19)。

それゆえ、クローリーが発見したものは、英国や大陸の政治思想家が以前より論じていた、近代工業社会をめぐる重大な事実だったのである。彼自身がそう述べている。世界市場の成長とテクノロジーの進歩は、過去の時代のような、孤立した、動きの遅い状況とはまったく異なった、新たな相互連結と相互依存の環境をもたらしつつある。だが、既存の民主的意思決定の構造は、これを理解することも制御することもできない。すでに述べたように、イギリスの政治理論家グレアム・ウォーラスは、この新しい国際的相互依存のネットワークを「大きな社会」と呼んだ(20)。アメリカ的生活においてはそれがすでに現実であることを、クローリーは初めて示したのである。ほぼ一世紀にわたって諸外国から事実上切り離されていた合衆国においてさえ、先駆的経済の働きそのものから、この困惑するような新しい状況が発展してきていた。クローリーはそのプロセスについても明らかにしたのであった。

クローリーは言う。夢と郷愁を誘うアメリカの一九世紀は、「本質的に儚いものであった。それは自らの内部に、崩壊と変容の種を宿していた。自己の仕事を専門化し、同僚の仕事に合わせて組織化できる人間にとって有利な経済環境となるや――またそうであるかぎりは――この変容が進行した」(21)。専門化が格段の精度と効率をもたらした、新しい分業体制についての彼の描写はこうだ。そして、彼は論じる。こうした状況は新たな統合を要請している。それは、大衆民主主義の動的プロセスを通じて案出され、より広範な公共的領域の内に制度化されるかもしれない。言い換えれば、政府が「国民的民主主義」の道具となるかもしれないということだ。

　しかし、クローリーの見解が十分広い支持を得るまでには、長い時間がかかった。一次大戦の動員体制下に、クローリーら改革家の提言による政府主導策のいくつかが試みられることもあった。しかし、ウッドロー・ウィルソン政権下の任意性の高い戦時国家協調政策に対してさえも、アメリカ実業界のリーダーたちの抵抗は非常に強かった。協調（および公共支出）の機構は、休戦が成立するや、即座に解体された。数か月もしないうちに、国家は好況から不況に転じた。アメリカの、果敢ではあるが短くて実験的な、革新主義的《プログレッシブ》改革との淡い恋は、終焉を迎えた。制度に残された改変も、わずかなものに留まった。

　さて、こうした一切の障害にもかかわらず、形ばかりの規制国家が、暫時の成長を見ていた。おおむね企業中心となった経済に、何らかの公的基準を課すことが目的であった。州際通商委員会が設けられたのは、革新党運動より前のことである。連邦取引委員会、食品医薬品局、連邦準備制度などの諸機関や、国の累進所得税がすでに制定済みであった。連邦政府よりも革新主義が成功をおさめた州や市のレベルでは、さらに多くの規制機関が設立されていた。とはいえ、一九二〇年時点で見てみると、それらはどれも、強い政策実行力をすでにおおむね失った、弱体化した政治組織のエキスパートによって運営される機関にすぎない。企業経済が大量生産、垂直組織の生産システム、消費者信用機関などの点で刷新をとげた一九二〇年代を通じて、この状態が続く。しかし、一九二九年の経済崩壊は、ふたたび政府の責任をクローズアップした。

　大恐慌と二次大戦という状況のもと、アメリカの政治経済学は、連邦政府主導の政策をめぐって展開されるようになった。経済と国家の関係をめぐる議論は、未だ抑制のかかったものであったが、ローズヴェルトの時代にはかなり前進した。ヨーロッパや日本の政治経済学の場合に比べれば、アメリカ政府の役割は、なおまだ制限された、拡散したものであった。しかしそれでも、ニューディール政策以前の規模とはおおいに異なっている。とはいえ、クローリーなどの革新主義者が提唱したような政策は、部分的に、ためらいがちに実行されたにすぎない。連邦国家が成長してきたのは、社会のいっそうの民主化が求められた結果というよりも、大戦ないし冷戦の刺激を受けた結果である。そしてこのことが、新たに出現した国家の性格に大きく影響することとなった。

　一九三〇年代には、企業の責任と、経済生活における行政と法の役割とをめぐって、はなばなしい論争が繰り広げられた。ウォルター・リップマンの『善い社会』は、熟慮された成果の一つである。だが、知的コンセンサスが得られるにはいたらなかった。公共政策は、あれこれの選挙民の要求や、彼らが受け入れるものに応じながら、プラグマティックに針路を変えていった。首尾一貫した解決が訪れるより先に、第二次世界大戦参戦の懸念およびその現実化が一切の論争を終結させた。かくて「市民の頭越しに」進行する、不透明で誤解された経済に、国防国家の機構が加わった。正常な民主的な検討および決定の過程からは、ますます遠ざかっていった。

10　戦争と国家

F・D・ローズヴェルト時代の最終局面は、その後数十年間にわたってアメリカの制度に大きく影響した。戦時動員体制が、新たに一連の調整機関を生み出した。しばしばウィルソン政権の動員体制時代の退役者が長となった（ローズヴェルト自身、その一人であったが）。ニューディール支持者が職員となり、公僕への情熱あつき若き人材が補佐した。これら中核集団は、戦後の秩序樹立に多大な役割を果たした。戦時生産局、物価管理局、科学技術局、そして当時まだ機能していた復興金融会社。名称だけを見ても、かつては私的経済の問題であると考えられていた諸活動に、いかに連邦政府が関与するようになったかがうかがわれる。対日戦の勝利とともに、これらの多くは解体された。しかし一方で、対ソ関係の冷却化と、マーシャル・プランによるヨーロッパ復興援助の決定により、ニューディール以前の世界への回帰がありえないことが確実となった。

冷戦は、トルーマン政権時代の行政部にとっての重大優先課題であった。これによって国家権力の新たな集中が正当化された。三軍は、国防総省の統一指揮下に入った。中央情報局（CIA）の創立当初の目的は、既存の諸機関からの情報の調整である。しかしすぐにそれは、国外（ときには国内）の秘密行動の計画・遂行のための機関――それも、大統領以外の誰に対しても公式にほとんど説明義務をもたない機関――となった。ほどなく、国の安全保障の顧問を長とする国家安全保障会議が設置された。かくして、外交政策に対する大統領の直接的主導権が拡大された。それは、国務長官や国防長官をすら飛び越えるものであった。ポール・ニッツェを長とする委員会が国家安全保障会議に提出した一九五〇年の報告書（NSC68）〔七章二節参照〕[22]は、いわば国家内の国防国家の出現を正当化する青写真となった。ソ連の脅威を打ち砕くには、ソ連流の手段を利用しなければならないというのが、ニッツェの論法であった。その逆説的成果が、憲法にもとづく通常の民主的説明義務の構造の外部に作り出された、スターリン国家を投影した強力な集権的機構である。少なくとも一九九〇年にいたるまで、この構造を統制しようとする、議会や公衆の、事実上すべての努力が退けられた。そこで持ち出された根拠は、外交にかんしては大統領が「唯一の権力」を握っているという、憲法に照らして疑わしい主張である。アメリカは両大戦中、国家の動員に近いものを体験していたし、南北戦争中のリンカーンが途方もない権力を握っていたことも確かである。しかし、国防国家のような集中した権力が、数十年にわたってアメリカ社会のあらゆる側面、とりわけその経済生活に強大な影響力をおよぼし続けたのは、未曾有のことであった。

すでに見たように、今や連邦政府は、国家の経済に関し、資金調達者・保証人・管理者の三大役割を演じることとなった。この機能はしばしば、国防の観点から正当化された。アイゼンハワー時代の、連邦政府による州間ハイウェーの巨大な計画や、教育に対する政府助成金の拡大のときがそうだ。政府の新たな支出の大部分が軍事目的に振り向けられるという状態が数十年も続いた。ペンタゴンは莫大な費用を消費し、金融・財政政策を左右するとともに、企業の投資や雇用のあらゆるレベルに多大な影響をあたえた。政府のかくも大規模な市場介入を不当とする、一九三〇年代以来繰り返されてきた議論は、みな、国家の安全保障をめぐる議論にかき消されてしまった。数十年にわたって極めて高水準の軍事支出が継続した結果、アメリカ経済の主要部分に、いわゆるペンタゴン社会主義が生み出された。競争がなく、コストの心配もなく、いかに非効率であろうとも必ずや収益のある企業に、官僚主義的非能率と法外な浪費がはびこることとなった。それはソ連の場合とちょうど同じだったのである。

軍事支出は、特定の新産業と地域に極端に偏っていた。航空機産業、のちには航空宇宙産業、エレクトロニクス産業、原子力産業などが、莫大な資源と、新たに養成された人材とを吸収した。サンベルトは好況に沸き、他地域の既成産業は犠牲となった。アメリカの政治経済学は計画の時代を迎えたが、主としてそれは、国防の名による政治的企業活動の線に沿うものであった。

共産圏封じ込めという目的が受け入れられたため、国防の名によるこうした政治体制の妥当性を問うことは事実上長らく不可能となっていた。名目は民主主義の擁護であるが、実際の民主主義の方は転覆しかけていた。生活水準は順調に上昇した。そのためアメリカ人は、自らの「頭越しに」そびえつつある経済と行政の巨大な構造は、エキスパートが管理してくれるものと容易に信じることができた。必要なのは政治ではなくてテクノロジーだ、という具合だ。しかし、リンドン・ジョンソンが（もともとの意味を理解せずに）歓迎した「偉大な社会《グレート・ソサエティー》」は、普通の市民には何やらわけのわからぬ結果を続々と生み出していった。一九八〇年代の末に共産圏の広い部分で崩壊が生じたことで、このややこしい問題を生み出した状況をめぐって民主的討論を行なう、またそれに対して民主的介入を行なうチャンスがようやく訪れた。何十年ものあいだ、私たちの生活にほとんど反対の余地のない権力を行使してきた、疑似スターリン主義的安全保障体制——アメリカ人もまたこれを解体することができるとすれば、今をおいて機はないだろう。

11　現在の難局

アメリカが抱える問題の根にあるものを、アメリカ人は理解しきれないでいる。経済はまるでロック的ではなくなっているのに、政治文化は依然としてロック的なままであり、個人の自由と個人的な豊かさの追求（すなわちアメリカン・ドリーム）を標榜している、という状態だ。たしかに個人にあたえられた経済上の機会はかなりの程度のものだ。有利な中産階級からスタートできればなおさらである。しかも、政治生活は、形式的には自由ということになっている。だから私たちは、自らの運命を自ら支配できると思い込んでいるのだ。しかし、全国民の生活を左右している巨大な諸勢力は、民主的同意という規範のもとに営まれてはいない。とりわけ、大企業という私的政府の意思決定の基準は、公共善ではなくて自社の利益である。それらを規制するはずの政府諸機関は、しばしば無力であるか、規制すべき当の企業と結託している。連邦政府は、国防を名目に、権力を極度に肥大させてきた。とくにそれは、軍産複合体という形、つまり市民には理解もできないし、ましてや手綱をとるなど到底かなわぬような形で行なわれてきた。私たちは、ジェファソン派が反対した強い国家を手に入れた。ハミルトン式の計画に従ったのではない。国防を理由にそうしたのだ。私的報酬と形式的自由は、私たちの目を曇らせている。私たちは、自らの暮らす社会の純粋な民主的支配にどれほど失敗しているのか、見通せないでいる。

非ロック的な諸制度は、一般市民には対処できないほどに成長してきた。しかし、ロック的パラダイムの最善の形態のもつ、ダイナミックな推進力が衰えたわけではない。これは大事なことだ。公民権運動とフェミニスト運動がなしとげた重要な成果を、過小評価するべきではない。とはいえ、その成功というのも、おおむね、体制側の観点において達成されたものである。もともと運動家自身は、その信条に異議申し立てをしていたはずなのだ。女性・黒人・その他のマイノリティーには、強制力のある法的権利があたえられた。彼ら個々人は、公共の場において、労働者また消費者として競争に参加できるようになった。ただし、そうした権利を利用できる適性のあることが、いつでもその前提となっている。だが、(絶えざる法的圧力のもと) 席を詰めてそれまでの排他的クラブに他者を受け入れざるをえなくなった中産階級の白人男性は、新来者に条件を課すことを忘れなかった。財を求めて個人が競争すること、そして獲得したものを私的に享受すること——これが鍵であった。

政府はますます重要度を増してきた。教育制度や活発な経済を支えて、才能ある個人が道を切り開くのを応援する。こうして個人の競争が効果的に行なわれる文脈を提供するのは、政府なのである。だが、そもそも競争に参加することすら阻まれているアメリカ人もいる。この構造的な問題に対する政府の取り組みは、散発的で不十分なものであり、とても適切などと言えるものではなかった。二〇世紀初頭に革新主義者とのあいだで始められた公共の討論が完全に復活することもなかった。ジョン・ケネディーの、わが社会の問題は技術的なものであって、政治的なものではないという意見が、優勢を占めた。かくして、個人的自由や個人的目的達成の強調と、経営者やエキスパートへの公的決定権の委譲とが、手を携えることができたのだ。繰り返される「自由な企業」の賛美は、連邦政府がどれほど国の経済の資金調達者・保証人・管理者となっているかを見えにくくした。また、政府がそれらの責務をいかにして、また誰の利益のために遂行しているのかについて、批判的に評価することを妨げた。

公私各界の経営管理者たちは、自分が今何をやっているのかはちゃんとわかっている、その成功も目に見えている、と私たちに言い聞かせてきた。だが、アメリカは行政管理型社会へと徐々に変わってゆき、そしてこの行政管理型社会は、厳しい緊迫の徴候を呈し始めている。今こそ私たちは、たんに経営陣を変える必要があるかどうかではなくて、民主的制度化に向けて歩を進めるべきかどうかについて、問うべきときである。なぜなら、すでに見たように、現在の制度的布置の下で苦しんでいるのは、アメリカン・ドリームから除外された者ばかりではないからだ。一貫した意味ある生が脅かされているのは、どの社会集団でも同じである。私的目標の強迫的追求は、公私の生の両面において、解決をもたらす以上に問題をもたらしてきた。「未来展」と「未来の国」は、現われて消え去った。だが、テクノロジーと経済の観点だけから考えられた千年王国的な「進歩」の観念が約束してきたような公私の幸福は、ますます得難いものとなった。公私の幸福についてのいっそう深い理解にもとづく道徳的・民主的進歩がなお可能であるかどうかは、まだ何とも言えない。

今日、責任ある市民は次のように問うべきである。私たちは自己の善にのみ責任があるのか、それとも共同善に対してもまた責任をもつのか、と。前者なら、寛容な専制国家でさえ許容する。後者を許容できるのは、真の民主国家のみである。私的生活の自由に必要なのは、経済と国家の技術的に有能な組織のみだ、と、もしそう考えるならば、私たちはロック本来の教説を歪めて、寛容な専制国家を選んだことになる。すなわち行政管理型社会である。私たちの社会は、すでに大方それになっている。民主的な道に帰ることを可能にするためには、私たちは、アメリカ社会の諸制度の本質と、それらが私たちにおよぼしている影響について、真剣に取り組まねばならない。ハーバート・クローリーとともに、私たちは、ジェファソン派の意図をもって、ハミルトン派の制度計画へと帰るべきであろう。歴史的・文化的に言って、私たちには極めて困難な道のように思われる。だが、私たちの選択肢は、おそらくそれしかない。

古代ギリシャのポリスの市民は、寡頭政に服するよりは自らを治める道を選んだ。ヨーロッパの中世都市のいくつかにおいて復活し、近代の黎明期まで引き継がれた伝統である。アメリカ共和国の建国者たちは、個人の権利を護るとともに、市民が自らの代表者たるべき支配者を選出することを保証する政体を打ち立てた。これは進歩を遂げつつも、未だ完成途上にある事業である。そして今日の問題はこうである。すなわち、私たちは、初期に立てられた民主主義の諸計画を越えて、一八世紀以来発展してきた諸構造、すなわち近代経済および行政管理国家を、純粋な民主的支配の下に置くことができるだろうか、というものである。できないのであれば、トクヴィルが警告したように、私たちの政府は、たとえ民主的支配の形を保っていようと、行政管理型専制になってしまうだろう。これは、アメリカ人が原理的にもっとも反対しているものだ。今日私たちに必要なのは、先ごろ政治学者のロバート・ダールが第三次の民主主義の変容と呼んだものである。すなわち、古代のポリスの段階と、一八世紀の個人の権利と代議政体とからなる体制の段階を――それらが勝ち取ったものを保持し、前進させつつ――越えて進む、新たな段階への変容である。(23)

続く二章では、その第三次の変容が、私たちの経済生活・政治生活のなかで、どのように現われることになるかを考えてみることにしよう。

第三章　政治経済《ポリテイカル・エコノミー》——市場と労働

1　「ボードウォークで散歩する」

たいていのアメリカ人にとって、モノポリー（独占）と言えばゲームの名前である。パーカーブラザーズ社製のこの有名なゲームは、大恐慌以来、変わらぬ人気を誇っている。まさしくモノポリーと聞いただけで、地所を表わす原色の四角形で縁取られた盤上を、駒を順に動かして過ごした、楽しく賑やかなひとときが眼前に甦る。建物の建っていない土地もあれば、小さな緑色の家や大きな赤いホテルが点々と建っている土地もある。それらの地所には、パークプレース、マービンガーデン、ボードウォーク〔本節の見出しは、これに由来する。「ボードウォークで散歩する」とは、ゲームで使うカードの指示の一つで、高額所得と破産の両方向の可能性がある〕といった、二〇世紀初頭のアトランティックシティーの通りの名前がついている。それは今日あるようなカジノ都市、東海岸のラスベガスとしてのアトランティックシティーではない。ドス・パソスの『マンハッタン乗換駅』〔一九二五年の小説〕に描かれたような、先端を行くリゾート都市である。

このゲームで勝つには、技《わざ》とたっぷりの運とが必要だ。さいころと指示カードがもたらす運である。ふいにプレーヤーは、有利な投機へと駆り立てられる。ボードウォークといった高価な土地を、釣り上げが起こる前に買ってしまおう。「リーディング鉄道に進む」だって、おいしいかもしれない。あまり嬉しくないことだが、「運《チャンス》」が不運な人を刑務所に送ることもある。そんなときは、「GO」のマスを通るときにいつも受け取るはずのサラリー（不労所得）二〇〇ドルは受け取れない。このゲームの目的は、土地の買い占めによって、競争相手を破産させることである。盤上の土地という土地を買い占め、他のプレーヤーには、地主のあなたにお金を払わずには文字通り休む場所もないようにする。すなわちあなたは独占者《モノポリスト》である。二、三時間のあいだに、誰もがあたかも実業界の大物になったかのように、人生における興奮、危険、報酬を味わうことができる。このゲームは、多くの子供にとって、自由市場の意識に目覚める最初の体験である。

ゲームの常として極端に単純化されているが、モノポリーは、私たちが暮らすような市場社会の人生がどのようなものであるかを、説得的に、興味深く描いている。一ゲーム終えると、ほんの小さな子供までが、思い切って賭けることの重要性を唱え出す。腕が上がるにつれて、賭けもさることながら、どの地所を押さえるべきか、価格上昇のための改良にはどう投資すべきか、慎重に考えることも必要だと言い始める。経験を積んでくると、資金と貸し金の供給者としての「銀行」の、地味ではあるがなくてはならない機能を力説するようになる。どのプレーヤーも口にするのは、やはりなんと言っても、競争というもののスリルと苦悶である。モノポリーで勝つためには、ついていない回にもかじりついていなければならない。そして、参加者がみな口々に言うこと、ルールを守ることが必要だ。

ボードウォークのような場所に最初に止まって土地を購入し、後から来た者から賃料を徴収できる立場となった幸運な勝者にとっては、ルールは別にあれこれ言うようなものではない。しかし、負けているとなると、話は違う。負けているプレーヤーは、しばしば「フェアじゃない」と毒づく。せっかく苦労して貯め込んだのに、どうしてあいつに払わなければならないのか。勝者と言ったって、たまたま運良くその、(顔を紅潮させて)おいしい土地に、先に止まってただけじゃないか(ちなみにこれは、ジョン・ロックには非常によくわかる主張だろう)。しかし、パーカーブラザーズ社は、プレーヤーが話し合ってルールを変えるための手段を、何一つ用意してはいない。

プレーヤーの目から見れば、モノポリーは自由市場である。誰も他者の行為を強制していない。しかし、ひとたび始まるや、個人であれ、集団であれ、プレーヤーの意志とは関係なしに、仮借なき論理がゲームを進行させる。ここの世界では、トマス・ホッブズの世界と同様、「一番になること以外には、到達点も栄冠もない」。そしてそのルールは、自然界の法則のように変更不能である。

集団討議によるルール決定を、競争的プレーから厳格に切り離すことによって、モノポリーは、いわゆるレッセ・フェールの経済観を体現している。このゲームは、市場と政治とを、経済学の領域と政治学の領域とを分離している。ここの世界が常識としている考え方は、現実の歴史においては稀であったものだ。すなわち、市場は自動制御型の装置であり、その規則は社会生活上の取り決めとは無関係に存在しているという考え方である。

見ようによっては、モノポリーは、私たちの社会、市場社会に対する辛辣な批評である。最初の時点では、みなの資産は等しい。が、ゲームの終わりには、勝者は一人、残りは全員破産である。交換の活力と生産効率が富の共同の蓄えを増やすので、市場においてはすべての競技者が勝つ、と論じたアダム・スミスの考えは、どこかで反駁されてしまった。もちろんゲームであれば、もう一度はじめからやり直すことができる。たとえ前回は負けても、次回は独占者になれるかもしれない。しかしそれでは、市場経済のメタファーとしておよそ慰めにはならない。一世紀前、独占がはじめて現われたとき、独占も、それをもたらした企業も——たとえ自由で平等な市民の同意にもとづいているとしても——私たちの社会の他ならぬ基礎を脅かすものであるとして、激しい抵抗にあったことは、思い出されてよい。ゲームのモノポリーは巧みに示している。自由で平等な競技者の集団であったものが、独占者が一人で残りはみな貧者という状況に変わってしまうのは、市場ゲームそれ自体の動かしがたいルールの結果なのである。

　一九世紀には、レッセ・フェール理論によって、人間が市場の働きに介入することはできないと結論を下した思想家たちもいた。競争が独占を生み出したのであれば、それが万人にとっての不幸であるとしても、放っておくべきだ。干渉しようというどのような試みも、自然に反することになり、より破滅的な結果をもたらすばかりであろう。だが、自由競争の提唱者たちがほとんど注意しなかったことがある。市場の動きを支配するルールは、決して「自然」なものではない。何世紀もかけて、ヨーロッパや北アメリカに、徐々に導入されてきたものなのである。

　昔ながらの純粋レッセ・フェール理論を、今日信奉している者は少ない。しかし、依然として「経済」を、政府や社会から切り離された独立の実体であるかのように語ることが行なわれている。専門家もしろうとも変わらない。耳に馴染んだ、かつ誤解のもとである（と私たちが考える）この切り離しをやめて、本書では、「政治経済《ポリティカル・エコノミー》（学）」という、より古くからある、より厳密な語を用いようと思う。パーカーブラザーズ社がどう考えようと、経済活動は、社会という大きな全体に含まれる一部分である、とこの語は語っている。経済を政治から完全に切り離すことができるのは、ゲームのなかだけのことだ。

　「ポリティカル」という語の語根は、都市、より正確に言えば自治共同体を表わすギリシャ語、ポリスである。「エコノミー」もまた、ギリシャ語に由来するが、そのもともとの意味は家政である。とくにそれは、所帯の成員間の生産と供給をめぐる経営を意味していた。それゆえ、政治経済《ポリティカル・エコノミー》（学）は、字義通りには「公共の家政」を意味している[1]。すなわち、この語は、家庭の切り盛りと同じ機能が、より大きな共同体における生活の構造のなかに潜在しており、法律や習律《モーレス》に基礎を置く諸制度によって枠づけられていることを示唆している。さらにこの語には、政治全体を秩序づけている正義という道徳的要請が、生産と供給を支配するルールのなかにも反映されなければならないという含意がある。それゆえ、政治経済学という語は、技術的な専門用語であると同時に、道徳的・制度的な言葉でもある。

近代思想にあって、政治経済学の血統は立派なものだ。この語を有名にしたのは、通例近代経済学の出発点とされている一七七六年の論文、『国富論』を書いたアダム・スミスその人である。(2) 実際、一九世紀後半までは、近代的な狭義の経済学が政治経済学から切り離されることはなかった。アメリカでも、他のどの近代国家においても、経済に対する政府や社会の働きの重要性の認識が深まった今日、より古い、広義の語の有効性がとみに高まっているように思われる。

レッセ・フェールが広めた考え、経済競争は人間のコントロールのおよばぬルールによって支配されているという考えには、確かに一抹の真理がある。社会の生産と供給の努力のさまざまな要素を、ひとたび市場交換が組織するようになると、人間も、人間の才能も、あらゆる資源が市場競争の過程に引き込まれてゆく。市場システムは、すべての近代社会が航海する海となった。アダム・スミスは、この歴史の流れを歓迎した。分業は全体として社会の富を増大させ、貧富の格差を是正する方向に働くというのが彼の考えであった。だが、工業化時代が訪れてみると、市場の過程を検証したカール・マルクスを絶望させることになる。彼の見るところ、競争の行き着く先は、ゲームの場合と同様、少数による多数の独占支配であった。

今世紀には、市場を放っておいても、自動的に人間の幸福をもたらすなどということはないことがはっきりしてきた。市場の過程で起きることは、市場を動かす規則にしたところで、とどのつまりは人間の活動がもたらしたものである。人間の計画《デザイン》がもたらしたと言えることさえある。今や私たちは、法、政府、そして国際システムが経済生活にとって不可欠であることを知っている。それに合わせて公共の討論の範囲を広げ、政治経済学やその制度化の方法について論じるべきである。これは、先に見たように、すでに何十年も以前、クローリーその他の人々が主張したことだが、ここでふたたび同じことを言わなければならない。

私たちは、簡単に歴史を振り返った。諸制度はどう発展してきたのか。また、なぜ私たちはいつも制度を不可解に思うのか。こうした歴史の現実がよく見えるようになった今、次に私たちが考えるべきことはこうだ。いかにしてこの歴史理解を活用し、熟考、討論、共同の行動のための私たちの能力を高め、私たちの諸制度を改めることができるか――。もう当たり前のようになってしまった制度であるが、しかしすでに機能不全に陥っているのである。

2　ロック哲学のパラダイムを生き抜く

個人を幸せへと解き放つことをおおいなる願望としつつ、私たちアメリカ人は、「自己」に奉仕する社会を築こうと努めてきた。しかし、事はまったく計画通りというわけにはいかなかった。でき上がった結果は、奉仕される当の「自己」を矮小化する社会であった。とくに経済の世界では、アメリカ人はいつも市場の圧力を受けている。屈服する以外に手はない。自分たちが住んでいる世界の制度はもはやロック派の個人主義の言語では記述できないというのに、この言語を地で行こうとしたことの皮肉な結果である。しかもなお、何かにつけこの言語は私たちを誘惑している。致命的な欠陥にもかかわらず、なおロック的な見方が説得力を失わないのはなぜだろうか。このことが説明できてはじめて、事態のいっそう正確な把握が可能になる。謎をとく鍵は、私たちの思い込みである。個人的な安楽と安全を追求するだけで善い人生がもたらされ、間接的に、周囲の人々の生活も豊かになるという、魅力的だが、あてにならない考えである。

ルイス・マンフォードは書いている。すばらしい賜物、文明は二つ折りにできている。片や文化の伝統。私たちはそのなかにある。片や更新の展望。私たちは前を向く。過去と未来という方向づけがなければ、アイデンティティーも意味もありえない。純粋に個人的な自由や喜びでさえもが、減じてしまう。(3) 近代性《モダニティー》という、地球大の「大きな社会」をたえず巻き込む変化の渦は、この賜物を危機にさらしてきた。重要なのは、この賜物を現実的に、しかし希望をもって保ち続ける能力である。生き甲斐のある近代性を創造できた社会と、見通せぬ変化の海に没してしまった社会との違いを見分けるのはこの能力だ。アメリカのやってきたことはまるで逆である。歴史感覚がゼロのロック哲学と、「モノポリー」という受動的な経済のメタファーが、歴史の方向づけという啓発的な賜物の認識を妨げてきた。だが、世界規模の経済再編という決定的なときを迎えた今、私たちはおおいにこの認識を必要としている。

わがアメリカ共和国の建設者たちは、民主的社会の創造と、未曾有の規模における経済的機会の開拓という、二つの開化の課題が、互いに手を携えて進行するものと考えた。だが、アメリカ史の大半の示すところでは、その二つは必ずしも両立するものではない。一九八五年、ロバート・ダールは、この二つをはっきりと対峙させた。

私たちアメリカ人は常に、アメリカ社会の現実の姿と、そのあるべき姿についての二つの相反するビジョンに引き裂かれてきた。極端に単純化してみよう。一つは、民主主義、政治的平等、政治的自由の三つを大陸規模で実現しようという、世界で最初の、もっとも崇高なる試みというビジョンである。もう一つは、無制限の富を獲得する無制限の自由が、世界一の繁栄社会を創造してゆく国家というビジョンである。第一のビジョンにおいては、アメリカの理想を実現するものは、巨大で多様性のある国家における民主主義、政治的平等、全市民の基本的権利の達成である。第二のビジョンにおいては、財産の保護、また物質的に繁栄し裕福になる機会の保護である。第一のビジョンにおいては、自己統治の権利はあらゆる人権のうちもっとも基本的なものに属し、権利間に衝突がある場合には財産権より優位に立つ。第二のビジョンにおいては、優位に立つのは財産権の方であり、自己統治の権利は下位に置かれる。(4)

独立宣言に込められた、万人は平等に造られている、万人は創造者より生命、自由、幸福追求の権利を賦与されている、という基本的コミットメントは、どちらにも解釈できる。レーガン大統領の次の言葉は、私たちの近年の解釈がどうであったかを教えてくれる。「とりわけ私が注目したいのは、今でもこの国が、いつでも誰かが金持ちになりうる国であるということだ。それは我々が手にしている唯一のもの、守るべき唯一のものである」(5)。これは私たちの伝統の一面的な解釈であるとは、ほとんどのアメリカ人が気づいている。それでもこの言葉には、おおいに心に響くものがある。自分が金持ちになるチャンスなど、くじに当たるようなものだとしても、やはり、いつでも「誰かが」金持ちになりうる国に暮らしたいものである。金持ちとまでは行かなくとも、ある程度の自律的生活ということであれば、かなりの人々が手にできる。自律は、財産の所有と密接につながりがある。まずは家、できればレジャー用の車、そしてしばしば銃の所有である。そして、何か持ち物があるとなると——誰でもたいてい「何か」は持っているだろうが——それの保護を願うことになる。これが要するに社会契約である。かくして「強力な防衛」を望むこととなり、犯罪者のためにより多くの刑務所を望み、死刑を望む。経済的機会は必然的に敗者を責めることにはならないが、しかしそうなりがちである。仕事、金、財産のない奴は、自分が悪かったのだ。

社会学者ハーバート・ガンズは、重要な著作、『中流アメリカ人の個人主義』において、次のように書いている(6)。中流のアメリカ人(彼はこれを、収入分布において中央の四〇パーセントを占め、自らを「労働者」と表現する人々と定義している。社会学的には、労働者階級ないし下位の中産階級であり、教育から言えば、高卒か、あるいは一・二年制の大学卒である）が何よりも望んでいるのは、自分流のやり方で人生を送ることである。彼らにとって労働は、本質的にはおもしろくないものだが、家や車などの支払いのために必要な手段である。家や車は、彼らの両親が――祖父母ならば確実に――持っていなかったような自由を、彼らにあたえてくれた。彼らは、大きな組織には何であれ、できるだけ関わりたくないと思っている。先祖代々わが人生をわがものと呼べなかった小作農や労働者の子孫であることを考えると、もっともであれば、あっぱれでもある――とガンズは考える。中流のアメリカ人の願望は、中産階級の上位組や上流階級の人間であれば、常に手にしてきたものである。自らの人生を自ら支配すること。いかにも！　大多数の人間が経済的機会を現実に手にできるようになったことは、戦後の「アメリカの世紀」の成功の一つである。マイホームの所有は、私的所有のなかでももっとも私的なものだ。それは善い人生イコール個人の安全プラス私的幸福という等式を強化するものである。しかし、彼ら中流アメリカ人たちは、現実的自由と引き換えに、社会的・経済的な不安定性を暗黙のうちに引き受けることになった。他のほとんどの先進工業社会においては受け入れられないほどの不安定性である。

アメリカ人の大多数が財産や機会を手にしていなかったころ、ニューディールの自由主義者が労働者や農場主に訴えた論理は、数の上で多い者たちの利益が、すなわち万人にとっての平等な正義であるというものであった。いつもながら、議論の根拠はロックの遺産である。しかし、この単純な等式は、今日では自明というにはほど遠い。ニューディール政策と「アメリカの世紀」の成功によって、大多数の見解は変わってしまった。農場主、労働組合員、都市の民族的少数派の有権者と言えば、かつてリベラルな連帯の保塁をなしていたものだが、今日、この層の多くは、自らの利益を底辺層よりも富裕層に結びつける側に容易に回ってしまう。中間層が真に恵まれぬ層と協働するのは、ますますむずかしくなっている。富裕層との開きはむしろ広がってきているにもかかわらずである。(7)

アメリカ人が民主的参加や社会正義に対する関心を失ってきたのは、豊かになったせいではなくて、むしろこの豊かさが危ういと感じるようになってきたせいかもしれない。中流の多くにとって、ここしばらくのあいだ、物質的状況は停滞あるいは低下の徴候を示している。ベンジャミン・フリードマンの指摘によれば、収入が世代ごとに倍増していくかぎりは、まだ豊かな社会の恩恵に浴していない者たちのことを顧みる余裕がある。(8)この前提が崩れるや、公的資金を公共の備えに回すと聞くと憤慨するようになる。

急速な工業化による苛酷な状況を軽減するために、長年政府はさまざまな手を打ってきた（その方策については、次の章で詳しく論じる）。それでも、ほとんどの先進工業諸国に比べた場合、合衆国は、公共の便益を犠牲にして、個人（法《人》も含む）の経済的機会を強調してきたと言える。実際、社会学者デヴィッド・ポペノーは、合衆国をスウェーデンや英国と比較した本のなかで、相対的に「アメリカ人は、私的には豊かだが公共的には貧しい環境に暮らして」いると述べている。「極めて高水準の個人消費は、公共のサービスとの引き換え《トレードオフ》となっている」。西欧に比べて課税率がはるかに低いので、その「税金の節約分」を使って、総収入が同程度の英国人やスウェーデン人よりも多くの消費財を買うことができる。だが、その犠牲もまた大きい。

アメリカの大都市コミュニティーの環境の貧しさは、一つには、その分散的な性格と、それと関連した自動車の優位がもたらしたものである。だが、そればかりではない。公的資金が相対的に少なく、あらゆる種類の公共的サービス――公園や遊び場、公共住宅、公共交通機関――の質を落としている。最善でも、ヨーロッパの水準からすれば不十分だ。アメリカの古い都市は、大都市でなくても旧市内にスラムを抱えているものだが、こういった古い地域の衰微もまた、都市の成長を方向づけ、都心部を再開発する、公的資金による都市計画を怠ってきたことによるものである。

アメリカ人の多くは、この公共のサービスと引き換えの私的消費をそれほど気にしていないと、ポペノーは見ている。私たちは、広い家や車がよくて、税金は嫌なのだ。しかし、最強者以外のすべての人々にとって、私たちのようなやり方は、自らをひどく脆弱にしてしまう。

少なくともヨーロッパ諸国（と日本）における生活に比べて、アメリカの生活は、経済的な不安定性がかなり高いことも特徴である。アメリカ社会には、ギャンブラー社会の性格がある。あなたは大成功して大金持ちになるかもしれない（そのようなことは、今日、スウェーデンなどではきわめて困難である）。だが、「路頭に迷う」のも比較的容易である。アメリカの雇用政策は、ヨーロッパの政策ほどには職の安定につながっていない。保健医療費の多くは、個人の支払いである。重病にかかったら、家計は危うい。そして、個人消費を増やせ増やせと圧力を受けるうちに、気づけば借金人生、さらには破産すらありうる。多くの例を引くまでもないことだ。

合衆国の所得階級間の格差は、英国やスウェーデンよりもはるかに大きい。アメリカでは、所得階級で上位五パーセントの人々が、下位五パーセントの人々の一三倍を稼いでいる。しかし、英国では六倍、スウェーデンでは三倍でしかない。しかし、ポペノーが指摘するように、この格差さえ、話のすべてではない。というのも、アメリカの貧困層は、ヨーロッパの場合ほど共同体の支援を期待できないからだ。結局、アメリカの経済生活は、不愉快なことに、ゲームのモノポリーに似ているのである。「それゆえ、合衆国において、安定した職に就くことができて、老後の経済的保証もあって、程よい暮らしができるというのは、個人的自由と豊かさに満ちた人生を送っているということである。しかし、貧しいということは、いや、経済的にぎりぎりであるだけでも、二級市民だということを意味する。英国やスウェーデンの社会では、受け入れられないような話である(9)」。

しかし、底辺層にとっては全体としてシステムがうまく機能していないとしても、経済的に上昇する一方の層にとっては万事うまくいっている、とこう考えるのにも、実は問題がある。アメリカ人の多くは、思っているほどには自分は「自由」ではないかもしれない、と（はっきりとは認めないが）感じている。まず第一に、厳しくなる一方の、教育システムの試練に服さなければならない。少なくともこの二十年間、大学新入生の不安のレベルが着実に上昇していることを示す証拠がある。高きを目指すべく社会化された者たちにとって、こうした不安は、専門教育機関でも、社会人なりたての見習い期間でも、それどころか生涯を通じて、形をかえて追いかけてくるのである。

第二に、『心の習慣』で詳しく論じたように、富裕層の生活様式は結果や達成の方向ばかりを向いているので、善い生活形態について問いを発すること自体が不可能となっている。原理的には、拡大した自由のおかげで、私たちは、自らにとってもっとも満足のいくいかなる生活形態をも選べるはずである。自由主義の政治理論は、常々そう主張してきた。だが、実際には、自由の執拗な強調と、その達成のための過酷な条件のせいで、生活形態という概念自体が空無化している。私たちの制度は、「消費者の選択」の幅を拡げる一方で、選択に実質的な意味をあたえてくれるはずの、性格《キャラクター》と共同体の形を保持する私たちの能力については、蝕み続けているのだ。

経済的機会の文化においては、成功といえども不安に満ちた不確定なものだが、しかし失敗ともなると破滅を意味する。階級や人種を越えて、ほとんど全国民が、「アメリカでは、やりたいことが何でもできる」と信じている。しかし、これを信じつつわが身を振り返ってみたときに、仕事にあぶれてどん底の生活にあえいでいるか、せいぜい惨めな職について、不快なあるいは危険な環境で暮らしているとすると、責めるべきは自分であって、他の誰でもないと考えたとしても不思議ではない。望みがない、おしまいだとなれば、激しい自己破壊へと向かうかもしれない（たとえば薬物、飲酒、自殺）し、激しく反社会的になるかもしれない（たとえば破壊行為、犯罪）。あるいはその両方かもしれない。敵意と不満に満ちた少数者を擁することは、どんな社会にとっても、不幸なことである。だが、経済的機会を利用できない連中のことは放っておくようにと、合衆国を——たいていの先進工業諸国以上に——誘惑したのは、まさしく私たちのロック的個人主義なのだ。

3　市場の専制

一九八〇年代を通じて、アメリカ人は、未来をまじめに熟考するよりも願望に身を任せる方に賭けた。国政選挙において、私たちは、三度「アメリカの世紀」の幻影に投票した。すなわち、世界におけるアメリカの優越、国内における倫理的に問題のない豊かさのイメージを打ち出した候補者を選んだ。ふたたびそんな時代が来るものだろうかという疑念は、喜んで棚上げした。自由市場の信仰が復活した。ゲームのモノポリー的な前提に、ほとんど一九世紀以来のような救世主的な期待がかけられた。大衆の豊かさがさらに前進するとは思えなくなった今、市場のメタファーが並はずれた力を得た。福祉国家への幻滅。伝統的にロック的個人主義を和らげてきた聖書宗教と市民的共和主義の言語の弱体化。かくて多くの者が、市場を最大化する者こそ人間の模範であると考えるようになった。[10]

市場のパラダイムの有力バージョンの一つは、ミルトン・フリードマンと彼が創始した経済学派の流れをくむものである。フリードマンおよびその後継者の見解では、人間とは自己利益を最大化する者に他ならず、自己利益の主たる尺度は金銭である。経済学は、森羅万象を説明する総合科学となる。いわゆる「合理的選択理論」として、経済学はあらゆる社会科学を侵略してきた。とくにやられたのは政治学と社会学である。アラン・ウルフの『フーズ・キーパー』は、この、いわゆるシカゴ経済学派が、私たちの新たな道徳哲学に——新たな宗教にさえも——なろうと試みている様子を描いている。

宗教も伝統も文学も、そのどれもが共通の道徳的言語になりえないとき、すべての現代人が理解できる唯一の道徳的コードは、おそらく自己利益である。社会科学者が世俗の聖職者であるとすると、シカゴ学派の経済学者は、宣教師となったのだ。彼らは、世の中の仕組みについての、ある見解をもっている。その見解は人生のいくつかの領域に当てはまるように思われる。それゆえ——と彼らは考える——それは万事に当てはまるはずだ。……

　シカゴ学派の理論家はこう主張する。経済分析のツールが使えるのは、生産を増やすべきか、賃金を下げるべきかの決定においてばかりではない。どんな意思決定の場においても、それは使える。かくして、私たちはこう聞かされることになる。……結婚は、愛の問題である以上に、供給と需要の問題である。それは配偶者市場によって調節されている。……また、人が自殺するのは、「見込まれる余命の有効性がゼロになったとき」である。シカゴ学派の視点に立つならば、他の者にはどれほど利他的・情緒的で、無欲にして同情的に見える行為でも、経済的と解釈できないものはない。……

　ウルフは、この学派の二人の経済学者の極端な主張を紹介している。曰く、現在問題となっている望まれぬ妊娠や代理母といったケースの多くは、幼児の自由市場によって解決されよう。女性が自分の赤ん坊を自由市場で売ることを、認めるべきだ。もし「大豆の先物価格のように赤ん坊の価格が決まるならば」状況は改善されるであろう(11)——。フランス人がアメリカ資本主義を「野生の資本主義《ル・カピタリスム・ソヴァージュ》」と呼ぶのを聞いても、驚いてはいけないのかもしれない。

　建国者たちがこの野蛮さを意図していたわけではない。アメリカ商業共和国は、どのような制度的デザインであったか。——野蛮な競争ではなく、文明的な対抗精神を招くために、個々人の自己利益をかきかてる。そうして国民生活の物質的・道徳的水準を引き上げていく。このように考えられていたことは、先に見てきた通りである。アダム・スミスと同じく、ハミルトンとジェファソンは、自然のうちに神の経綸を認めた。また、市場や政府だけでなく、活発な公共生活をも含めた、自律的な政治経済の可能性を信じていた。後世の支持者たちは無視しているが、スミスは、自由市場が社会的利益を実現するには、公共世界が拡げられ、大衆が共同の問題について活発な討議を行ない、国家を通じてその意思を表明するようにならなければならないと説いている。無数の自発的団体の成員間にかわされる意見が、大衆を、集団として思慮のあるものにする。大衆の倫理水準が上昇するにつれて、その社会的な包括性を拡げてゆく。商業人の精神は徐々に高まり、スミスの「公平な観察者」——本質的に公共的な市民——という概念に要約されるようなレベルに近づいてゆく(12)。

　アメリカの政治経済が、アダム・スミスが予言した線に沿って自然に発達することはなかった。そのため、政治経済をどう規制するかが、とくに、不当な市場の圧力から社会生活をどう保護するかが、各世代にとっての課題となった。非常にうまくやり遂げたとは言えないし、苦闘もあった。しかし、アメリカの政治は、おおむね、市場の諸力を刺激しつつ、かつまたそれを誘導する、また、社会と公共生活のための空間を拡大する——あるいは少なくとも保持する——諸制度を発達させることに成功した。だが、過去の革新主義《プログレッシブ》や自由主義運動が成し遂げた成果も、今や疑問視されるようになった。ニューディールや戦後の時代につくられた装置が、全般的に老朽化ないし崩壊しつつあるからだ。

今日、私たちは、経済をもう一つ洗練されたものへとレベルアップしなければならない。制度をめぐる建設的想像力を高めなければならない。次第に協力的・包括的になってゆく自由社会の出現というアダム・スミスの希望をさらに前進させるために、私たちは、いっそう意識的に努力して、市場を公共の目的に合うように作り替えなければならない。市場の諸力は、今や急速に社会の全領域を侵略しつつある。「心なき世間」から逃げ込む伝統的な砦であった家庭でさえも、危ういところだ。私たちのロック主義は、個人を制度的生活の網の目とは無関係に成長するものと見ているが、この独断的信念のゆえに、こうした事実のあることがよく見えていない。それゆえまた、私たちには、真に公共的な場が育む多様な活動の内に、個人性と連帯とがともに姿を示しあうという、近代文明の偉大な約束が見えないのだ。

経済学者のロバート・ハイルブローナーは、「資本主義の内破《インプロージョン》」という言葉を用いて、市場が私たちの私的生活を侵略しつつある様子を次のように描いている。

> この観点からすると、「経済成長」とは、資本主義的な社会関係が新しい社会領域に導入されることを意味する。……たとえば、賃金労働従事者の割合の増加は、どの資本主義諸国においても女性の場合に顕著に認められるが、これは資本主義の内破の現われである。一九世紀後半の帝国主義の勢力の拡張が、資本主義の外破《エクスプロージョン》の現われであったのと同様である。少なからず重要なのは、生活の「商品化」である。すなわち、商品生産がそれまで市場の枠外であった領域にまで拡張されることだ。調理済み食品、クリーニング業、家庭内娯楽、製薬業の増加は、いかに蓄積が資本主義的関係を内破させるかを示す好例である……[13]。

最近の世論調査のなかに、ハイルブローナーの議論を例証するものがある。アメリカの富裕層が答えた、これだけは欠かせないものとは、BMWでもヨーロッパで過ごす休暇でもなくて、電子レンジである。アメリカでは、食事を一緒にとらない家族がますます増えている。家族が一人ずつ台所に現われては、何かを電子レンジに突っ込む。「ああもう行かなくちゃ」と言って各々職場や学校へ向かう。家庭の食事は、かつては家庭の第一の秘蹟であった。子供たちは、そこで作法にかなう会話を学んだ。ここまで商品化がおよんだとなると、家族にいったい何が起こるのだろうか。

あるいは、「子供たちのために」、市内より安全で、善い学校のある遠い郊外に家を買い、その結果通勤に時間をとられて、子供たちと過ごせる時間がまるで減ってしまったとなると、いったい何が起こるのだろうか。市場と職業文化の家庭への侵入は、家族が共同生活の責任をわが事として引き受けるのを困難にする。共同生活を育てていく能力を開発することによって、人との繋がりや意味に富む私的生活と、満足が長続きしない私的生活との差が見えてくるかもしれない。共同生活の責任を引き受ける経験ができれば、それによって支えられるのは家庭生活ばかりではない。学校の、地域社会の、宗教組織の、会社の、国民としての、そして最近ようやく見えてきたことだが、生存可能な地球生活圏の生活をも、それは支えることだろう。

いかなる社会領域も、市場の圧力を免れることはない。教育制度における市場的発想の浸透ぶりについては、後の章で検討する。ここでは宗教の商品化の例を見てみよう。次は、サンフランシスコ湾岸のある郊外住宅地区の新聞からの引用である。

いつでも返金に応じます……セント・ジョンズ・ルター教会

ここの教会の信者は、九〇日分の寄進を行なったあとで、失敗した、つまり祝福が受けられなかったと感じたならば、返金してもらえる。「神の保証」と呼ばれるこの企画の成功を、牧師は確信している。「私たちは、神は約束を守られるものと信じています。だから返金方式を採用しているのです」。……この企画は、サン・ディエゴのスカイライン・ウェズレイアン教会の同様の企画をモデルとしている。

人間を容赦なき市場拡大者に変える経済のイデオロギーが、家族、教会、近隣、学校、さらに国家や世界といった大きな社会に対するコミットメントを蝕んでいる。『心の習慣』では、私的世界から公共の世界までのあらゆる領域において、この種の思考が私たちの人間関係維持の能力にどのような影響をおよぼしているのかを詳しく見た。しかし、いちばんの皮肉は、この明らかに経済的な人生観が、他ならぬ経済に対してひどく破壊的であったことである。もし共同体への帰属意識が私たちを貧しくしたのであれば、この経済的人生観を弁護する理由がまだしもあるだろうが、実際は逆である。共同体へのコミットメントの方が、個人主義的私利追求よりも、有効な経済の基盤としてははるかに強力だったのである。日本の例を見ればすぐにわかることだ。

例をあげて説明しよう。ハイテク産業などにあてはまる例であるが、「常識」にとっては困ったことに、ここでは資本と労働という古い新古典主義のカテゴリーは当てはまらない。ハイテク企業の生産性は、労働者の質、つまり個々人の能力と責任感にあるが、しかしまた、創造性と革新性を養う相互の信頼関係もまた、決定的に重要である。こうした企業が必要としているのは、「人手」――昔ながらの労働、マニュアル通りの作業――でも、たんなる頭脳でもない。必要なのは、人間――互いに信頼し合い、ともに働くことを心から楽しむ人間――なのだ。資本と設備が同じであれば、社員が協同でよく働く企業は、労働者が責任を果たさず、互いに相手を信頼せず、いかなるリスクをも負いたがらない企業よりも、効率が何倍もよいだろう。(14)

そうした、利益の最大化の論理に縛られた企業には、何が起こっているのだろうか。私たちは、この十年間、企業の商品化と呼ばれるものの進行を見ている。優秀な企業はどれも、ひと儲けを狙う者たちの貪欲な視線にさらされている。彼らはその企業を買い取り、資産をはぎ取り、経営者と従業員を解雇し、組織を改編して即時の収益を上げることを考えている。第一章で出会った、パーシス・ペイントを解雇された部長、マリアン・メッツガーを襲ったのは、まさにそういう状況だった。パーシス・ペイントは、非効率と浪費のゆえではなくて、まさしく成功と勤労意欲の高さのゆえに、乗っ取りの対象とされた。パーシス・ペイントの例が示すように、企業の商品化は、共同体としての企業を破壊する。どうも乗っ取りが起こりそうだとなると、誰しもが疑い深くなる。いつでも辞められるようにしよう。一番になって、次の四半期の報告書を見栄えのよいものにしよう。長期のコストがどうなろうと知ったことではない。次にうまい職にありつく足掛かりになればそれでよい――。理解と信頼を築き上げてきた仲間どうしの創造的相互作用という、もっとも貴重な財産をごっそり掘り崩すことによって、長期の経済的生存能力までが弱体化してしまう。その一方で、また新たな「競争」の命令が下るのである。

即時的利益の最大化という原理は、私たちの経済を損なうばかりでなく、他のあらゆる面にわたって私たちの生活を弱体化させる。大都市の住民にとって気がかりなのは、高い居住費と幹線道路の渋滞であるが、富裕層がこぞって身内のことだけを考えて最良の住宅の買いに走り、地域の中・低レベル所得者向けの住宅供給のことは何も考えなかったとしたら、住宅の価格は上昇し、人々の資力を超えてしまうことになる。富裕な者たちでさえローンに追われることになり、低価格の住宅を必要としている者たちには住む家がなくなる。あるいは、マイカー通勤による自己の便利さばかり考えていると、自分たちの車が汚染した悪い空気を吸いながら高速道路で過ごす時間がますます増えることになる。自分一人ではなくて誰もが利用できる、よりよい公共輸送機関をつくる努力もできたはずであろう。しかし、こうした問題に対する私たちの応答の一つは、またしても社会の分極化である。持てる者は私的な「飛び地」を作り、ガードマンを雇う。そして生態系の破壊や社会秩序の崩壊からできるだけ遠ざかって暮らそうとする。この封建世界あるいは第三世界のような解決は、アメリカ民主主義の伝統には、すなわち万人は平等に造られているという信念に基礎をおく社会の精神には、ふさわしくない。

個人主義の遺産は私たちに、共同善などというものはない、あるのは個人的善の総和のみだ、と教えた。だが、複雑で相互依存的な世界においては、市場の専制の下にのみ組織された個人的善の総和は、しばしば共同悪を生み出す。そして結局、私たちの私的満足でさえもが侵食されることになる。

4　資本に寄食する

ロック的な観念と非ロック的な制度との、この同じ共生関係が、国家レベルでの構造的問題にも部分的に責任があるというのは、おおいにありそうなことである。民主的支配を消費者主権に、民主的市民を消費者有権者に置き換えることによって、私たちは即金払い、短期決済の方に国家を方向づけた。そして構造的に危険な状態を招いた。

個人の消費者に当てはまることは、企業にも当てはまる。短期決済、つまり四半期の収益を強調することで、アメリカの企業経済は、生産ではなくて金融重視へと逸れることになった。少なくとも、経済上のライバル国に比べて、そうであると言える。アメリカ経済においては、勢力と威信は、買い占めや買収に対して、つまり着実な生産性にではなく、最大の収益に対してあたえられる。その結果、その他の可能な――そして解放をもたらすような――経済的発展は阻止される。たとえば、オートメ化・ロボット化の進行による投資と生産の拡大は、善い生活形態の創造、家庭の活動、自分たちの社会の自己統治への参加のための時間を解放する。しかし、こうした善い結果も、即刻の消費や短期的な利益を切り詰めることによってはじめてもたらされるのである。個人的・私的な消費は、究極的に私たちの共有財産に、つまり日々の生活における自然的・技術的・社会的・道徳的な基礎構造に、依存している。私たちはこのことを認めなければならない。残念ながらアメリカ人には、こういった種類の現実主義への適性はほとんどないようだ。

前章で論じたように、今世紀を通じ、経済と国家は深く絡み合うようになった。連邦政府は、国家経済の資金調達者・保証人・管理者となっている。だが不幸なことに、私たちの政治生活もまた、経済と同じくらいに近視眼的である。有権者は「四年前よりも暮らし向きは良くなりましたか」と問われ、その答えに政治家はたえず脅かされながら政務にあたっている。それゆえ、長期の計画を重視する者がいないとしても、少しも不思議ではない。ブッシュ政権の初期、民主党のある上院議員が、ブッシュもついに「ビジョンとやら」をつかんだのだろうかと聞かれて、こう答えた（なお、この議員は大統領に敵対しているわけではない）。「このマチでは、半年先が見えればビジョンをつかんだも同然なんだよ」。

アメリカの経済・政治生活が、稀に見るほど近視眼的であるのは、ロック的イデオロギーと非ロック的な制度とが共生しているせいである。言うなればそれは、一部の市民に即刻の報酬をつかませながら、企業と行政の官僚組織に非民主的な権力集中を行なったようなものである。ローマの「パンとサーカス」のアメリカ版である。無能な制度と堕落した市民とを同時に創り出すという状況だ。

市民が――なかでもとりわけ、もっとも裕福で、もっとも組織された、もっとも声高に主張する市民が――放縦に走るというだけでも高くついているわけだが、しかし、この種の放縦は、現在の大人たちの将来ばかりでなく、より深刻な形で、子供たちや、さらにはまだ生まれていない者たちの人生までをも、危険にさらしている。それが明白に現われているのは、もっとも弱い市民、すなわち貧困と不安定のなかに生まれた者たちに対する福祉や教育提供のお粗末さ加減である。それが社会に、また経済にさえ痛手となることを、私たちはやっと認識し始めたばかりだ。もう一つ明白に現われているのは、環境破壊の規制に対する、私たちの微弱で優柔不断な取り組み方である。今日では、ジェファソンの「地球は生者たちのものであって、死者たちのものではない」という名句も、うつろに響く。世界を個人的幸福に捧げ、消費者の繁栄という点から定義するとき、私たちは未来に対する関心をまったく失っている。地球は死者たちのものではないかもしれないが、未来の世代を犠牲にした無思慮な搾取の弁解になるわけでは決してない。

大気汚染、酸性雨、温室効果、オゾンの減少と、環境問題が山積している。進歩の意味そのものが同じままではいられない、と真剣に考えた市民はごくわずかだった、政治家では実質的にゼロだったということだ。もはや消費財の増加をもって進歩の主な定義とするわけにはいかない。今日、技術革新なしの進歩は考えられないが、しかし適切な、公害を出さないという方向での進歩でなければならない。そしてまたそれは、私たち市民の学習能力における進歩でなければならない。ロバート・ダールが「啓蒙された理解力」と古くからの伝統に従って呼んだ能力である。[15] こういった点において進歩するのでなければ、私たちは共同善——個人的善のたんなる足し合わせとははっきり異なる善——を見分けることはできない。幸運にも歴史の巡り合わせは、私たちに並外れた機会をあたえたのだから、それを無にしないだけの知恵をもちたいものである。その知恵のためには、自制心のある、思慮深い市民が必要だ。意識的・民主的な参加を行ない、経済と行政の諸制度を今日の私たちと将来生まれ来る者たちの共同善に奉仕するものへと変えてゆくことのできる、そんな市民である。

5　経済の焦点の推移

前章では、戦後期のアメリカ政治経済の漸進的な成長と、大衆の豊かさの制度的母体について振り返った。この時代にすばらしい達成がなされたことは疑いないが、その基本的遺産には、一つたいへんに誤った考えが含まれている。すなわち、社会は、あるいは少なくともその「経済」と呼ばれる部分は、自律的な機構であり、無数の互いに無関係な個人の私利にもとづく行為を原動力としている、というものである。この仮定に従えば、諸個人が社会全体の仕組みや働きを理解しているかどうかは、さしたる問題ではない。個人が社会に関与することがとりたてて重要なわけでも、望ましいわけでもない。必要なのは、単純な戦略的行動だけである。天下の秩序は、放っておいてもなんとかなる——。

これは、私たちがゲーム「モノポリー」の核心に見出した、おなじみの、しかし誤解を招く見解である。あたかも経済は、巨大な車の流れのようだ。ドライバーの一人一人は、チャンスを見つけて他車を追い越すことだけを考える。前方に現われたスキを見送りでもしようものなら、路肩に激突だ。本人もやられ、全体の流れも損なわれる。だからドライバーとしては、信号の構築や安全規制の作成などのパターン管理を、そういったことに精通しているはずのエンジニアやエキスパートに、喜んで——あるいはやむを得ず——任せるしかない。あるいは、みながみなそう考えた結果、積もり積もって深刻な不都合を招来するようになるまでは、そうする。渋滞か何かが起きてようやく、システムのあり方が真剣に問われることになる。だが、ここでただちに明らかになることがある。そもそもシステムがドライバーにもっと積極的で協力的な役割を果たすよう教育するようなことは、ほとんどなかったのだ。新たな世界経済の場においては、短期的な便宜をひたすら追求することはまさしく気違いじみた「現実主義」であることが明らかになる。

合衆国は、市場システムが全体の福利を増進する可能性に、産業化した世界において稀に見るほどの信を置いている。しかし、前章で見たように、私たちは、市場の「創造的破壊」の洪水が人間の居住区域を——少なくとも意思決定を果たせるほどの経済的・政治的権力を有する人間の居住区域を——襲わないようにする制度的な仕掛けを構築しないわけにはいかなかった。法は、こうした市場の働きの規制・制御のための第一の手段であり、アメリカの経済法が制度的に作り上げてきた第一のものは、企業であった。アメリカ経済史は、おおかたこの企業が私的政府の性格を身に帯びるようになってゆく物語であった。今日、わが国の最大企業のいくつかは多国籍企業であるが、その収益は、多くの国の税収入を超えている。

富は権力を生むというのは、市民的・共和主義的伝統の長年の原理である。それゆえ民主的共和国には財産の大まかな平等が不可欠であると考えられてきた。一八三〇年代に大型産業の揺籃を認識したアレクシス・ド・トクヴィルは、大型産業がこのまま発達していくと、新たな貴族制が、民主的平等とは根本的に異質な新種の封建制が生まれるかもしれないと警告した。[16] 一九世紀後半からニューディール時代までのアメリカでは、国中で「経済的君主制」を恐れる声が上がった。企業が連邦・州・地域レベルで法外な権力を行使していることは、明白であった。[17] ところが、二次大戦以降、一九六〇年代から七〇年代前半までの短い攪乱の時代を例外として、企業はアメリカ社会の当たり前の要素として受容されるようになる。確かに企業に対する規制はあったのだが、その制度化の基本的な条件が真剣に吟味されることはなかった。おおむねこれは、企業が技術的・経済的な進歩の供給者として明らかに安定した、有効なものであったためである。

だが、新保守的・新レッセ・フェール的な空気が強まってきた現在でさえ、企業の適応能力、革新の能力に対し、深刻な疑問が出されている。変動する世界市場における企業の財務と経営が抱えている諸問題をめぐり、討論が繰り拡げられ、大量のインクが消費された。公共の責任をほとんど負わない、私利追求を目的とする私的権力を、公共の立場から認可することの正当性を問う、いっそう本源的な疑問さえ提出されるようになった。これらの疑問が、常に、民主的な企業批判の基礎となっている。

戦後期、経済制度や法を構想していく過程で、合衆国は、ニューディール政策の積極的な社会正義の側面の多くに背を向けた。私的消費と企業組織のシステムの方に姿勢を転じたのだ。そしてこちらが「アメリカの世紀」を特徴づけることとなった。そして私たちは現在、制度をめぐる新たな大きな決断のときを迎えている。こうした戦後の優先事項と制度的布置が、それが強いる犠牲を忍ぶだけの価値を今日でも保っているかどうかは、もはや明らかではない。少なくとも、市民の一部は、認識を改めつつあるようだ。企業を含めた現行の経済生活上の組織は、法外な政治的影響力をもって民主的政府を脅かしているだけでなく、富を消費財の蓄積としか見ない思考法を撒き散らすことで、国民の性格や生の形態をも脅かしているという理解が現われつつある。こうした批判の声が勢いを得るのは、企業経済が自らの決めた土俵においてさえうまく機能しなくなるという、ゆゆしき徴候が現われてからのことである。

6　職場の機会

新たな環境がこれまでの現場とオフィスという労働パターンを変えつつあると、多くのアナリストが指摘している。生産技術の変化によって労働者の参加が重要視されるようになり、労働者と管理者の境界線が曖昧になるが、ここに非常に積極的な可能性がある。新たに出現した情報テクノロジーは、経営者ばかりでなく、労働者もまた、刷新、協力、仕事の管理に関わることを、次第に求めるようになってきた。だが、この展開のもつ意味は非常に曖昧である。アメリカ経済の専門家の意見も分かれている。デヴィッド・ノーブル[18]、ハーレー・シェイケン[19]、ロバート・ハワード[20]が見るところでは、伝統的にアメリカの経営者は、労働者が自律的に振る舞うことを警戒しているので、新テクノロジーの潜在能力も、未開発のままに留まる恐れがある。一方、ロバート・ライシュ[21]、マイケル・ピオーレとチャールズ・セーベル[22]、ショシャナ・ザボーフ[23]の見方によれば、新しい「ハイテク・マシーン」を使いこなす高度な熟練労働者の必要性は、とくに、同様の進歩をとげつつある海外勢力との競争のゆえに、アメリカ式企業経営の構造を大きく変えるチャンスである。そしてアメリカ式経営の成績を悲観的に見ているジョゼフ・プラットとルイス・ガランボスの意見[24]では、アメリカのビジネスが何十年にもわたって経済の障害となってきた生産性の低迷から抜け出すには、まず企業の民主化が進むことが条件である。

アメリカ企業の学習能力と柔軟性を増大させるには、（教育水準が上昇中の）労働者と経営者との協力関係を強化し、権限・責任の共有の度合いを深める方向へと改革を進め、従来支配的であった「科学的経営」という二〇世紀的パターンを覆すようにしなければならない。ビジネス倫理学者のチャールズ・ストレインの見るところでは、自動的にそうなると決まってはいない。「企業の民主的な〝学びの共同体〟への進化」は、テクノロジーが変わっただけでは、あるいは「道徳的な意志ばかりを力説」するだけでは、起こるものではない。「必要なのは、職場内の民主的学習の構造である。人間がつくるいかなる組織も権力を貯め込む派閥を生み出す傾向があるが、これに歯止めをかける構造も必要である。経済が民主的支配の諸形態を欠くならば、政治の民主的支配の諸形態もまた朽ちるというジェファソンの言葉が正しいならば――私は正しいと思う――このテクノロジーの分水界にあって私たちが決めることは、個々の職場を左右するに留まらない。影響ははるかに広範におよぶであろう(25)」。

　グローバル経済が何を要求しているかを調査した『クオモ委員会報告書』は、よく似た言葉で論じている(26)。高度な生産性を回復するには、仕事の現場における個々の意思決定であれ、会社の株の所有であれ、収益上昇分のボーナスの扱いであれ、実務社員の役員会の所有や選出であれ、種々の形態における労働者の参加が不可欠である。そうしたシステムは、ほんとうに民主的に機能しているのだろうか？　それとも委員互選といっても、会社の権力への実際の参加を欠いた形ばかりのものであろうか？　後者の可能性もあるところがまた、現在の危機の危機たるゆえんである。

　経済制度は私たちを、学校や家庭以上にとは言わないまでも、それらと同程度に教育し、形成するという、ハミルトンのこの考えは大事である。事実、市場や企業にかんするいかなる制度も、その参加者がある種の経験を得ることを可能にする一方で、別種の経験を得ることを不可能にする。アメリカの政治経済においては、競争的個人主義による成功と失敗の峻別が巨大な圧力を行使している。現代の市場のセイレーンが歌うロック的な調べの下には、紛れもなく、ダーウィン的な基礎低音が流れている。これを聴いた者は、自分の危ない体面をつくろうことに躍起となり、狭く、短く、私利を追いかけるようになる。仕事の世界は、私たちの意識を狭めるような教育をしている。私たちは、自らが他者――他国や天然資源を含めた他者――の働きと資源にまさしく依存して生きていることに気づかなくなる。家族が分け持つ遺産でさえ、見えなくなってしまうのだ(27)。

　要約しよう。新しいテクノロジーによって労働がいっそう技能的となり、新たな要請に的確に応えることができるようになるかもしれないというのに、職場における日々の体験は、この肝心の可能性を伸ばすために考慮すべき当の要件を見えなくしてしまう。「負けること」への恐れが国民の知的適応力を凍りつかせるというのなら、私たちが「いつもの仕事」の性質を変えなければならないことは明白である。

7　企業と市場——新たな民主主義

個人の場合と同様、大小の企業もまた、とどのつまりは市場の組織のあり方や、同時代の商慣行と商法のうちに制度化された制裁に従って動いている。根にある問題は、ここでも同じ、非ロック的な世界のただなかで、ロック的な原理で動こうとする愚行である。状況が全体に不安定なときに、個人であれ、企業であれ、経済上の行為者が、狭く解釈された私的利益を狙う短期的な戦略的思考ばかりに信を置くというのは、危険なことである。経済が変化して制度的な圧力が加わるようになれば、こうした近視眼的な思考も、新たなスタイルにとって代わられるかもしれない。しかし、社会のなかの企業の位置が、政治的・法的に再編されなければ、そうしたことも起こりえない。

経済史学者のジェフリー・ラスティグは、要点を巧みに要約している。「必要なのは、企業を包み込んでいる社会的な外皮を取り払うといった不可能事ではなく、企業と社会との相互依存的関係を認識し、企業に社会的な説明責任《アカウンタビリティー》を負わせることである。重要なのは、企業と政治とを分離するといった不可能事ではなく、企業の政治が民主的実践と一致するように計らうことである……」。彼はまた、現在、企業には「メンバーシップの危機」があると指摘している。資本と労働のカテゴリーとしての意味が薄れてくると、企業内での権力のありかが不明確になる。「企業家」ばかりでなく、社員全員の知性とイニシアチブが鍵を握っている企業においては、所有と意思決定の権限のいっそう公平な振り分けが必要である。企業はまた、自らを取り巻く社会に対しても、説明義務を負わなければならない。地域社会は、企業に対して、税制上の便宜を図り、公的施設、供給者、顧客を提供している。大衆は、企業に対して、例外的な権力をあたえる見返りとして、生態環境に対する責任、倫理的実践、公明性を求めている。企業には、彼らに対する説明義務があるのだ。(28)

企業が自らを「市民」と主張するならば、その点について十分に民主的な説明があるべきだ、というのが批判者たちの主張の要点である。法学者のジェームズ・ボイド・ホワイトは、「企業は昔も今も集合的市民である」と言う。「その地位に応じた責任と利益の両方をもつものとして遇されるべきである」。彼の意見では、企業の目的を「収益を上げ、出資者の利益を増やすこと」と定義づけるような議論は、容認しがたい結論をもたらす。「企業の唯一の目的は儲けることであると言うのは、企業を、共同の市民生活の建設、維持、改造のための重要な機関としてではなく、共同体を食い物にする鮫として定義するようなものである。これは私の知るかぎり、英米法の世界において前代未聞のことだ」[29]。

ホワイトは論じる。アメリカの法人法には、市民としての企業について考えるための資源がたくさんある。しかし、企業を経済的利益の点のみから定義すると、せっかくの資源も台無しである。現在流布している文献のほとんどは、企業はよりよい「企業文化」を育むことができるか、いっそう倫理的なリーダーを起用するようになるかを論じている。いずれももちろんそれ自体はよいことであるが、ここに問題のポイントがあるのではない。どの企業も、短期の利益のために収奪を狙っている他の事業者による乗っ取りの危険に曝されている場合には、文化やリーダーシップばかりではどうにもならない。法的規範、すなわち企業が活動する場の制度的構造もまた問題となる。市場は投機的な利益よりも長期的で生産的な投資に有利なように構築することもできる。しかし現状は違っている。次第に機能不全に陥りつつあるロック流儀のおかげである。私たちは、今あるような制度化のパターンが大きく変わってはじめて、企業もまた、多くのビジネスマンが心底望んでいるような善き市民に変わることができる、という考えに与する者である。

市場の誘因を短期的な消費よりも長期的な投資に有利なように作り変える、あるいは企業の制度的形態を説明義務を負う民主的市民の形に変えると言っても、政府省庁のもとに産業を集権化しようというのでは決してない。私たちも、本書で引用した人々も、計画経済や国家社会主義経済を提唱しているのではない。とはいえ、アメリカには非常に強力な計画《コマンド》経済があることは、想起されてよい。アメリカの産業界の、大きな、そして強力な（いくつかの概算によれば五分の一にも上る）一角は、市場経済の拘束から事実上離れている。つまり、取引の大半を「命令を受けて《コマンド》」政府の軍事部門を相手に行なっている。この「ペンタゴン社会主義」は、いたるところで計画経済のあらゆる欠陥を見せているばかりか、アメリカの政治過程を蝕んでもいる。防衛体制に依存する工場や労働者のない連邦議会選挙区など、ほとんどない。その結果、連邦議会は、ペンタゴンすら望まない戦闘機やミサイルの予算を可決するありさまである。有力な議員を選出する選挙区の利益と職を失うわけにはいかないのだ。

冷戦後、新たな国際状況が生まれ、現水準の防衛費を他の用途に振り分ける未曾有の機会を提供している。わが国の高速道路、公共輸送システム、その他の物理的インフラストラクチャーの悲惨な状態、教育システムからの深刻な要求を思えば、これらの分野における政府の予算を増やすことで、軍事支出の減少による弛みを引き締めることができるのではないか。それはまた、合衆国の潜在的生産力に対し、多大な貢献をなすはずである。だが、ここを一歩踏み出すには、政府の経済的責任を直視する必要がある。国防を建て前に、裏に隠してしまうのではなく。

8　労働の道徳的文脈

政府予算の配分も重要だが、経済を民主化するためのもっとも基本的な改革は、ここをめぐるものではない。企業の富の社会的所有の度合いを増やすというのは、政府の所有とはまったく別のことである。これには、ラスティグが提案したようなものばかりでなく、大衆全体が貢献した富の増大には、大衆全体が与るという、スウェーデンのメイデネル計画のようなものも考えられる。新たな株券の売り出しのうち、ある一定の割合は、政府が引き受ける。政府はそれを利用せず、公衆の分配に充てる財源とする。限定的なところからスタートして、最終的には、不労所得者が常に享受してきたような、貧窮からの保護の提供を目指す。こうした制度によって、あらゆる人々が経済の生産性増大に関与できるようになるだろう。所得の最低額の保証あるいは社会的賃金という方法もある。手段は異なるが、狙う所は同じである。[30]

ロック的イデオロギーと、今日にいたるまでの経済の仕組みによって、労働にかんする真実が見えなくなっている。私たちは、個々ばらばらの個人として何かを成し遂げたり、金を稼いでいるわけではない。すべての人間は、他者の労働に深く依存しているのだ。社会学者のジェームズ・ストッキンガーは、ロックを批判して雄弁にこう語っている。

自らの身体を養うために、自然の共同社会よりドングリやリンゴを採る。しかし、最初から自分の手でそうするのではない。身体の必要を満たしてくれるのは、子供のころも、そのあとも、他者の手である。

私たちはみな、他者の手の限りない動きのなかで、またそれを通じて、生きている。他者の手が、私たちを胎内から取り上げる。他者の手が、私たちが食べる食物を育て、私たちが身にまとう布を織り、私たちが住む家を建てる。他者の手が、私たちの身体に、情欲においては快楽を、苦悩や困窮においては援助と慰安を、あたえる。自然の共同社会がばらばらの個人の生の必要と快楽に割り当てられ、適応させられるのは、他者の手のなかで、他者の手を通じてである。そして最後には、他者の手が、私たちを埋葬するのだ。[31]

今日、人々はこれが真実であることを知っている。しかし、経済のなかにこの真実を見ることはない。私的生活のなかには見る。今日でも家族が、実際はともかく理想の上で非常に大切にされているのは、一つにはこのためである。慈善行為においても、これを見る。民主化された経済においては、私たちのそれぞれが行なう労働は、一人で、自分のためにするものであると同時に、「一緒に」「互いのために」するものでもあるということが、はっきり見えるのでなければならない。すでに触れたことだが、調査によれば、多くの労働者が労働を束縛と感じ、ほんとうの人生は仕事とは別のところにあると考えている今日においてさえ、暇なときよりは仕事をしているときのほうが幸せに感じていると言う。みなで協力して何かに挑戦して行くような仕事には、人間の深い欲求を満たすものがあるようだ。もし人々が、家庭と同じく、職場もまた真に自分自身のものであり、すべての人々の善に貢献するものであると感じられるならば、わだかまる不満もまた、軽減されるかもしれない。

　経済の民主化が進んでも、最下層階級《アンダークラス》と呼ばれるにいたったものを解消する働きがあるのでなければ、道徳的な進歩とは言えない。個人主義的機会平等の原則は、しばしば共同体を成功組とそれ以外とに二分することになった(32)。さらにまずいのは、誰かの成功が、他の者たちの状況の悪化をまさしく「引き起こす」という事態である。たとえば、中産階級の黒人が地域から出ていってしまうと、後に残されるのは、ますます希望を失った、ますます孤立した最下層階級である。制度の建設、家庭の支援、教育の質の向上、そして仕事の尊厳の保証に対する公共の取り組みを増やし、技術をもったボランティアが地域の建設に参加できるように計らえば(33)、現在は貧しい人々も、民主的な経済と社会の投資者となって、市民としての参加を拡大できるだけの力をつけることであろう。第一章で取り上げた「開かれた扉」のエド・ローリングとマーフィー・デーヴィスのような人々は、たいへんに貴重な存在である。彼らは暗闇にろうそくを掲げているばかりでない。大がかりな、そして必然的にいくぶん官僚的にならざるをえないような取り組みに、血の通った人間性を捧げている。このような方針こそが、今や警察国家に近づきつつあるスラムが完全にそうなることを阻止するためには肝要だ。

　時おり私たちが想像する以上に、アメリカ人は、経済制度の大改革に取り組む準備ができているかもしれない。根拠はいくつかある。多くの人々が、たんなる個人の収入の増加よりも「生活の質」の向上を選ぶと言う。もちろん、「生活の質」が実際何を意味しているのか、自分が公平に遇されるとはあまり期待できない政治的状況において、それが何であれば同意できるのかは、わからないところである。それでもアメリカ人の多くは、多少古くさい「ほどほどの暮らし」という言葉に、強く引かれるものを感じている。すなわち、大儲けもありうるが不安定というのではなくて、浮沈のない中程度の収入を得て、それ自体が善いものである活動に愛情を注ぎ、関与し、従事するという生活である。[34]

今日、経済的機会があまりにも強調されており、敗者ばかりでなく、勝者にも恐るべき重荷となっている。踏み誤ってはしごから転落することを、いつも心配していなければならない。何がきっかけであれ、「成長の限界」を認識するようになるにつれ、この不安は増してゆく。「ほどほどの生活」を静止した現実のように語ってみても無意味だ。テクノロジーの変化につれて、「ほどほど」の要件も変化する。だが、厳しい競争の世界において、アメリカ社会を、豊かさを求めての競争、次第に激しさを増す、ロック的というよりホッブズ的な競争を主軸にして組織することが、制度の唯一の可能なあり方なのではない。適切なテクノロジーが高い生産性をもたらし、それとともに余暇の拡大をもたらす民主的経済という理想は、今日私たちが手にしている可能性から見て、決して空想的なものではない。

高度に個人化された自己というのは、真に近代的な社会が本質的にともなうものである。とはいえ、そうした自己のもつ、競争心であるとか、不安に満ちた自己主張であるとかは、本書で指摘したような諸々の変化によって軽減されるかもしれない。そうした変化が、他の徳性や能力の成長を促すであろうからだ。たとえば、フェミニスト批評家は、女性には、不安定な達成志向の自己が訴える要求と不安とを和らげるような、社会的・感情的な能力があると述べている。[35] 要するに私たちは、競争と業績達成に終止符を打とうと言っているのではない。市場経済の終焉を求めているわけではない。私たちが求めているのは、いっそう民主化された経済のなかで、いっそう深く社会に根をおろした個人が現われることである。

先に示した英国やスウェーデンとの比較からわかるように、今日まで合衆国は、他の資本主義諸国に比べて、かなり不平等な所得配分を行なってきた。資産については、さらに不平等である。アメリカのカトリックの司教らは、これを道徳的に容認しがたい状態であると述べている。[36] だが、ここで私たちが提言する改革は、収入の配分を改善し、貧困層を豊かにすることばかりではない。私たちも、司教らも、あらゆる人間が健全な経済の活力にいっそう参加できるようにすべきだと言っているのだ。まさにそうした参加によって、たんに個々の人間が最下層の暮らしから逃れるのを可能にするというのではなく、最下層階級の諸制度そのものを構築しなおすことが可能になるであろう。しかし、いちばん大事なことは、それによって公共生活が豊かになるということである。成功の道を上りつめた人間を含め、すべての人間にとって満足のいく生、個人的成功を頼むところのいっそう少ない生、健全な社会をいっそう拠り所とするような生をもたらすということだ。

何よりもこれは、仕事の意味の変化を意味するものだ。つまり、ひたむきの功利主義を減じ、天職《コーリング》としての仕事の概念を取り戻すことである。興味のもてる仕事、他者のためになっていることがわかる仕事は、それ自体が報酬である。仕事の達成と物質的報酬とをまったく切り離してしまうのは、非現実的な話であろう。だが、この二つの結びつきをいくらかでも弛めないことには、ロック的パターンに代わるパターンの達成はおぼつかない。クリストファー・ジェンクスが言うように、私たちは「失敗に対する懲罰と成功に対する報酬」を減じなければならない(37)。もちろん、たいへんな苦闘なしには実現できないことである。それでもこれを行なうというのは、恵まれぬ人々、あるいは何であれ、「階級」を救うためばかりではない。私たちが求めている変化とは、現在誰も手にしていない、それ自体に意味と価値のある生をもたらすことによって、成功組を含めたすべての人間を助けるような変化である。もちろん、イデオロギーと制度とをこれだけ大きく転換するというのだから、政治的意思をよほど強固にしなければならない。

個々の改革をどうするのであれ——どういう形態がいちばん効果的か、実験期間を置いて確かめる必要がある——、経済の民主化がもたらす主な恩恵は、次の点にある。労働市場の過酷さに歯止めをかけること。働く者すべてが、自らが働いている当の企画に、さらには経済全般にも、関与できるようにすること。それによってまた、今日の私たちの経済生活にはびこっている不安とシニシズムを弱めることである(38)。そして、この変化が真に恩恵的なものとなるには、これと同時に、生産性の増加と労働時間の短縮という、現在とは逆の動きが起こり、それによって家庭、地域社会、市民活動が活性化されるべきであろう。真の民主主義《デモクラシー》は、常にある程度の余暇を必要としてきた。民主化された生産的な経済は、究極的には、真の余暇を民衆《デモス》自身にあたえるかもしれない。こうした考察から、民主主義の第三次の変容の、第二の主要部門の考察が開かれる。すなわち、活発な公共世界に取って代わるのではなく、それを支え、拡張することのできる、民主的行政管理国家の発展である。

9　経済の民主主義へのステップ

ここで、私たちの議論を要約し、予見される将来の変化について、いくつか具体的に考えてみることにしよう。

(一)　ヴァツラフ・ハヴェルと中欧の平和革命がありありと見せてくれたように、民主主義においては、意識が存在に先行する(39)。つまり、意識を高めることが、制度の改革の前提条件である。私たちが信奉するロック的仮定の本質を——まさにそれが私たちの現況を把握できない理由を——もっとよく理解する必要がある。それゆえ、私たちは、前章と本章で試みたような議論をおおいに起こすところから着手すべきである。目標は、過激な個人主義から、個人と社会の幸福のいっそう複合的な理解に基礎を置く市民精神《シティズンシップ》への転換である。

(二)　市民精神をより積極的なものにするには、意識だけでは足りない。新たな民主主義の変容を成し遂げるには、制度の改造を目指す大衆的な意思も必要である。企業であれ、労働者であれ、消費者であれ、私たちはみな、経済生活を営む市民である。この事実が経済制度にいっそう反映されなければならない。共同善に鑑みながら経済発展に責を果たす、市民としての私たちの能力もまた、反映されるべきである。先に概観した歴史からも明らかなように、経済と政治はいつも絡み合っている。まったく私的な帰結しかもたらさない経済的決定など、たとえあったとしても稀である。消費者の選択と言えば、ロックの体系における私的行為の神髄であるが、これでさえが政治的決定である。経済的行為者の一人一人が即時の私益を追求すれば、結局は公共の利益になるなどというのは、過去はいざ知らず、今はもはや現実のことではない。私的な経済行為が間接的に何をもたらすことになるのか、それに関わる者の認識を促し、彼らが経済行為と公共の利益との調整を図れるように後押しする、制度的な仕掛けが必要である。この目的を達成するには、経済改革とともに、法制上の改革も必要となるであろう。

(三)　法人（企業）は、今も昔も、法的実在である。ジェームズ・ボイド・ホワイトが示すように、法人が根本的に「規制解除」されたことはなかった。存在自体が法的規則に依拠しているのである。今日、私たちの経済が必要としているのは、規制の強化でも削減でもなく、別種の規制である。すなわち、（労働者、環境、生産性自体に対する）無責任で破壊的な活動を制限し、その反対の活動（労働者の参加の増大、生態環境に対する責任、生産性の実質的向上）に資するような規制である。しかしここでも、私たちの現在の経済組織のあり方とそれがもたらす損害についての、はるかに持続的で実質的な公共の討論が必要である。それなしでは、企業をめぐる法的制度の転換はありえない。

(四)　職場における経済的市民精神の拡大は、民主主義の第三の変容にとって肝要なだけでなく、生産性の拡大にとっても必要なものである。誰しも理解しているように、今日、企業が実戦力をもつためには、組立工から会長まで、みなが知識をもって参加する必要がある。見かけばかりの参加ではいけない。「代表なくして参加なし」は、適切なスローガンとなるだろう。生産性と仕事に対する満足度とを最大化するために、学びの共同体としての企業に対する全社員の完全参加が、是非とも必要である。

(五) 消費者市民精神とも呼ぶべきものについて、まったく認識を新たにする必要がある。これまで私たちの文化は、消費者の選択を完全に個人的なものと考えるように国民を諭してきた。「選択の自由」と言えば、今やほとんど、議員を選挙する自由というよりも、商品を選択する自由のことだ。いや、もっと悪い。議員の選択基準も商品の選択基準と同じ、その場の私的満足のようなものだ、との含みさえある。消費者には、もう一つ上のレベルの理解、責任感、自制が必要だ。私たちは、たばこの例を通じて、教育、課税、使用範囲の制限によって個人の選択に公的圧力を加えることが、共同善にかなうことを学んだ。車もまた同様の規制を必要とする消費財だというのは、アメリカ人にとってはるかに理解しづらいことであろう。たばこの場合のように、個人の自由と共同善との均衡を図るべきことは明らかであるが、私たちの消費行動の全パターンの内で、現在、注意深いチェックと市民的責任の実践とを必要としていないものは、何もない。

(六) 最後に、経済的正義の問題がある。経済的市民性が広義の政治的市民性と融合し、またそこに依拠する領域である。ここには、世界経済の大変動がもたらした、非常にやっかいな問題がある。アメリカは個人の出世をあおり立ててきたが、その長期的な効果として、公共の福利から私的な福利への関心の推移が起こった。都市の最下層階級の切り捨ては、そのもっとも目につく――そしてもっとも恐るべき――徴候である。この流れは、世界市場システムにおける経済の国際化によって、さらに加速しそうな趨勢である。有給の専門職・技術職については、その技能が求められ、経済的地位が高まって行く一方で、あらゆる種類の未熟練労働者は、海外の低賃金の国々との競争の激化に直面している。まっとうな社会のためには、市場は良く作用するどころか、悪く作用するだろう。

しかし、ジェームズ・ファローズの指摘にあるように、「人々は、市場のなかに生きているわけではなく、社会のなかに生きている。問題は、完全な国際化がもたらすであろう[富と権力の]さらなる突出を、私たちの社会が許容できるかということである。マンハッタンは、ほとんどそのテストケースとなっている」[40]。市民の平等を実現するための策を見出すことが課題である。すなわち、意味のある仕事に携わり、公共生活に真に参加するという可能性が、アメリカ社会の全成員にとって現実のものとならなければならないのだ。それは、私たちが、民主主義、すなわち共通の市民生活・経済生活への全市民の参加が、国家の最高目標であり、また、アメリカ的生活の約束を履行する最善の手段であると認識した上で、それを政治的意思へと翻訳するのでなければ、実現不可能なことである。

10　経済の民主主義と政治の民主主義

今日では、教育あるまた意欲ある労働力は、もはやたんなる道徳的要請ではない。世界市場システムを新しいテクノロジーが席巻したことで、嫌でも実際的必要となっている。多くの者の目には、これほど定かには見えないが、しかしこれと同様の事実がある。まっとうで正しい社会には、市民の、思慮深く、柔軟で、臨機応変な公共的参加もまた、同じくらいに必要だということである。過去半世紀の制度的秩序は、明らかに、専門的・技術的経営に寄り掛かりすぎていた。とりわけ私的企業や政府の規制にかんしてそうであったと言える。それが無頓着に前提としていたものは、私的消費が経済を成長させれば善い社会が実現するという、近視眼的論理である。だが、私たちの自然的・物質的・道徳的な財産のあまりにも多くのものが、今や歴然と枯渇しはじめている。自称「現実主義」がいかに非現実的であったかはもはや明らかだ。相互依存的な生をより責任ある形に組織化する道を探ることは、かつてはいざ知らず、今ではたんなる理想主義ではない。それは、万人にとっての基本的必要である。だが、政治や法、また経済において、アメリカ人がパズルから抜け出すのは容易ではなさそうだ。古い制度や様式がうまく機能していないことは、多くの者が理解している。しかし、私たちが受け継いだパターンは、あまりにも強力であり、目前の現実に対処できる新たなパラダイムを探ることを禁じているのだ。

第四章　行政・司法・立法

1　アメリカ政治の現在

ゲーム「モノポリー」は、アメリカ人が自分たちの経済についてどう考えているのかを教えてくれる恰好のメタファーであった。背筋の寒いメタファーではあるが、私たちの固定観念について多くを語るものであった。では、私たちが政治をどう見ているかを教えてくれるような、同様のメタファーはあるだろうか？　メタファーとは違うが、ジョフリー・ゲーリンが一九九〇年春に行なった世論調査の報告は、ある種の典型となっている。「貯蓄貸付機関の緊急援助を［つまり、倒産した貯蓄貸付機関の預金一千億ドル分を連邦政府が保証する必要性を］どう考えるかと聞いたとき、しばしばこういう答えが返ってきた。『なぜ納税者が面倒をみるのですか？　政府が払えばいいでしょう？』」　この小話によって、私たちが民主主義について何か深く思い違いをしていることが明らかになる。まるで納税者がいなくても政府は動くものとでも言わんばかりなのだ！　アメリカ人は、他の国民に比べて非常に愛国的であるが、しかし同時に、政府に対して非常に懐疑的でもある。対外的には何としても「強いアメリカ」でありたいのだが、国内的には政府には「ひっこんでいて」欲しい。

だが、政府が国内で何をすべきかにかんしても、私たちの言っていることは矛盾している。レトリックのなかには、私たちは今でも政府の機能を最小限に抑える「夜警国家」を奉じているかのように語るものがある。その一方で、国中の互いにばらばらな利益団体は、早く政府が自分たちのために抜本的な対策を講じてくれないものかと待っている。国民は国民で、破産した貯蓄貸付機関の問題を、政府が自前で解決してくれるものと思っている。公共の財産の多くがひどいありさまになっても我慢している一方で、不況のような国難に対しては、政府を非難するのに躊躇はない。行政の長も、立法府の議員も、問題の打開のために世論を教え導くことよりも、再選のために世論の動向を探ることの方に関心がある。州・地域レベルでもそうだが、とくに連邦レベルにおいて甚だしい。そのため、政府与党も、議会の野党も、ほとんど手詰まり状態に陥っているかに見える。政府が何もやっていないとは言わない。やたらと細分化された、甚だ非協力的な各省庁の各機関は、実に多くのことをやっている。だがそれは一種の足踏み状態にある。策は次第に尽きて来ている。新たな環境、新たな課題にどう対応したらよいか、ビジョンも何もありはしない。

国民も静観してはいない。過去二十年間、膨大な数の全国的ボランティア組織が発達してきた。その多くは、政府と連邦議会に莫大な圧力を有する単一争点集団である。しかし、それらが今日の国家的大問題をめぐる討論を巻き起こすことはない。今のところ政党もまた、いかに多くの特殊利益集団や単一争点集団を組織し、また懐柔し、選挙戦を有利に進めるかということに心を砕いており、こうした集団に対し、真剣な討論を呼びかけることには、それほど熱心ではない。司法はどうか。ここもまた、私たちの共同生活をめぐる重要な問題提起となるような事例に欠くことはない。実際、しばしば裁判所は、他の政府機関が扱い損なった重大案件の継続審議のようなことを行なっている。しかし、司法の性格から言って、裁判所が扱う事例、すなわち訴訟は、個人の権利にかんするものに限られる。それゆえ、裁判という国民広場《フォーラム》においては、国家的重要議題は、ほんの部分的にしか提出されることはない。しかも、判事の指名や選出が、司法判断の質ではなくてイデオロギー的な見地から行なわれたりなどすれば、法的な議論の質までが危ぶまれる。

経済からロック的個人主義を一掃するのは、たいへんなことであった。国民に正しい知識をあたえ、民主的参加をおおいに前進させようというのは、まして困難なことに思われる。だが、アメリカ人の多くもすでに気づいているように、現在の風潮がもたらすツケはたいへんに重い。政治の場合でもアメリカ人は、経済のときと同様、こう考えている。――私たちは自律的な個人として、自分だけの利益を追いかけていればよい。利害の衝突があったとしても、民主的な仕組みがあるのだから、なんとか公正な形で妥協案が見つけられるだろう（しかし公正さの点では、市場の方が政府よりも信頼が置けそうだ）――。だが、この自律の幻想も、次第に説得力を失ってきている。自分が集団的な力に依存して生きていることを、直接に感じるようになってきたからだ。良かれ悪しかれ、私たちは積極的な政府を育ててきた。行き当たりばったりの混乱したやり方ではあるが、私たちの政府は、個々の市民の福利厚生を図るばかりでなく、金利を定め、銀行預金を保障し、危ない企業を緊急援助し、株式市場を調整するなど、国家経済の舵取りをも行なうようになった。実質的にすべての社会集団は、政府の活動に合わせて行動計画を立てている。政府は、医療保険、老齢年金、失業保険、そして職業差別からの保護を、提供あるいは保障している。また政府は、中産階級の大学教育を補助し、退役軍人の住宅ローンを保障し、国家経済に資する無数の研究や技術開発を支援している。私たちはこうした集団的な資源に依存して暮らしている。私事へのひたむきな傾注へと私たちをいざなう中産階級のライフスタイルさえ、それによって維持されているのだ。

政府の責任は拡大した。というのも、現代社会においては公共世界が拡大したからである。さまざまな問題が、完全に私的なものではなくて、公共的・政治的なものと考えられるようになった。子供を両親の虐待から、妻を夫の暴力から、従業員を上司のセクハラから守ることを、私たちは政府に期待している。貧困地区の高い乳幼児死亡率、エイズ禍、麻薬使用の拡大など、政府に解決できない、あるいは政府が取り組んでいないさまざまな問題に対しても、私たちはますますこれを、政府が責任を果たすべき公共の問題であると考えるようになってきた。そして公共の責任が拡大するにつれ、私たちは、嬉しくとも腹立たしくとも相互依存というものを経験せざるをえなくなる。[1] 私たちの社会には、ほんとうに「私的《プライベート》」と言えるような領域はほとんどない。ダムの建設や原子力発電所の開設は、動物や植物や人間の生活が織りなす種々の生態学的関係に影響をあたえる。私たちは、制度的秩序——法制度、政治、また進化する知的仮定——を通じて、次第にこうした影響にかんする認識を深めつつあるところだ。国民生活の現実は、社会を一個の全体として理解せよと、あらゆる方面から私たちに迫ってきている。私たちは、こうした考えに慣れていない。現代社会の相互依存性は、アメリカ人にとって、とりわけ扱いにくい問題である。個人の自由を最高の理想に祭り上げる政治的伝統のおかげで、私たちは、一個の全体としての社会に資するためには、現代経済をどう運営したらよいか、広義の社会政策をどう展開させたらよいかを適切に考えることができないでいる。だが、「全体としての社会」という意識を——さらには「全体としての世界」の意識を——もたずに生きてゆくことは、いよいよ困難になってきている。

国家が私たちの毎日の暮らしを万般にわたって決定し、采配を振るうようになるにつれ、もともと何事もありそうに見えなかったところに、集団的選択の可能性が——時には必然性が——姿を現わすようになる。これまで私たちは、社会的な問題の解決を図るために、行政による規制と司法的手続きとに訴えてきた。だが、かえってますます解決困難な問題を生み出すことになった。たとえば、政府が医療事業に資金投入あるいは資金援助を行なうとする。政策の設計者は、さらにこう考えることになる。資金は、高額化する一方の、主に高齢者を対象とする医療技術に振り向けるべきであろうか？　それとも、他の社会的必要を考えると、公衆医療対策にもう少し回すべきであろうか？[2] 市場が支配的制度であるうちは、この決断は決断のうちにも入らない。高額の治療費が払える者は、治療を受ける。貧乏人は治療を受けない。それだけのことだ。だが、政府がいっそう責任を負うようになると、市場の支配によって見えなくされていたものが表に出てくる。そして、共同善とは何かを定義づける私たちの制度的・文化的な能力が試されるようになる。(3)

それゆえ、私たちは、真剣に、持続的に、国民的討論を続けなければならないのだ。相互依存性が強まった今日、従来のロック流個人主義のイデオロギーではやっていけないというのはどうしてなのか、これをまず明らかにすべきである。次に、個人の自由への伝統的関心を保護し、かつ、共同善の問題をいっそう効果的に概念化できるような、新たな選択肢を探るべきである。本来ならホワイトハウスや連邦議会が、こうした討論へ向けてリーダシップを発揮すべきところかもしれない。しかし、何せ私たちが選んだのは、控えめにしても無方向な大統領と、小心とも臆病とも言うべき議員たちである。もし公共の討論が行なわれなければ、実務担当の役人が、あり合わせの手段を使ってその場しのぎをすることになる。だがそう好都合な手段が転がっているわけではない。

2　規制国家のジレンマ

規制国家においては、経済上の決定、社会的な選択、人間の福利が織りなす相互依存性が、政策を審議していく上でのいちばんの問題点となる。相互依存性は、厳しいジレンマをもたらす。政府の担当官には、公共事業計画が社会の隅々にどのような影響をおよぼすことになるかをきちんと見通す責任がある。実際彼らはむずかしい選択を迫られることになる。最新医療技術に金をかけるとすれば、予防医療に回す金はなくなる。大気中の汚染物質を除去するならば、その汚染物質を土中に埋めるか水に流すかしなければならない。排気ガス中の硫黄濃度を抑制すると、産業界の利益が下がり、職を失う人間も出てくる。と、ここまで来たときに、共同生活の思考を狭窄させてしまう、例の根本的な文化的制約が見えてくる。だが、何を論じても欲しい商品のトレードオフになってしまう、そんな思考とは違った形で、善い社会について考える方法を探ることから始めることもできるのだ。

政府の規制担当官はどのように考えるのか。アメリカ文化においてはいつもそうだが、彼の頭のなかでは、二種の個人主義が主導権争いをしている。一方は、道徳的な、究極的には宗教に根をおろす個人主義である。生とは神聖なものであり、人間は一人一人独自の存在、他の者とは置き換えのきかない、かけがえのない存在だとするものである。(4)他方は、合理的・功利主義的な個人主義である。社会的な善とは、すなわち、行為者一人一人の好みをもっともよく満足させるものの一切であるとするものである。

保健・厚生関係の官庁（環境保護局EPA、職業安全衛生管理局OSHA、医療金融局HCFA）や、あるいは議会予算局（CBO）〔連邦議会のサポート機関〕や行政管理予算局（OMB）〔大統領府に所属〕といった官庁の規制担当官に会って、彼らの仕事について話を聞いてみよう。しばしば彼らは、職務上の技法と、自己の道徳的直観との板挟みになっていることがわかる。伝統的な道徳的個人主義も、功利的個人主義も、共同善の理解をもたらしてはくれない。といって、政府や議会が道徳的指導力を発揮して、共同善をめぐる公共の討論を興し、社会的優先順位のいっそう効果的な確定へと乗り出すということもない。結局、規制担当官らは、矛盾した二つの伝統を前に考えていくしか手がない。

さて、選択肢どうしの相互依存性を前にして、規制担当官はどうするか。彼らがこの問題を「合理的に」語るために持ち出してくるのは、またしても（とはいえ、もう驚きはしないが）経済の言語である。一九六〇年代に費用便益分析とゼロベース予算の手法を取り入れて以来、連邦政府内では、この問題に対するエコノミスト流の対処法が着実に進行しつつある。とくに今は、レーガンとブッシュが国内政策の切り詰めと産業界の「規制の重荷」の緩和を目指す政策を取ったおかげで、なおさら流行している。さて、こうした流れのなかで、たとえば大統領命令第一二二九一号が発された。それはこういうものだ。連邦政府の各官庁が提出した行政上の規制はすべて、施行前にOMBに回される。OMBでは、費用便益分析の観点から再審査を行なう（「費用」には、産業界負担の場合と政府の直接負担の場合とが考慮される）――。この大統領命令の生みの親、ジェームズ・ミラーは、カーター大統領の被任用者《アポインティー》である。また、政府の意思決定の経済的な合理化を図ることについては、共和党であれ、民主党であれ、いずれの大統領府高官のあいだでも異論はないところだ。種々のタイプの費用便益分析が、政策立案者らに影響をあたえている。というのも、この技法は、競合する要求どうしの妥協点を見つけるための、唯一明らかに合理的で体系的な方法のように思われるからだ。国民も、議会も、共同善をめぐって真剣に継続的に検討することを怠っている以上、この技法ばかりが魅力的に見えたとしても不思議はない。[5] 費用便益分析であれば、いかなる政策に対しても、その長所と短所とを、金銭という言語を用いて、純粋に、中立的に、評価することができる（かに見える）。この技法は定量化できない大事な公共的問題を体系的に見落とすものだとの批判があったところで、やはりその長所は否定できないように見える。

費用便益分析のさらなる魅力はこうである。この技法を使えば、一貫した政策アプローチが可能になる。人気に惑わされることなく、ほんとうに重要な政策をとることができる――もちろんこれは観念的な話である。もっとも一般受けし、もっとも人を誤らせるのは、費用便益分析は正しい決断をもたらすための中立的な規則を――方法論を――もっているという主張である。[6] だが、正義にとって必要なのは、規則化することのできない、中立的な方法論などから引き出してくることのできない、熟考と判断である。それはいつでも、人間の尊厳に対する普遍的な関心をもって、共同善について実質的に考えるところより生み出されるものでなければならない。もしそうだとすれば――筆者らはそうだと考えるが――、費用便益分析は、目的を選択する判断の代用とはならないはずである。ただ、手段に種々の代案があるとき、そのなかの一つを選ぶための便利な道具にはなろうかというだけである。筆者らが試みたインタビューによれば、費用便益分析の信奉者といえども、国民の共同生活をめぐる根本的な疑問に直面したときには、当惑するはめになるようである。

「今は考えないようにしています」――こう言うのは、環境保護局（EPA）の上級規制分析官、エド・サンダーズである。彼は、現在行なわれているような決定優先順の番付作業に、割り切れないものを感じている。「この手法を用いた呆れた分析もありましたよ。まあいかにも馬鹿なことをやっている――ってのはですね、提出されたすべての案について、人間一人あたりの救済費用を計算して、統計の散布図のようなものを作るんです。理性ある人間のやりそうもないことです。で、安く救済できそうなやつから拾っていく。次にはもうちょっと金のかかるやつを考えてみる。この調子で続けるわけです」。彼はまた、政治的プロセスによる優先順決定の方にも嫌気を感じている。「EPAはスーパーファンド〔有害産業廃棄物除去基金〕から金を引き出していますが、これは望んでやっていることではありません。資金を引き出せと言われているのです。議会が言うのです。議会がそう言うのは、お膝もとの選挙民がそう言うからです」。

このような次第で、費用便益分析は、政府（あるいは個人）が自己の下す決定を一貫したものにしうるというイメージでおおいに評判をとっている。これを使えば、個人の人生における危険因子も測定可能である（喫煙をやめれば、寿命は平均三年も伸びるが、スーパーファンドを投じても数分程度しか伸びない）。また、政府官庁の下す決定の評価も可能である（EPAは、幼児の健康とIQに直接の影響をおよぼす、大気中の鉛の除去に専念すべきか、それとも有毒廃棄物投棄場の浄化に乗り出すべきか?）。そして、別々の官庁の下した別々の決定どうしの判定も可能である。[7] 費用便益分析の信奉者は言う。生命救済のために政府はどこに手を入れるべきか、これを合理的に判断するためには、生命一個あたりの価値が評価できていなければならない。いくら外部者がおぞましいと思おうと、信奉者にとっては、これは、政府の政策を査定するための、合理的な、まさしく「道徳的」にして民主的な方法なのである。

生の「価値」を決めるには、どうしたらよいのだろうか？(8) 費用便益分析を用いる今日のエコノミストにとって、生の価値というのは、個人の「社会的」価値——生涯の収入から生活維持費を差し引いたもの——のことではない。他者にあたえるサービスあるいは感情的満足という価値でさえない。生の価値とはむしろ、死の危険を避けるために個々の人間が払うであろう代価のことである。自らの命を伸ばすために、一人の人間がどれだけ「払う意志」があるかによって、その人が納めた税金のうち、政府がその人の命を伸ばすために費やす額を決定するべきだ。これが彼らの考えである。この「払う意志」なるものを確定するために、調査員はデータを集める。危険な職と安全な職との報酬の差を計算する。安全装置（シートベルトや煙報知器）に対する出費額を調べる。また、あるリスクを引き受けるには（たとえば一万回に一回の率で落ちる飛行機に乗るには）いくらの報奨金が欲しいかを調査する。こんな具合だ。

生に値をつけるこれらの手法には、共通する基本的な特徴がある。第一に、そこで定義される生とは、一切の生を捨象した抽象的な生である。私たちはふつう、いかなる生も独自のものであり、他に置き換えのきかないものだと考えているが、こうした生の本質的意味は、無視されている。個々人の生であれ、生自体としてであれ、生の価値には、種々の道徳的・宗教的・社会的意味が結びついているものだが、こうした意味もまた、この手法の視点からすれば無意味なものにすぎない。ＥＰＡのあるエコノミストに、「人間の生はかけがえのないものだとの説をどう思うか」と聞いてみたところ、返ってきた答えはこうであった。「それを裏付けるデータがありません」。

インタビューに答えてくれた規制担当官の多くは、自分たちが論じているのは「統計学上の生」の価値のことだと念を押した。命を救うのにかかる費用は計算できるが、助かるのはどの命なのかを知ることはできない。彼らは言う。誰かの命を救おうとする現実の社会的意志（たとえば落盤で閉じこめられた坑夫や、古井戸に落ちた子供を救出するために支払われる費用の総額）を計測しようと、これまで研究が行なわれてきたわけだが、そうした費用のかかる救出作業が、特定のあの人、この人を救うためになされているという点については、研究上の穴となっている。ある権威はこう書いている。「炭坑の経営者は、坑内に閉じこめられているのは誰なのかをはっきりと知っている。その特定の坑夫を救出するために、しばしば莫大な金額が投じられる。だが、万策を尽くすこうした努力も、統計学上の生の救出の上に反映されることはない。あるいは、無数にある交通事故の一つ一つを、われわれは見てゆくわけにはいかない」。(9)

第二に、規制担当官は、生命の救出の問題を、生死を決する特定の状況を捨象した形で捉えている。死のありようによって、リスクに対する人々の受けとめ方も異なるというのは、彼らも認めるところである。たとえば、押しつけられる危険よりも、自ら覚悟した危険の方が受け入れやすい。だが、死によって異なる意義（たとえば、国家のために戦って死ぬのか、雇用者の悪意ある無作為によって事故死するのか）を測る物差しはない。同じことは生についても言える。

第三に、彼らは、「価値」を「好み《プレファレンス》」の総計として捉えている。この「好み」とは、自律的な個人的選択が気まぐれにもたらしたもののことだ。従って、生の価値とは、生きている当の本人が自己の所有する生命に市場用の値段をつけただけのものである。他にはなんの価値も含まれていない。(10)

あらゆる価値の源泉としての個人的欲望——好み。それは、規制担当官の思考の拠り所でもあれば、彼らを頻々と見舞う混乱と当惑の源泉でもある。EPAのあるエコノミストは、大衆的感情に根をもつ議論に対し、軽侮の念を隠さない。たとえば、遠い将来に生じる便益の価値をディスカウントするエコノミストの習いを批判して、政治家が、「すると何かね、孫たちの人生は、我々の人生ほどの価値もないとでも言いたいのかね？」と述べたりする。彼エコノミストに言わせれば、問題をこうした具体的で個人的な（しかしまた文化的共鳴のある）言葉で置き換えるやり方は、好みの「真の」姿を意図的にねじ曲げるものに他ならない。「真の」好みは、人々の（肺癌で死ぬ長期的なリスクをディスカウントした上でタバコを吸うといったような）実際の行動のなかに見出される。このエコノミストにとって、至高のものは個人的好みである。そうした好みが依拠している道徳的制度とか、文化的伝統とかといったものは、胡散臭いのである。

こうした世界観からすると、一般世間の好みの多くは不合理なものである。エド・サンダーズは言う。「リスクに対する世間の認識は、まるっきり見当外れです。政府が懸命に情報提供しているというのに、だめですね。わが合衆国国民は、九〇億ドルものスーパーファンドに対して［廃棄物の直接のリスクは小さいのに］賛成票を投じています。しかし、大気汚染に対しては［健康に対するリスクは大きいのに］はるかに少ない額しか投じていません」。好みは絶対である。だが「リスクにかんする人々の行動は非合理です」。では、結論はどうなるか？「人々がほんとうは何を求めているのか、我々にはどうもよくわかりません」。彼にとっては、好みの正当性を計る大きな枠組みというものはない。だから、どの好みが「合理的」で、どの好みがナンセンスか、直観的にわかるというだけで、その直観を擁護することはできないのだ。

さて、個人の欲求を足し合わせた合計を、政府は自らの行動指針にすべきだとはいうものの、しかしこれでは、たった今現在の市民の好みが計量されるのみである。道徳の思想を欠いているところには、未知の他者や、未だ生まれざる他者に対する責任の意識は存在しない。このEPA分析官が手を焼いている問題がある。「オゾン層の破壊の場合、［規制による］費用はすべて今日のものです。一方、便益の方は向こう二〇年間は生じることがありません。真の便益となると五〇年間は見込みなしです。ただもう未来の世代のためにやっているということです」。各人各様の好みの足し合わせから、社会全体にとっての善を決めようというやり方では、全体そのものの定義が極めて狭いものとなる。そして今現在の世代は自分の幸せの最大化だけを考えていればよいというのだから、この世代が未来の世代に対する責任の意識をもてるはずがない。

この種の計算は、また、好みが相互に繋がり、関係し合って、個々ばらばらの私的意見以上のものとなる可能性を顧慮することはない。オゾン層の破壊が急速に進んで、地上の生命を奪う事態が発生することはないかと、エド・サンダーズに尋ねてみた。彼は質問の中身には触れずに、こうした見込みを憂慮する／しないという各人の好みの問題へと話をもっていった。「取り返しのつかない破局が心配だというのであれば、どうぞ、あなたは心配なさってください。しかし一人だけに決断させるわけにはいきません。人々はさまざまなことを望んでいる。ここでわれわれが話しているのは、人々の好みの問題です。そういうことです」。

彼の見るところ、個々人の明白な欲求を計量するということの費用便益分析の手法は、民主的なものだ。これを止めるとなったら、誰か一人の好みを他に押しつけるしかないだろう──。「問題の中身について民主的に討論する」という可能性は、彼の想像のおよばないところである。個人的好みについての現在の査定作業に、未来の世代を参加させるわけにはいかないだろうが、しかし、今生きている世代が、世界中の資源を使い果たして、未来の世代には何も残さないなどということをする権利はあるだろうか？　こう尋ねてみたところ、彼はまた質問に答えることを避け、今生きている者たちの好みの広がりについて語り始めた。「しかし、世の中じゅうの人間が使い果たそうと考えているわけじゃありません。ある人は今使いたいと考え、ある人は取っておきたいと考えます。そうなってくれないと、蓄えはなくなってしまいますけれども。では、今使ってしまう分と、将来のために取っておく分とのバランスはどうとるべきか？　ここのところは、人々の好みによる決定に任せておく方が、誰か一人の考えを他に押しつけるよりもいいということです」。

アメリカの政治に対する発言権はないが、アメリカの政治が何を決めたかによって深刻な影響を被る人々――つまりよその国の国民と未来の世代――の生の価値は、この費用便益分析のシステムは取り込むことができない。個人的好みの計測可能分を足し合わせていくことによって、まさに共同善についての大きな理解を掘り崩していくことになる。私たちの世界の特徴である深い相互依存性を認識するところより、共同善の理解が始まるのだ。正しい知識をもって公共の討論を始めるかわりに、この種の思考で済ましてしまうのは、政治的責任を放棄する道である。見かけとは裏腹に、これは非民主的なやり方である。なぜなら、それは、真の民主的コンセンサスが現われるのを許さず、代わりに、反省抜きの束の間の欲望の、知識にも討論にももとづかぬ国民投票に頼っているからである。真の民主的プロセスの代わりに、消費者市場の選択モデルを使ったりなどするから、根底から誤るのである。これはそうした過ちの典型である。

3　道徳的個人主義の限界

こうした公共政策分析に反対する者は、だいたい、潜在的な文化的伝統、道徳的・宗教的な絶対者の意識に訴えることになる。これもまた、アメリカの政治的言説の個人主義的な伝統に由来するものだ。アトム論的・ロック的な費用便益分析のビジョンは、個々の人格の尊厳を重んじる、文化に深く根付いた道徳的個人主義の反撃を受ける。しかしこれを支える伝統的な社会的文脈は、今では大方失われてしまった。現代社会が行なわなければならない種々の選択は、複雑な相互連関のなかに置かれているが、道徳的個人主義は、これに対してほとんど何も寄与するところがない。それゆえこれは、的な反撃は可能かもしれないが、それでもやはり、政府の中費用便益的な論理の有効な代案とはならない。あれこれ個別枢における政策論議を――私たちみなの未来についての重大問題に決断を下す政策論議を――支配し続けるのは、費用便益分析の論理である。(11)

経済的な手法に深くコミットしている者にしても、職業的に仕込まれたことと自分が体験したこととの衝突を感じることがある。規制分析官のバッド・チャピンのことは、すでに第一章で紹介した。彼はエコノミストとしての訓練を受け、現在、職業安全衛生管理局（ＯＳＨＡ）で作成される規制の査定を行なっている。彼は、費用便益分析を基本的に支持している。「規制の分析は費用便益分析を基本とすべきだと、私は考えているか？　答えは完璧にイエスですね。これは使える手法です。費用に対して、便益は何か？　こちらとあちらの費用をはじき出す。可能なかぎり正確に便益を算出する」。だが、将来の費用と便益を「ディスカウントする」問題については、彼は他のエコノミストと意見を異にする。彼がここで抵抗を示すのは、彼がＯＳＨＡの規制の影響をじかに被る人々の現実を、経済学の抽象論が通常許す範囲を超えて、具体的に立ち入って考えていることにもよる。たとえば小企業の経営者であるが、彼らの将来の費用は、「ポケットの金を銀行に預けることで稼ぐであろう分だけ」ディスカウントされることになっている。「まったくナンセンスです。私にはまるで意味がわからない。中小企業主の大半は、ポケットに金なんて持っていません。彼らの世界では、今から五年後の像を描いて、それに合わせてドルを貯めておくなんてことは誰もやりません」。

彼はまた、将来の費用と便益をディスカウントするというときの、裏にある道徳的論理にも抵抗を感じている。「ディスカウントが一般的に行なわれるようになったのは、七〇年代です。八〇年代、ＯＭＢ〔行政管理予算局〕は、妙案を思いついた。これもまた便益をディスカウントする方法です。連中は超馬鹿げた考えに辿り着きました。つまりその……人の命をディスカウントするんです……潜在的な病気の年月分だけディスカウントする……。潜在的な病気の年月分にわたって、人様の命の値段を値引いていくんです。まったく信じられない！」アスベストやベンジンが原因で発病するまでに二〇年かかるとして、その二〇年について毎年たとえば一〇パーセントのディスカウントを行なうとする。命一個につき五〇〇－七〇〇万ドルの評価額から始めるとすると、政府が職場の危険物質の管理を「やらない」という規制による「便益」はほとんどなくなるだろう[12]。だが、彼の異議申し立ては、さらに深い所まで進んでいく。人間の生の本質についての彼の実質的な意識が見えてくる。

――ええとですね。人間の価値の上昇について論じることもできるような気がします。十分な時間があって、適切な道徳哲学と、論理と、社会学的・人類学的考察とを動員できれば、人間は、現代の個人は、今言った三つのランキング表の上で、親やご先祖様の世代よりも価値があります。

Q　それは、人的資本が増えているから？

A　という観点もあります。

Q　年をとるにつれて、人の結びつきも増えてくる。知恵も増えてくる。そういうことをおっしゃろうとしているのでしょうか。

A　そうです。そういったすべての観点から論じているわけです。だってそうでしょう？　そういったベースを全然もっていないと言える人がどこかにいるでしょうか？

バッド・チャピンは、この仕事を続けるにつれて、経済学の標準的手法に対する不満をつのらせていった。人間の命には、経済学的な言語で評価することのできない、評価してはいけない何かがある。端的にそうなのである。「最初この職についたとき、人間の命は三五〇〇万ドルだぞって聞きました。そういう話には答えることもできませんから、私はただ黙っていました。二年間は黙ってたな。しかし今はあっさりこう言ってます。そいつはいただけない。何かが抜けてるぞってね」。生命に貨幣価値を当てはめるのは「たわごともいいところ！　大間違いだ！」とは確信したものの、さて、政策の選択について再考しようにも、彼にはその拠り所となるものをほとんど持ち合わせていない。結局彼は、個人的善を集計して集団的善を見出すという費用便益分析の基本線を受け入れたままである。しかし一方では、これと衝突する個人的な価値観も保持している。個々の命には金銭で量ることのできない神聖な何かがあるという、磐石の確信に究極の根をもつ価値観である。「これは伝統的な費用便益分析の話とは別の話ですよ。私自身の意識・無意識の良心、生い立ち、勉強したこと、人間観からするならば、人間とは、市場経済の根にある値踏みのシステムとは無関係のものです。人間は、需要と供給の駆け引きとは違う。これが出発点なんだ。たんにそうなのです。私にはそれ以上は進めない。明白にそうだという以上のことは言えない。……［経済の］公式を人様の首の値段に結びつけようなんてのは、私に言わせれば気違い沙汰です。できませんよ。やっちゃいけない。……なぜか？　なぜかはわかりません。ただ私はそう感じるんです」。

個々の人間の生に対するこの鮮明な意識は、生きた体験の感触をまざまざと思い出させるものだ。政治的・社会的選択にかんする功利主義的な思考をよしとしない人々の多くは、この意識を大切にしている。環境関係の法律の起草に関与する連邦議会の継続助言スタッフ、サム・ギャラードの話を聞こう。彼は費用便益分析を断固退ける。彼は言う。この手法はリスクを（そして環境的な保健と安全の向上のもたらす便益を）過小評価している。というのも、それは計測できないリスクをすべて無視しているからだ。たとえば、近年EPAが行なった鉛の危険性の分析、「費用便益分析としてはこれまでで最高」の部類だというこの分析にも、各種の損害の見落としがある。この分析の費用便益的な論理と対照的なのが、具体的な個々の生の独自的な価値に対する、彼の鮮明なイメージである。「こいつは、八パーセントの知能の損失を無視しています。評価しようとさえしていない。その損失のなかにはアインシュタインやニュートンのような人間だっているかもしれないのに。……ご連中は、ドルとセントで保障できる分についてだけ、［鉛の基準値を］厳しく抑えましょうと言っているにすぎない。アインシュタインのような人間の存在も、私は重要なことだと思うのですがね。そんな人間が一人減るというのは、人類にとっての大きな損失でしょう」。

彼はまた言う。世界規模で相互依存している自然や社会のエコロジーのことは、エコノミストの目に入っていない。たとえば温室効果の問題である。「穀倉地帯が砂嵐地帯に変わって、超大国も飢饉になるというときに、米ソ両国はいったいどうするつもりなのか。心配すべきはこのことでしょう。……間違いなく、地球は温暖化してきた。今もしている。この先もそれは続く。南半球は、この五年のうち三年までが記録上もっとも高温な年となっています。……問題は、ご連中［費用便益分析の信奉者］が生物学的システムの基本をまるで理解していないということです。基本の変数をあんなふうに勝手に変えたら、システムは崩壊してしまう。人間だって生きていられなくなる。エコノミストは自分が何を話しているのか、なにもわかっていないのです」。

エコノミストの分析に対するギャラードの批判は、政治的でもあれば、道徳的でもある。いずれにせよ、彼の政治観――そして道徳観――は、伝統的個人主義のものだ。政府の規制に抵抗する者は、利害からそうしているのではないか、とのポピュリスト的な疑念もさることながら、むしろ彼は、規制に抵抗する者の共感能力の程度を疑っている。「私は、費用便益分析をかつぎ回っているエコノミストのみながみな……裏に何か隠しているとは言いません。……株主の配当を増やすために会社のコストを社会に転嫁しようなんて画策があるとはね。……率直なところを申し上げればですね――つまり個人的な価値判断ということになりますが――この問題をめぐって結局私に反対してまわる連中は、その二〇人中一九人までが……これまでほんとうに困った思いなどしたことがないんです。彼らは……苦しみや痛みというものがほんとうにはわかってはいない。だから、死も痛みも苦しみも、あっさりと処理して平気なんです。〝このことで死ななくても、どうせ別のことで死にますからねー〟なんて口にできるんです」。

「私自身、一時間いくらとか、朝起きたら金がないとか、そんな暮らしの人を知ってるわけじゃない。文字どおり一文無しの生活をしたこと、あなたもないでしょう？　あの連中にだってないんだ」。

ポピュリスト的な――ほとんど警世家的な――悲劇的トーンを帯びているが、こうした意識もまた、結局は、文化の伝統に象徴的に響くものがあってこその政治的選択だ、という意識に根ざしている。彼は言う。いかなる場合にも、社会は命をドルでトレードするなどと言ってはいけない。人の命に対して私たちが結びつけている諸々の意味ゆえにそうなのである。「〝あの人は一人の子供の命を危険にさらすでしょう。なぜなら危険を避けるとすると、彼には費用がかさむからです〟などとは口にできないでしょう？　では、その辺の誰かをつかまえて、〝費用がかさむ場合、会社は子供を危険にさらす権利はありますか？〟と聞いてみたらどうなりますか？……普通の人間はみんなこう答えますね。〝まさか〟と」。

熱い政治意識のあるこの助言スタッフは、一人一人の生に対する深い献身の気持ちから、個人的な道徳的嫌悪感を越えた批判を展開するにいたった。社会を一つにまとめ、悲惨さや不平等でさえも耐えられるようにしている道徳的な了解事項を、経済化の論理は浸食してしまう。この論理の間違いは、結局この点にあると彼は考える。[13]「エコノミストは諸々の価値をなんとか金銭に置き換えて、売り買いしてきました。ところが、そうした価値は結局、この国を一つにつなげる無形の接着剤だったのです。この国では、多くのマイノリティーをひどく抑圧してきました。そんな調子でずっとやって来られた理由は、私に言わせれば、こうしたたくさんの無形のものを――つまり、ほんとうであれウソであれ、チャンスはあるぞっていうあれこれの信仰を――捨てずに取っておいたというのが大きい。それを捨ててしまったら、社会は同じままではいられなくなります」。彼によれば、社会政策の主たる目的は、社会の中核にある道徳的理解の一貫性《インテグリティー》を保つこと、文化的な価値の遺産を保全することでなければならない。政策とは「経済的な目で見れば不合理」であるとしても、「社会的な目で見れば合理的」なものなのだ。「わが国とドイツ第三帝国との違いは何でしょうか？」と彼は自問する。「こうした道徳の原則と価値観があることではないでしょうか？　ブラウン対教育委員会判決〔公立学校における人種隔離を禁じた一九五四年の最高裁判決〕以前と以後とでは、わが国はどこが違っているのでしょう？　道徳の原則と価値観に対するコミットメントのあるなしではないでしょうか？　つまり、金よりも大事なものがあるということです」。

政策が実現すべき価値観には、本質的に社会的な性格がある――。やっとの思いで得た貴重な洞察だ。だが、この洞察の核心部分には、一つの逆説がある。ギャラードは、個々人の欲望をかき集めて最大限に実現させようとする政策と、個人の野心にとっては打撃となろうとも、社会の一貫性《インテグリティー》を守ろうとする政策とを峻別した。だが、そこで社会が貫徹すべき質とは、いったいどのような価値にもとづくものなのであろうか？　ほとんどのアメリカ人と同様、彼もまた、頭のなかにはひどく抽象的な個人主義があるだけである。その理想のまわりに、共同善のイメージを組み上げているにすぎない。個人の権利と可能性を、経済的合理化の推進者から守るべきだと彼は言う。しかしその個人の権利と可能性自体は、個人の生に影響をおよぼし、またそれを形成しさえもする社会的文脈から、なお切り離されたままなのだ。

4　法に訴える

わが政治体制中に一か所、共同生活の本質について掘り下げた討議を行なう場所がある。法の支配の下、裁判所のなかである。ここでは法律上の権利について、原則にもとづく討議が行なわれる。市場の利害ゲームと政治の権力行使の両方に対し、均衡を取るものだ。ただし、裁判所といえども、経済と政治の両側からの圧力を完全に免れているわけではない。(14)

現代の社会変動に対する制度的・文化的な取り組みのうち、もっとも重要なもののいくつかは、裁判所のなかより現われた。その多くは、増大する社会的な相互依存性に対処しようとするものであった。一九六〇年代の一時期、短期間ではあるが、裁判所は、環境団体などの憂慮する市民《コンサーンド》グループが、自己の経済的利害に直接関係のない政府の計画に対して訴訟を起こす権利を認めていた。つまり裁判所は、当事者だけの狭い利害とは別の、社会一般の利害というものを認めていたわけである。この立場はしかし、一九七〇年代の初頭に、最高裁によって厳しく制限されることになった。学校教育における人種平等、妊娠中絶に対する公的基金の設立、福祉政策の充実など、公的処置の拡大を求める圧力が裁判所に集中した。結果はさまざまである。さらに大事なことは、裁判所が、善い社会とは何かという、根本的な社会的・道徳的な問いをめぐる討論のための広場《フォーラム》であり続けたことである。

どのようにして法は――社会制度のセットとして、また文化的伝統の基体として――現代社会の相互依存性に取り組むのであろうか？　アメリカの裁判所がとった方法は、だいたい、個人の「権利」の概念を拡張するというものであった。それには二つのやり方がある。第一は、政府の専横に対して市民が享受すべきものとされる消極的権利を拡張するやり方である（たとえば、憲法で保障された言論の自由、不当な捜索や押収からの自由、陪審裁判の権利など）。第二は、福祉、住宅供給、医療、学校教育、雇用における平等な待遇の積極的権利を拡張するやり方である（ただしその成果は一様でも確実でもない)[15]。この権利拡張が含意しているのは、市民は公的機関からの干渉を受けずに自己の利益を追求するばかりの、たんなる自律的行為者ではないということである。義務教育、大会社の官僚組織、公共の医療・福祉制度よりなる世界においては、国民は、それらの組織に対して権利を主張することによって、自らの安全、自律性、福利厚生を確保する。裁判所はおおむねこの考えを受け入れている。チャールズ・ライクは、古典的な論文、『新しい財産』において、今ではこうした権利は「財産」の基幹部分を構成しており、市民が自己の自律性を勝手に侵害されることのないよう、法はこの「財産」を保護しなければならないと論じた[16]。福祉は権利となった。然るべき手続きなしに、その恩恵を阻み、その適用を狭めようとする試みを、裁判所は阻止する。一九五四年の最高裁におけるブラウン対教育委員会判決以来、裁判所の姿勢は積極化し、人種隔離に対する種々の救済策を要求するばかりでなく、固定資産税の地域差がもたらす学校財政の格差をめぐる問題提起までをも行なうようになった（ただし、後者については、これまでのところさしたる実効は見られない）。裁判所は、職や年金にかんする被雇用者の利益を保護し、年齢、性別、性的差別による解雇を禁じた。すべてこうした動きは、市場の交換のみで結ばれた自律的市民の世界という道徳的虚構に代わって、相互依存的な国民社会が現われたことを認知するものである。

法制度が相互依存性を認知する第二のやり方は、他者の行為から直接間接に受ける脅威より市民を守ることである。製造会社が工場での危険な化学薬品の使用を決めた場合、健康を害する恐れのある従業員は、訴訟を起こすことができる。また、開発業者が川をせき止めて保養施設を作ろうとしたときには、絶滅の恐れがある動植物の保護を求めての訴訟がありうる。このようにして、法は、以前は目に見えなかった、れっきとした承認のなかった種々の相互依存性に対し、承認をあたえ、形をあたえるのである。

自分が見知らぬ他者の軍団――環境汚染工場、酔っぱらいドライバー、農薬づけの農家、航空機や薬物や商品の規制を行なう官庁――がふりまく危険に取り囲まれていることに気づいたとき、人々は往々にしてパニックに陥る。そして裁判による救済の追求が始まる。すなわち「訴訟の爆発」である[17]。これもまた、人々の意識の変化をもたらすと同時にその表われでもあるような動きだ。相互依存性の諸問題は、本質的に公共的・集団的な性格をもっている。しかし人々は、個々別々に問題解決の道を探ろうとする。無用の死を招いた薬品の製造元を訴え、職業差別に対する損害賠償を要求し、教育水準の低い学区を訴える。そして、共同善を定義したものは公共の討論と意思決定であるとの認識は、まだ一般的なものではない。

ローレンス・フリードマンによれば、大衆が熱望しているのは「全面的正義」である。ベースにある考えはこうだ。人間は、私的ないし社会的な災害に対し、ある程度の安全性を保ちながら生を全うする権利を有している。いかなる惨事に対しても、補償があってしかるべきだ——。これは、たとえば一九世紀の人間の人生観とはまるで違っている。一九世紀には「もちろん失業保険などというものはなかった。官製・民間の年金もない。社会保険と言えるほどのものもない(18)」。以前であれば「個人的な」病気であったものも、今日ではその多くが公共的な問題となっている。個人的な病気の内にも公共的・社会的な原因があると認められるようになったのだ。病気になったのは、企業が職場の安全管理を怠ったのが原因かもしれない。さらには、企業の安全策のための基準作りや政策強化を怠った政府が悪いのかもしれない。今日でも個人に原因が帰されている薬物中毒、アルコール中毒、家庭内暴力などでさえ、社会的救済策が求められるのが通例だ。安全性ないし確実性が権利とされるようになると、公共の世界に対する要望が増えてくる。たとえ形の上では、裁判所に保護と補償を求める、あくまで個人的な要請であったとしても。

相互依存性を理解するための道として、法にはどのような長所と限界があるだろうか。法は公共の討論の場をつくる。この討論の場において、今日の諸問題を、確定済みの原則に照らして検討することができる。これが法の大きな長所である。フィリップ・セルズニックは、こうした討論は理性と伝統の両方を含むものだと言う。法の諸原理は「理性の精査に耐えられるものでなければならない。しかし同時にまた、政治的共同体の歴史的な立場を定義づける諸命題に基礎を置くのでなければならない」。法の討論を通じて、アメリカ人は、新たな環境のもと、自らの根本原則に照らして何ができるのかを探求する。そしてこの根本原則を生み出すものは——セルズニックは強調する——国民の共同生活と国民共有の諸伝統である。「もし社会そのものが〝不条理〟であるなら、もし共通の伝統と共通の運命という試金石がないのなら、法的原則を手に入れることは困難である(19)」。

この国民共有の法の伝統は、相互依存性への取り組みとして、共同善発見の手段として、完全に有効なものだとは言いがたい。問題は、私たちの法の伝統が「権利」の保護と拡張を頼みの綱としている点にある。まず第一に、個人の権利の一律的な保護をもって、増大する社会的相互依存性の認知および対処とするというやり方では、社会の抱える問題をいびつな形でしか解決できない。たとえば、然るべき手順なしに従業員は解雇できないとするのは、特定の職に対する個人的権利の保護にはなるかもしれない。しかし、広く労働者の生活を規定している、彼らにはどうすることもできない経済の力学に対しては、何もなすところがない。技術革新や国際競争の脅威にさらされている職への対処、労働者の再教育、雇用の保障といった政策を立てることの方が、特定の個人に対する不正に対する個々の法的救済よりも、大きな働きをすることができる。

　私たちの法の伝統は、社会の相互依存性の否定的側面への対処にかけては、なかなか有能である。少なくとも、工場の廃棄物が誰かの裏庭を汚染したとか、病院の不注意で患者が死んだとかといった場合には、ある程度の救済が期待できる。しかし、平等な待遇、他者からの危害の回避、適正な手続きなど、個人の権利の保護に力を入れるというだけでは、共同善の新たな概念を作り上げていくためには、ほとんど寄与するところがない。たとえば、貧困と福祉に対処するにあたっては、裁判所は、政府の権限に制限を設けて、勝手に給付や適用を拒否することのないようにすることで、社会に施しを行なってきた。だが、福祉は「権利であって特権ではない」と考えたとしても、特権階級と非特権階級の関係全体を考え直すことにはならない。私たちはみな同じ社会に暮らしており、一人一人の福利厚生が共同体の全体にとって重要なのだということを認識することはできない。福祉の権利を求める運動のおかげで、受給者は、一通りの権利をもつ自律的個人というアメリカ的理想に一歩近づくことができた。少なくとも象徴的には、これは成功を収めた[20]。しかし、この運動は、受給者の完全な尊厳のための基盤を作ることはできなかった。完全な尊厳のためには、十分なレベルの支援（病院、介護施設、学校、公園、産婦人科病院、青年用余暇施設などのコミュニティー施設に対する公的支援、および個人や家庭の生活費に対する直接的援助）と共同体への完全な迎え入れとが必要なのである。法制度は、個々の不正を正すための道徳的コミットメントを支えはするが、もっと一般的な視点から共同善や正義を考えてみるように促すことはない。

　広範な社会の問題に取り組むための手段としては、法の討論には、なおまだ欠点がある。第二の欠点はこうだ。社会の問題を権利という観点から捉えるとき、その問いの答えは、すべてか無か《オール・オア・ナッシング》ということになりがちである。選択どうしの相互依存関係について考えるためには、これはまさに妨げである。典型的な例として、公立学校における「二言語教育」の問題を考えてみよう。マイノリティー民族集団の生徒の代弁者は、法廷でこう論じた。英語を母語としない生徒たちには、二言語教育を受ける「権利」がある。理解できない言語を用いる学校に行くことを強制するのは、憲法で保障された平等な教育を受ける権利の侵害である。だが、問題をこのように権利の言語で捉えると、救済策の選択の幅は限られてしまう。

マイノリティーの生徒に施す教育の適切性はどうか、新移民に対する学校内外のカリキュラムはどうしたらよいか、生徒が英語を効果的に学ぶには二言語併用教室と英語集中授業のどちらがいいのか、といった広範な政策的な問題が、探求されずに置かれることになる。権利は絶対である。ひとたび法的に確立されるや、費用がどうであれ、どんな結果を招来するのであれ、権利は保証されなければならない。かくして、重要な問題が取り組まれずに放っておかれることになる。――マイノリティーの教師を雇う必要がでてくるが、これはどうしたらよいか？　新たな移民をどう社会に統合するか、新たに考えなければならないのではないか？　言語を含めた独自な文化的遺産を保持することとの社会的価値について考える必要があるのではないか？　裁判所はこうした問題についで考えるかわりに、カリフォルニアの各学区に対して、生徒が話すさまざまな母語のすべてに対して二言語を話す教師を雇用すべしとの判断を下した。これは法外に費用のかかる、行政に負担を強いる解決法であった。そして結局、重要な問題はほとんど解決されないままとなった。

権利の言語は、強く訴えるものをもっている。それはもちろん、権利は絶対であるからだ。アメリカ法の伝統では、権利は、多数者の専制を予防する絶対的な免疫である。しかし、権利の概念は拡張され、平等な待遇への要求や、保健・住宅・食糧などの根本的福利に対する要求など、他者への積極的な要求までをも含むようになった。だが、権利の言語をもって複雑な道徳的・社会的な問題を捉えてしまうと、マイノリティーの平等達成はどうしたら可能か、どうしたら収入は正しく分配され、雇用は保障されるか、わが国の文化的伝統の多元性とアメリカ人としてのアイデンティティーとの関係はどう理解すべきかといった問題を、十全に理解することができなくなってしまう。アメリカ人が求める文化の統合と多様性とは何か、貧窮層を共同体に迎え入れるための政策にはどのようなものがあるか、集権化された、急激に変化しつつある経済においては、アメリカ人は経済的正義をどう考えるつもりか――こうした問題を討議することもないままに、私たちは、不可侵の個人的権利ということになった少数の社会的財産の厳格な保護にばかり神経を使っている。こんな次第では、私たちの共同の未来にかんするいっそう大きな問題に耳を傾けることなどできるはずもない。

権利の言語のかかえる第三の難点は、その抽象性である。権利《ライツ》の言語は、アメリカ人が不正を理解するときの精神的に強力な道筋である。実際、アフリカ系アメリカ人を経済的・社会的に完全な市民として取り込むことをめざす運動は、「公民権《ライツ》運動」と呼ばれている。公平な待遇や適正な手続きの権利など、種々の権利を憲法の下に拡張していくためには、さまざまな問題は、形式上、抽象的な、手続き的正義を問う形をとらなければならない。その一方で、実質的正義は、二義的な扱いを受けるに留められる。「権利」をめぐるもっとも厄介な問題は、誰しも権利があると言えることだ。権利と権利がぶつかったときには、権利の言語自身は、相争う二つの主張を評価する手だてをもたない。権利どうしが押し合いを始めるとなると、権利の言語は、大きな社会的ジレンマに対処する力をもたないように思えてくる。

たとえば「アファーマティブ・アクション」〔二一四頁参照〕をめぐってアメリカ人が見せた、不快な、ごまかしに満ちた、道徳的に混乱した行動はどうだろう。個々の差別に対する救済措置との建て前だが、時にかなり無理な正当化が行なわれている。もしこの「権利」をめぐる言説を、歴史的責任や社会正義をめぐるいっそう実質的な討論で補完できたなら、こうした混乱も解決できるのかもしれない。[21] だが、彼らは権利の言語ばかりに頼ろうとする。それは、逆差別の告発合戦のように、どちらの結論も無にする仕掛けのものである。それゆえ、「アファーマティブ・アクション」でどのような措置が講じられようとも、法的な安定を得られず、正当性を打ち立てることができない。個人主義的な「権利」と「平等」の言語の果たした役割は大きい。それは、アメリカ人を奮起させ、社会的不正に立ち向かわせてきた。だが、「アファーマティブ・アクション」の裏には、歴史的な不正を償わせようとの欲望がある。それを平等の権利という抽象的な言語で正当化しようとするものだから、しばしばそれは——その支持者にとってさえ——不当な様相を呈することになるのだ。

アメリカの妊娠中絶法について精力的な分析を行なったメアリー・アン・グレンドンも、同様の指摘を行なっている。権利の言語がアメリカの妊娠中絶論議を阻害していると彼女は言う。[22] 西欧民主主義国二〇か国の中絶関係法規と比較してみた場合、合衆国のやり方は、政策においても、問題の枠付け方においても、変則的である。中絶を権利という観点から捉え、それにもとづいて法律を作っているのは、合衆国だけである。それも、抽象的な胎児の権利と、女性の自己の身体を管理する権利との対立として考えられている。このように定式化することによって——と、グレンドンは論じる——議論は「すべてか無か」式のものになってしまった。一方の立場は、胎児は人間であるとする。胎児の権利は（母体の生命が直接に脅かされている場合を除いて）絶対である。他方は、胎児は人間ではないとする。女性の中絶の権利は絶対であり、社会からの干渉を受けるべきものではない——。グレンドンによれば、ヨーロッパの多くの国は、別なやり方を取っている。法律は、胎児は社会的保護を受けるべき生命だとの認識を示しているが、しかしそれは、胎児には必ずや生まれるべき「権利」があるという意味ではない。かわりに、こう考えられている。政府には、生命を保護する一般的義務がある。それゆえ第一に、女性が子供を生んで育てることができるよう、積極的な社会政策をとることが求められる。第二に、裁判所その他の政府機関は、胎児の生命、母親の必要、その他の社会的福利（子供を望まない、虐待する、違法中絶を行なうなどの危険）を比較考量することが許される。こうした社会においては、中絶は合法であるが、中絶の決断は女性の絶対的権利ではない。女性が強制されてではなく、自ら選んで親になれるような状況も大切だと考えているが、女性の中絶の決断には、社会もまた関心をもつ。女性にカウンセリングを受けるよう要求する場合も多い。彼女は自らの決定の重大性を考えるようにと促される。胎児の潜在的な生命を犠牲にするのはなぜか、なぜ彼女にとって出産が現実の脅威となるのか、彼女は実質的な中身のある理由を述べなければならない。

　中絶についての自己の決定の正しさを他人に説明しなければならないなど、アメリカのフェミニストの神経を逆撫でする話かもしれない。しかし、グレンドンが描くヨーロッパのシステムには、いろいろとよい点がある。第一に、アメリカの女性も最近気づいてきたことだが、権利の言語は、中絶の決断に国家が口を挟むことを、それほど強力に防ぎはしない。もし最高裁で、胎児は生きる「権利」をもった人間だとの多数の判断が下れば、中絶は絶対的に禁止されてしまうかもしれない。最高裁が中絶を合法化した画期的なロウ対ウェード事件判決〔ロウという女性がテキサス州で起こした裁判で、一九七三年に連邦最高裁が中絶を認める州法を合憲とした。その後中絶論争は過激化・政治闘争化し、中絶医へのテロ事件が頻発している〕の決定が絶対的なものであったのと同じである。そして、このときと同様、この問題がはらむ複雑な社会的・道徳的な連関については、ほとんど考慮されないままに終わるかもしれない。

　私たちの議論にとっていっそう本質的なのは、次の点である。中絶をめぐる討論を権利の言語のみで枠付けてしまうと、中絶の本質について、現実的に、道徳的な関心をもって、社会的に討論することができなくなる。[23] たとえば、女性に子供を生むように要求することは、その社会の社会的・道徳的な構造にどういう影響をもたらすか？　胎児が潜在的に一個の生命であることを否定することは、その社会の生命一般に対する配慮にどういう影響をもたらすか？　権利の言語は討論を打ち切る。そして社会は、成人女性の絶対的権利を支持するグループと「未だ生まれざる者」の絶対的権利を主張するグループとに、政治的に分極化する。結局私たちは、中絶をもたらす状況に対しても、中絶の決定がはらむ道徳的難問に対しても、現実的に対処することができないのである。

　アメリカ人が共同生活をする上での根本原則は何なのか、裁判所ではこれを討論することができる。それゆえ私たちが、政治システムが避けて通っている、人種間の正義、性の平等、環境の荒廃といった重要な社会問題について取り組むことができるのは、ここ、裁判所においてなのである。法学者のマイケル・ペリーは言う。裁判所は、熟考と変容の政治のための公共広場である。私たちの社会はこの政治を是非とも必要としているが、裁判所以外ではこの政治のための場は得られない。(24) しかし、この点から見た場合、裁判所の制度には重大な弱点がある。裁判所には、自分で事実を調査する能力はない。裁判所は広く社会政策を立案する場所ではない。ただ、個々の事例に対して判決を下すだけである。共同善にとって最善のものを探る討論をもたらすかわりに、裁判所は、訴訟を持ち込んだ原告と被告に対して返答するだけである。(25) アメリカの法の伝統の核心にある、個人主義的な権利の言語。この言語をもって共同善について話し合ったとしても、現代社会の鍵を握る相互依存性の本質に迫ることはできない。

5　政治のさまざまな可能性

　好みの足し算に余念のない規制国家。諸々の権利の防衛で手一杯の法制度。この二つを明らかに埋め合わせるものは、大衆の政治の活発な活動である。そこでは、互いに競い合う利害関心が、自らの要求を押しつけるばかりでなく、広く共同善に資するような種々の計画も提案する。しかし、私たちの政治制度において突出しているのは、やはり規制国家と裁判所である。これはまさしく、アメリカ型政治の制度的・文化的な欠陥であろう。

　アメリカ型政治の問題点のいくつかは、かなり昔からあるものである。合衆国は、自律的な公務員制度を発達させる以前に、大衆民主主義の社会になった。そのため、アメリカの政党は、幅広い社会集団に支持を訴えるよりも、恩恵の分配《パトロニッジ》に頼るようになった。これは従来より論じられていたことである。(26) 政治家の成功にとっては、共同善に資する計画を練ったりするよりも、特定の個人や集団に利益をばらまいた方がよい。かくして政治は、ロック的システムに容易に呑み込まれてしまった。個人も、産業も、地元も、他の利益集団も、自らの代表者に聞くことと言えば、ただこれだけだ——「近年、議員は、私どものために何をやっていただけましたか？」

　革新主義時代《プログレッシブ》に行なわれた諸改革によって、アメリカの政治における——とくに都市の政治における——恩恵主義の露骨な振る舞いは少なくなった。だが、皮肉なことに、労働者階級が政治的・社会的な便益に与《あずか》るチャンスも断たれてしまった。とくに、北部の都市に新たに移住してきたアフリカ系アメリカ人がそうであった。彼らは、初期の移民集団の社会的可動性を育ててきた都市のメカニズムがまさに解体されようとしているときに到着したのである。一方、より大きく、より組織化された利益集団――企業、労働組合、農家など――に対しては、恩恵主義は無傷のままに残された。(27)

政府と政治がアメリカ人の生活の中核をなすようになった一方で、政界が共同善のビジョンを効果的に打ち立てることはなかった。むしろ政界は、私益を代表する団体に席巻されるようになった（これを象徴的に表わすいちばんの例は、単一争点集団としての政治活動委員会 PAC〔企業や組合が自己の利益のために候補者の選挙運動資金を集める組織〕が次第に重要性を増してきたことであろう）。利益団体は、あくまで戦おうとする。自分たちのやっていることが共同体全体の福利にどう関わるかなど、考慮の外である。そして、社会の善についての包括的な計画を打ち立て、討議する場であったはずの政党は、劇的に弱体化した。今やそれは、利益団体の親会社も同然のありさまである。その一方で、産業界の圧力団体《ロビー》、単一争点集団、PAC、その他これに類する団体は、計り知れない影響力を行使するようになった。かくして、善い社会についての共通の政治的理解をもたらすはずの制度的資源は力を失った。その一方で、私たちは、政府にますます期待を寄せるようになり、個々の利益集団は政府への直接的要求をつのらせるようになった。(28)

アメリカ人のあいだに政治不信が蔓延していることについては、多くのことが書かれている。他の国に比べてもともと高くなかった投票率は、過去数十年間に急激な落ち込みを見ている。南部黒人に対する投票の障害は減り、教育水準は上がったというのに、投票率は、一九六四年の大統領選挙で六四パーセント、八四年にはわずかに五三パーセント、八八年にはついに五〇パーセントにまで低下した。政党支持率の下落はもっと劇的だ。国家の政治のためには主として政党の支持を通じて団結するというのが、アメリカの伝統であった。しかし、ニューディール政策以来、アメリカ人は、政党への関心もコミットメントも失うことになった。(29)「無党派層」は有権者の約四〇パーセントを占め、名目上政党に所属している者でさえ、党の候補者名簿に従う者は減る一方である。かつてアメリカ人の政治生活を組織した制度的構造体は、もとより衰えてはいたものの、近年さらに弱体化することになった。

さらに考えさせられることがある。アメリカ人は、企業や組合など、ほとんどの大組織を信用する一方で、政府への信頼を失った。連邦政府に強い信頼を寄せていると答えたアメリカ人は、一九五八年には全体の四分の三ほどであったのに、八〇年にはわずかに四分の一に落ちている。同様に、一九七〇年以来の調査では、世論は政府の政策に大きな影響をあたえるかとの質問に、大多数の回答者は、疑問だと答えている。(30)

アメリカ人は、明らかに公共の世界に疎外感を覚え、また退却している。だが、これが話のすべてではない。社会学者のロナルド・ジェパーソンとデヴィッド・ケーメンズが主張するところによれば、アメリカ人の政治に対する「関心」は、一貫してなお高い。投票は「市民の義務」だとの意識もまたそうである。自分は政治を理解しているとの信念も、政治に影響をあたえるのは投票だけではないとの信念も、ともに増加している。投票と政党活動以外の形での、集団的に組織された政治参加が、著しく成長してきたということだ。すなわち、社会運動および抗議の政治、単一争点をめぐる組織的行動主義、政策と法を訴える集団訴訟《クラス・アクション》、そして政府と議会の諸官庁とその職員に対する集団的なロビー活動と取引である。公認のロビイストの数も、ワシントンに本部を置く組織の数も、ともに驚異的に伸びつつある。アメリカ的生活に占める連邦政府の比重が激しく上昇したことを物語るものだ。(31)

ジェパーソンとケーメンズは論じる。アメリカ国家は、ヨーロッパ型の集権的福祉国家の方向へは中途までしか進まなかったが、その一方で、アメリカ型の「政治」、国家的舞台への国民と資源の動員、は莫大な成長を遂げた。ある特定の問題、利害、大義をめぐって人々が結集し、アメリカ人の生を代表するさまざまな集団が形成される。女性、民族的少数派、高齢者、退役軍人、身体障害者、同性愛者、妊娠中絶の反対派と賛成派、宗教的右翼などのさまざまな団体が、国家的舞台へと躍り出た。かくて政府は多くの者たちにとっての多くの存在となり、実際、多くの者たちがますます多くのことを政府に期待するようになった。だが、公共の資源をめぐってしのぎを削るこうした諸々の要求に、おのずから裁定が下るような場など存在しない。政府に便宜を期待するか、政府の規制を嫌うか、あるいはその両方かという伝統的な利益集団からの要求など、まして裁定できるものではない。アメリカ的政治は、権力闘争の場である。そこには共同善に対する責任もなく、その概念すらもなく、ただ利益の凌ぎあいが繰り広げられるのみである。

以上、アメリカの政治は、本書で論じてきたような、各界でわが共同生活を苦しめているジレンマの典型例である。私たちは、制度からますます多くの私的満足を引き出そうとしている。その傍ら、共同善のためにはなくてはならない制度的下部構造を食いつくそうとしている（この制度的下部構造は、個人的善をもたらし続ける仕掛けそのものをも支えているのだ）。今や、中産階級の便益を維持しつつ税金を減らそうという声が盛んに聞かれるが、これなど、すでに十分に貧窮している貧者への支援をますます切り詰め、すでに弱体化している社会の下部構造には目をつぶり続けることにしてはじめて実現できる話であるにすぎない。

6　公共世界を変容させる

政府を弱くすることで民主主義を強化することができる、とはアメリカ人の自己欺瞞である。民主的に物事を決める代わりに、行政管理国家に何でも任せてしまうのは危険だ、と正しく見てとったアメリカ人は、しかし、頼まれてもすべてが解決できるわけではない裁判所に何でも持ち込むようになった。だが、真の民主主義にするには、政治を制度的に強化する以外に手はないのだ。

　私たちは公共の制度を用いる能力を高めなければならない。だが、それはいったい何を意味するものだろうか。私たちが受け継いだ政治制度の刷新を図るには、市民行動の活性化と、そうした市民参加を意味のあるものにするための種々の組織形態の開発とを同時に行なわなければならない。わがアメリカ大統領制の枠の内側でも、大がかりな、本質的な改革が必要だ。国民の政治参加のためには、活発な政党が必要である。近代民主国家はみなそうである。政党が活発で有能なところでは、市民参加も活発で、情報や活動の質も高い。

　恩恵分配《パトロニッジ》システムは、今ではだいたい、絶えず必要としている選挙資金の見返りとして、政治家が特殊利益集団に対して恩恵を賜《たまわ》るという形になっている。政党への多数の参加はない。大衆が投票するのは——投票に行けばの話だが——だいたいが政治タレントである。タレントは演技する。選挙では計算ずくで「いい顔」を作る。そして広告代理店製作の三〇秒のテレビ用「イメージ広告」だ。アメリカ人が政治に不満を抱くのも無理はない。候補者に一貫した計画を求めたくとも、また当選後に公約を守らせたくとも、国民にはなすすべがない。

　政党を強化するには（それは政治参加の強化でもあるが）、権力の重心を候補者から政党へと移さなければならない。候補者にとってほんとうに政党の支援が必要となること、そして支援を得るために綱領への忠誠を示さなければならなくなること、ここが大事である。もしそうなれば、有権者にとって「党の路線《パーティー・ライン》」に一票を投じる意味が出てくる。政党も、政治的影響力の重要なブローカーとして返り咲ける。だが、受けのいい候補者ではなくて、強化された政党でやっていくとすると、では、その政党が有権者の心をつかむにはどうしたらよいのだろう？

　候補者は、当選を果たすべく、メディア広告やらイメージやらにあまりにも頼ろうとする。そのため、選挙資金づくりに奔走する。腐敗と蕩尽の道である。彼らは特殊化した利害にますます縛られるようになる。現実の政治的難題とは無関係の公約をする以外には、当選の見込みはないというありさまだ。私たちは、選挙を買い取る特殊利益集団の権力を抑える必要がある。そして、候補者と党が、一方では草の根組織を、他方では政治的主義主張を頼みとできるような風土を育て、政治のための安定した基盤を築かなければならない。改革を実現するための制度的メカニズムとして、選挙資金にかんする法律の改正が欠かせないことは明らかである。こうした変革へ向けての努力は、今までのところ、それによる権力削減を恐れる勢力からの妨害を受けている。改革をうわべだけのものに終わらせたくないのであれば、わが民主政治のあり方へと国民の意識を一斉に振り向ける、大がかりな大衆運動が必要と思われる。

もし、個々の候補者が広告によっては選挙に勝てない（あるいは選挙を買えない）ということになれば、そしてもし党が有権者の各単位に一貫して影響をおよぼすことができるようになれば、政治家も、党が打ち出した姿勢にもっと呼応した行動をとるようになるかもしれない。彼らにとっても、短期的利益を当て込んで、できもしない公約を掲げたりするよりも、長期的で広範な視野に立つ党の計画を支持する方が得策となる。こうなると、互いにしのぎを削る利益集団としても、自らの目指すところを明確に訴え、社会一般から原則にもとづく支持をとりつけるようにしなければならなくなる。地元パワーの方も、党の計画に資するような一般的言語を用いて、自らの訴えたいところを明らかにしなければならなくなる。

もちろん、議会制の場合と違って、わが国の大統領制においては、政党は政府の政策作成に直接責任を負うわけではない。それゆえ、実際は政府が行なっていることについて、政党に責任を持たせるのは容易なことではない。必要なのは、選挙資金の提供者が政治家におよぼす影響力を断つことだ。そして、これに代わって、代議士に選挙民に対する責任を自覚させ、選挙民の公共意識を高めるような、新たな装置を工夫しなければならない。

最後にもう一つ。公共の問題に取り組むための資金が増えたなら、政党の責任感も増すかもしれない。私たちは公的助成金のことを考えるべきである。選挙資金のためばかりではない。党が人材と技術のある政策研究所を設け、アメリカ社会に資する現実的な計画を作成できるようにするのだ。もし政党がたんなる利益集団の裏取引の場であることを止めたなら、もし政党の論理がアメリカの政治討論につきもののゼロサム論理を乗り越えることができたなら、有権者の忠誠心はおのずから高まるかもしれない。

以上述べてきた提案では、政党を強化するには不十分かもしれない。政党が公共善のビジョンを打ち出す能力を高めるようにするためには、他にどんなやり方があるのか、なお討論があってしかるべきである。だが、これだけは強調しておきたい。市民が民主政治のプロセスにふたたび活発に参加するようになるためには、どうしても政党どうし盛んに競い合って公共の計画を打ち出してくるようにならなければならない。公共の計画があってこそ意味のある民主的選択も可能となるからだ。

アメリカの政治制度の再建は、政党の再活性化と変容だけで終わるべきものではない。社会の相互依存の網の目が複雑すぎることもあって、市民の多くにとって（そして政治家の多くにとっても）、私たちが直面している問題とはいったい何なのか、私たちが行なうべき選択とはいったい何なのか、ここを理解すること自体が一苦労である。行政管理型国家が大きく姿を現わした今日、真の民主的参加のためには、この行政管理型国家自体が民主的参加をオープンに受け入れるようになる必要がある。(32)

これはある程度すでに起きていることである。国民の批評を引き出し、時には公共提言団体の設立を促すための公共計画はその例である。だが、私たちはもう一歩先へ進まなければならない。そのためのモデルとして、東海岸の一部の州で設立された土地利用検討委員会が参考になるかもしれない。(33)そこでは一般の市民と投資家が、複雑な計画プロセスに従事している。政府の決定に向けて諸条件を審査するわけだが、その過程における困難な決断を行なうのが彼らの任務である。彼らはエキスパートの分析も利用する。適切な限り、費用便益計算を用いることもある。彼らはまた、ある分野におけるいかなる選択（たとえば開発の不許可）であれ、他の分野に影響しうること（住宅供給の減少、住宅価格の上昇、あるいは新たな雇用の制限）を評価できる位置にいる。しかし、調査によれば、市民は、全体の問題を考える仕事に携わることで、自らの利害の概念も拡大したと感じている。そして共同善を探求しようという気持ちも強まるという。

市民参加を政策作成や意思決定の現場にまで拡げるこうした諸計画によって、現代社会の規模と複雑さに対処するために不可欠と思われる、もう一つの原則を補完することができる。(34)すなわち「サブシディアリティー」の原則である。この原則によれば、権力は、理に適った決定を行なうことができる最下のレベル、もっともローカルなレベルに委譲されることになる。上位レベルの役割は、地域レベルの団体がその責務を実行するのを支援することである。しかし、決定に対して拒否権を発動できる潜在集団を漠然と増やすというのであってはならない。こうした責任なき参加は、「うちの管轄じゃない」式の意識を強めるばかりで、かえって相互依存性の認識を損ねてしまう。市民が全体のことを考えて問題解決の責務を果たすというのが、求められる参加のあり方である。

古典的な多元主義の流儀で、ただ身内の利益が脅かされたときにだけ公共の場に乗り込んでくるという、たんなる利益集団としての参加であってはならない。

アメリカの政治制度における「サブシディアリティー」の典型例は連邦制度である。州のレベルで新種の計画が開拓されることも少なからずあり、それが創造性と活力の重要な源泉となっている。残念なことに、州は自分より下のレベルで「サブシディアリティー」を行なうことの意義を必ずしも理解してこなかった——州自身は、連邦政府による集権化の試みを拒否しているというのに。郡、市、町の政府に任せた方が都合がよさそうな業務についても、州政府はますます独り占めして実行するようになってきている。

どのレベルにおいても、新たな形の市民参加は、利益に対する考え方そのものを変えていくべきである。政府の存在理由は個人的利益の最大化であるとする考え方に根本的に欠けているのは、人々の価値観自体が制度的な経験の産物であるという認識である。公共の制度のあり方次第では、公共の価値観もまた出現の可能性がある。

費用便益分析で考えるのを第一としているエコノミストでさえ、時には純粋に公共的な価値観が出現するのを認めざるをえない（なぜそうなるのかを説明することは彼らにはできないであろうが）。私たちが話を聞いた連邦議会予算局（CBO）勤務のあるエコノミストは、政府は私的欲求を満足させるための機関であるとの一般理論の確固たる信奉者であった。天然資源の専門家である彼は、経済的な不合理行動の出現に当惑している。たとえば、公有地の保養施設利用にかんして、彼は、政府の役割は「［国民の］好みを見るのを邪魔立てしているものを取り除い」て、「要求そのものの集計」を可能にすることにあると述べる。「で、もしあれこれの事業の値踏みがすらすらいくようになったら、極端な話、政府に事業をやってもらう必要もなくなります」。

しかし、政府が奉仕すべき好みの内容を説明する段になると、この資源問題の専門家は、公共生活そのものにもとづく価値観というものがあることを認めざるをえなくなる。彼はまずこう強調する。「アメリカ国民には、土地は政府が管理すべきだという意識があります。要するに信頼感ということです。……土地の管理なら、市場に任せるよりも政府に預けておく方がいい。市場では土地は保護できないだろう。そう思っているのです」。報奨《インセンティブ》をあたえて民間の地主に土地の保護と美化をさせてはどうかという議論もあるが、それによっても土地の公有に対する国民の好みが揺らぐことはない。「国民の答えはノーです。公有でなければならないのです。わが国の土地行政の歴史は、今日見られるこうした好みへと発展してゆく歴史です。……政府ならちゃんとこの資源を管理してくれるという、ただもう揺るぎない信頼感があるのです」。

彼の述べるところによれば、エコノミストは、天然資源にかんして国民が新たにどのような価値観を抱くようになっても、その一切を特定し、秤にかけ、貨幣価値に換算することができる。「エコノミスト流の表現となりますが、政府は選択価値や存在価値といった価値を相手に取り組んでいるようなものです。これはエコノミストが天然資源を考えるときによく使う言い方です。選択価値というのは、個人が〝今は使わないが、将来いつでも使えるようにしておきたい。では、保存のために金を出すとしよう〟と考えるときの価値です。存在価値の中身はもう少し広い。つまり、〝この資源は使わない。関心がない。でも、とにかくその存続のために金を出すとしよう〟というものです。人々は鯨を救うために金を出します。といって鯨を見に出かけるわけじゃない。鯨が、あるいはコンドルが生きていることが大事だと考えているのです」。

個人的な好みを満足させよというエコノミストの論理は、ここでさっそく後退を始めた。代わって出てきたのは、これまでと根本的に異なる、公共善に対するいっそう社会的で、いっそう制度的な認識である。このエコノミストの口から出てきたこの新たな価値観は、自律的・個人的な好みではない。時間をかけて力を発揮する公共の討論と公共の制度のなかから姿を現わすものである。自然資源を扱う公的機関——国立公園、農務省林野部、内務省土地管理局——の長い制度の歴史が、この新たな価値観をもたらしたのだ。CBO勤務のこのエコノミスト自らが、公園と自然保護地域の国有を支持する国民の意識は、土地の公有をめぐる歴史的経験に由来していると考えている。この「政府ならちゃんとこの資源を管理してくれるという、ただもう揺るぎない信頼感」は、経験から来たものだ。「アメリカの国土関係の官庁は、まず例外なく善い仕事をしてきました。わが国の国立公園制度はすばらしいものです。世界一と言っていいほどです。国民の信頼があるのもおかしな話ではありません」。結局、こうした価値観にもとづいて国民が金を出そうというのは、説明不能な、気まぐれな好みによるものではない。価値観そのものが、公共の目的を体現し、公共の信頼を培う制度への公共的な関与によって生み出されるのだ。そしてこの制度自体を支えているものは、制度の重要性を公共的にたえず論じ続けることなのである。

アメリカの民主主義の活力にとって、法と法制度もまた、決定的に重要であり続けるだろう。最高裁の役割は、今や憲法の諸原則を再主張することである。政治もしくは権力と利益のゲームが国家の伝統を曖昧化するとき、この伝統を定義づけるのは憲法の諸原則である。それゆえ、しばしば裁判所は、平等、正義、公正な手続きの権利が脅かされたとき、それを改めて主張してきたのだ。だが、どのようにしたら法制度は、こうした原則への忠誠を維持できるのであろうか？　政治と行政の行き過ぎに対するお目付役を続けられるのであろうか？　私たちはこのことを考える必要がある。法の問題は、実践的なものであるが、同時にまた、知的なものでもある。現代の法も、深い知的再考を必要としている。個人の権利はまだよい。問題は、公共的・社会的責任をかかえる諸制度全体をどう支えていくかなのだ(35)。

企業の制度的構造はどうあるべきか。政府に対する国民参加はどうあるのが適切か。その他諸々の制度にはどのような可能性と限界があるのか（結婚と家族を、その中核の原理を残しながら、新たな社会的現実を取り込む形で再定義するのはどうしたら可能か。あるいはまた、教育、医療、金融上の諸制度の再定義はどうあるべきか）──。アメリカ人がこういった諸々の疑問に取り組むことができるのは、究極的には法制度を通じてである。政治的関心を恒久的な原則へと作りかえてゆく場は、この法制度なのだ。もちろん制度の社会的基盤を掘り下げ、拡張するのは、（利害の調整役ではない、法の制定者としての）立法府が着手すべき仕事である。しかし、たとえば、新たな制度的実験──連邦政府の医療規制官から権限を委譲された公私の運営委員会などのような──が開始されたときには、効果的な制度的生活を涵養することのできる諸原則を、裁判所が積極的に定義していくことが決定的に重要である。

7　公衆の再生

政治的にも、経済的にも、今は新たな歴史の始まりのときである。すでに過去のものとなった「アメリカの世紀」だが、その驚異的成果は、ロマン化せずとも評価できる。その大きな限界についても認識できる。だが、あたえられた機会を生かす私たちの集団的能力にとっての最大の脅威は、私たちの知識にではなく、私たちの理解力にある。世界一の民主国家だと多くの者が信じているのに、私たちの公共生活には民主政治の活発な活動が欠落しているというのは、奇妙な話である。私たちが改めなければならないのは、この公共生活である。納税者が払う以外の金を政府はもたないということを納税者が気づいていないようでは、活発な公共の討論や決定が衰えてきたとしても驚くことはない。あるいは、分派抗争に明け暮れる官僚制と負担過剰に悩む裁判所とがなんとか国民を率いてくれるのを待っているだけだとしても、驚くには当たらない。知的で責任のある公共生活を欠くならば、いかに巧みに制度を改革したとしても、この窮状を脱することはできない。私たちが第一にしなければならないのは、真に民主的な政府とはどういうものかを理解することのできる、そしてそれを法制化することのできる公衆《パブリック》を取り返すことである。

種々の圧力団体に組織された集団は、公衆ではない。利益集団が悪いのでも、利益集団が代表をもつことが悪いのでもない。だが、民主的な政治というのは、衝突する利益集団の妥協以上のものである。もちろん妥協も大事である。また、現在のアメリカでは、さらに多くの市民が利益集団として効果的に代表をもてるようになることも大切だ。しかし、妥協——可能を探る技術——だけでは不十分である。解決すべき大きな問題、追求すべき大きな目標があるのだ。一八世紀には、公衆はただの利益団体の寄せ集めとは考えられていなかった。それは、共同善について考えることのできる、また、アダム・スミスの「公平な観察者」の視点に立つことができる言説の共同体であった[36]。私たちの問題の多くは、まさしく私たち共同のものである。私たちはみな同じ空気を吸っている。私たちはみな、破壊されたオゾン層を透過する太陽光線に致命的な打撃を受ける。都市の衰微に悩まされるのは、退廃した都心部に暮らす貧困層ばかりではない。夜間に町を歩くことができない、あるいは家のなかにいても安心できないマンションや郊外住宅の住民にしても同じである。労働者中の機能的非識字者〔読み書き能力が低くて職務遂行に支障をきたす者〕の率の高さは、生産的経済を頼みとするすべての国民にとって問題である。

わが国の政治家と政党は、欲望と恐怖の掻き立てによって、しばしば公衆を愚弄している。欲望というのは、自分の幸せのために公共の支給を犠牲にしようという欲望である。恐怖というのは、その公共の支給を必要としている者たちの恐怖である。私たちが必要としているのは、まさしくこの逆の状況だ。すなわち、どれほど私たちは公共の生活に依存しているのか、その共同責任を負うのか、そのビジョンをもつことである。私たちは、東欧諸国に学ぶべきかもしれない。チェコスロバキア大統領のヴァツラフ・ハヴェルはこう語る。

> 政治が反映しなければならないものは、共同体を欺く、強奪する要求ではなくて、共同体の幸福に貢献しようとする志です。私たち自身を含めて、皆がこれを学ぶようにしたい。政治は、可能性の技術でなくともよいのです。それが思惑、計算、裏取引、実利的誘導の技術を意味するのなら、なおさらそうです。むしろ不可能性の技術であってもよい。私たち自身と世界とを善いものにするための技術です。私たち自身を含めて、皆がこれを学ぶようにしたいと思います[37]。

ハヴェルはまた、政治改革の出発点は、私たち自身が善き市民となってはじめて政治も善き政治となるのだ、とも述べている。私たち自身が善き市民となってはじめて政治も善き政治となるのだ。

ジョン・デューイの政治の概念には、今でもなお学べるものがある。それは「利益団体」の理論などではない。市民を政治商品の消費者のカテゴリーに入れたりなどしない。デューイにとって「公共」とは、共同の財産のことであり、私的財産のたんなる足し合わせのことではない。

わが国のような体制においては、立法者と行政者は公衆により選ばれるという言い方をする。言葉からすると、「公衆」が行動しているように聞こえるかもしれない。だが、実のところ、選挙権を行使しているのは個々の男女である。ここで言う公衆とは、多数の個人の集合的名称なのであり、個人はそれぞれに匿名の個として投票しているわけだ。しかし、彼らの一人一人は、市民＝有権者としては、公衆に仕える公務員である。彼は自らの意思を、公共の利益の代表者として表明する。議員や保安官がそうするのと同じである。人を選ぶ、あるいは提出された法の批准を行なうとき、彼の票は、自らの財布を太らせようとの希望の表明であるかもしれない。つまり、彼は自らに託された利害を代表するよう努めていないかもしれない。だが、そのとき彼は、公職にはっきりと任命されておきながら、託された利害に背き、誠実に表明していないことが明らかな者たちと、何も違いはないのだ。(38)

デューイが目指しているのは、「共同の利益や財産との調和を保ちつつ、集団の構成員の潜在的可能性を解放すること」であった。だが、多元主義と多様性のおかげで「みなで分かち合う財産」の意味も判然としなくなった今日、介護と扶養、労使関係、企業財政といった問題をめぐる公共の言説が人々の相互理解を深めるであろうなどと、どうして考えられるのか？　むしろこうした多元主義の社会においては、公共の参加が増えなどしたら、争いは激化し、敵意は増殖するばかりだと考えるべきではないのか？　慎重であるべきながらも楽天的に考えたほうがいいと思われる理由は二つある。第一に、多様なるわが社会は（そもそもわが国ははるか以前より極めて多様な社会だったのではないか？）、相互依存的な生活のなかで、事実として、団結の度合いを深めている。それゆえ、客観的にみて私たちは問題を共有しており、その解決法もまた共有している。デューイは主張する。「共同体生活の明瞭な自覚。そのすべての意味において、これが民主主義という概念の内容である」。

集団生活をめぐって新たな対話を起こすことができると信じられる第二の理由は、多様性があるにもかかわらず、アメリカ人はなお、相互に重なり合ういくつもの文化の伝統を共有しているということである。受け継いだ伝統にたんに復帰することなどできないことであるし、私たちはそれを願ってもいない。むしろ行なうべきは、共有する諸伝統の再解釈、再協議である。論争や衝突があってもよい。再解釈を行なってこそ、私たちの社会がまだ深く共有された意味によって成り立っていることが見えてくるのだ。

公共の議論を興すことによって、利害関係、連携、派閥争いが一掃されることはないだろう。むしろジェームズ・マディソンの試みが再浮上することであろう。マディソンは、政治のゼロサム的な性格を和らげるために、いっそう多くの国民が参加して問題を首尾一貫して検討できるような広場《フォーラム》を構築しようとした。そしてここからが、私たちが必要としている、制度と文化との連動した刷新にとっての、話の核心である。習慣、とくに制度に裏付けられた習慣より、意味が生まれる。意味を体現した言語——より適切にはテクスト——が、私たちの種々の生活形態をまとめあげる。ちょうど楽譜のように、テクストは、個人的・集団的な生活に何らかの一貫性をもたらす。だが、テクストや楽譜は、特定の文脈や状況のなかで、解釈され、命を吹き込まれなければならない。公共の言説も、同様の構造をもっている。法や公共生活の諸形態もそうである。わが伝統中に幅をきかせるロック的個人主義のおかげでわかりにくくなっているが、これは私たちの時代にとって決定的に重要な事実である。私たちが是非とも行なわなければならないのは、公共の諸制度を理解し——とくにそれらが個人的・市民的アイデンティティーに影響し、作り上げもすることを理解し——それらに正しく対処するための、道筋の強化である。シニカルな態度と私的世界への退却の時代にあって、「啓蒙された公衆」の時代をふたたび開こうというのはドン・キホーテ的試みに思われるかもしれない。だが、私たちの信ずるところでは、この再活性化は気まぐれの理想主義ではない。それどころか、私たちが自由な民として前進してゆくための、唯一現実主義的な基盤なのである。

さて、今まで概略的に述べてきた新しい政治の姿は、今のアメリカの現実とはあまりにも違っている。私たちの議論など「理想主義的」にすぎないと片づけられそうである。わが国の有権者の現状は、私益を守ることに汲々としている消費者を思わせるものだ。ジョン・デューイが市民の責任と考えたものを理解するどころの騒ぎではない。社会全般にわたる問題にせよ、個々の特殊な問題にせよ、自己の私生活に直接関係なさそうな事柄になど振り向きもしない。イギリスの政治の似たような空気を評しながら、先頃ロナルド・ドウォーキンは、大衆の豊かさの拡大の恐ろしい帰結に警鐘を鳴らした。大衆の豊かさの拡大は、政治の思考の自己中心化、短期化をもたらす。合衆国にとっても、まったく他人事ではすまされない。

……生活水準を上げよう、自分たちの文化が定義した「善い生活」を手にしようと、日々邁進しつつある労働者に向かって、稼ぎを減らすことになるような主張に一票を投じるように説得するのは至難の業であることがわかっている。繁栄する西欧社会において、平等への最大の障害となっているものは何か？　それは、純粋な平等政策で得をする有権者よりも、損をする有権者の方が今やますます増えてきているという、本来ならまったく申し分のない現実である。今日アメリカでは、増税を匂わせただけでも政治的自殺につながるとされている。経済が危機を迎えれば、こうした状況は覆されるかもしれない。ここから憂鬱な公理が得られる。「平等性が政治原理として機能できるのは、最悪の時代においてのみである」。この公理をはねのけるには、政治を私利から切り離し、民主社会に自らの不正を深刻に考えるように説得できるような方法を見つけるしかない(39)。

のちにドウォーキンは、私利の政治から原則の政治へ向かうべきことを提唱しているが、ロック的な私利概念が公共生活を覆っている今の時代に、どうしたらこの状況を乗り越えられるのかという点については、明らかにしていない。だが、自己を広い視点から捉え、利益を長期的に見ることを妨げるロック流儀に打ち勝つことができなければ、原則の政治の題目だけを唱えていても、中身は虚ろなままである(40)。アメリカ人が理解しなければならないのは、忍び寄る惨事はすでに起こりつつあるということである。私たちはすでに、子供たち、孫たちの世代の生のチャンスをごっそり消耗している。破局《アポカリプス》を待ちうけるというのではなしに、私たちは心を入れ替え、共感能力を拡大し、諸制度を改革する必要があるのだ。

8　民主的市民精神《シティズンシップ》の復興

真に民主的な共和国を創造するのは、恐ろしく困難な事業である。私たちにできる提言は控えめなものでしかない。ここではいくつか個別的な提案を書き出すことで、私たちの議論からどのようなことが言えるのか、その方向性を探ってみるのが有益であろう。

（一）　政党が制度的に成長をとげるよう、私たちは真剣に見守っていく必要がある。政党は、有意義な国家計画を打ち出せるようにならなければならない。そして、有権者が政治にいっそう関与できるようにしなければならない——すなわち、自らの一票が政党の姿勢決定に影響すると感じられるようにするのだ。制度構築のためのこうした試みの一環として、(おそらくは公的資金にもとづく)政策研究所ないしシンクタンクを作ることも考えられる。その役割は、政党を支援し、現代の国家を統治するのに十分な知的広がりと技術的精度をもつ綱領を作成できるように図ることだ。抜本的な改革が必要なものの一つが、選挙資金の供給システムである。利益団体から個々の候補者へと向かう直接的な資金の流れを減らし、資金調達にかんする党の影響力を強化する。長年の恩恵分配政治のゆえに、アメリカでは政党の評判がよろしくない。歴史的経緯から言っても、他の近代民主国家との比較から言っても、有権者の活発な参加を促す強い刺激剤となるものは、政党間の活発な競争である。

(二) 国の政治討論は、莫大な費用がかかるがまともな知的内容をほとんど有さぬメディア戦争のレベルにまで低下している。意図せずして私たちは、メディア選挙という、現政治制度中、最強の制度を創出した。候補者と国民をともに堕落させ、およそ政治の職にふさわしからぬ者を当選させる。腐敗を促進させるこの制度、政治的現実主義のアンチテーゼの急所に切り込むために、私たちは抜本的外科手術を行なうことを提案する。ラジオとテレビにおける選挙広告の非合法化だ。これによって、候補者の選挙資金集めという突出した要請は——それが潜在的にともなう腐敗と不法もろとも——払拭できる。また、公共の討論の質の低下を抑えるためにも、それは役に立つはずだ。鮮烈なイメージが恐怖と欲望をかきたて、ものを考えることを禁ずる三〇秒広告がなくなるからだ。言論の自由の制限ではない。むしろ自由な言論を称揚するための禁止である。浅薄なイメージ操作よりもはるかに有意義なものとして、候補者の選挙演説と、候補者どうしの討論の放送を奨励する。ただしそれは真の討論でなければならない。真の討論にとって代わった最近のメディア管理のきれいごとQアンドAショウではだめなのだ。メディア戦が使えないとなれば、候補者も、実のある討論にいそしむことを考えるようになる。また、選挙戦を勝ち抜くために、党の持続的な計画と行動とをいっそう頼みとするようになる。

(三) 国家の進むべき道の確定にかんして、政党がいっそう強力で、いっそう教育的な役割を果たすようになったなら、政府の方では、アメリカ政治の伝統である連邦制度と地域責任とを積極的に強化していかなければならない。連邦政府は、市民や組織を計画立案と行政とに積極的に参加させるような、新たな制度の工夫に、前向きに取り組むべきである。大がかりな構造改革に着手する前に、まず州や地域のレベルで予備的な改革を行なってみるべきだろう。そこから非常に多くのことが学べるかもしれない。これと反対側のレベルでは、連邦政府は、貿易、世界経済の正義、防衛、人権にかんする超国家的な諸制度――国連、国際司法裁判所、その他多くの公式非公式の諸制度――の強化に、率先して取り組むべきである。超国家的制度は、国家が行なうべき仕事を侵害するまでにいたるべきではない。だが、国家は、もはや究極の裁断者ではない。また、生物学的な共同体や人類の共同体の運命を、もはや国民国家の手にのみ預けておくわけにはいかない。超国家的制度は、こうした世界の理解のさらなる普及に努めるべきである。

（四）そしておそらくもっとも重要なこと。ロック的な個人観・社会観が後押ししてきた私利の最大化は、もはや公共の討論の焦点であってはならない。論じるべき中心問題は、アメリカと世界の存続可能な未来である。焦点がおかれるのは、広義の正義の問題だ。個々の人間と自然環境の両方に対し、それぞれあたえるべきものをあたえる、ということだ。社会と自然のエコロジーが健全でないかぎりは、私たちは祖先より受け継いだ一切のものを危険にさらし、子孫には暴力と荒廃のみを残すことになる。これは慈善の問題ではない。富者が貧者に振る舞うというような話ではない。全自然界に対する、全人類の連帯と希望の問題なのである。

（五）民主的参加は、その全過程が広い意味において教育的なものだと言えるが、しかし、市民精神の教育は、私たちのすべての制度が担うべき責務である。経済の諸制度（これについては前章で論じた）をはじめ、家族、教会、そしてもちろん学校と、すべての制度がその責任を果たしていく。実際、本書で提唱した変革を実現するためには、私たちの教育システムは、全市民に対し、民主主義の真の理解を伝達していかなければならない。

9　権力と意味

前章および本章で論じてきたのは、絶大な権力をもって私たちの生を支配している二つの制度、経済と政府である。この強力な二つの制度は、歪曲され、本来の務めを果たさぬままに、生の他の領域に不健全な影響をおよぼすようになった。その過程を、本書はこれまで追ってきた。私たちは次に、主に意味に焦点をおく二つの制度、教育と宗教の検証へと向かわなければならない。世界に対する私たちの経済的・政治的な対応能力は腐食していた。教育や宗教の制度にも、同様の腐食が見られるであろうか？　腐食がないとは考えにくい。だが、教育と宗教には、深い文化的資源がある。その資源は、現在の難局を見通すための新たな視点をもたらしてくれるかもしれない。少なくとも、教育と宗教の制度のなかから、私たちの共同生活の制度的変容のための新たな一歩が踏み出されるかもしれない。その可能性は——そして希望は——残されている。

第五章　教育——技術的教育と道徳的教育

1　生と教育

共同生活の中心に教育ありとは、私たちの古典の遺産に含まれる、プラトンやアリストテレスにまで遡る考え方である。アリストテレスは、彼の『倫理学』と『政治学』を、ポリスの重大関心事としての教育論で結んだ。ポリスは普通「都市国家」と訳されるが、この言葉には社会や共同体の概念も含まれている。

アリストテレスにとって、「教育」とは、私たちがふだん考えるよりも広い意味をもつ言葉である。市民を有徳な生活へと教育する成文法や慣習法を供給することは、まさしくポリスの主要な働きであった。市民が徳を得てこそ、善きポリスが可能となる(1)。それゆえ、アリストテレスが教育を論ずるとき、彼の頭にまずあったものは、学校ではなくて、全共同体の法とモーレス（習律）であった。人々は法とモーレスによって教育される。子供も大人も同じである。プラトンとアリストテレスにとって、偉大な教育者とは、何よりもまず偉大な立法者のことである。しかし、法について熟考し、共同善に関与するのは、統治し、次いで統治される者としての市民の責任であった。こうした問題を考察するために、ギリシャ人は、実践理性（プロネーシス）を補助する道具として政治哲学を創り出したばかりでない。公共の論議のさいに説得的に語るための手法として、レトリック（修辞学）もまた創出した。その正当性をめぐっては往時より議論があったものの、レトリックは、千年にわたって教育課程中の名誉ある地位を占め続け、そして共和主義や民主主義の社会における共同善の探求に密接に関わることとなった。

ギリシャ人のこうした考えは、聖典中の命令を核とする共同体的習慣を実践することを信者教育の主たる拠り所とした、後のユダヤ教徒やキリスト教徒にも理解できた。また、聖パウロの書簡の示すところでは、すでに彼の時代には、新たに生まれた教会間の共通問題をめぐる説教のために、ギリシャのレトリックが用いられている。古典古代の伝統や聖書的伝統において、学校が重要でなかったわけではない。しかし学校は、教育が意味するもののたんなる一部であったにすぎない。しかも必須部分ですらなかったかもしれない。

今日のアメリカ人にとって、教育とは何よりもまず学校である。私たちは、学校の地位を何か世俗の宗教のようなものにまで高めてきた。歴史家のダニエル・ブアスティンは言う。「かりにアメリカに教育という新しい宗教があるとすれば、大学はそのカテドラルであり、後にはハイスクールはその各教区の教会になった。アメリカの大学が、かの偉大なるヨーロッパのカテドラル建設時代の建築様式を採用したのはけっして偶然ではなかったのである。ゴシック風大学は、そうする余裕のあるところでは、一つの標準的建築になった。大カテドラルが各教区の教会を圧倒してそびえ立っていたが、ちょうどそれと同じように、大学はハイスクールを圧倒してそびえ立っていた(2)」〔邦訳『アメリカ人』下一九六頁〕。今日、教育機関——大学、高校、そしてあらゆる年齢に向けられたありとあらゆる目的のための驚くほど多様な学校——は、社会の中心的制度である。私たちの大半は、幼年期、青年期、成人期の初めの長い年月を、学校で過ごす。そしてますます多くの者が、生涯のどこかで学校へ戻ってくる。しかし、教育機関のこうした急成長は、ほとんど過去百年間の出来事であることは覚えておいてよい。一八九〇年の高校進学者は、該当年齢集団のわずか七パーセント、大学進学者は一パーセントにすぎなかった。それが一九七〇年にもなると、一四歳から一七歳までのアメリカ人の九〇パーセントは高校に進学している。一九八〇年には、大学就学年齢の大部分の者は、何らかの形で高等教育を受けるようになっている。

とはいえ、一九世紀にはアメリカ人の大多数が無教育であったと考えてはいけない。人々は正規の学校へ行かなくとも、しばしば家庭や地域の教会で読み書きを学んだ。大多数の者は無料の「コモン・スクール」において、小学校レベルの教育を受けることができた。実際、ニューイングランドのいくつかの植民地では、ほぼ入植当初より、最低でも読み書きの基礎を教える無料の公立学校が設けられていた。一七世紀のマサチューセッツの識字率は、成人男性で約八〇パーセント——同時代のイングランドの二倍である——、成人女性で六〇パーセントであった。何千という書籍が植民地へと輸入され、さらに多くが現地で出版された。トマス・ペインの『コモンセンス』は、一七七六年の初版以来、四〇万部以上を売った(最初の三か月に一〇万部である)。人口比からすると、今日の二四〇〇万部に相当する。私たちは、書物を読むことができ、宗教と政治の複雑な問題について意見を交わすことのできる、教育ある国民であった。それでもやはり、とくに聖職などの知的職業を目指しているごく少数の者を除き、ほとんどの国民にとって、学校が生活の重要な位置を占めることはなかったのである(3)。

このような状況においては、アメリカの教育は、今日に比べてアリストテレスが考えていたものに近かったと言える。

教育は共同体全体が行なうものであった。家庭、教会、自発的団体、地域の政治は、学校に劣らぬほど重要な教育的機能をもっていた。それればかりでない。教育を主に担っていたのは比較的孤立した小都市や村落、いわゆる「孤島の共同体」であったが、一九世紀にはもちろん、植民地時代においてさえ、国民の多くは、そうした地域性をはるかに越えた教育の影響も受けていた。新聞が——大きさも記事の量も限られており、内容も独断的なものであったが——普及しつつあった。書物や、とくに時事論説《パンフレット》も、広く読まれた。地方を巡回する牧師、講演家、政治家は聴衆を集め、会場には称賛、ときには野次が飛び交った。すでに一八三〇年、マサチューセッツの偉大な教育家、ホレース・マンは、普通学校制度を創設する国民運動を指導していた。それは、貧富を問わずすべての市民に、基礎的な知的技法を授け、徳性《キャラクター》と市民精神《シティズンシップ》を教え込もうとするものであった。アメリカのこうした取り組みは、ヨーロッパの例に促されたものだが、しかし、ヨーロッパの場合と違い、アメリカで指導力を発揮したのは連邦政府ではない。国家的運動の刺激はあったが、イニシアチブを取ったのは地域・州レベルで活動する市民たちである。時代の大問題をめぐって討論ができる市民、また聖書が読め、微妙な解説の要点も理解できる信者という理想は、ここアメリカにおいて——その住民の故郷であるヨーロッパの大多数の国に先んじて——実現された。

一九世紀後半までは、就職のために基礎的な読み書き以上の公式教育が要求されることはなかった。伝統的に公式教育がもっとも求められていたのは聖職者であるが、それでもバプティストやメソディストといった急成長のプロテスタント教派においては、神学校に行くことは必須の要件ではなかった。医者や弁護士が職業的知識を身につけたのは、医学校や法律学校に通うことによってよりも、開業医や弁護士事務所の見習いとなることによってであった（もっとも、一九世紀半ばには、そうした学校の数も増え、威信も高まりつつあったが）。印刷業や大工などの熟練職においても、徒弟となるのが昔ながらの学習方法であった。徒弟制が不要だったのは、新たに登場した工場である。工場で要求される技術は単純であり、習得にほとんど時間を要さない。むしろここで大事なのは、しばしば退屈な、時には肉体的にもきつい仕事に、長時間、厳格に適応することである。職場が教育するものはたくさんあったが、おおむね公式の学校に行くにはおよばない「実地の訓練」である。倹約、誠実、重労働の習慣は、家庭や教会や学校で教え込まれた。これらは職場の要請によく応えるものであった。職場、とくに自営業を通じて、アメリカ人のほとんどは、当時のアメリカ文化をもっともよく表わす性格、「自立的市民」となるにふさわしい「適性《コンピテンス》」を身につけることができた。

一九世紀中葉の状況を現在の私たちの状況と比べてみるならば、教育制度が驚くべき変化を遂げたことがわかる。それは先の二章で論じた経済や政治の制度における変化と並行的なものである。すでに述べたように、学校の数も種類も急成長を遂げ、学校で過ごす年月も大幅に増えた（これについては、本章後半でまた触れる）が、教育的影響力全体の比率が劇的に変わったのだ。今日でも幼年期の教育体験は、家庭で、親のもとで得られるのがふつうだが、それとても、保育園が普及するにつれて、家庭内外の両方の文脈において体験されるようになった。かつて「孤島」だったとも言われる家庭と地域共同体は、今日それほど孤立しているわけではない。植民地時代の初期から本や新聞や政治パンフレットがアメリカの家庭に入り込んでいたとはいえ、こうした印刷物が家庭や地域の生活と張り合うような世界をなしていたとは言えない。これと対照的に、今日では、ラジオやテレビのない家庭は稀である——たいていは数台所有している。子供たちは、生まれたときからこれらのメディアに曝されており、学校で過ごす時間よりも、メディアとともに過ごす時間の方が多い。

ラジオやテレビの働きの一つは、子供と言わず大人と言わず、居ながらにして世界中のさまざまな出来事を、同時ないしわずか後れで、体験させるということである。派手なグラフィックと人目を引くデザインの新聞や雑誌にしても同様である。一九世紀半ばの電信の発明と普及以前には、ニュースが全国津々浦々に届くには、数週間を——ヨーロッパの出来事であれば数か月を——要した。それも記事になればのことだ。今日の私たちは、世界中から発信されるあらゆる種類のイメージと情報の絶え間なき洪水のただなかにある。ほとんどは聞き流して終わり。詳しすぎて理解するどころではない。ニューヨーク・タイムズを毎日最初から最後まで読もうなどとしたなら、他に何もできなくなってしまう。膨大な情報を理解するには、その出来事について討論するのがよいというのは、確かに今日でもほんとうであろう。家族がともに食卓につく習慣を残している家庭であればその夕食の席において、教会やシナゴーグに行く習慣のある家庭であればいつもの集まりにおいて、政治活動をしている者であれば政治団体において、学校に通っている者であれば学校において、討論するのがよい。しかし、そうは言っても、出来事の洪水を画面上をうつろうイメージ以上のものとして見るというのはなかなか困難である。ちょっと元気がでたとか、なんとなくむかついたとかというのがせいぜいであって、責任ある行動どころか、責任ある判断にたどりつくのもむずかしい。

だが、グローバルなテクノロジー社会についての儚い意識を伝えているのは、マスメディアばかりではない。日常の多くの些細な出来事を通じて、私たちは——潜在意識的とはいえ——自分が地球大の経済的・技術的な相互連関システムのなかにあることを感じている。自分が依存していることは確かだが、裏にある膨大な相互連関を理解することはできない、大きな社会である。かつて竈に火を熾すのは家族で役割分担する日常的儀礼であった。各員はそれぞれに薪を割り、薪の束を屋内に運び入れ、火を熾し、家中でただ一か所のこの暖の周りに集まって身繕いした。しかし今日の私たちは、これを行なう代わりにサーモスタットのボタンを押し、ガスか電気のレンジのスイッチをひねる。かつては井戸へ水を汲みに行き、やはり水を汲みに来ているよその誰かとおしゃべりをするか、あるいは町内の浴場に風呂を使いに行った（一九世紀中葉においては、都市のアメリカ人のほとんどは浴場を利用した。男女別の共同浴場なら三セント、一人用なら六セントである）。しかし今日の私たちは、自宅の台所あるいは浴室で水やお湯の蛇口をひねるだけだ。これらの設備は、日夜拡大を遂げつつある公共設備の大構造へと私たちを結ぶものであると同時に、私たちを隣近所のつき合いから孤立させ、自律の幻想を強化するものでもある。自動車、バス、地下鉄のおかげで自宅と職場、学校、行楽施設との距離ははるか遠くにまで伸びたが、同時にまた、高速道路の渋滞、都市の駐車場の不足、公共輸送体制の不備などの問題がもたらされた。こうした経験のすべてが私たちを教育している。こうした経験のすべてが織りなす環境のもとに、私たちはものを考え、感じているからである。

ときには孤絶と都市の敵意を感じ（たとえば、真っ暗な街路や駐車場を抜けて自分の車までたどり着かねばならぬ残業の女性）、頼りの公共施設が突如ダウンして困惑する（たとえば、コンピュータの故障のためサンフランシスコ湾の真下で立ち往生した地下鉄に乗り合わせた人）。にもかかわらず、私たちは、さまざまな点で公共生活を尊重し、頼りにしている。トクヴィルの時代と同様、今日でもアメリカ人は、陪審に立ち、すばらしい善意と市民的責任感をもって責務を果たす。古代アテネと同様、今日でも法は私たちの教師である——この教師に何を教わるのかとなると混乱があるけれども。そしてわが国の古典時代の立法家、共和国の建国者と憲法起草者は、今日なお広く尊敬を——民衆の英雄とまではいかないが——集めている（たとえば、デンバーの公立小学校を参観中の教育学教授を前に、ベトナム難民二世の四年生が、教室の壁のジョージ・ワシントンの肖像を指さしながら誇らしげに言う。「あの人は私たちの国のお父さんです」）。

私たちは、日常生活を快適にしてくれるすばらしい公共サービス（水道、電気、セントラルヒーティングなど）や、公共の交通・通信システム（電話なしでは一時間と仕事にならない）を、まるで当然のものと考えるようになった。ダウンしてはじめてその恩恵に気づくのだ。暮らしをいっそう快適にする必需品との触れこみで、さらに新たな商品が私たちに迫っている。だが、近代的な形での広告といえるものが登場したのはわずかに一世紀前のことである。一九二〇年ごろまでの食料雑貨店は、ほとんどの商品をばら売りしていた（塩は大箱から一ポンドを量ってもらう。棚の一箱をセルフサービスで取るのではない）。包装、高級ブランド、おびただしい品目数は――そして毎日郵便受けをへし曲げるカタログの山も――ほんの数十年前までは、ほとんどの未来学者にも予見できなかった世界である。商品の桁外れの自己増殖がほんとうに私たちの生活を善くするものであるかどうかは、ここでの問題ではない。私たちが述べたいのは、消費者グッズとイメージのこうした連続包囲は、教育的な影響力でもあり、かつまた教育的な脅威でもあるということである。この選択肢の軍団には、どう手をつければ知的に対処できるのであろうか。自由企業の擁護者のなかには、この選択肢の軍団こそが、われらが自由の本質であると考える者もあるのであるが。

私たちは、さらに大きく次のように問う必要がある。今日の生のあり方全体は、教育的に見てどのような意味をもっているのであろうか？　多くのアメリカ人の特徴となっている「価値観」の混乱と、大きな意味づけの不在とは、明晰さよりも混乱を生み出す生の文脈がもたらしたものであろうか？　もしそうであるなら、経済的な生と政治的な生にかんして私たちが提案した諸改革は、教育のあり方と相互的な関係にあることになる。すなわち、生の全体にわたる教育は、社会に必要な制度上の変化をもたらすものでもあれば、それによってもたらされるものでもあるのだ。

2　革新主義《プログレッシブ》時代の教育

一九世紀終盤には、明らかに教育制度は拡大しつつあり、また、激しく変化しつつあった。それは、すでに各方面で歴然たるものとなっていた社会的・経済的・技術的変化に応じるものであった。古典的意味において自由な社会のための市民教育を行なうというばかりでなく、先例のない近代的状況に応えることのできるような教育を創り出すにはどうしたらよいのであろうか？　この課題に対し、もっとも鋭敏に取り組んだ者の一人が、ジョン・デューイである。一八九九年に彼は『学校と社会』を著わし、この両方の問題を取り上げた。『学校と社会』は、その後数十年にわたって影響をあたえつづけた。この本のなかで、デューイは、当時すたれつつあった古い生活様式には教育としての活力があったと書いている。

工場システムの背景には、家庭のシステム、地域のシステムがある。実質的に家庭を中心として、そのなかあるいは周辺で、工業的な職能のあらゆる基本形が営まれていた時代があった。今の私たちの時代よりほんの一、二世代、せいぜい三世代前のことだ。……スイッチを入れて家中を煌々と照らすというのではなく、動物を殺し、脂を溶かし、芯を作って蠟燭を固め、たっぷり手間暇をかけて初めて明かりがともるのである。……こうした過程に含まれる技術を、子供たちは、からだと知力の発達に応じて、少しずつ教えられた。……すべてこうすることによって、観察、創意、構築的想像力、論理的思考、そして生の現実にじかに触れることで獲得されるリアリティーの感覚を、持続的に養っていくのであった[4]。

デューイは、産業化以前の日常生活のもつ教育的な性格を称える一方で、公式教育のもつ欠点を厳しく非難した。教育が新しい社会的現実に有効に対応するためには、公式教育の遺産はおおむね乗り越えられる必要がある。

数世紀を遡ると、そこに見出されるのは、学問の実質的な独占状態である。……学問の高級祭司が真理の宝庫をガードする。厳しい制限のもとで大衆にそれを施す。これがこうした条件の不可避的な結果である。だが、この状況にも変化が訪れた。これまで論じてきた産業革命がじかにもたらしたものだ。……そして知の革命が始まった。学問は流通を始めた。……知識はもはや不動の固体ではない。それは液体となった。それは社会そのもののあらゆる流れのなかで、活発に動いている[5]。

知識の獲得をはるかに容易にした新世界の複雑さそのものが、従来の教室における反復練習と丸暗記とはまるで異なる学校教育のモデルを要求した。生活そのものが変わり、日々の暮らしを通じて周囲の世界を理解できるような環境ではなくなった（デューイ自身は、かつての家庭と地域のシステムを描写するとき、バーモント州での子供時代を思い起こせばよかったのだ）。それゆえ、学校もまた、刷新を必要としていた。かつて小さな社会が理解のできるものであったように、学校は大きな社会を理解のできるものにしなければならない。これは生涯デューイが取り組んだ問題である。『学校と社会』は、この問題をどう捉えているだろうか。「私たちの社会生活が根底的な変化を被ったのは、明白な事実である。教育が生にとって無意味なものであってはならないのであれば、教育もまた社会と同様の完璧な変容を経験しなければならない。……学校は、社会の子供たちの一人一人に奉仕の精神を呼び起こし、また有効な自己決定の道具をあたえることによって、彼らをその小さな共同体へと招き入れ、その構成員へと育て上げるべきである。それができれば、より大きな社会もまた、価値ある、愛すべき、調和のあるものになるであろうし、そのもっとも根底的な最善の保証を得ることになるであろう」(6)。

アメリカでもっとも影響力のあった——そしてもっとも偉大であると多くの者が認める——この哲学者にとって、教育は副次的な「応用」分野などではなかった。「近代的」であろうと努めたデューイではあったが、一九一六年に書かれた次の文は、彼の古典哲学的なルーツを明かしている。「教育とは、自然および同胞市民に対する、知的な、あるいは感情的な、根本的姿勢を形成する過程であると考えてよいのだとすれば、哲学を教育の一般理論として定義することさえ可能かもしれない」(7)。

デューイの友人にして、ある点では彼の師でもあるジェーン・アダムズは、一八八九年、シカゴのスラム内に有名なモデル福祉施設《セツルメント・ハウス》、ハルハウスを創立した。彼女の考えでは、この施設の主たる機能の一つは、共同体教育を施すことに、すなわちアメリカの大都市のカオス的世界を、そのもっとも恵まれぬ、最悪の境遇にある市民にも理解できるようにすることにある。こうした教育を受けることによって、彼らも——教育なくしては到底なしえないような——ある程度の社会参加ができるようになる。この参加こそが善い社会には不可欠なものであるというのがアダムズの考えであった。「一人の個人、一つの階級が善き物《グッド》(福利)を独占してしまう前に、社会の全員にこの善き物を広めなければならない——私たちはここまでは言えるようになった。だが、さらに続けてこう言うことは学んでいない。すべての個人、すべての階級が善き物に貢献するのでないかぎり、持つに値する善き物だと胸を張ることはできない、と」(8)。

デューイが彼の教育論を完成させるより先、すでにアダムズは、この福祉施設を「生活自体から学ぶことを試みる制度」と呼んでいた(9)。ローレンス・クレミンは、アダムズの教育法をこう描いている。「就職を目指す若者について言えば、それは現代の都市工業社会の歴史と性格についてある程度の理解をあたえるための一貫教育を意味していた。彼らがどのような職に就こうとも、世の中の全体を、また全体のなかにおける自らの位置を理解できるようにするためである。彼女が常々自らの最愛の著作と言っていた『若い魂と都会の街角』(一九〇九年)は、その大半を通じて、このことを、すなわち、労働者が自らの生を意味づけている文脈を理解する必要性を、説いている」(10)。

ハルハウスで働く間に、アダムズは、大学の講師は必ずしももっとも有能な教師ではないことに気づいた。また、彼女が世話をしていた人々が、互いに活発な議論を交わす能力を持っていることにも気づいた。「無学《シンプル》な人々は、大きな、いちばん肝心な問題に目をつける。これは福祉共同体がすぐにも発見することだ」。彼女は『ハルハウスの二〇年間』のなかでこう書いている。「無学《シンプル》な人々は、簡単《シンプル》な事が聞きたいのではない。大きな問題を簡潔《シンプル》に話してもらいたいのだ」(11)。こうした人々に、自らがその一部である広い社会に対する認識をあたえるばかりでなく、自らに対する、また自らの出自に対する誇りをあたえるために、彼女はハルハウス内に労働博物館を創設した。それは、労働者階級の日々の仕事に栄誉をあたえるものである。彼女はまた、「アメリカ化」によって民族の記憶が抹消されることがあってはならないと考え、移民自身の母語と母国文学の授業を奨励した。

共同体全体を、善い社会とその責任ある市民の創造へと向かわせる。現代社会の環境のなかでこうした教育形態を再創造することを、デューイとアダムズは、それぞれ異なったやり方で試みた。だが一方で、現代社会の複雑さそのものが、彼らの努力を次第に困難にしていった。これが困難であることは、教育体制の頂点に立つ大学——ブアスティン呼ぶところの新興教育宗教のカテドラル——においてさえ、明らかであった。

3　カレッジからリサーチ・ユニバーシティーへ

南北戦争以前の大学《カレッジ》は、学部に分かれるほどの大きさではなかった。一八六九年の時点でも、ハーバード大学の教員はわずか二三人である。彼らのほとんどは、古典語と数学よりなる伝統的教養科目《リベラルアーツ》を教えていた。大学教育の中心は話す・書く両面の言語教育であり、卒業生の多くは聖職者、法律家、公務員となった。大学教育はそれゆえ、哲学的あるいは科学的というよりも、レトリック（修辞学）的なものであったと言える（「レトリック」という語が軽蔑的なものとなったのはごく近年のことであることに注意されたい）。南北戦争以前のアメリカの大学には、経験科学のコースは一つもなかった。アメリカの科学は、未だほとんど大学とは無関係のところで行なわれていたのである（ヨーロッパや英国でも同様である）。

伝統的大学教育のこうしたあり方は、一九世紀後半には「時代遅れ」「非実用的」との批判に曝されることになった。もちろん、もともと大学が奉仕していた社会の文脈においては、それは時代遅れでも非実用的でもなかったのである。大学の機能は、将来の指導者たちに徳性《キャラクター》と市民精神を鍛え込むことにあった。彼らにとっては、言葉を使いこなす技術が必須のものであったのだ。だが、アメリカが向かいつつあった都市産業社会においては、旧来の教育は時代錯誤と見られるようになった。一九世紀の後半、アメリカの各地に突然リサーチ・ユニバーシティーが出現し始めた。これは、科学的知識という文化的パラダイムの出現に応えたものであり（これがもっとも顕著なのはドイツの大学である）、また、科学と産業とのあいだに始まった新たな関係に応じようとしたものである。ブアスティンのカテドラルとなったのは、このリサーチ・ユニバーシティーである。ジョンズ・ホプキンズ大学、シカゴ大学など、新興私立大学もあれば、ハーバード大学やコロンビア大学など、古い大学が新たな指導力のもとで変容を遂げた場合もある。ミシガン大学、ウィスコンシン大学など新設の州立大学もまた、じきに高度な研究水準を獲得するようになった。

リサーチ・ユニバーシティーの出現には、大きなアイロニーがある。ある見方からすれば、それは、デューイの公立学校の新構想が初等・中等教育レベルで行なおうとしていたことを高等教育レベルで行なう機関として出現したものである。すなわち、現代世界への完全参加を促すための教育である。徳性と市民精神という古くからの教育理念を棄てるのではなくて、拡張するということである。一八九二年の創立のシカゴ大学の場合、草創期の一〇年間は、この使命をよく果たしていたように思われる。旧約聖書学教授より学長となったウィリアム・レイニー・ハーパーは、新設の大学を運営するに当たって、シカゴ市および世界に対する公務という視点を重視した。自らの理想に対して莫大な貢献をなしうる人物として、ジョン・デューイを見出したのは彼の慧眼であった。一八九四年、彼はデューイをその最初の勤務地ミシガン大学より招聘する。一つの理解ではこの新設大学の理想であった統合という理念を、デューイ自身がよく体現していた。彼は哲学部（当時は心理学と教育学を含んでいた）および後に独立した教育学部の主任を務めた。デューイを中心にゆるやかに形成された「シカゴ学派」[12]は、大学全体の営みに――とくに社会科学に――広範な影響をあたえた。たとえば哲学部におけるデューイの親しい同僚であったジョージ・ハーバート・ミードは、長年社会心理学を講義したが、その特徴のいくつかは社会学部に受け継がれることになった。学部の境界を越えてかなりの意思疎通があったばかりでなく、多くの教員が地域の問題に深く関与していた。なかでも活動的であったのはデューイ自身である。ハルハウスの委員でもある彼は、セツルメント・ハウスの運動に深く関与しており、シカゴの公立学校制度にも影響力をもっていた。他の教授もまた、社会福祉や社会改革政策に積極的に関わった。ハーパーとデューイは、ともに、新しいリサーチ・ユニバーシティーを教育の民主化のための強力な推進力と見ていた。すべての優秀な学生に対して門戸を開く。出身は問わない。そして、旧来の古典志向の教養科目《リベラルアーツ》ばかりでなく、現代世界に関わるあらゆる科目を教授するのである。

この複合的な目標間には耐えがたい緊張があることがじきに明らかとなった。一九〇四年にデューイがコロンビア大学に移ると、「シカゴ学派」の精神は急速に崩れ、どのリサーチ・ユニバーシティーとも変わらぬ専門化と細分化が進行した。教員の共同体参加はなおも続けられたが、専門化への圧力のもとでは、参加は優先課題ではなくなっていた。ハーパーは、急成長しつつある大学にますます多くの学部と大学院を加えたので、シカゴは「ハーパーのバザール」の異名をとることとなった。

創立後二〇年もたたぬうちに、統合された民主的な高等教育を生み出すための試みは後退してしまった。代わって登場したのは、今日言うところのマルチバーシティー・カフェテリアの前身ともいうべきものである。リサーチ・ユニバーシティー、学問の大聖堂は、社会を解釈し、統合するものというよりも、社会自身を忠実に映し出すものにますますなっていった。カオスより秩序を引き出す新たな共同体になるどころか、各人がばらばらに目的追求に専念する教員と学生の寄せ集めとなってしまった。これを統合するのはビジョンの共有ではなく、「大学当局」による官僚的手続きだけである。ただ、公平を期すために述べておけば、シカゴ大学はこうした分解の圧力に対して完全に降服することはなかった。学長のロバート・メイナード・ハッチンズは、一九三〇年代と四〇年代に、大学に新たな統合のビジョンを導入した——その結果については異論のあるところだが。今日でもシカゴ大学は、ほとんどのリサーチ・ユニバーシティーに比べ、往時以来の一貫性追求の試みを多く残している。これを過小評価することはできない。

二〇世紀におけるリサーチ・ユニバーシティーとその多くの派生的機関が一つの民主化をもたらしたことは否定できない。実現を見るのはようやく戦後のことであるが、旧来の大学《カレッジ》よりもはるかに幅広く門戸を開くというのは、当初から構想されていたことである。そして、この新しい総合大学《ユニバーシティー》は、すでに上流にある者の仕上げの化粧となるよりも、世に身を興そうとする者のための街道となろうとしたのである。[13] カンザス大学学長のフランシス・H・スノウは、一八九〇年の就任演説において、この上ない率直さで次のように述べている。「あらゆる方々にお伝えしたい。わが州の息子たち、娘たちのいかなる者も、当州立大学において、化学者、博物学者、昆虫学者、電気技師、技師、弁護士、音楽家、薬学者、芸術家となるべき訓練を受けることができます。あるいはまた、幅広い、均整のとれた教養を身につけることができます。教養が身につけば、万事適切に振る舞うことができましょう。いかなる知的職業に就くのであれ、教育を受けた者が、教育を受けない者よりも一〇年は早く成功できるゆえんでありま す」(14)。大学に行けば早く成功できる。しかも高いレベルまで行くことができる。何百万というアメリカ人が、こうした希望を抱いて大学進学を志した。自分の代には叶わぬとしても、子供の代にはこの望みを果たそうと考えた。これ自体はまったく筋の通った、すばらしい志である。「アメリカン・ドリーム」の一つの具体的なあり方であると言えよう。だが、教育を、ますます複雑化する職業システムにおける出世の手段とばかりに見ていては——そしてますます複雑化する工業社会・ポスト工業社会の分業体制上の一機能とばかりに見ていては——問うべき多くの問題が、答えられぬままに置かれることになる。

4　道徳教育の曖昧な地位

初等・中等教育には、最高裁がこのレベルにおける教育の機能であるとした、教化の働き、「価値の教え込み」の働きと、価値中立的な「自由探求の技法」の伝達とのバランスをめぐって、長年緊張関係が続いている。教育が家庭、教会、地域社会のなかで行なわれ、五年生を越えて公の学校に通う者が稀であったような時代にはなかった問題である。一九世紀の教科書叢書、マックガーフィーズ・リーダーズ——おそらく教科書史上もっとも好評を博したものだ——は、アメリカ愛国主義と漠たるプロテスタント的信仰心とを兼ね備えるものであった。少なくとも国民の大多数にとって、学校は、家庭と教会の教えとを補強するものであったのである。だが、その後は、教科書が全国の父母や信者の誰をも怒らせずにすむというふうにはいかなくなった。地域の学区レベルでは、今日でも何らかの「共同体の規範」が生きているといえる。しかし、リサーチ・ユニバーシティー出現以後の高等教育においては、そうしたものが物を言うことはますますなくなってきた。大学はデューイの大学統合化・民主化構想を発展させることはなかったが、自らは価値判断を広めている。とくに、自由探究のみが規範であるという仮借なき主張を行なっている。大学生のほとんどは、家庭や教会で学んだこととは何か違ったものを大学で学んでいる。レベルの高い大学ほど、このギャップは大きい。

ほとんどの大学教師にとって、こうした状況は純粋な善である。大学の役割とは、要するに、伝統だの迷信だのの蜘蛛の巣を払って、学生に明晰なる批判的探究の道具をあたえることではないのか？　とはいえ、ほとんどの学生にとって関心があるのは、明晰なる批判的探究ではなくて、むしろ経済的な出世の方だ。教授たちがこの点を考慮することはめったにない。たとえ考慮したとしても、批判的・価値自由的な市民こそが私たちの社会の自由にとって最良の保証であるとの信念は揺るがない。私たちの社会を、この文化闘争《クルトウアカンプフ》が二分している。前世紀における他の近代社会の場合ほど激しいとは言えなくとも、同じくらい深刻な闘争である。果たして大学側の戦士ばかりが全真理を握っているのであろうか？ これは一考に値する問題である。

アメリカの文化闘争におけるもっとも劇的な事件は、おそらく一九二五年のジョン・トーマス・スコープスの裁判であろう。彼は、進化論に反対するテネシー州法に背いた件で罪に問われた。ウィリアム・ジェニングズ・ブライアン〔検察側。国務長官を務めた民主党の政治家。主として適者生存の論理の社会的危険性の認識からファンダメンタリストの擁護に回ったが、裁判でこの問題が問われることはなかった〕とクレアランス・ダロー〔弁護側。著名な弁護士。聖書の逐語的解釈の矛盾を指摘した〕の対決は、アメリカ文化史に残る劇的瞬間である。世間の関心を集めた裁判であるが、結末としては、ファンダメンタリストの反ダーウィン進化論が嘲笑の海に沈没することとなった。しかし、彼ら宗教的保守派を軽蔑した近代主義者の方も、ほとんどの者は——彼ら自身は気づいていないが——敵方と同様のステレオタイプと偏見に陥っていた。他の場合であれば彼らのリベラルな良心がとがめていたところである。この対決に対するラインホールド・ニーバーの見解は、いつになく皮肉なものであった。彼は〈迷信勢力〉対〈開化勢力〉という図式では割り切れないものがここにはあると考えた。一九二九年の『牧会ノート』にはこう書いてある。「二種類の狂信から一つを選ばなければならないとしよう。片や、生きている文化を自由と理性の名のもとに破壊しようとする狂信。片や、生まれつつある新文化を権威とドグマの名において圧殺しようとする狂信。さて、前者の方がましだというこれといった理由があるだろうか？ 後者の型の狂信は、結局は不毛なものだ。理性の成長を、ドグマが阻止することはできない。しかし、前者の型もまた危ない。それは倦怠と絶望によって合理的文化から容易に活力を奪ってしまう」[15]。

この文化闘争をやりきれないものにしているのは、ニーバーの言う「生きている文化」を擁護する側に立ったファンダメンタリストにしても、とうに敵方と同じ土俵にのせられているということである。ファンダメンタリズムは二〇世紀の運動である。それは、すでに知の科学的パラダイムが主導権を握っている文化においてのみ、出現可能なものだ。客観的証拠のみにもとづく純粋に知的《コグニティブ》な真理という概念を、ファンダメンタリストは敵と共有している。科学の知的主張に対し、彼らは創造にかんする聖書の知的主張に賭けるのだ。だから彼らが戦いに勝つ見込みはない。論争を始める前に、すでに彼らは肝心なものを敵方に譲り渡してしまっているからである。

近代における教育の変貌ぶりを理解するためには、私たちは、知の科学的パラダイムの方向ばかり見るようになったこうした文化史上の根本的変化とそれに随伴するさまざまな動向について、より詳細に見ていく必要がある。デューイが家庭と地域社会に見出した古い知の形態を考えてみよう。それは、客観的世界についての知的命題の吟味を繰り返すことによって学ばれるものではなく、社会的実践に参加することを通じて学ばれるものであった。社会的な役割を引き受け、種々の行動の型を示す模範的言語と典型的性格とに馴染んでいく。人は自分が客観的世界のあれやこれやを脇から学び取っていく匿名の主体であるかのように感じることはない。人は自らが知るものになるのだ。家庭あるいは職場において、そしておおむね教会においても、まさにそういうふうにして学ぶ。宗教は、礼拝、祈り、賛美歌、暦に従って繰り返し語られるお馴染みの物語を通じて学ばれる。それは命題神学から学ばれるものよりはるかに多い。神学の命題の実験的検証から学ばれるものよりはるかに多いことは間違いない。

5 レトリックより科学へ
——基本パラダイムの変容

もちろん英米文化においては、すでに一七世紀には科学的パラダイムが顕著に認められる。また、一九世紀初頭のアメリカを支配したスコットランド常識哲学には、客観主義的な性格がある。だが、商業や行政において文書の重要性が増大する一九世紀終盤までは、文化の大部分は、なおしばらく口頭のものであり続け、今日では想像もつかないほどに、対話や相互交流のパラダイムが生きていた。説教家と政治家の雄弁が尊敬を集めた。シェークスピアは民衆の娯楽である。息を凝らして読む「高級文化」には未だ祭り上げられてはいない。一九世紀半ばにおけるアメリカ最大の教師は、エマーソンである。彼の「エッセイ」の大部分は、もともとは全国各地の都市や町における講演の記録であった。エマーソンの講演は、古典、聖書、シェークスピア、世界各地の伝統的な物語や文学を比喩として織り込んだ、いわばタペストリーである。それは、経験的であれ、演繹的であれ、客観的真理の形で語ったものではない。エマーソンの「雄弁術《エロクェンス》」にかんする記述を読むと、彼の考え方がわかる。言論の本性は共同体的な言葉のやり取りであり、言葉の民主的な交換を通じて真理

が見出されるというものである。(16)

事実、一八世紀のアメリカ共和国建国時代には、レトリック（修辞学）は確固たる地位を得ていた。レトリックの伝統は、独立革命期には大事な役割を果たした。純粋な民主主義には欠かせない公衆と公共性の概念の中核に、このレトリックがあるからである。公衆《パブリック》の概念と、公衆に向けて口頭であるいは文書で表現する公表《パブリシティー》の概念とは、緊密な関係にある。(17)それゆえ、二〇世紀に入ってレトリック、公衆、民主主義の相互の結びつきが弛み始めると、かつて称揚されたレトリックの格下げが起こったというだけではすまなかった。活発な民主主義の働きそのものが脅かされ始めた。

すでに見たように、一九世紀末までのアメリカ文化における口頭言語の重視は、「大衆文化」のみの特徴ではなかった（そもそも大衆文化と高等文化の区分そのものが、一九世紀末期の産物である）。(18)家庭や地域社会で雄弁が敬意を集めたというばかりではない。大学教育でもレトリックが重視された。高等教育の基本方針をめぐり、紀元前四世紀以来、片やレトリック、片や哲学あるいは論理学あるいは科学と、二派に分かれての長い闘争の歴史があるが、ここでそれを詳しく論じている暇はない。(19)ただ、一九世紀のアメリカの大学《カレッジ》にもこの闘争が潜在していたと言うだけで十分である。科学的パラダイムがレトリックに取って代わったというよりも、レトリックの様式が一貫性を失ってきたのである。南北戦争以前にはなお、科学的パラダイムはおおむね大学の教育課程から排除されていた。

キケロやクインティリアヌスなどの古典レトリックの伝統を断固と主張した最後のものは、ジョン・クインシー・アダムズの『レトリックと雄弁術』である。一八〇六年と一八〇九年にボイルストン修辞学教授としてハーバード大学で行なった講義を、一八一〇年に出版したものだ。アダムズは、レトリックに対する学問的関心を政治家の実地の活動に結びつけるという点で、まさに典型的な議論を展開しているが、彼の講義はさして影響力をもつことはなかった。当時のアメリカの高等教育界では、経験的記述をことに重んじる一八世紀の英国レトリックの伝統が支配的だったのである。とはいえ、後者の伝統でさえ、古典的レトリックのいくつかの重要な要素を受け継いでいた。もっとも重要なのは、一九世紀初期のレトリックが、なおまだ知的真への志向、感覚的美の獲得の努力、倫理的・道徳的洞察の探求を結びつけていたことである。古典レトリックと同様、ここにおいても、説得がレトリックの最上位の要素であった。

高等教育の焦点としてのレトリックの伝統は、一九世紀後半に事実上の終結を迎えた。そして、その終結のしかたに、その後二〇世紀を通じてほぼ揺らぐことなく教育界を支配した新たな理念のあり方が象徴されている。先にも触れたように、口頭から文書への力点の移動は、すでに一八世紀以来の傾向である。一九世紀末の時点では、古い教育課程のうちでは必修の作文のみが唯一の生き残りであった。それも骨抜きにされた残滓だ。説得は、場所があたえられたとしてもスピーチの世界においてであった。古典的には詩学と呼ばれた美学的考慮は、文学科に委ねられた。倫理学ないし道徳研究は、哲学科に属することになった。一方、学生の新たな勉学の目的となった経営・技術関係の職業は、彼らに実用的・説明的な散文を書くことを求めた。科学系の学問も同じことを要求した。そして今やこれが作文の授業のほぼすべての目的である。一八九〇年代までには、ハーバード大学における全学生共通の必修科目は作文練習だけ、他はみな選択科目ということになっていた。他の大学も、遅かれ早かれ先例にならった。

　必然的に多くの教師を必要とする必修科目の作文は、専門分化の進む総合大学にとって荷厄介となったふうがある。英語の終身教授は、文学の授業ばかりの方を向き、作文の方は避けて通ろうとした。その結果、作文教員のプロレタリア化が進行し、大学院生、臨時講師、非常勤講師が埋め合わせることになった。とはいえ、すっかり衰微した作文の授業も、まだいろいろな点において、表面には現われぬ大事な教育的使命を果たしつづけた。レトリック史家のジェームズ・バーリンは雄弁にこう述べている。

> 学生に文章を教えるというのは、道具的な技術ばかりを教えることではない。行動の様式、体験への応答のしかたを教えるのだ。……
>
> 　ものを書くという行為をどう教えるか。当方にその意識があろうとなかろうと、教え方の如何は、学生の私的ないし社会的行為の全側面に影響をあたえる。これもまた当然であろう。いかに等閑視されていようとも、新入生の作文の授業は一九世紀のカレッジの遺風を伝える最後の場なのだから。つまり、今日のマンモス大学にあって、一年生諸君がただの頭数以上のものとして遇される唯一の場なのだから。それはともかく、否定しえぬのは次の事実だ。どういう作文教授法を取るのであれ、学生に言葉の使い方を教えるときには、同時に、人生をどう振る舞うか、そのあり方を教えることになるのである。[20]

今や新式の「実用的」作文法が、古典レトリックの働きのうち客観的記述以外のすべてのものを排除するにいたった。この作文法は、表面的な正確さこそが「優れた散文の最大の評価基準」となると主張して譲らない。だが、困ったことに、この新式教育が奨励する振る舞いの型には、善い所ばかりではなく限界もまたある。バーリンはこう書く。「一方でこの排除は、学生が企業の出世街道を歩むのに好都合な振る舞い方を奨励している。語法や文法や表現や思考の正確さ、そして無味乾燥な客観性および中立性がそうだ」[21]。

一九世紀における知の文化的パラダイムの変貌はかくの如きであったが、ここで気づくのは、経済や社会において相関した変化があったということだ。科学的パラダイムは大衆化され、会社と官庁において官僚機構の合理化が進み、中産階級向けの数多くの技術職・経営管理職が生み出され、これらの職に符合する技術の習得を学生が求めるようになる。すべてこうした傾向があいまって、筆者らが『心の習慣』のなかで功利的個人主義と呼んだパターンが勢力を強めることとなった。いろいろな意味で、学校制度は——どの学校もそうだが、とくに大学は——功利的個人主義を制度化したものの最右翼である。

功利的個人主義のパターンの中心には、科学的認識についてのある種の理解があるが、この理解がおおいに問題である。このパターンを強化したのは、新しい大学における自然科学の威信である。社会科学の場合、話は込み入っており、示唆的である。こちらは一九世紀末に出現したばかりの新しい学科が大半である。自然科学をモデルにして社会科学を開発しようという思潮が文化一般にあたえた影響を、私たちは考えてみるべきである。支配的な考えはこうだ。科学が知的生活の中心を占めるというのは、科学には確実な知識を生み出す力があるからである。知識は価値とはまったく関係がないが、知識を用いれば、私たちの生存の条件はいっそうよくコントロールできるようになる。——こうした見方に立つならば、社会科学は、善い生活の本質とその実現の方法について長期的に討議してゆく営みに結びつくようなものではなくて、むしろ、それぞれに適格な専門家が適宜利用できるような、客観的認識のもう一つの形態だということになる。しかし、かくも絶大なる科学的パラダイムの力とはいえ、社会科学が自らの出発点である社会改革運動とのつながりを完全に断つことはなかった。社会科学の実践的・道徳的・政治的意図が完全に棄てられることはなかった。さらに重要なのは、社会科学と哲学とがまだ少しは結びついていた初期の時代には、今描いたのとは根本的に異なる認識のパターンも試みられたということだ。だがそれは不安定にしか存続できなかった。客観性、管理、実用性というメタファーが圧倒的だったのである。

千年にわたる伝統的高等教育の屋台骨、人文学もまた、根本的な組織替えを迫られた。人文学の本質的概念は、この言葉がギリシャとラテンの古典の学習のみを指すものではなくなったとき、すでにある程度崩壊していた。近代語と近代文学に対する古典同様の研究を導入した、いわゆる「近代人文学」が文化におよぼした影響は大きい。ロマン主義、あるいは一般に近代文学には、叙情的自己への傾斜が見られる。この当世風先入観をもって、人文学は科学に対抗するパラダイムを作り上げた。すなわち表現的個人主義である。ここでのメタファーは、おおむね豊かな内面世界、人間の主観の世界から引き出されるものだ。困ったことにこのパラダイムは、世に支配的なパラダイムに対抗するというよりも、むしろそれを補完する働きをもっていた。人文学は主観の世界を割り振られた。客観的世界は科学の独壇場となった。そればかりではない。科学のパラダイムは、人文学の核心部分にも突入した。とりわけ言語学と歴史学においてそれは進行した。科学の支配的パラダイムにまともに挑戦できる対抗パラダイムを人文学が生み出すことなど、もはやありそうにもなかった。

ヨーロッパでは、二〇世紀にいたるまで――ある点では現在まで――「人間の学《ヒューマン・スタディーズ》」という一般概念が、社会科学と人文学との結びつきをよく保持した。これに対し、アメリカの社会科学は――とくに経済学、社会学、心理学は――科学になることを自らの課題とし、人文学からの独立を宣言した。その結果、それらは、実証主義、還元主義、相対主義、決定論という基本的仮定を採用するようになった。いずれも科学たるものの満たすべき要件であると社会科学者が考えたものである。実証主義とは、自然科学における客観主義とされるものにできるだけ近い方法論を取ることである。心理学の場合、これは実験の利用を意味している。経済学と社会学の場合は、可能なかぎりデータを定量化し、統計的操作を加えるということだ。還元主義とは、複雑なものを単純なものによって説明し、文化の複雑な形態の裏に生物学的・心理学的・社会学的な欲動・必要・関心を見つけようとする傾向のことである。この実証主義と還元主義より自然に出てくるのが相対主義である。相対主義によるならば、道徳性や宗教の問題は、心理学的・社会学的な諸条件の組み合わせ方から説明できる。それは真偽、当否の判断の対象ではなく、人により、文化により、社会により種々に変わるものである。決定論は、科学なる概念の本質をなすものである。それは、人間の行為は「変数」によって説明できる、「変数」が行為の原因となると考える。

社会科学者は、新たに勝ち得た独立と学科の輝かしき将来性に意気軒昂たるものがあった。とはいえ、彼らの始めたことは、かなりの程度、すでに一七世紀にトマス・ホッブズが提唱した経験主義的・還元主義的・相対主義的な仮定の繰返しである。そして筆者らの言うロック主義――人間をアトム論的な、私利の最大化の追求者と考える傾向――のおかげで、「新しい」社会科学の教えは世にすんなりと迎え入れられた。世俗化の進む知識人たちのあいだでは、社会科学は功利的個人主義の言語を強化し、社会の問題は道徳的・政治的に考えるよりも技術的に考えた方がよいとする風潮がますます強くなった。だが、新しい社会科学の「客観性」に満足し、人文学を自然科学的モデル一辺倒のカリキュラムにおける一専門学科の地位へと追いこんでしまったことの代価は大きい。私たちの文化的資源の中核部分は、恐ろしく縮小した。西洋の宗教・哲学・文学の遺産を活用しながら、善い生活と善い社会についての倫理的考察を進めるという営みは、もはや高等教育の中心的課題ではない。専門諸学科の寄り合い所帯として作られたリサーチ・ユニバーシティーのどこかの隙間でかすかに生き延びているにすぎない。

6　古典期アメリカ哲学の媒介的役割

口頭の文化、学問におけるレトリック的伝統、宗教的かつ政治的な実践はいずれも対話による熟考を含むものであったが、この古いスタイルが急速に衰えつつあるとき、ある注目に値する展開を見ることになった。科学自体の対話《コミュニケーティブ》的な理解である。この新たな科学観が出現したのは、社会科学の近縁に位置する哲学の分野であった。それは大学に始まったが、アメリカ社会全体に影響をあたえた。そして私たちの精神観・自己観・社会観にとって深い意味をもつものであった。

科学とは、孤立した個人の精神が知的に一貫した「実在界」の客体の概念を——実験の篩で選り分けつつ——構築しようとする営みなのではない。むしろそれは、問題は何か、実験結果が意味するものは何かと、たえず対話を続けることで概念を発展させてゆく探究者の共同体の社会的営為である——。こう論じたのは、哲学者のチャールズ・パースであった。孤立した研究者は、探求者の共同体のコンセンサスに影響しようがないのだから、いないも同然である。もちろん、忘れられた発見が別の研究者によって独立に再発見されるということも稀ではない。これは科学の共同体が、その忘れられた発見の背景と文脈をようやく理解し、それを内に取り込む用意ができたということである。残念なことに、科学者自らはしばしば個人主義的科学観に立っており、根本的に集団的な成果であるものの発見順をめぐって激しくやり合うことも稀ではない。これについては、社会学者のロバート・マートンが『巨人の肩の上で』で語っている。また、人類学者メアリー・ダグラスは、近著『制度はどう考えるか？』において、彼の観察を用いながら文化的制度としての科学の意義を論じている[22]。

アメリカの哲学者中、おそらく最高の知性と独創性を示したパースであるが、新しいリサーチ・ユニバーシティーのなかにはついに居場所を見つけることができなかった。だが、彼の洞察の核心部分は、ハーバードの哲学者、ジョサイア・ロイスに受け継がれ、彼を通じて一般化された。ロイスは「解釈者の共同体」というものを考えた。科学のみならず、人類のあらゆる精神生活を営むものは、すべからく「解釈者の共同体」である。この共同体は、精神的な真実と道徳的な善について対話を続け、今の現実に照らしながら過去の遺産を再考し続ける。

　ウィリアム・ジェームズは、社会よりも個人をいっそう強調する点において、大方の反論を誘っていたエマーソンの系譜を引く者であり、他のアメリカ古典期の哲学者とは距離を置いている。しかし、旧来の公共文化と新興の専門化した大学文化とを仲介しようとした点では、彼はグループ中の代表格である。彼はジョン・デューイに従い、社会の重要問題について一般向けの著述や講演を行なった。成功倫理に対する彼の厳しい批判はよく知られている。「戦争の道徳的等価物[23]」を求める彼の努力も有名だ。平和部隊〔途上国の民生支援をするボランティア組織〕など、種々の計画のうちにその影響が認められる。その妥当性は、彼が発表した当時といささかも変わるところがない。

　ジョン・デューイとジョージ・ハーバート・ミードは、ともにパースの間接的影響下にあるかもしれない（ミードはロイスと共同で研究を行なったが、それはロイスが「解釈者の共同体」の概念を打ち出す以前のことである）が、それぞれ、かなりの程度独立に、認知的《コグニティブ》理性・道徳的理性の相互作用的・対話的なモデルを編み出している。ドイツの哲学者、ユルゲン・ハーバーマスが近年強調しているように、自己の社会的構造にかんするミードの研究は根源的なものであった[24]。ミードは言う。認知的・道徳的能力は、成長期の子供において「他者の役割を引き受ける」過程を通じて発達する。これほどロックの主張に対立するものはない。人間の意識は個人と自然界との経済的な相互作用を通じて発達するというのがロックの考えであった。

　個人の成長は、あるいは人間の行為は社会的なものであるとする考えは、ジョン・デューイの教育＝政治改革計画全体の神髄である。デューイ型プラグマティズムが推進する生の概念は、新しい議論に依拠しながらも、古いピューリタン的・共和主義的な人生観に連なる性格をもっている[25]。彼は功利的個人主義と実証主義的科学主義といつも対立していた。もっとも、科学を共同体の本質的形態と考えることを好み、科学的知性が発達すればあらゆる問題が解決できると主張し、自分の哲学を「道具主義」と呼ぶ癖があったせいで、ややもすると時代の流行であった実証主義的・技術者至上主義的な思考法との立場の差が見えなくなってしまう。それゆえ、パース、ロイス、ミードが隅にやられ、次いで忘れられた後にも、デューイは――しばしば誤解された形で――影響力を保つことができた（ミードの場合、主流の個人主義的なパラダイムによって曲解された。まず社会学者のハーバート・ブルマーが誤解し、次いで社会学者のアーヴィング・ゴフマンがいっそう極端な方向へもっていった）。だが、結局彼もまた、おおむね忘れ去られてしまった。もっとも、反功利主義的・反実証主義的社会科学の伝統が完全に断たれることはなかった。ハーバードの社会学者、タルコット・パーソンズは、主意主義的な行為理論を打ち出している（ただし彼の場合、ミードよりもデュルケムに負うところが多い）。パーソンズの理論は戦後数十年間は影響力を保ちつづけた。もっとも、自己の立場を一個の科学の創造と捉えていたパーソンズ自身の理解を思えば、彼の影響もまた、少なくともデューイの場合と同じ程度には両義的であったといえるだろう。

大学も社会も道具的理性に支配されている今日、対話的理性のパラダイムの回復が——大学においては研究と教育のモデルとして、文化全般においては功利主義と異なる傾向に対する支えとして——おおいに必要とされている。このような形で真理探求を進めるのでなければ、民主的社会との真の共存はできないとするデューイの主張は、おそらく正しいものだ。アメリカ哲学の古典期におけるこうした試みは、今日でも私たちの模範である。専門分化の進む大学の諸学科と広く公共へ向けられた関心とのあいだにいつでもオープンな対話を続けていこうとするならば、私たちはここに範を求めるべきである。(26)

7　今日の高等教育論

今日の代表的な高等教育論として、私たちは、先のハーバード大学学長、デレク・ボックの意見を聞いてみたいと思う。だがその前に、少し回り道をして、今世紀半ばの先任者、ジェームズ・ブライアント・コナントの見解に触れてみたい。二〇世紀半ばにおけるハーバード大学のリサーチ・ユニバーシティーとしての国際的評価は（あるいは一部の賛嘆者が言うような国家的大学としての評価は）、さまざまな意味で、コナントが道をつけたものと言える。卓越した化学者であるコナントが自己の才能を振り向けたのは、先の両次大戦中の軍事計画であった。第一次大戦では新たな毒ガスの化学式を完成させた。第二次大戦では原爆製造計画において指導的役割を果たした。彼は、科学は真理の信頼に足る唯一の源泉であると信じていたが、科学が自由な社会の存続に必要な価値をもたらすものであるとは考えなかった。科学は知性を賦与されたエリートたちの世界であり続けるだろう。それが自らの守備範囲を越えて何かを答えてくれることはないだろう。コナントは、いわば急場の対策として、「ハーバード一般教育計画」や他校向けの同様の計画を推進した。それは一九世紀の一般論化したキリスト教ではもはや教えることのできない常識的教養の初歩を、世俗モードで教えるものであった。冷戦の熱い支持者であったコナントにとって、教育は、共産主義との長期戦に向けて国民を鍛えるための決定的なイデオロギー的手段であった。しかし、歴史家のサム・バス・ワーナー・ジュニアも指摘するように、ほんとうにコナントが、一般教育の人間主義的な内容が科学の冷たい精査に耐えられると考えていたかどうかは疑問である。(27) のちにパーソンズが名づけたところの高等教育の「認知的複合体《コグニティブ・コンプレックス》」が「道徳評価的複合体」と手を切り始めたのは、コナントあたりからであるかもしれない。(28) 古典期のアメリカ哲学であれば統合的な文脈を提供できたかもしれないが、それが得られない状況において、この二つはかつてないほどに異質化していった。

デレク・ボックが近年盛んに力説するところによれば、アメリカの大学制度は、世界の高等教育のなかでももっとも成功した、もっとも適応力のある制度であるとはいえ、(29) 彼のいう成功の規準とは、おおむね知識を生み出して広める能力に限られており、コナントとパーソンズの結論を暗黙に受け入れたものに他ならない。彼は、専門化した諸学科の内側でさらなる専門化が進行中であることを知っているし、もはや誰にも断片をつなぐことはできないとも考えている。だが、彼にとってこれは悪い展開ではない。知識の多様性のなかに万人の富があるというのがボックの見解である。彼は論じる。統合は事実上不可能と言うべきである。全知識人に知りうるものなど何もない。あるいは知るべきものがありすぎる。ここから、ハーバードの「コアカリキュラム」(コナントの「一般教育計画」に代えて一九七〇年代後半に登場したもの)の裏にある考えが明らかとなる。全学生が学ぶべきなのは、自然科学・社会科学・人文学の〈技法〉や〈方法〉なのである。実質的内容については、ただその実例ということでよい。

ボックもまた、大学教育の倫理的内容を考えることがある。ただそれは一時的なものであるし(しかも学部教育よりも専門教育との関連で考えられたものだ)、彼の提案を見ても、この問題がいかに周縁的なものとなったかがわかるだけである。学部教育について言えば、彼が倫理や市民精神といったものを認めるのは、だいたい教科外活動においてである。ハーバードの学生は、養護施設やホームレスの収容施設に行き、ボランティア活動を行ないながら倫理について学ぶ、という筋立てだ。倫理学の授業も——とくに大学院では——必要であろう。だが、焦点が置かれるのは、倫理の実質的内容ではなくて、その分析の手法である。何らかの倫理で教化するようなことがあってはいけないというわけである。

ボックはまた、学生サービスの——とくに心理カウンセリングの――すさまじい増殖を積極的発展と見ている。おそらくは初めて親元から離れ、人生と向き合っている青年期後半の学生に対し、大学教育が実際どのような影響をあたえるのかを、彼が問うことはない。学科の絶えざる専門分化を誇る大学から学生に施される教育は、ボランティア活動とはまるで触れ合うところがない一方で、心理カウンセリングの必要とは深い関係があるのではないか？　これは彼の考えおよばぬ問いである。ハーバード卒業生の式辞については、すでに第一章で紹介した。それは、彼らが受けた教育の意味するものは、結局混乱と道徳的ニヒリズムに他ならないと訴えるものであった。

デレク・ボック流独善のためかもしれない。アラン・ブルームの『アメリカン・マインドの終焉』は、その手厳しい一流大学批判によって途方もない人気を集めた。[30]というのも、学部生の文化について、また、彼らが受ける教育の（ニヒリズムとはいわなくとも）心の不在についてブルームが描いたものの多くは（すべてが、では決してない）正鵠を射たものであるからだ。だが、私たちの来し方、現状への道のり、従ってまた今後向かうべき道筋についての彼の解釈には、強い疑問を抱かないわけにはいかない。彼は、過去の大学の理想化されたイメージを描く。おそらく一九五〇年代のシカゴ大学なのだろう。そこでは有能な学生たちが、教師の献身的指導のもとに、厳しい現実からいくぶんかでも隔離されながら、科学的実験や西洋古典の読解の内に真理を見出さんと努めている。まるでつい先ごろまでどこにでもあったかのような書きぶりであるが、そのような大学が、一九五〇年代のシカゴであれ、他のどこであれ、実在したことはない。また、ブルームが信じているように、伝統的な大学が「哲学」を中心に置いていたなどということも、まずほとんどなかったことだ。競合し、通例は優勢を占めていたレトリックの伝統のあることを、彼は無視している。さらに重要なことがある。近代的リサーチ・ユニバーシティーとは、要は近代経済・近代国家の必要が生み出したものである。ここにおいては私心なき真理の探究にとって格別に善い時代など一度もなかった。この事実をブルームは曖昧にしか語ろうとしない。かわりに彼は、今日の高等教育に広く行きわたった相対主義とニヒリズムを説明するために、かなり異様な陰謀理論を展開している。彼は考える。一切の淵源はニーチェである。それは一九三〇－四〇年代にドイツ人亡命者とともに大西洋を渡った。それはおおむね、マックス・ウェーバーとジークムント・フロイトの本質的にニーチェ的な教説を通じての伝播である――。だが、これは重要な事実に目をつぶるものだ。ブルームが憎悪する倫理的相対主義ないしニヒリズムは、ホッブズ以来の英米の知的世界に暗黙に含まれていたものだ。それが一九三〇年代以前のアメリカ社会科学のなかに存在していたことは確実である。

第三部にはさらに異様なことが書かれている。一流大学における「水準の低下」の原因として、一九六〇年代の学生の反乱を厳しく攻撃しているところである。この点では、いかなる「水準の低下」も一九七〇年代の半ばまでには急速に修復されたとしているボックの記述の方が間違いなく正確である。だが、いっそう重要なことは、一九六〇年代における、時に相矛盾する学生の反乱には、ブルームが今日の大学に欠けていると断じるまさしくその道徳的な真摯さに対する要求があったということである。そればかりではない。一九六〇年代は、支配的な功利主義のパラダイムとそれと対をなす表現主義のパラダイムとがおおかた曖昧にしてしまった大学の道徳的次元を回復しようという新たな動きが開始された時代でもあった。これについては後にまた触れよう。

アメリカの高等教育における心の不在の淵源であると私たちが考えるものについては、ブルームは、MBA（経営管理学修士）に触れたところで軽い調子の一瞥を加えているだけである。MBAのカリキュラムが学部教育におよぼした影響について、彼は「大失策であった」と書く。「……リベラルアーツ教育（一般教養課程）は一切を危うくする。一切を危うくできる学生を、それは求めている。さもなくば、すでに道を決めた人間にとってのわき道を賑わすだけのことだ。MBAがやったことと言えば、馬の目隠しをつけることであった。群を囲いに追い込んで、馬の目隠しをつけることであった。リベラルならざるお上のお墨付き学部用カリキュラムを最初から学生に押しつけるのである。……これらエリート専門課程に進むことに、彼らは強迫的にとらわれている」[31]。医学部に進む学生は、生物学や物理学を尊重することを学ぶ。しかし、経営学大学院に進む者は、社会学、人類学、政治学には目もくれず、経済学にばかり集中している、とブルームは指摘する。実を言えば経済学の学問そのものはどうでもいいのだ。

［経営学に進もうとする学生の］志望の動機は、経済学への愛なのではない。経済学が扱うもの、お金への愛が動機なのである。疑いなく現実的で手堅い存在である富。これを扱うエコノミストもまた知的に手堅い印象がある。文化などとは違っている。ともかく彼らは、何もないもののことを話しているわけではない。だが、富は——富についての科学ではなくて、富そのものは——非常に気高い動機ではない。大学中を見渡しても、科学と貪欲がかくも完璧に合致している場所は他にない。あるとしたら、性科学だ。情熱的にして真に学問的な教授が、学生

に性の悦びの堪能を請け合う世界である。(32)

だが、教育を富獲得の手段と考える思想は、すなわち科学と貪欲の結婚は、リサーチ・ユニバーシティー出現の当初からあったものだ。さらに困ったことに、ブルームがMBAカリキュラムの影響だとばかり考えているものは、実はもっと広範な傾向である。そもそもリサーチ・ユニバーシティーは、企業と手を取り合って成長してきたものだ。だが、いかに浸透しあっていたとはいえ、大学と企業とでは構造の違い、目的の違いがあった。ところが今やこの違いそのものが攻撃に曝されている。スタンフォード大学に新設された高等教育研究所の便覧にはこう書かれている。「経済学理論と経験的分析手法が進歩し、組織行動が発達し、経営技術が洗練された結果、非営利機関——単科大学・総合大学を含む——の複雑性を、営利企業並みに理解することが期待できるまでになった」。

スタンフォード大学財政副学長、新設の経営学大学院の主任研究員、教育学大学院の教授を兼ねるウィリアム・マッシーはこう述べる。「七〇年代の初めに［スタンフォードの］大学当局で働き始めて以来、私は一個の産業としての高等教育に魅了されている。それは、多くの研究所が縦横に結びつきながら相互作用しあう、一種の市場をなしているのだ」。マッシーの経営学大学院が掲げる研究題目リストの上位に、「大学における生産性と費用効率の研究。大学は社会が期待する生産品をもたらしているか？」というのがある。これが関心の中心である。デレク・ボックの本も、ページの大半をこの議論に割いている。マッシーはこれを「指導と学習の効率。両方の側をうまく測れる物差しは何か？」と敷衍する。国民の多くにとって大学教育とは何よりもまず「職業訓練」である。そう考えるマッシーは、大学にはその期待に答える義務がある、と断じる。彼にとって大学とは、市場システムのもう一つの要素なのだ。

学生があるサービスを求め、誰かがそれを供給する。これをいけないと言うのはむずかしい。好みは変わった。昔の人は古典に関心があった。今、世の中の関心は金を作ることにある。社会が根底から変化した。これが現実だ。私は市場を信じようと思う。需要があるなら、供給するのが義務というものだ。

大学は面白いメニューを提供する必要がある。メニューには、世界はこうもなろうという見解が書き並べられる。だが、メニューのこれを選べとは誰にも命令できない。人気がないのなら、別のメニューに替えなければならない。しかし、そう急ぐこともない。要はリードする

ことと相手に合わせることとのバランスである。(33)

教育産業は市場の需要に応ずるべきである。かつて古典を求めた世の中が今は金儲けを求めているならば、それに応えるしかない。これがマッシーの見解である。ブルームの教養《リベ》課程《ラル》教育論は暗に拒否された。いや、大学を道徳的対話の共同体と見るあらゆる見解を彼は拒否しているのだ。彼の考える大学とはどのようなものであろうか。高等教育が一貫した世界像や人生の意味に関わるものだとの考えは、そこには見出されないだろう。一方、学生サービスと心理カウンセリングが欠けていることはあるまい。困ったことにそれは、今日のセラピー文化のありようからすれば、学生に対して困難な世の中でいっそう自律的に生きることを促すようなものであろう。自らが受けている教育のもつ大きな意味合い、社会的に有意味な文脈の発見を促すようなものであるとはあまり期待できない。そしてもう一つ確実なこと。青年期から成人期に向かいつつある学部生のほとんどは、この決定的な時期に、公式カリキュラムが行なわないほんとうの教育を、かなりの程度、教科外の活動――そのすべてが心を向上させるものではないだろうが――を通じて受けることになるだろう。

8　教育と第三次の民主主義の変容

市場の圧力に単純に応答する「教育産業」というのは、非ロック的な巨大制度がいかに純個人主義的な出世の人生観を鼓舞しうるかというもう一つの例である。それゆえこれは、ダールの言う「第三次の民主主義の変容」の可能性にとっておおいに危険なものである。なぜならそれは、教育制度の基本構造には手を触れることなく、学生が持ちこんでくる確定済みの「好み」に応ずることばかりを考えているからである。

出世に必要な手法と技術を個人にあたえるだけの教育論では、「職業訓練」さえ十分に果たすことができない。先進テクノロジー経済は、責任あるやり取りのできる、道徳的・社会的な問題を理解できる人間を必要としているのだ。複雑化した世界において活発な社会参加ができる市民を育てることなど、まして不可能である。幸いなことに、「教育産業」とは異なる大学のビジョンが、ここ二、三十年のあいだに復活してきた。苦しい戦いではあるが、新たな声は常に上がっている。

たとえば、軽んじられつつも必要不可欠な作文指導について見てみよう。ジェームズ・バーリンによれば、一九六〇年から七五年にかけてレトリックの復興が見られ、その余波が今日におよんでいる。第一次・第二次の民主的変容と緊密な関係にあったレトリックが、今や民主的討論の課程における発見のモードとして再登場しつつあるとすれば、それはいかにも望ましいことである。

近年の動向のなかでももっとも重要なものを、バーリンは「交流《トランスアクショナル》レトリック」という概念で捉えている。「交流レトリックにとっての実在とは、経験的に実証可能な外界の現象（感覚印象などの定量化できるもの）でも、外界とは別のどこかにあるもの（観念やビジョン）でもない。交流レトリックが実在を見出すのは、レトリックの過程そのものをなす要素どうしの相互作用のなかである。すなわち、現実の素材、著者、読者、言語の相互作用のなかである」[34]。このレトリックの発展の背景には、古典レトリックに対する近年の関心の高まりがある。また、近年、レトリックの世界でまた新たな展開が起こったことも関係している。これについてバーリンは、レトリック学者リチャード・オーマンを引用しながら、次のように書いている。

> オーマンの説明によれば、古いレトリックが説得に重点を置いていたのに対し、現代のレトリックは「コミュニケーション、黙想、質問、自己表現、その他」と、種々の形式を取りこんでいる。古いレトリックは聴衆に対して攻撃的であるが、「現代のレトリックは……話し手あるいは書き手と受け手とのバリアを低くする。力点は協力、相互性、社会的調和に移っている。それは書き手と受け手の両方が受け入れる結論へ向かっていく協働的な動力学である。頑固な客体を力任せに動かそうとするのではない」。現代のレトリックの第二の特徴は、自らを「真理と正義のたんなる伝達ではなく、その探究の過程」と見なしていることである。……そして最後に、議論が交わされるところでは、常に書くということが行なわれている[35]。

さらに、今日の大学においては、作文の教師は現実に複数の対話の共同体に関わっている。どの共同体もおろそかに扱ってはいけないが、学生には、標準的な英語の書き方を習得してこそ、私たちの文化にとって肝要な言語共同体への参加が可能になるということも教えなければならない。「大切なのは、社会には多様な世界観があるということを――言語を用いて体験を組織するさまざまな方法があるということを――学生に悟らせることである。究極の目標は、民主的な市民精神の訓練である。学生は、〝受け継いだ存在論を奉戴する忠臣ではなくて、自らの世界のために投票する市民となる〟」[36]。

客観的説明に徹する作文から、対話の共同体のなかで書き上げる作文へと強調点が移るとともに、授業を組織する方法も変わってきた。教師の口から流れてくる唯一正しい言葉遣いを学生が黙って受け取るという形にかえて、授業は、学生もまた効果的な言語の運用法の発見に責任を果たすべき共同作業であると考えられるようになった。これは、教育社会学者のゼルダ・ギャムソンの考える、大学における「学びの共同体」といういっそう一般的な現象の一つの具体例である(37)。学生が個々ばらばらに選択を行なうカフェテリアモデル(マッシーの市場モデル)とは逆に、学びの共同体には教科指導の一貫した焦点がある。種々のコースは一つの全体をなし、学生は教育を共同の企画として理解できる。成績曲線上でしのぎを削る個人主義的競争の場という普通の教室の姿とは対照的に、学びの共同体は、学ぶということの協力的・相互作用的な本質を強調し、個の上達に対して全体が責任を負う。興味深いことに、この展開は、ジョン・デューイのおおいに誤解されている概念、「進歩的教育」の要点を、意識的にか偶然にか再発見したものとなっている。

小さな一般教養大学《リベラル・アーツ・カレッジ》であれば、工夫次第で学びの共同体になることができる。大型の総合大学においても、関係する教職員が率先して働きかけることで、特別カリキュラムの形で学びの共同体が生み出されている。どちらの場合にも、まず教員自らが、相互に意思疎通のできる解釈者たちの学びの共同体となることから始めなければならない。ここが重要な点だ。

初等・中等教育では、学びの共同体の考え方はさらに重要だと言えるかもしれない。このレベルの学校においては、授業の内容に気を配るばかりでなく、生徒をよく面倒みる教師は、私たちも知っているように、子供の人生を決定するインパクトをもつことがある。学校当局や教職員それぞれの努力も必要であるが、親が教育についてよく考えることも大事であるし、親どうしが共同体をなし、相互に、また学校に対して支援するのも必要なことだ。ボックによれば、「ここ二〇年間、新入生の学力レベルは連続して低下」し続けている。「一つには一九六〇年代の大学生のほとんどが被った学力低下によるものであり、また一つにはテレビ、家庭崩壊、多くの公立学校における学力低下によるものである」(38)。孤立した競争的個人のみの力で学びの成果が上がるものではないことは明白だ。アメリカの学校の歴然たる学力低下が、学校を取り巻くさまざまな共同体の衰退とおおいに関係していることは間違いない。共同体の衰退と、共同体に命をあたえる文化的資産の浸食とは、手を携えて進行していくのである。

高等教育に話を戻せば、学びの共同体運動の力を誇張することはできない。しかし、純粋に道具的な(あるいはそれに表現主義を加味した)教育概念に対しては、すでにあちこちから不安の声が上がっている。倫理学を受け持つ教師ばかりでなく、多くの教師が、現代社会が行なおうとしていることの意味や、それに対する評価の方法を問うようになってきている。

　こうした試みのなかでも、興味深いものが人文学から現われた。自らの本来の任務を自覚している人文学は、非近代社会から学んだものによって、近代というものを照射する。古典学者のロバート・プロクターの重要な著作、『教育のおおいなる記憶喪失』[39]は、人文学の起源を辿って、古典（とくにキケロ）のもつ真の人間的意味を取り戻そうというペトラルカの努力にまで遡る。プロクターは言う。ギリシャ・ラテンの古典と取り組むことによって、私たちは、今日の自己観とはまったく異なる「拡張的な《エクステンシブ》」自己観に出会う。それは、他者とは独立別個の「真の自己」を求めてやまない今日の集中的な《インテンシブ》自己とは逆に、他者との関係という観点からのみ自己を理解するものである。教育学者のデヴィッド・ヒックスは、好著『規範と高潔』[40]において、中等教育レベルの教材を古典とキリスト教に求めることに対し、同様の価値を認めている。プロクターも、ヒックスも、カリキュラムについての具体的な提言を行なっている。

　私たちは、人類史におけるさまざまな異文化について、かつてないほど多くのことを知っている。しかし、根本的に異質な文化に肉迫することで私たち自身の状況を理解しようとの意図から非西洋の伝統社会を研究している所はごくわずかである。今日、適切な高等教育を施したいのであれば、自然科学の位置づけも含め、私たち自身の文化と社会のもつ近代特有の形態を明らかにすることにこそ、力を注ぐべきである。かく努力するとあっては、社会科学も人文学も、学生に「基本的技術」と「考察と調査の方法」を仕込むだけのものであってはならない[41]。「西洋文明の名著」方式でもよい。もちろん、時代も実体も抜きにして同じ問題を代わり映えのしない声で語らせるやり方では、薬ばかりか毒にもなる。大事なのは、プラトンとウェーバーはどこが違うのか、孔子はフロイトとどこが違うのかである。ここが見えれば学生も今日の社会の特異性も理解できるし、他の文化のこともわかる。そしてもし私たちが伝統文化について理解したいのなら、それらのほとんどは宗教的関心を中心に置いているということを真剣に受けとめなければならない。哲学者のトーマス・マッカーシーは、こう述べている。「私たちは伝統の諸文化から学ぶことができる。彼らが私たちから学ぶのと同じだ。私たちが忘れ、抑圧したものについてだけでなく、断片化した私たちの世界をふたたびつなぎ合わせるにはどうしたらよいかについても、何事かが学べる。これは退行ではない。対話である。もちろん批判的な対話だ。しかし、一方にばかり批判的なのではない[42]」。

　必要なのは、多種多様な生活のあり方に思いを致し、自らの近代文化自体を見通す視点を得ることである。現在、高等教育で関心が強い多元性や多様性は、これとおおいに関係があるが、まったく同じというわけではない。もし近代文化を、特定の人種や民族の伝統と同一視するようであれば、多元性や多様性への関心もまた、間違った方向へ進みかねない。ヨーロッパの古典が白人系アメリカ人のみに贈られた遺産だと考えたりするのは、アジア系の学生であれば儒教に親しいはずだと考えるのと同じくらい誤っている。ほとんどの学部生のあいだで実際に生きている文化《カルチャー》といえば、『L・A・ロー』や『マイアミヴァイス』〔どちらも八〇年代の人気テレビドラマ。弁護士ものと刑事もの〕といったガラスの容器の単一栽培《モノカルチャー》である。かつての規範的作品のいちいちが人種主義、性差別、階級支配を促していると証明して回る掃討十字軍ばかりの教育改革を行なってみたところで、そもそもそうした規範的作品を何とも思っていない学生にとって何ほどの益があろうか。一部の哲学者の呼ぶところの懐疑の解釈学〔ポール・リクールの用語。マルクス、ニーチェ、フロイトなどの立場をこう呼ぶ〕――すなわち、受け継いだ伝統を一切疑問に付す啓蒙主義以来の西欧の傾向――を、私たちが放棄することはないだろう。しかし、まずは生きている伝統とは何であるかを教えてくれるような再生の解釈学がないことには、懐疑の解釈学は、学生を解放するどころか、たんに方向感覚を見失わせ、ニヒリズムを仕込むだけに終わりかねない。カリキュラムの改革を民族論や女性論や、あるいは古株の学問どうしの縄張り争いに終わらせてはならない。それでは教育にならないし、前向きではない。要は、近代なるものの特質と、まったく異質な非近代文化の世界の特質に深い注意を払うことである。そうしてこそ、知的誠意と人間の多様性に対する純粋な敬意とを結びつけるような教育改革のモデルを見出すことができるだろう。

　学校の生徒でも、あるいは大学生でも、何か重要なことを初めて理解した瞬間の喜びというものがある。鋭敏な教師なら見逃さない。何かの目的に向けた手段的な体験ではなくて、自分がより深く現実に関わるようになったという感覚である。こうした喜びの瞬間は、批判の契機でもまたありうる。どの段階の教育においても、善い学級における喜びとは何かを理解する喜びだけでなく、何かを問うこと、問いについて真剣に考えることの喜びである。結局、教師が学生や生徒のために行なうべきこととは、彼らがジョサイア・ルイスの言う解釈者の共同体、パースに近い言い方では問う者の共同体の一員となれるように手助けするということである。伝統を引き継ぐばかりでなく、積極的参与を通じてたえず修正し、拡張する。今世紀の初めにジェーン・アダムズとジョン・デューイが実現の道を探っていたのは、そのような種類の教育であった。

本章では、リサーチ・ユニバーシティー、すなわちダニエル・ブアスティン呼ぶところの教育宗教のカテドラルに焦点を当ててきた。全教育の基調を定めるのはここなのであるから、ここを強調することには意味がある。しかし、このレベルの教育を論ずるだけで満足するのは、アダムズやデューイの精神に反する。リサーチ・ユニバーシティーは、私たちの社会のエートスの、そして社会全体を貫く教育的エートスの一つの表われにすぎない。先の章では、この先のアメリカ社会における——とくにその経済と政治の領域における——教育の重要性を強調してきた。経済のテクノロジー化が進むと、教育ある技能労働者が不可欠となる。だが、途方もなく複雑で相互依存的な世界にとって、さらに必要なのは、教育ある、そして事実をよく知った市民である。概してアメリカ人は、専門知識・技術を伝達するための教育手段を開発することにかけては巧みだったが、市民精神に資する教育にかけてはそれほどでもなかった。この点でリサーチ・ユニバーシティーは社会全般の傾向の反映である。とはいえ、社会のどのレベルの教育生活においても、道徳の問題や、社会や環境の問題をめぐる議論は行なわれている。現に学校教育・大学教育を通じて、また、真摯な主張や解説を伝える新聞や雑誌、あるいは（中途半端とはいえ）他のメディア、とくにラジオやテレビなどを通じて、注意深い公民は育っている。

どのレベルの教育も、経済や国家が打ち出してくる優先順位にしっかりと縛られている。優先順位は、明らかに資金配分を左右する。資金配分は、教育政策やカリキュラムや時には教育制度の全体を決定づける。しかしなお、大事なところで、学校と大学は自由であり、外部が定める予定表から制度的に隔離されている。今日でも、社会科学や人文学の教師は、市民たるものの要件を満たすべく、自らの社会に対する重大な問いかけを行なうことができる。大学院レベルにおいては、専門の知識を社会的責任と倫理的感受性にいっそう明確に結びつけるための試みが随所で行なわれている。アメリカの教育の多様性そのものが、知性を性格《キャラクター》や市民精神に結びつけるためのさまざまな試みを可能にしている。こうした試みを実らせるためには、私たちは、制度的な生の全般を——とくに経済や政治の諸制度にかんして——変えていかなければならない。すなわち、教育を「競争のためのインフラ」と見る強迫観念を軽減し、共同善探求のための極めて貴重な資源と見る視点を強化していかなければならない。そうすれば、私たちは、あらゆる教育的プロセスにおける文化的資源の枯渇を実感し、そうした資源の再生に着手するようになるかもしれない。こうした資源を欠いては、善い社会についての反省もまた不可能なのである。

9 生を可能にする教育

哲学者のアルバート・ボーグマンはこう言っている。「教育とは、生を可能にし、また不可能にすることである」。いかに多元的な形をとろうとも、個々人の自己強化だけが教育の目的となることはありえない。個人を共同の世界に引き込むか、ただの失敗に終わるかである。「生を可能にする」教育を作り上げるのは、たいへんにむずかしい、しかし不可欠な公共の課題である。何をどう変えていかなければならないのか、私たちの考えを整理しておこう。

（一） 教育は、二〇世紀のあらゆる社会問題に対処する万能薬のようなものとなった。しかし、未解決の諸問題を公立学校に負いかぶせたり、大学であればわれらが難題を技術的に解決してくれるだろうなどと考えたりしてはいけない。私たちに必要なのは、人生に立ち現われる一切のものが教育を行なうという古典的教育観を取り戻すことである。仕事、消費市場、法律と政府、都市と地域社会、家庭と教会——これらのすべてが私たちを教育し、学校が機能するための場を創出する。それらは学校を支えもし、（今やこれが現実かもしれないが）その土台を掘り崩しもする。真の「教育社会」とは、善い学校があるというだけのものではない。それは、共同善に対する健全な意識を、社会のモラールと公共精神を、そして自己の文化的な過去についての生き生きとした記憶をもつ社会である。学校はそうした社会に貢献することはできるが、自らそれを生み出すことはできない。学校任せにしていてはいけない。真の「教育社会」が可能となるためには、社会のあらゆる制度の民主的変容が不可欠である。

（二） わが国の全教育システムは、経済や政治の場合と同様、個別的な、しばしば一時的な圧力に対処する形で巨大化してきた。そのためマクロな一貫性が損なわれている。教区《パロキア》立学校《ル・スクール》〔カトリックなどの教会が、教区単位で運営する初等・中等学校〕にはよい意味で使命感があり、後援者からの支えもあるので、その卒業生は、技能ばかりでなく市民的な責任感においても優れていると言われている。社会学者のジェームズ・コールマンの研究によれば、学校がうまく機能する条件は、第一に学校すなわち校長と教職員が使命感を共有していること、第二に生徒たちに強力な家庭の支えがあること、第三に家庭を組織して学校を支えていくことができる効果的な共同体があることである。(43) 彼が研究した教区立学校《パロキアル・スクール》の経験を単純に一般化するわけにはいかないが、原則はここにはっきりと現われていると言えるだろう。公共教育にも同じ原則を適用できるように、私たちは手をつくすべきである。

（三） 高等教育もまた拡大し、個人が理解できる規模を超えてしまった。細分化した学科の枠を乗り越えるために、学際的なカリキュラム、企画、制度が無数に生み出されたが、ただ一貫性のなさばかりが促進された。次々と現われる問題に対して場当たりで何かを増やしつづけてもしようがない。むしろ真剣に考えるべきなのは、とくに既成の学科において、こうした企画がどういう意味をもっているのか、学生や教職員にどのような効果をおよぼすのかである。小さな大学においては、大学全体での取り組みも可能である。大きな大学の場合、これはしばしば個人の主体性に、時には起業精神に——すなわち絶えず展望を大きくもつことを教えられる教師と出会えるだけの、学生側の意欲に——任されている。もっとも、特別なゼミのプログラムを組んで、カリキュラムを一貫させることを試みている大学もあることはある。ほとんどの教師が自らの属する制度の教育目的よりも専門の中身の方に関心があるなかでは、彼らに対し、自らが行なっていることの教育的意味を考えるように促すだけでも、かなりのリーダーシップが必要となる。制度の刷新を成功させるには、制度の威厳を高め、教育上の広範な問題に対する教職員の自覚を高めることが欠かせないと思われる。

（四）　知のパラダイムはふたたび拡大されなければならない。科学の価値を認めるばかりでなく、他の知のあり方にも同じだけの威厳を認めなければならない。実践理性——古典的な意味での道徳的理性——が、生の教育的次元においてふたたび重視されなければならない。文《リテラチャー》と芸《アート》を、表現的価値の器として奉っておいてはいけない。文芸が深い道徳的洞察をもたらすことも往々にしてあるのだ。エートスこそが、人文学と社会科学の主題である。倫理学《エシックス》は、他と並ぶただの専門分野、あるいは必要な場所に散らしておく一連の方法というだけですむものではない。私たちは、アメリカの古典的哲学者たちの企てを批判的に復興しなければならない。彼らは科学を社会的過程と見ようとした。科学を道徳の学習と想像力から切り離しては、一切の分野の貧困化が始まる。私たちはこの考えに従いたい。今日、大学は、新しいものを追いかけよう、受け継いだ世界観を書きかえようとの巨大な圧力に曝されている。こういうことでは、ランドルフ・ボーンの言う「過去はまだ終わっていない」ということは、そして過去の批判的消化こそが教育の中心課題であることは、容易に忘却される。それは実に危険なことである。

（五）　複雑化した世界における市民精神教育の構想は、一九世紀のカリキュラムの骨董的遺物なのではない。それは現代世界において自由な社会を保つためには避けて通れぬ課題である。市民精神の教育は、高等教育を支配する「認知的複合体」の補助物でもなければ、イデオロギー的には必要だが認知的《コグニティブ》には効力のないお飾りとしての「一般教育」でもない。

その意味を悟るためには、ぜひとも知のパラダイムの再定義が必要である。もちろん市民精神が有効に働くためには、認知的能力もまた不可欠である。ただしそれは、道徳的な感受性や豊かな洞察力と緊密な相互作用をもつのでなければならない。旧時代のドグマ的抑制、文化的偏狭から解放されて（主として科学的な）知性の内に専門分化が進むことは、高等教育の発達のためには、おそらく不可避のプロセスであった。しかし、今や、いっそう完全な人間的理解をもって知を再統合すべきときが来ていることは明らかである。

10　教育と究極的な意味

真の教育に境界はない。これまで論じてきた通り、アメリカの経済や政治の状況を真剣に考察していくと、そもそも経済や政治に意味をあたえている文脈について考えなければならなくなる。自らの社会を理解しようとすると、そもそも自分たちは人類の過去・現在のすべての文化との関係においてどこにいるのかを問わなければならなくなる。そして今日、人類について考えるとき、自然界に対する考察がかつて以上に切実なものとなっている。人類を支えてくれる自然の未来を、人類は自ら脅かしているのであるから。探究が深まるほどに、生の意味をめぐる根本的疑問に近づいてゆく。こうした問いかけは、学校や大学など、さまざまな場において行なわれるが、しかし、アメリカのような社会では、こうした問いかけがもっとも持続的に行なわれるのは、しばしば宗教の諸制度の内側である。経済・政治・教育の制度において見出された種々の難問が、教会やシナゴーグにおいてまた新たな姿で現われることになるとしても驚くにはあたらない。

第六章　公共教会《パブリック・チャーチ》

1　合衆国における宗教と政治

読者のなかには、本章の表題自体に奇妙なものを感じる人もいるかもしれない。憲法は教会と国家の分離を要求しているではないか？　そもそも宗教とは私的なものではないのか？　しかし、そう考えるのは、「公共」という言葉をめぐる絶えざる混乱のせいである。アメリカ人が「公共部門」と「私的部門」とを分けるとき、しばしばそれは「官（ガバメンタル）」と「民（ノンガバメンタル）」とを意味している。こうした用語法からするならば、宗教とはまさしく「私的な」ものである。だが、宗教は——少なくとも、種々の形でアメリカの宗教伝統の主脈をなしている聖書宗教は——二つの意味において、私的なものではありえない。第一に、キリスト教徒も、ユダヤ教徒も、天と地、見えるものと見えないものの一切を創造した神、すなわち、その主権が明らかに私的生活のみか国家をも超越する神を認めている。このような宗教伝統にとっては、私的世界であれ、公共的世界であれ、無関係と言えるようなものは何もない。

第二に、ある重要な点で、「公共」とは「官」のことではない。むしろ、それとは対照的な言葉である。一八世紀に起きた第二の民主的変容において、「公共的＝公民《パブリック》」という言葉は、共同の問題について考え、ともに審議し、代表を選んで憲法によって権力を規定された政府を構成する市民を意味するようになった。(1)　宗教集団は、この意味における「公共」の、まさしく一構成要素である。政府に「公認《エスタブリッシュ》」され、法的特権をあたえられるからではなく、公共善についての共同の討議に参加するがゆえに「公共」なのである。「公共教会」という言葉を正当に用いることができるのは、この意味においてである。実際、憲法修正第一条〔憲法施行後まもなく追加された補正条項（「権利章典」）一〇条中の一。宗教関係の他、言論の自由についての条文などを含む〕における「宗教の自由活動」条項は、宗教団体が公共的に発言する権利を保証している。「宗教の公認《エスタブリッシュメント》禁止」条項が、いかなる宗教団体も行政的に優遇された地位を得ることはないと保証しているのと同様である。(2)

アメリカ共和国の建国者は、後者の意味での宗教の公共性をはっきりと認識していた。民主的な共和国を支えることのできる責任ある市民の形成に、信仰は極めて重要な役を果たすと彼らは考えていた。ジョン・アダムズは、初代副大統領に就任した年に、こう述べている。「われわれの憲法は、道徳的にして宗教的な民のためにのみ作られた。それ以外の者たちの政府には、それはまるでふさわしいものではない(3)」。他の点では個人主義的であったジョン・ロックもまた、神への信仰はいかなる社会の存続にとっても必須のものであると確信していた。『寛容に関する手紙』のなかで、彼はこう書いている。「神を否定することは、たとえ思考のなかだけのことだとしても、すべてを解体してしまう(4)」。ロックと合衆国の建国者は、ともに、宗派どうしの争いが政治的に危険なものとなりうることを知っていたが、だからと言って宗教の公共的な重要性を見損なうことはなかった。

歴史的に見て、聖職者、宗教団体、宗教的な結社は、植民地時代の最初期よりアメリカの公共的問題に関与してきた。ほとんどの教派《デノミネーション》の聖職者は、アメリカ独立革命そのものを支援し、革命のもっとも優れた広報者となった者もいた。独立革命前にすでに奴隷制廃止を訴えていたのは、クエーカー教徒である。実際、合衆国の歴史においては、いかなる国家的問題も、宗教集団からの公然たる、激しい発言を呼び起こさずにはいられなかった。そしてその発言は――一九世紀の奴隷制度をめぐる闘争のように――しばしば二方向から湧き起こった。

哲学的リベラルは、時にこの宗教団体の公共世界への活発な参加に対して懸念を表明してきた。彼らには、政治を手続き的正義にかんするものと――彼らの言葉では、善よりも権利の問題に関わるものと――狭く捉える傾向がある。こうした解釈からすれば、強力な善のビジョンを有する宗教集団は、本質的に私的であるべき事柄を公共世界へと持ち出すことによって、民主的な政治を混乱させかねないものである。私たちは、権利をめぐる「薄い」合意による共通の傘の下で、それぞれに、個人あるいは集団として、私的な形の善き生を追求することが許されるべきだ、と、この立場は考える。しかし、批判者から見れば、哲学的リベラルは、他の見解を超越すると称して善い社会についての自己の見解を滑り込ませたまでのことで、彼らには優先権を訴える格別の資格はない(5)。

合衆国では、たとえばヨーロッパのほとんどの国と比べて、宗教が大きな公共的役割を担っている。実際これは、選択肢の狭いわが国の政党事情の埋め合わせであると論じることもできるかもしれない。選挙で勝つための拠り所が欲しい利益団体の集積物のようにしばしば振る舞うのが、わが政党だからである。政党が触れようとしない問題を宗教団体が取り上げ、公共的討論と教育の長いプロセスを経て初めて政党も本腰を入れるということも稀でない。たとえば、一九六四年の公民権法は、政党のイニシアチブの結果であったとは考えられない。政党が動いたのは、長期にわたる大衆抗議行動があってのちである。抗議行動の多くは、宗教共同体に属する者の指揮によるものであった。

リベラルも、その批判者も、宗教的・世俗的なさまざまな集団のあいだに共同善をめぐってどのくらいの同意事項があるのかという点について、厳しすぎる見方をしていたと言える。さまざまな宗教的・世俗的支持団体は、教条的な理論家が考えているよりもたくさんの「重畳的合意（重なり合う部分における合意）」をもっている。(6) アメリカ史においては、一つの問題をめぐって教会と世俗主義者が対立するような事態は、せいぜい稀にしか生じなかった。ほとんどの場合は、教派どうしの衝突、教派の内部における不一致、そして二手に分かれた信者ないし非信者どうしの対立である。激しい不一致と対立があるときでさえ、宗教的・政治的象徴は共有されており、それによって市民は討論を続けることができた（ただ一つの例外は、奴隷制度の場合である）。実質的内容にかんする合意は、自由社会としては当然ながら、いつも脆弱な、変動的なものであったし、そうした合意が国民に宗教的あるいは（マッカーシー時代のような異常な状況下は別として）政治的な踏絵を踏ませることもなかった。とはいえ、討論が果たした役割を、また討論のために宗教が果たした役割を過大評価することはできない。公共教会の声が一つにまとまることはほとんどなかった。しかしそれは、私たちの共同生活における公共教会の意義を減ずるものではない。

アメリカ共和国の建国者のなかには、理神論者としての功利主義的な視点から聖書宗教を捉えていた者もあるかもしれない。つまり、宗教集団の価値を、たとえその教義が正しいとは思わなくても、道徳性の教化という点から認める立場である。それは、意味体系としての有効性には触れずに、宗教に「社会のセメント」としての機能を帰する現代の社会学的機能主義とそう異なるものではない。宗教をただ「社会統合」に寄与するものとだけ見る単純な機能主義は、明らかに誤りである。なぜなら、宗教集団はしばしば、社会を分極化させ、熾烈な闘争に導く破壊的な要求を唱えるからである（たとえば宗教的奴隷制廃止論者の場合）。だが、統合的なものであれ、破壊的なものであれ、社会的善への貢献という点からのみ宗教を評価するいっそう洗練された機能主義でさえ、宗教的な生の真底の意味を歪めている。すべての聖書宗教において、究極的忠誠は、その手の内にあっては全人類といえども塵あくたにすぎぬ神へと向けられたものであって、アメリカに向けられたものではない。因習的な信心においては神と国とが融合していることも稀ではないが、宗教的忠誠が国家を超越することが忘れられることはない。それゆえ、他の多くの集団とは異なり、しばしば宗教共同体は、国家の共同善のみならず、全人類の共同善のために、また超越的な神に対する私たちの究極的責任のために働こうとする。この点を忘れるならば、宗教の社会的役割にかんして理解しておくべきおそらくもっとも重要な点が曖昧になってしまうだろう。

神を信じるかとの世論調査に対し、アメリカ人の九〇パーセント以上が「はい」と答える一方で、この語のもつ意味が、人によってさまざまであることが知られている。多くの人にとって、それは、聖書に啓示された神のことである。他の人にとっては、宇宙的な力あるいは霊的なエネルギーを意味している。教会に出席している人のなかにも、そう考えている人がいる。いくつかの地域では、教育ある富裕層のあいだで、非伝統的な形の霊性が広がってきている。六〇年代の後半から七〇年代の初めにかけて、従来とは異なる形の——多くはアジア起源の——霊性に対する大規模な関心の高まりが見られた。その重要性は、その後も失われていない。「ニュー・エイジ」と呼ばれるこの新たな意識は、占星術から輪廻、エコロジカルな地球神秘主義にいたるまでの種々さまざまな信仰を包含している。私たちは、こうした展開のもつ重要性を過小評価するつもりはないが、それがアメリカ人の魂の分裂を表わしているとは考えない。カトリック系移民の大規模な流入によって人口構成が変わったときのような、かつて起こった宗教上の根本的な変動と同じである。(7) こうした新しい集団もまた、建国以来アメリカの公共生活を特徴づけてきた「重畳的合意」へと参入してゆくのである。

本章では、アメリカ的生活のなかにある今日の宗教集団の苦境を浮彫りにするために、プロテスタントの一教派を集中的に調べていこうと思う。一つの教派に限るのは、議論を容易にするためばかりではない。主たる傾向と裂け目とが明らかになるのは、大きな宗教集団と宗教集団のあいだにおいてよりも、それぞれの集団の内部においてではないかと筆者らは考えているからである。人種と性、保守派とリベラル、ファンダメンタリズムと解放の神学といった各種の緊張は、主要プロテスタント教派のなかにも、カトリック教会のなかにも、またいくぶん弱いがユダヤ教の主要教派のなかにも、見出される。私たちが選んだのは、合同メソディスト教会である。それはこの教会が、カトリック作家のマイケル・ノヴァックが言う「中産階級の中核《ハートランド》教会」(8) だからということでもあるが、種々の問題点がここにおいてとりわけ辛辣に現われているからでもある。アメリカの大宗教集団のなかで、メソディストがいちばん代表的ということはない。しかし、他の教派のほうが代表的というわけでもない。

敬虔、勤勉、かつ大衆志向な教派であるメソディズムは、独立革命後のアメリカで興隆し、一七八四年に独立の教会となった。フロンティアの伝道集会《キャンプミーティング》による信仰復興《リバイバリズム》の加勢を得て急激に拡大、わが国最大の教派となる。一八四四年の信者数は一〇〇万を越え、一八九〇年にはほぼ五〇〇万人に達した。一九世紀を通じて、メソディズムは、信仰復興、パーフェクショニズム〔「キリスト者の完全」というメソディストの教義。この世で人間は聖化されうる、人間は変わることができるという考え方〕、道徳的改革といった思潮をまとめて「プロテスタンティズムの共通の核《コモン・コア》」を創出する方向へと向かった。民主化の拡大や「明白な運命《マニフェスト・デスティニー》」〔合衆国の西部拡大を神命とする主張〕といった民衆的理想と結びついて、このプロテスタント的合意は、英国起源の諸教派（聖公会、長老派、会衆派、バプティスト）を引き込んで、一八九〇年までに、全国のプロテスタントの八〇パーセント、教会所属者の半分以上を含む「主流《メインライン》」諸教会の文化的準国教化をもたらした。その後の推移においては、メソディズムは他の主流教会と多くの問題を共有している。以上のようにして、メソディズムは、かつてアメリカの宗教生活において占めていた中心的地位は失ったものの、決して周縁的ではない教会の代表例となっている。

本書ではこれまで、公共世界のいくつかの領域について、制度のかかえる難題とその改革とを見てきたが、今回も同様に見ていくことにしよう。他の領域に見られた種々の問題は、いかに宗教に流れ込んでいるのか。宗教としてはそれにどう対処できるのか。このあたりに関心を払っていきたい。アメリカ人の生活における組織宗教の構造的重要性を思えば、この議論は、信者・非信者を問わず、興味深いものとなるだろう。

主要な宗教集団は——もちろん合同メソディスト教会も含めて——大規模経済と積極的政府の出現がもたらした諸々の社会問題と長期にわたって取り組んできた。一九世紀後半から二〇世紀初めにかけて、多くのプロテスタント教会が「社会的福音《ソーシャル・ゴスペル》」運動に参加した。メソディスト系からもかなりの参加があった。この運動は、経済的個人主義を批判し、自己というものを支配的な個人主義イデオロギーが唱えるよりも社会的なもの、相互依存的なものと見ることにもとづく社会改革を提唱した。二〇世紀を通じ、社会的キリスト教は、種々の形をとりながらアメリカ宗教の動力源であり続けてきた。

だが、宗教は、アメリカにおいてかくも強力な文化的影響力を行使してきたロック派的合意に挑戦しただけではなかった。一九世紀においてすでに、宗教の私事化と「女性化」が進んでおり、支配的な功利主義の風潮を疑うよりもむしろそれを補完するような宗教上の表現主義的個人主義が始まっていた。[9]二〇世紀、とりわけ第二次大戦以降は、宗教は市場的思考の侵略を受けるようになった。消費財の一個に納まってしまった例も多い。「消費者クリスチャン」は、自分の要求にぴったりの教会はないかと物色して歩き、こちらの教会のパッケージ商品の方が得だとなると台所用洗剤のブランドを変えるような気ままさで宗旨替えをしてしまう。

アメリカ宗教が抱える緊張は、しばしば地域の信者集団と全国的組織との対立の様相を呈しているが、究極的にはそこに対立があるのではない。教区レベルでも、全国的・国際的な組織のレベルでも、結局問題となっているのは次の点である。一つの教会に帰属するさいには、万難を越えて保持される忠誠心などを含む、自己意識そのものの形成もまた求められるのか？　それとも、それはたんに個人の自己実現の道具であるにすぎず、昨今の結婚観と同様、「私のニーズに合わない」と見るや捨て去ってもよいものなのか？　このあたりの理解の仕方が問題なのだ。『善い社会』の枠組みのなかでは、これは次のように言いかえられる。諸制度に見られる近年の傾向、すなわち、本書がその深刻な破壊性を論じてきた種々の傾向に対し、組織宗教は、真に取って代わるものを提供できるのか、それとも、宗教の制度もまた、同じ問題にもう一例を添えるにすぎないのか？　――教育の章でも、同様な疑問が立ち現われた。答えが単純ではないこともまた、教育の場合と同様である。

2　神がワシントンへ行く

まずはワシントンに本拠を置く宗教的政策提言《アドボカシ》団体から話を進めるのが、議論の手がかりとして都合がよい。宗教的政策提言団体は、各教派の全国組織や超教派的組織と連携しつつ、アメリカの公共教会としての役割を担うことを心がけている。その目指すところは、信仰と倫理的洞察をもって、善い社会についてのアメリカのビジョンを明らかにすること、そして個々の問題に対して公共政策のための勧告を行なうことである。政策提言団体は、自己のメンバーや関連する教会組織のメンバーを教育し、彼らを道徳的支持者また政治的後援者として動員し、マスメディアを通じて一般社会に影響をおよぼそうと努めている。そしてまた、議員や官僚に対し、証言、説得のための調査と研究、ロビー活動、交渉、訴訟などを通じて自らの政策的意見や道徳的価値観を主張している。

おそらく一九八〇年代を通じて、アメリカの政治におけるもっとも目立ち、もっともよく知られた宗教的政策提言団体は、モラル・マジョリティー〔ファンダメンタリスト系の政治団体〕であった。しかし、モラル・マジョリティーも、その系譜に属する近年の「宗教右翼」も、長い、大きな物語のほんの一部にすぎない。一九四五年以来、五〇〇にも上る新たな全国的宗教組織・協会・「特殊目的団体」が設立された（うち三〇〇は一九六〇年以降の設立）。[10] これは、一九四五年時点の総計四〇〇団体と比べての数字である。この一五年間について見ると、こうした「教会関連《パラチャーチ》」団体は、教会そのものよりも速い速度で成長しており、それらのうちほとんどは、教派が設立したものでも教派の後援を受けるものでもない。

一九七〇年までには、天地創造、学校礼拝、妊娠中絶などにかんする神学的に保守的な主張を世に広めるための宗教的政策提言団体・運動もまた現われ始めた。団体数・会員数ともに、次の十年間を通じてそれらは着実に成長した。リベラル系の団体や運動に張り合うだけの力強いペースである。教会と比較して、政策提言団体は、階級、年齢、人種、社会的価値観・態度のどの点においても、概して支持層の幅が狭い。いくつかの調査によれば、これらの団体の構成員は、二つの対照的な集団に分かれている。[11] 低学歴の、宗教的・文化的に「保守的な」人々は、中絶反対、聖書教育、福音伝道、信仰治療、救貧活動の団体に属する。一方、高学歴の、宗教的・文化的に「リベラルな」人々は、核軍縮、世界平和、人種の平等、経済的正義に取り組む団体に属する。

先の章で述べたように、連邦政府の拡大、中央集権化とそれにともなう部局の断片化、その社会的責任の増大に応じて、他の制度もまた、次第に組織的な対応を求められるようになった。[12] 地域の教会は、教派の官僚組織や諸機関と複雑な関係をもつようになり、種々の社会問題にかんして市民の教育と動員を行なう超教会的団体や教会関連団体に、次第に濃密に取り巻かれるようになった。[13] 要するに、アメリカの宗教は、戦後アメリカの他の組織と同様に、増大する国家の統制に対応しながら、道徳的に対立した、全国的に統合された、細かく形式的に組織されたものとなってきたのである。国家と教会とを媒介して、公共の説教壇から善い社会の宗教的ビジョンを説き、国家に対して道徳的影響力をおよぼそうと努めるなか、特殊専門化した教会関連団体は、組織的にも、道徳思想的にも、また議論のスタイルの点でも、国家や関連する政治組織に似た形の教会を形作る結果となっているかもしれない。では、制度の被ったこうした変化は、私たちの公共生活の道徳的秩序に、また、そこにおける宗教の位置に、どのような影響をあたえたであろうか。主流《メインライン》教会系の超教派の政策提言団体のあいだから、この問いに対する鋭い返答を聞くことができる。

そうしたグループの一つ、「平和と正義のための全教会同盟《エキュメニカル・アライアンス・フォー・ピース・アンド・ジャスティス》」のメソディスト局長、メル・リースは、今は危機の時代であると見ている。「主流の教会のあいだに、現在、一つの病気が広がりつつあります」とリースは言う。全国的な宗教的政策提言と組織化に二〇年間たずさわってきた精力的でしたたかなベテランである。[14]「人々は社会の全体を見ることを忘れたかのようです。みな内向きになって、人を見れば噛みつこうとしている。公の仕事にじっくり取り組むかわりに、何かと言えば『組織替え』です。派閥どうしで内輪の政治ばかりやっていて、まさしく内ゲバ状態。強力な行動組織を作ろうものなら、各教派の指導者は、君のやり方では『万人を教会に招く』ことはできない、と言い出します」。

主流教派の活動家も事務職員も、予算たっぷりで放縦にすぎるとの福音派からの批判をどう思うかと尋ねると、リースはこう答えた。「ご冗談でしょう。大きな教会《ビッグ・チャーチ》なんて呼ばれても、予算が大きいわけではありません。大都市の大きめの教会一つの方が、ほとんどどこの全国的政策提言団体・機関よりも多くの予算を使っています。でも、金がないだけに、一枚岩神話も広がるわけです。主流派の教会の予算は今逼迫していて、どこでも自分の予算からふんだくられることを警戒していますから」。

主流教会系の超教派の事務局・諸機関に対する財政支援が後退して、予算をめぐる内紛が起きていることは、「大きな教会」のもっとも目立つ尖塔、NCC（全米キリスト教会協議会）〔おおむね主流派の教会よりなる〕からもその証拠が見出される。古い教派の多くもまた、全国レベルの活動を縮小している。一九八〇年代末には、メソディスト、長老派、ディサイプル教会、バプティスト、ブレズレン、ルター派、会衆派、ユニテリアンが、全国組織の予算と職員の削減を行なった。たとえば、合同メソディスト教会世界伝道総委員会は、一九八八年に二〇〇万ドルの赤字を出し、その全国部から一七名の職員をカットしている。[15]

財政状態のうちに、主流教派に対する——また主流教派が自らなろうとしてきた公共教会に対する——コミットメントの低下を読み取ることができるとすれば、では、この低下をもたらした原因と社会的条件とは、いったい何だったのであろうか。NCCにかんする一つの報告が、戦後史の流れとNCCの予算の変移とを簡潔に要約している。論者のコメントは、NCC傘下の教会にも当てはまるだろう。「一九五〇年代はエキュメニカルな高揚の時代の夜明けではなくて、全盛期なのであり、六〇年代には公民権運動の先頭に立ったNCCも、その後は重要な文化的役割を果たすことはなくなったと論ずることもできる。六〇年代の後半には、NCCは文化変容の新時代を迎え、当時一般に行なわれていたような制度の問いなおしを経験することになった。七〇年代を通じて保守系・福音主義系の教会が成長を続け、NCC系の教会の多くが信者の減少に悩まされた。六〇年代の幻滅した若者のなかには、教会を捨て去る者も現われるようになった」。[16]

一九七〇年から八六年にかけて、社会に定着した古くからのプロテスタント教会のうち、長老派と聖公会は信者の五分の一以上を、メソディストとルター派は一〇分の一以上を失った。人口の増加分を考えると、失った信者の割合はさらに大きくなる。合同メソディスト主教委員会は、一九八五年の報告書でこう告白している。「われわれは信徒の激減を食いとめられないでいる。……われわれの問題は構造的なものだ。教会の主教であるわれわれが地域教会の福利厚生に死に物狂いで取り組まなければ、すべての報告書は、すべての診断書は、すべての夜の叫びは、無駄に消えていくばかりである」[17]。主流教会からの大脱出《エクソダス》には世代的落差がある。先頭に立つのは戦後生まれの若い高学歴層である。この世代が六〇年代後半以降に成年に達し、教会離れを始めた。一方、神学的に保守的なプロテスタント教会——とくに福音派、ファンダメンタリスト、ペンテコステ派（聖霊の働きと恍惚状態で発せられる「異言」を重視する一派）——は、信者数を六分の一以上も伸ばしている。こちらは、戦後世代の流出もなく、また高い出生率を維持したままである。黒人系プロテスタント教会とローマ・カトリック教会もまた、同様に六分の一の伸びを見た。かくして、主流教会は、他の教派よりも高齢化が進み、信者数の損失も大きいのである[18]。

福音派の成長と主流教会の衰退の動力学を、高等教育による世俗化の働きと関連づける見方がある。高等教育の巨大な成長の影響は、高学歴で社会的地位の高い信者の多い主流教会の方に強く現われたと見るものである。また、六〇年代の「文化変容」にもやはり世俗化を促進する働きがあり、影響の現われ方も同様に選択的であったとする評者もいる。大学・大学院教育の増大、ベビーブーマーの人口の多さとその特異な経験とがあいまって、主流教会および主要政党に対する制度的忠誠心の低い文化的世代が生み出された。政治的「無党派層」（今や有権者の四〇パーセントを占める）を構成する高学歴、中産階級のヤングアダルトは、全成人中の宗教的「無党派層」すなわち無教会層の比率を三パーセントからざっと一〇パーセントへと三倍増させ、かつまた教会に籍を置く者たちの実質的な教会参加率を低下させている[19]。カトリックと黒人教会の文化的中心性の増大を合わせ見ると、要するにこれは、伝統的白人プロテスタント教会の勢力後退であるとする論者もいる。「私たちはもはや自分で思っているほどの顧慮をあたえられていない。そういう文化のただなかにあって、神は私たちポスト主流教会に対していったい何を求めているのか」を問う必要があるとこの論者は言う[20]。

どこかの教派が伸びればどこかが落ちる数合わせゲームに気を取られ、重要な事実を忘れてしまうとすれば皮肉なことである。「中核《ハートランド》」のプロテスタント——メソディスト、ルター派、アメリカン・バプティスト（リベラルないわゆる北部バプティスト）、ディサイプル教会、改革派教会——は、今でもなお全人口中の二四パーセントを占めている。文化的にいっそうエリート的なプロテスタント——会衆派、長老派、聖公会、ユニテリアン——を加えるならば、全人口の総計三三パーセントに達する。

福音派の白人プロテスタント（たとえば南部バプティストとペンテコステ派）が占める一五パーセントの二倍以上、無教会層が占める一〇パーセントの三倍以上である。一方、カトリックは全人口中の二六パーセント、過去三〇年にわたる増加分は、プロテスタントの減少分と同じ、六分の一である。カトリックのこの伸びは、高い出生率、とくにラテン・アメリカからの移民、低い離反率（主流プロテスタント教派の半分）などから説明できる。(21) この同じ時期、カトリックの社会的地位は向上し、文化的同化が進んだが、それによってカトリックは種々の点で主流プロテスタントに近づくこととなった。社会的態度、神学上の見解、政党への所属の点で、出生率の低下の点で（なおまだプロテスタントよりは高い）、教会出席率、教義上の正統主義、教義の知識の低下の点で、また、内に新たな緊張を抱えるようになった点で、カトリックは主流プロテスタントに近づいてきた。カトリック内の「アメリカ派」は、強い教皇権の教義よりも良心と信仰の自由の拡大を望んでいるが、このため、信仰と道徳におけるエクス・カテドラ〔「権威の座」からの意。教皇の宣言の不可謬性を指す〕の教皇権を護持する「伝統派」への離反が進行中である。この対立は、中絶、避妊、離婚の問題に始まって女性司祭の叙階、聖職者独身制から解放の神学の政治的行動主義にいたるまで、さまざまな領域にわたっている。

こうした動向の最要点は、主流派の浸食は、数よりもエートス上の問題だということである。主流派は、数の上では今なお大勢力であるにもかかわらず、世俗の国の拡大するフリーウェーと宗教右翼の増殖する稜堡とに包囲された（そして内部では、意気盛んな福音派と意気は上がらぬが原則堅固なリベラル派との争いに割れている）文化的マイノリティーであるとの意識をつのらせている。

では、こうしたことのすべては、メソディストのメル・リースが長を務める「平和と正義のための全教会同盟」など、ワシントンのリベラル系宗教的政策提言団体が味わっている公共教会の苦境と、どういう関係にあるのだろうか。「主流派の衰退や内部分裂についてはいろいろなビッグ・セオリーが立てられていますが、たいてい何らかの真実をついていると思われます」とリースは言う。「でも、結局これをどう見たらいいのか、私にはよくわからないのです。どうすることがその現実的な対応となりうるのか、確信がもてません」。公正な社会、経済の平等、貧困の減少をめざす宗教的政策提言活動に対する支持の低下は、たんなる主流教派の予算削減や信徒の減少の問題ではない。また、海外布教や学校礼拝などを大義に掲げる福音派系の教会関連団体から直接攻勢をかけられているわけでもない。(22) だが、一九八〇年代の全国調査によれば、そうした政策が政府支出の増大をともなうことに対して、主流プロテスタント派の信者の支持は、福音派の信者の支持をほとんど上回ることはなかった。[23]

メル・リースなど政策提言団体の指導者は、この制度的問題に対処するためにさまざまな手段を講じている。各教派の支援を増やすべく慎重な努力を重ねる一方、新たな財源確保のため、社会福祉や経済的正義といった個々の政策目標を共有する地域教会、教区、財団、個人に対しても支援を仰いでいる。慎重に事を進めるとなれば、教会関連の政策提言団体の政策上の予定表と、信者のさまざまな意見に対して幅広い責任を有する各教派の立場との調整にも、細かな配慮を払う必要がある。環境問題、核軍縮、攻撃的外交政策の緩和、直接的な救援活動、麻薬撲滅対策、有権者登録問題〔投票権をもつには自発的登録を必要とする米国では、マイノリティーや低所得者の登録が少ないことが問題となっている〕、ボランティア活動などは、みなそれ自体として重要な目標であり、リベラルないし中道派のプロテスタント（すでに述べたように、彼らは主に中産階級の中・上層に属する白人である）もこれを強く支持している。貧困者救援と資源再分配に政府が関与し、社会的支出を行なうことに対しては支持が落ちているにもかかわらずそうなのである。超教派の活動家であるアーサー・キーズによれば、教会の指導者に次第に見えてきたことがある。「われわれに必要なのは、応答とフィードバックを促すような対話である。地域教会の信者もまた、教会の全国組織が公共政策の提言を活発に行なうことを望んでいる。しかし、彼ら自身もそのプロセスに加わり、個人として行動を起こせるような形で行なってほしいのである」[24]。たとえば、会衆派の社会的関心についてのある調査によれば、信者は教会の全国組織との意思疎通の拡大を求めている。[25]教会関連の政策提言団体は、利益集団として奔走することなく、国民と向かい合うべきだとするならば、彼らは、地域の信者の語るところに、さらに文化的交流関係にある外部の人々の語るところに、いっそう親しく耳を傾けなければならない。信仰を善い社会へ生かすことの意味を、政策提言団体は、深く、説得的に語る必要がある。巧妙な組織戦略を練ることもまた必要であろうが、しかし戦略が対話に取って代わることはない。

メル・リースにとって、宗教的リベラルと福音派との文化闘争はそれほど重要な問題ではない。むしろ彼にとって問題なのは、善い社会——たんなる活発な地域教会、相互扶助あふれる地域共同体ではなく、善い社会——に対する展望とコミットメントの喪失である。リースは言う。「確かにいくつかの大教派では〝保守の巻き返し〟が起こっています。私もそれを深刻に受けとめています」。それにもかかわらず、「福音派との戦いが、それほど気がかりなわけではありません。彼らのなかにも、教会が積極的に社会行動を起こすことの意義を理解している人が大勢います。スープ・キッチン〔貧窮者向け無料食堂〕やホームレスの宿泊施設ばかりじゃなくて、フード・スタンプ〔政府配給の低所得者用食料切符〕のことも、平和運動や公民権運動のことも彼らはわかっている。アセンブリーズ・オブ・ゴッド〔ペンテコステ系の保守教派〕のトップの口からさえそういう話が聞かれます。彼らはメソディストじゃないかと思えるほどです」と彼は笑う。「洗練され、制度が整ってくるにつれて、彼らもだんだん中心寄りになってきています」。

とはいえ、大学教育によって社会的地位が上昇し、文化的に同化が進んだからといって、リースが見て取った根深い問題が解決されるわけではない。なぜなら、それは、階級的な社会意識や利害関心に根ざすイデオロギーの違いの単純な反映ではないからだ。「万事にわたって、地域主義に向かおうとする傾向があります。あるいは意図的ということもあるかもしれない。われわれワシントンの人間には遠吠えさせておくだけ、左に舵はきらせまい、と頑張っている向きもあるでしょう。でも、私の見るところ、事態はより深刻です。地域教会へと退却し、世の中のあらゆる病気に〝共同体〟を処方するというのでは、社会全体を少しでもよいものにしよう、少しでも公平さ、優しさを増やしてやろうとの希望を棄ててしまうも同然です」。

一方、かってないほどに複雑化し、さまざまな結びつきを包含するようになったアメリカ社会は、それゆえまた国家的規模の問題をかかえるようになってきている。問題に対処する政治的・経済的諸構造もまた、国家的規模のものである。「私たちは大きな国家をもっています」とリースは言う。「しかし、大きな国教会はもっていません。もちたいとも思いません。それでもときどき、国家にしろ、教会にしろ、私たちのもっているのは最悪のものではないかと思うことがあります。教会はあまりにも分権化、あまりにも無秩序化してしまい、国家がどこかに向かおうというときにちゃんとものを言うこともできないありさまです。私たち自身がひどく官僚化しています。今日のように確固たる姿勢をとる、大きな変化を起こすことが求められているときでも、なかなか動きがとれません。おそらく私たちは、自分の事務局や委員会を代表して意見を述べることもできないような一ダースの総務のかわりに、いわば一人の法王を必要としているのです。今日のプロテスタンティズムには、ほぼ文字通り、指導者がいないかのようです。あれこれの団体を背負った自認の指導者は大勢いますが、一人のラインホールド・ニーバーも見出せません」。ある種の法王を選ぶか、「万人祭司」をとるかとなると、アメリカのほとんどのプロテスタントと同じく、リースもまた、後者の原則を——それが含意する参加民主主義という政治的理想とともに——選択するだろう。彼はまた、教会の組織や官僚制ではなくて、宗教的洞察と道徳的説得を頼みとする、かつてのラインホールド・ニーバーのような「自認の指導者」の権威も評価している。しかし、彼を当惑させているのは、さまざまな思想的党派や利益集団を制度的に一貫性のある行動と討論へとまとめることのできる、十分な内的・道徳的な権威をそなえた指導者がどこにも見当たらないということである。

リースは、彼を悩ます地域主義を、主流プロテスタント教会とリベラル民主主義的福祉国家とのあいだに発達してきた関係に対する反動であると見ている。「一九世紀のあいだ、各教会は、伝道団や伝道委員会といった教派レベルの組織をゆっくりと発達させてきました。しかし、今日の私たちは、地域より上のレベルの教会を考えるための神学的原理を失いつつあるかのようです。誰も進んで上位の教会のことを考えたりはしない。メソディストにおいてさえ、[地域教会や地区総会の」分担金となると怒りの声が返ってくる。みなが口を出したがる。地域レベルでしたら、どこの教会でも、ホームレスの食事、医療、寝場所のお世話に、みな実に熱心に取り組んでいるのですよ。しかし、全国レベルでは違っている。おかしな話です」。あるいはここには、社会階級と経済的不平等の問題が絡んでいるのかもしれないともリースは考える。インフレと不況の時代にあって、中産階級は「慈善は身の回りから」と感じるようになっている。ここで地域主義を強調すると、富の再分配という大きな問題への関心は薄らいでしまう。彼ら自身のパイの一切れが小さくなっているので、自分の町より外の、世界中の持たざる者にパイを切り分けることには次第に乗り気でなくなっているのだ。

従って、今日見られる地域教会と全国組織との異常な関係は、このところの政治論を賑わしている地域共同体と国家との関係におおむね準じるものである。それはまた、社会問題を解決するには宗教的・市民的な自発的行動の集積が大事であるということを——レーガン、ブッシュの二人の大統領にならって——訴えるものであるかもしれない。[26] リースは自問する。これは福祉国家の失敗を意味するものであろうか？自らの社会的責任を放棄し、国家が諸問題に制度的対応策を講じてくれるのを待っていた教会内部のリベラルの誤りなのであろうか？「大きな国家」に対する怒りと「大きな宗教」に対する怒りとは、政治的に並行関係にあるとリースは見ている。現在、宗教と政治の両方の世界で、地域主義と脱集権化を訴える運動が起こっている。「ホワイトハウスへの接近ルートを失うというのは、まったく未経験のことです。といって今さらもとにも戻れない。レーガンへの反論の仕方も結局わからずじまいです。ただの夢想か破滅への道かはともかく、少なくともレーガンには力強いビジョンがありました。私たちはと言えば、ちゃんとした代案一つ見出せなかったのです」。

同じ主旨の話は、近年、主流各派の教会から、とくにその超教派の組織から聞こえてくる。辞任に追い込まれたNCCのアリー・ブラウアー総務は、議長の指導力をスケープゴートにするかわりに、NCCは自らの失敗を認めよと熱烈に訴えた。四面楚歌のなか、彼はレーガン時代を振り返ってこう述べた。それは「冷酷な一味の仮借なき政治による荒廃」の時代であった。彼らは「わが祖国から資本をはぎとり、わが子孫から遺産を奪いとり、幾千もの人々から故郷を奪い、希望を打ち砕いた。……だが、この恐るべき破壊行為を前にして、メディアであれ、政治家であれ、撮影チャンス、特ダネ、票田向け補助金といった邪神《バアル》に跪かずにいられたのは、ほんのわずかな、孤立した者のみでしかなかったのである。では、我々はどうであったか？　時には我々も抗議の声を上げた。抗議の行進も行なった。少しばかりの悪霊も追い払った。しかし、ほとんどの場合、首を振り、こぶしを上げるのがせいぜいであったのだ」(27)。

では、今日のアメリカ宗教界において公共教会が陥っている苦境の背景には、どのような原因・理由があるのであろうか。これを救うために、私たちは何を行なわなければならないのか。リースは思案する。「教会は社会的使命についての自覚を失っているように思います。主流教会がそれを取り戻すにはどうしたらよいか、処方箋一枚書くのもむずかしい。しかし、少なくとも私たちは、起きてしまったことを謙虚に、現実的に認めることはできます。教育厚生省の拡大は、私たちが抱える問題をすべて解決してくれるわけではありません。税金をかけることができたとしてもです。私たちはシステムとしての福祉国家に対して批判的であるべきです。そして私たちはおおむねそうしてきたように思います。リベラルであれ、福音派であれ、教会はすべて、いかなる時代にあっても、既存のあらゆる社会的・政治的システムに対して批判的であるべきです。なぜならそれは神の国ではないからです。政治計画や政策をいかに足し合わせても、聖なる共和国になりません。教会の社会的役割とは、完璧な社会を計画することではありません。教会の社会的役割とは、資本主義の社会であれ、社会主義の社会であれ、他のどんな社会であれ、既存の社会をいっそうキリスト的にすることなのです」。信仰をもつアメリカ人は、自らの社会の職、学校、住宅供給、保険医療といった問題の本質に目を向けなければならない。だが、とリースは強調する。「国家政策のためにどのような計画を策定するにしても、真に教派超越的《エキュメニカル》な神学的展望から行なうのでなければなりません。そうした計画は、社会全体を顧慮したものでなければならないからです。一教会はもちろん、全教会の信者のことを顧慮するのであっても十分ではありません」。

この洞察の上に立って、私たちは、組織と戦略の世界から、諸々の制度を秩序づけ、その目的を定義する道徳的・宗教的な理想へと向かうことにしよう。

3 神学と社会的経験

教会の道徳的ビジョンと社会的使命感の喪失は、神学においてはどのような兆候として現われているだろうか。ある著名な神学者がこの質問に答えてくれた。彼は最近、教会の委員会や事務局の委員・職員・活動家の一団に助言をするためにワシントンを訪れた。「私は、彼らの取り組みのいくつかを取り上げて、その神学上の論拠を説明しておりました。しばらくしてロビイストの一人が手を挙げると、だから何なのか？ と聞いてくるのです。曰く、我々はすでにこれらの問題について同意している。今必要なのは、組織すること、行動を起こすことである――。つまり壇を下りろというのです。私はその役員に向かって言いました。お時間を取らせたのなら申し訳ない。ただそうおっしゃっていただきたい。そうしたらただちに止めましょう――。このあたりに彼らの問題の一つが現われています。もちろん、とくに政治学《ポリ・サイ》タイプの人間のことを言っているのですよ。彼らは神学的にものを考える力が乏しいので、教会内のまだ同意していない人間を説得することはできません。説得すると言ったって、ほとんど政治ゲリラのやり方です。思慮深いクリスチャンのやり方ではありません」。確かに、政策提言活動をやっている者の多くは、自らの「福音を生きる」努力の源泉となった真実や出来事を、信者たちに正しく伝えることができない。あるいは特定の社会行動を正当化する道徳的な原理や規範について論じることができない。もしかすると彼らは、法律的権利、費用便益の手法、訴訟の手続きといった政治の言語を学んでいくうちに、契約《コヴナント》〔モーセの十戒など、聖書に示された神との契約〕と聖餐の言語を忘れたのかもしれない。大きな社会に対処する戦略ばかりめぐらしていたので、自らの本分である聖書的・神学的な遺産の方はいつのまにか侵食されてしまったのだ。わが社会のさまざまな基本的資産が被ったのと同じ運命である。自己の本分を生かし、養っていくことができない彼らは、借り物の時を生きている。わが社会においてはどの世界でもありがちなことである。

国家の省庁や政治ロビーとそっくりに組織された教派内の官僚組織や教会関連団体の事務局で働くうちに、彼ら主流教会の指導者たちは、宗教的真理を現代の政治的権力に向けて純粋に語りかける能力を失ったのであろうか。彼らは、弁護士や役人の本領である世俗の思考を、ただ未熟に、権威もなく反復している木霊なのであろうか。メル・リースは答える。「私自身は、公共の対話と行動のなかで神学と実践が一つになることを望んでいます。しかし実際のところ、まず〝神学〟があって、次に〝教会の使命〟、〝実務上の問題と解決法〟と来て、それからまた〝神学的反省〟という順序で考えるものではありません。そんなことをしている人は誰もいない。説教壇ではそんな話も聞かれます。でも、聞いている信者の方では、違ったふうに考えている。違ったふうに生きている。主流教会のほとんどの信者は、神学的に無学同然ですが、道徳的に破産しているわけではない。彼らは道徳的には豊かなのです。彼らにはベースに何か価値の意識をもっています。何らかの美質があるからこそ、彼らは教会に来ているのです。教会に来るのに報酬があるわけでも、強制があるわけでもない。南部を除けば、教会に出席したからといって出世や信用の足しになるような時代でもない。有力者に近づくとか、結婚相手を見つけるとか、そんな目的で教会に来る人はいないのです」。

もしこれがみなほんとうであるなら、主流プロテスタントの神学は、社会的関心のあるクリスチャンに道筋を示し、理解させ、それに沿って彼らを導くことに失敗しているということになる。社会での彼らの実体験に照らして、神学には真実味が欠けているということだ。しかし、この挫折は何によるものか？「主流教会の問題は、体系的神学を欠いていることではありません」とリースは論じる。「そういったものなら十分にあります。神学は、人々の生活体験から生まれ、生活体験へと生かされるものでなければなりません。が、実際はそうなっていない。プロの神学者やインテリは誰にも理解できない本を書いている。まるで、政治家、政策実務者、一般のみなさま、教会の公式メッセージをどうぞ無視してください、と言っているようなものです」。リースの信念はこうである。「教会は、社会の問題に率先して関わらなければなりません。教育を行なうためにです。個々の問題に対して、その正義はどこにあるのか、より正義ある社会のためにはどの立場がよいのか、ここを問うのです。教会が問題に対処するとはそういうことです」。

だが、正義が社会制度の第一の徳であるとしても、それが、現実の場面において、また制度や社会関係の特定の構造において、何を意味するのかを知る必要がある。また、正義はあえて宗教的な形をもつもの、宗教的な論理として現われるものであるのかどうかを疑うこともできる。社会行動はもちろん、法的・政治的思考を育成するのに、宗教は貢献できるのであろうか？ リースは答える。「正義とは、互いに世話することを意味します。親は子を世話する必要があります。人々は自らを養うために働き、共同体の世話をする必要があります。共同体は、人々が働けるよう、互いに相手の世話をすることができるように、そして人々が公共の場に入り、意見を述べることができるようにする必要があります。共同体はまた、貧しい者たちの世話をする必要があります」。個人の権利、公正な契約、法手続きの正しさばかりではなく、相互の世話と責任から定義される、正義ある社会のこうしたビジョンを、アメリカの教会は、主として聖書より引き出している。教会の活動家の多くにとって、このビジョンをもっとも明確に示しているのは、旧約聖書の預言書と、福音書にある最大の戒律、「神と隣人を愛せ」である。「社会に属する者が相互に有する責任、とくに貧者と弱者とを完全な仲間として引き入れる責任について、人々は教会で学ぶことができます」とリースは言う。「イザヤをご覧なさい。正義を求めよ、抑圧をやめよ、父のない子を守れ、やもめのために弁ぜよ。そうあるではありませんか。神の目が社会を見ています。社会を測るものは、ホームレス、病者、弱者、教育なき者たちにあたえた正義と世話です。神の働きは、のっぴきならない場においてこそ、最大となります。もっとも持たざる者に対してそれは働く。人間には正義の意識がある。宗教がそれを目覚めさせるのです。神は万人を創造された。私たちは自らの隣人を愛し、この世の宝をあたえあって、互いに助けあうべきだ。人々はこのように目覚めるのです」。

しかし、私たちの実際の正義の意識は、この聖書的ビジョンだけでは決まらない。もう一つ、実務的経験、すなわち「俗世における法律、権力、金銭の実際の働きについての経験、またそれらとの関わりにおいて機能すると私たちが考える倫理」もまたその条件なのである。「レアルポリティークの時流に抵抗することはできても、その力を無視することはできません。しかしまた逆に、社会が行き詰まったとき、レアルポリティークではどこへ向かうべきかを告げることはできないのです。それは、善き目標、正しい方向については何も知りません。公共教会が歩み出るのは、まさにここにおいてです」。

公共教会は歩み出るのか？　また、そのさい、どのような困難が考えられるのか？　リースは具体例で答える。それは最近行なわれた児童扶養家庭援助制度の改革運動の例である。アメリカのような社会に今もある貧困児童の問題が、キリスト教的に見て根源的に誤っているという点から彼は話を始める。「私たちは、〝経済的正義を求める超教派行動〟など、超教派あるいは教派内の組織と協力して、啓蒙パンフレットを作成しました。さてそこで、私たちは子供たちの問題にとりかかった。一九七四年以降、とくに一九七九年以降、児童は最貧困の年齢集団となりつつあります。生活費の上昇とともに社会保障の負担が上昇し、インフレが天井を突き抜けて進んでいった時期に、家庭への福祉を切り捨てたためです。(28)私たちは契約《コヴナント》からは出発しませんでした。異議があるというのではなくて、たんにそこを出発点にできなかったのです。契約には文脈がありませんでした。私たちは一〇か月のあいだ研究を重ねました。苦労しました」とリースは思い起こす。作業グループは、結局、旧約聖書学の教授に相談をもちかけた。彼女の援助によって、子供が創造の一部であることの意味を――彼らにもわかる言葉で――書き上げることができた。子供は神から人への贈り物である。人はその贈り物を「神との信義の契約を遂行するために、世話し」なければならない。

できあがった文書は、次のように始まる。

神は私たちにいくつかの約束をされました。そのなかには、子供についての約束もあります。私たちが幾世代にもわたって、大地に暮らし、大地の世話をするという約束です。この約束は、創造のときにあたえられました。そして、アブラハムにおいて、また、ユダヤ人とキリスト教徒の聖書を通じて、幾度も繰り返されました。この約束をなさることで、主は希望という贈り物をくださったのです。……

子供は、聖書のどの箇所においても、中心的な役割をもっています。しばしば子供は、神があたえることのできる、あるいは民が神に捧げることのできる、もっとも大事な贈り物の一つとして描かれています。たとえば、神がモーセに律法《トーラー》をあたえられたとき、かわりにイスラエルの民は、どの世代においても、それを子供に忠実に教えることを約束しました。……子供は無垢なもの、また傷つきやすいものともされています。イシュマエルとイサクの物語、モーセの物語、箴言に、また福音書においてはイエスに従う幼子の物語に、それが示されています。

子供たちは、私たちの希望の贈り物です。壊れ、傷ついた世界が癒され、私たちと神との関係が、完全な、正しいものになるときが来るという、希望の贈り物です。私たちは、子供たちをどのように養うのでしょうか。子供たちが完全さと正しさを失わずに生きられるようにするために、私たちはどのような贈り物をあたえるのでしょうか。(29)

この文書は数十万部刷られ、政府官僚、議員、マスメディア、そして数千の地域教会に配布された。「教派の委員会や関係機関に始まって、地方区、その下の教区、個々の教会、あるいは超教派の団体にいたるまで、私たちは支持母体の方々とどのように意思疎通を図っていくのか。これはそのすばらしい実例となりました」。階級・人種間の壁を超えた、この広範な宗教的大衆動員は、議会を動かし、家庭福祉政策の改革へ向けての超党派の動きを促したとリースは言う。家庭福祉政策の改革は、とりわけ黒人とヒスパニックの子弟や家族を扶養する女性にとっては死活問題なのである。

こうした事例には計り知れない意義がある。公共の問題に聖書からの洞察を施し、それを道徳的な厳粛性と緊急性で満たすというのは、それ自体重要なことである。深い制度的・道徳的なジレンマに対して、技術的・法律的・行政管理的な解決を訴える党派主義者の無邪気な確信からすれば、主流教会で行なっている他の政策提言運動のほうが目覚しいものであるかもしれない。だが、それだけにいっそう、この事例の意義は大きいのである。「そのあたりについては、確かに私たちにも非難されるところがあるかもしれません」とリースは認める。「神学に深入りすることには、超教派的な恐れがあります。神学を持ち出すと、教会が分裂しかねない。破壊が始まりかねない。全教会をまとめるには教会ごとの違いを明らかにする必要がある、と、この点に異存のある者はいない。しかし、いざ議論が始まると、すぐに挫折です。それがいやなら各々の主張を水で薄めるしかありません」。だが、宗教ロビイストとして振る舞っている神学的に不明瞭で忍耐力のない「政治学《ポリ・サイ》タイプ」のことを不満に思っている神学者の話をすると、リースは口ごもった。「神学をめぐっては、人もさることながら、私たち自身にも問題があるのかもしれません。公共政策を担当している教会の専属スタッフは、わずか数百人です。彼らのほとんどは、神学校に行っていません。教会で毎回ちゃんと説教やお勤めをやっている者となると、ほぼゼロでしょう。私たちのスタッフのうち、聖職者の比率は一〇分の一以下です。みな宗教的な人間ですが、政治の方を向いています。私たちは顔を見合わせればこう尋ねます。君はどんな政治的手腕をもっているのか？　どんな組織戦略を見せてくれるのか？　いったい君は何ができるのか？——よりできる人間、より効果を上げられる人間が、より評価の高い人間なのです」。

今日、教会は、どのようにして宗教的社会活動を支持し、推進するべきであろうか？　リースは白旗を掲げ、教会業務の一種の分業を求める。「何もかもいっぺんにやることはできません。手をつけることさえできない。お尋ねの社会活動ですが、おそらくほとんどは地域教会にやっていただくしかないものです。ここしかできるところがない。地域教会にかんして私に言えることは、スープ・キッチン、ホームレスの寝泊まり場所など、地域的自助活動への取り組みを評価する必要があるということぐらいでしょうか。教会以外でも、ハビタット・フォー・ヒューマニティー〔家のない人々のために一緒に家を建てるボランティア体〕など、地域に焦点を当てた活動があります。これを評価する必要がある。こうした取り組みは、それ自体善いものです。土曜日には人々に声をかけて、スープ・キッチンで働いてもらう。食物、寝場所、職といった問題は、地域の教会で対処できる範囲を越えているということに気づいてもらうチャンスです。全国規模の運動も支援してもらわなければならない。ハビタットは、五世帯、一〇世帯分の家を建てるのに一〇万ドルをかけている。それだけの金があるなら、HUD（住宅都市開発省）の規制を改正し、HUDを浄化し、適切な資金源に充てるのに使うならば、五千世帯分でも五百万世帯分でも家を建てることができます。国を動かさなければならないのです」。ここで彼は言葉を置き、頭を振る。「食べ物も家もない隣人のことを手厚く世話している人々が、まずこういったことの何なりとでも先にやってみるために、教会は何ができるのか――これはまた別の問題です」。

教派の事務局、委員会、機関、政策提言団体は、善きクリスチャン、善き市民の育成に取り組んでいる地域教会の人間のことを無視していると、自派の信者や牧師から、そしてとりわけ福音派の者たちから、ますます批判されるようになってきている。一方、リースのような教派の指導者や活動家は、地域教会の指導者や信者に対して、公共教会の社会的努力について学び、信者を動員し、公共教会を財政的に援助するように求めている。公共教会の全国的・国際的組織の実効性を高めるだけでなく、信仰にもとづく神と隣人への愛にいっそう忠実なものへと変えていくために、地域の信者はさらに何を行なうことができるのであろうか？　地域の教会はさらにどうあるべきなのであろうか？　「むずかしいですね。なかなか答えられないことです」と、リースは言う。「というのも、私の世代、リベラル教育を受けた四〇代の者たちが、私がいちばんよく知っている教会から去ってしまったということがあるのです。私の元カトリックの友人たちと違って、彼らは教会のことで怒ったりはしない。彼らはただ去るだけです。リベラルな諸教会は、政治的にも文化的にもこの世代にもっとも近いにもかかわらず、去ってしまうのです。私にしても、教会の集まりに一昔前ほど熱心に参加していない。参加しても面白いとも充実しているとも感じません。なぜそうなのか、正確なところはわかりません」。なぜそうなのか、その理由を知っていると言う者もいる。それは、同じ教会内の、さらに別の制度的・道徳的立場からの声である。私たちは、この声にも耳を傾ける必要がある。

4　地域の教会、大きな教会

主流教派内の福音主義的傾向のある牧師たちも、しばしば、エートスの腐食を感じている。しかし、その原因と治療法をどう考えるかについては、教派の指導者やメル・リースのような教会関連団体の活動家とは意見が違うようだ。そうした牧師の一人、ロバート・クーパーは、自らの教派の衰退と、それにもかかわらず続いている闘争を深く憂慮している。彼が受け持つのは、南部の都市部でも最大クラスの、メソディスト派の急成長の教会である。庶民性、こっけい味、生真面目さと、さまざまな側面を交互に見せる彼は、柔和にへりくだりながらも巌のごとき堅固さをもって、自らが仕える教会に対する忠誠を明らかにする。「私はいつも地域教会の側に立ってきました」と彼は言う。「教派のことを先に考えるなんてことは一度もありませんでした。私は狭い人間なのでしょう。で、それもまたよし、と。メソディストの法王に選ばれるようなことがあれば、蹴っちまうでしょうな。部屋の掃除でもしてた方がいい」と、彼は笑う。「しかし、私は、教派であっても、地域教会と同じように、まさしくパウロが告げた意味でキリストのからだなのだと信じています。ですから、リベラル派もいてよかったのです。手とか足とかいろいろな部分《メンバー》があってはじめて一つのからだとなるわけですから。私の心と知性にとって、彼らは健康的な刺激剤です。私も彼らのためにそうありたい。彼らもまた私と同じくらい誠実で、私と同じくらい神を愛しているのだと思いますよ。合同メソディスト教会や他の主流の教派について私が言いたいことは、教派のやり方が間違っているとか異端だとかいうことではありません。彼らが立てている優先順位が間違っているということです。我々は、大事を見過ごして小事にこだわっているのです」。

教会は、政治問題について発言すべきである、とクーパーのような人間もまた信じている。なぜなら、「イエスは、私たちの生全体の主である」、そして政治は生の一部であるからである。しかし、解放の神学であれ、フェミニズムであれ、また公民権でさえも、それが教会の仕事のすべてであってはいけない。そうした問題を解決したところで、「神の国は少しも近づくことはありません」。教会の中心は信者の集まりである。彼らは霊を形成し、救済する、信仰の実践共同体である。クーパーは言う。教派の組織は、彼らを支配するのではなく、彼らに奉仕すべきである。「教派としては、牧師の年金やシェル石油のボイコット〔ナイジェリアの環境破壊問題に対して〕の問題を討論する必要があります。総会や委員会はそのために多くの時間を割いている。しかし、キリストの教会にとっての中心の問題は、まず第一に礼拝、すなわち神を称え、神の愛に与《あずか》ることです。そして第二に福音の伝道、人々を説き伏せ、私たちの救世主イエス・キリストと個の交わりをもつようにさせること。そして第三に、そうした者たちの信仰を鍛え、赤ちゃんクリスチャンのままで終わらないようにすること。彼らの理解力を深め、人生のなかで証ししてゆくことができるようにすることです。そして、鍛えられた者たちは、使徒となり、キリストの言葉を実践し、家庭において、近隣において、職場と学校において愛しあうのです」。

つまり、教会における生とは、主として信者の礼拝、福音伝道、牧会による魂の世話と道徳的生活の形成という形で表出されるものである。こうした展望に立つクーパーにとって、主流教派の信者数の減少を高等教育の世俗化や六〇年代の文化変容のせいにするリベラルな教会指導者や学者の説明は、納得のいくものではない。「たとえそれらがすべて真実であったとしても、それに対して教会は何ができたでしょうか」。実務的な意味においてのみならず、牧者として問うているのである。クーパーはむしろ、戦後の主流教会の内部における福音伝道と人間形成的な「訓育」の衰退に目を向ける。「地元の教会での礼拝や聖書の学習などを通じて、悔い改めや、クリスチャンの養育を進めていくかわりに、〝訪問伝道〟をやり始めたのです。あちこちの玄関のベルを鳴らして、近所の誰それさんも通っています、音楽もあります、子供たちのためのプログラムもあります、日曜学校も、スポーツチームも……と誘うわけです。コンセプトは〝まず参加させよ〟でした」。「地域教会のどこかの組織に参加させてしまえば、信者は出て行かないだろう、との考えです。確かに、私たちは、この考えによって一世代を育てました。そして失いました。彼らの多くは出て行ってしまったのです。聖歌隊に参加させよ、日曜学校に参加させよ、委員会に参加させよ——これにはいくぶんかの真理があります。しかしそれだけというのは、未墾地に木を植えるようなものです。しばらくのあいだは花が咲きます。でも長持ちはしません」。彼はうなずく。「今では、主流教会の人間も、こうしたやり方の過ちがわかるだろうと思います。……今は〝霊性の育成〟というのが流行っている。メソディストのどこへ行っても聞かれる言葉です。信者が自分から聖書を勉強できるようにしよう。小グループをつくって祈らせよう。地元教会のからだのなかで、ほんとうにオープンに振る舞えるようにしよう——。しかし、福音の活動を実際にやっている教会は非常にわずかです。なぜかおわかりですか？　なぜならそれは骨の折れる仕事だからです。対決し、関わりを結び、そしてときには痛むほど傷つけるものなのです」。

福音を実践する気力の衰えは、たんなる怠慢や安直さよりも深いところに根ざしている。その深い原因は、師自身の教会も含め、教会から去って行った信者たちの動機のうちにはっきりと現われている。「それは政治的な問題ではありません。神学的な問題でさえもない。むしろ礼拝の実践の問題です。また、聖書における私たちの権威の生きた言葉が、教会の営みのなかで命を保っているか死んでいるかという問題です」。聖書地帯《バイブル・ベルト》〔宗教的に保守的な南部および中西部諸州〕における中産階級の幅広い層を信者とする中道的教派ではどこでもそうであるが、クーパーの教会から去っていく信者は、リベラルな教会への「上昇組」や、無教会派への「離脱組」よりも、むしろ「福音的《ワード》」な教会への「下降組」の方が多いのである。[30] 統計学や社会階級や地域文化にまつわる問題も作用していることはクーパーも認める。だが、と彼は言う。主流教会で人々が行ない、信じているものには、福音主義的な教会に比べて何かが欠けている。「たとえばです。あちらの牧師には、もっと聖書からの権威がある。もっと〝賛美〟があって、もっと礼拝体験の喜びと感動がある。うちの教会を離れていく人は、いい人たちなんですよ。日曜学校で教える人、献金をちゃんとやる人、責任感のある働き手です。彼らはやって来ると、こう切り出す。牧師さんのことは気にいってます。もちろん神を愛し、聖書を説いていらっしゃる。でも、ここの礼拝式は形式的すぎます。硬いというか重いというか。――でも私たちだって頑張ってるんですよ。うちの教会の礼拝はローチャーチ的です〔形式的な儀礼よりも参加や情緒性を重んじる礼拝のやり方〕。おそらく、大都市圏のどこのメソディスト教会よりもローだと言える。しかし、それでも彼らには不満なのです。べつに教派のリベラルな委員会や組織の活動のことを聞きつけて、それで腹を立てて出て行くわけではありません。いや、確かにそんな電話が来ることもあります。そんなところにお金を出すのか、と聞いてくる。私がそうだと言うと、まさかと返ってくる。〝信じられない。私は献金を止めます〟。そこで私は言います。〝それは残念です。あなたもまた大きな教派のなかにいる。あなたもそのいくぶんかを受け持つ。そのあたりの意味は、おわかりですよね〟と」。

メル・リースなどリベラルな教会活動家が、預言者イザヤをひいて、聖書は社会体制の正義を測って公共政策の善し悪しを問うよう命じていると言うのに対して、ロバート・クーパーが強調するのは、牧会の業を通じて流れ、信者の日々の生活に触れ、彼らの痛みを洞察し、彼らの自己理解、気分、動機に形をあたえる聖書の権威である。「信者のほとんどは、牧師に何かをしろとは言われたくはないものです。とはいえ、権威なしに何事もできるわけではありません。これまでの教会の聖書に対する接し方は、権威の基盤を弱めてきたように思います。敵は自分自身であった。高等批評〔一九世紀以来広まった文献学や歴史学の知識にもとづく学問的な聖書研究〕は、的を外してきた。『ヘブライ人への手紙』の著者は誰であるかなんて誰が気にしますか？　真の問題はこれです。この書の語る何が、私の人生に意味をもつのか？　自分が結婚するとき、一六歳の娘の麻薬が発覚したとき、会社が買収されて二四年間勤務した職場を去らなければならないとき、『ヘブライ人への手紙』の何が私の力になってくれるのか？　ここですよ。誰がこれを書いたかなんて、誰に関係のある話ですか？　誰にも！」一息置いて、彼はこう強調する。「大事なのは、イエス・キリストがこう語られたことです。〝わたしは、決してあなたから離れず、決してあなたを置き去りにはしない〟（ヘブライ人への手紙一三章五節）。イエスは私たちのために死にました。市の門の外でです。それゆえ私たちは、私たちの重荷を背負い、イエスに従うことができるのです。〝わたしたちはこの地上に永続する都をもっておらず、来るべき都を探し求めているのです〟（同一四節）」。

ペンテコステ派やファンダメンタリストと違って、主流の教会は、「たんなる情動や権威主義ではなく、バランスのとれた聖書神学」を必要としているとクーパーは言う。「ジョン・ウェスレー〔メソディストの創始者。一八世紀のイギリス人〕はそのことを知っていました。うちの教会では、きわめて意図的に聖書ベースでやっております」。日曜ごとの礼拝に訪れる者の四人のうち三人は、聖書持参である。説教のあいだ、クーパーはときおり、聖書の何ページを開いてくださいと信者を促す。「今度の日曜の説教は、イエスの言葉、〝私は渇く〟を取り上げます。そこを私はまずヨハネを読み、詩篇の六九を振り返ります。そこを読んだあと、詩篇の五三を開いてもらう。信者さんたちには、聖書に書き込みやアンダーラインをしてほしい。家に帰ったらその箇所を読んでくれるかもしれない。それが彼らの心に触れることを望みます。私たちの恥ずべきものとは何だろうか？　私たちの魂が渇き求めるものとは何だろうか？　イエスの苦難が私たちと分かち合うものとは何であろうか？　というふうに」。

一九六〇年代以来、評論家たちは、公民権を求める行進、ベトナム反戦のシット・イン、葡萄の不買運動〔メキシコ系移民農園労働者の待遇改善と農薬の不使用を求めたもの〕を推し進めようとする「新種」のリベラル活動家型聖職者と、保守的な一般信者とのあいだに巻き起こった「教会に吹き荒れる嵐」について描写してきた。しかし、後に認められたところでは、対立が火花を散らしたのは、聖職者と一般信者とのあいだではない。これらの運動を支持する大学卒の信者および聖職者の同盟と、政治的・文化的に保守的で、低学歴、しばしば年長の一般信者との対立だったのである。(31)過去二〇年間、主流教会に属する他の福音派の人々と同様、クーパー師もまた、この闘争に対する見解を少しずつ変えてきた。すなわち、コスモポリタン的なエリート活動家と保守的な地元民との戦いと見るよりも、教派の全国組織とその地域教会とのギャップの現われと見るようになってきた。「以前、私は、全国レベルの委員会や機関には、破壊分子がうようよいるものと思っていました。しかし、彼らの話をよく聞いてみたところ、どうも彼らのメンタリティーも、私と大差ないらしいことがわかりました。正しいのは自分、他はみんな間違っていると思っている。教会がやらなければならないのは、大統領と連邦議会を正すことである。田舎の連中、地域教会の連中は、年会で決めた分担金を払っていればそれでよろしい。そうしたら、俺たち前衛は、ほんとうの仕事に取り組める、という次第です。まあ、彼らが教会のほんとうの仕事をやっていると考えるメソディストはほとんどいないでしょうけれども」。とはいえ、メソディストの委員会や機関の大半は、教派の年会の命令に従っている。クーパーによれば、問題は年会が地域の教会と接触をもっていないことである。信者たちを深く対立させている道徳的な問題について、年会は真の対話をもつことに消極的である。「メソディストの信者の大多数が間違っているということもあり得ます」とクーパーは認める。「私たちは教会を多数決で運営していないし、そうすべきでもありません。俗世が教会の仕事を指図することはない。それをするのは神です。神はそれを俗世において行なうのだとしても」。

すべての教会は、法律、市場、現代社会のさまざまな現実とその社会倫理といった「俗世の知恵」のことも考えてゆかなければならない。だが、教会はまた、自己の道徳的立場を保たなければならない。たとえ俗世の原理や約束事に背反するとしても、自らの良心が自らの伝統や聖典に忠実であり続けるようにしなければならない。たとえば、妊娠中絶の問題であるが、クーパーは、女性が中絶を「二つの悪のうちのより小さなもの」として選択するのであれば、細心に見定めた上で受け入れるというメソディストのやり方に賛同している。[32]だが、妊娠中絶は本質的に「道徳的権利ではなく、道徳的悲劇」なのであると、教会はもっとはっきりと言うべきであるとも付け加える。「私たちは、権利のことを繰り返し繰り返し話しています。それは憲法にはある。しかし聖書にはありません。私は私自身のからだについて権利があるとは聖書のどこにも書いていない。どこかに書いてあると教えてくれるなら、喜んで耳を傾けましょう。しかし、私が読むかぎりではそうではない。聖書に書いてあるのは、私のからだは神に属するということです。それは恩寵の賜物、聖霊の神殿なのです」。

聖書の歴史主義的な解釈も、ファンダメンタリスト的な解釈も、個々の社会問題をめぐる道徳的・政治的な論争を解決するには不十分であろうと、クーパーは考える。多数決のルールもまた、教会の体制を秩序づけるには不十分である。むしろ彼は、福音書の「神と隣人を愛せ」（マタイ二二章三七－四〇節）という戒律と「すべての民を弟子にせよ」（同二八章一九二〇節）という「大号令」に立ち返ろうとする。パウロがキリストのからだであるとした教会の内部では、ここが第一とされなければならない。「もちろん私たちは、神が命じたもの以外にも、理想をもつことができます」と彼は言う。「そのとき私たちは、その理想を裏付けるものを聖書のなかに見つけ出すことになります。〝神と隣人を愛せ〟から出発するのはそのためです。もしある人がほんとうにイエスとともに人生を歩んでいるのであれば、そしてクリスチャンの交わりのなかで、聖書の理解を深め、主の言葉を学んでいるのであれば、いつかその人は、ホームレスの人々、ティーンの妊婦、麻薬中毒者、迫害され拒絶されたマイノリティーの人々——女性、黒人、海外の貧しい人たち——のことで心をくだき、彼らのために何かを行なうようになるでしょう。もし暮らしのなかにまことにイエスがおられるなら、そして、神は人を分け隔てしない〔使徒言行録一〇章三四節〕ということを、イエスは万人のために亡くなられたということを、日々の暮らしのなかに読み取って行くのであれば、それは社会的な形となって現われてくるはずです。魂の救済が福音のすべてではありません。救済はただ生まれるということにすぎないのです」。すなわち、福音と、生きるに価する生という福音の理想とが、「隣人を自分のように愛しなさい」という掟のなかに含まれているのである。

5　コーカス教会

主流プロテスタント教会の指導者は、教会内の争いを聖職の「牧会」的理想と「預言者」的理想の対立として描くのが常である。「あまり〝預言者〟的でないなんてことは、私にとって問題ではありませんよ」とロバート・クーパーは反論する。「やってることはほとんど経営者の仕事です。管理上の些事ばかりで全体のことが見えなくなる。教派の方で預言者を自認している面々にも言えることでしょう。率直に言って、預言者というよりは経営管理者に見えますよ。どこがそうかというと、紛争の処理の仕方ですね。対立が起きても、彼らはイエスの言葉に従うのではない。規則と手続きにかまけている。まあ、地域の教会でならできても、教派レベルではそうはいかない、というものかもしれません。たぶんそれが人生の現実なのでしょう。でも、地域の信者さんたちから教会を奪うようなことをやっていたら、私たちは何かを失うことになってしまいます」。

愛のうちに一切を和解し、交わりと対話のうちに結ばれ、一つのからだとなった人々。この教会の概念は、キリスト教の創生期にまで遡る。そして、ロバート・クーパーのような牧会の意識と制度的優先順位は、アメリカのプロテスタンティズムにおいて一世紀以上の歴史がある。クーパーのポピュリスト的な主張は、「道徳的多数派《モラル・マジョリティー》」を称する一部の福音派のレトリックにおいても聞かれる。しかし、主流教会の信者のうち、下層中産階級の人々もまた、神学的に保守に向かう傾向がある。彼らは教育を欠くため、主流教会を率いる高学歴・上層中産階級の聖職者および信者の近代的な神学とリベラルな文化的見解に対し、長い間、はっきりと意見を述べることができなかった。しかし、戦後になって教育の機会が拡大すると、主流プロテスタントの伝統的保守層の教育レベルは劇的に上昇し、リベラルな兄弟姉妹と同程度には発言できるようになった。

こうした新たな流れを観察してきた、六〇歳代のある思慮深いメソディスト指導者の意見を聞いてみよう。主流教派内の文化的分裂に対する神学者ジーン・サンソムの意見は、主流教派は「コーカス教会」〔「コーカス」は党員集会などを意味する政治用語であるが、今では一般に組織内の利益集団のこと。連邦議会の「黒人議員会（ブラック・コーカス）」などが有名〕になってきたというものである。メソディストのような中道の大教派において、ほとんどとは言わないが多くの信者が、教派の指導層・知識人層よりも「福音派寄り」になってきている。つまり、信条的には「正統」寄りに、宗教の実践や態度においてはより「献身的」になってきている。そう語るサンソムの口ぶりは穏やかで好意的なものだ。「彼らにとって、教会とは、地域教会のことです。社会全体や政府の話をする所ではなくて、家族や家庭生活に関わる所です」。教会を去る者たちの動機は政治的なものではないとクーパーは述べたが、サンソムも同意見である。「どの教会も、過去数世代にわたって信者を失い続けました。しかし政治がその理由ではありません。確かに信者たちは失望しています。一人一人の政治的意見がどうであれ、教会がついてきてくれるわけではないからです。でも、それが理由で教会を去ることはありません。私の見るところ、理由はむしろ、地域教会での体験の方にある。私たちが呼吸しているこの文化の只中で、神学が語っていること、語り損ねたことが問題なのです。六〇年代と七〇年代、主流教会の信者がたっぷりと聞かされた神学は、席を立て、街へ出よというものでした。[33]ほとんどの信者にとって、それは、いつまでも続けていられるような易しい御召しではない。信者の集まりこそが教会の中心です。この集まりのなかで信者が育てられ、向上していくのでなければ、たいがいの教会には信者がいなくなる。一部の信者は、たとえばホームレスの問題に取り組む組織や運動に深く関わっていくことができるかもしれません。でもそれはごく少数の者です」。

サンソムの見解によれば、主流教会の衰退を福音主義的な熱意の衰えから説明することはできない。むしろ彼は、大衆文化の革新と相前後して——同調してではないが——広がりはじめた新興の「神学的多元主義」が、教会の風紀と権威とにプラスマイナス両面の作用をおよぼしたものと見ている。「六〇年代に、〝神の死の神学〟やそれに類したものが現われました。これが保守寄りの聖書主義的・福音主義的な信者を教会指導者から切り離すのに一役買いました。彼らは、指導者たちがまさに冒瀆者を弁護し、その言わんとするところを〝説明〟しようとするのを見てあきれてしまった。上の連中は自分が何を話しているのかもわかっていない。彼らはそう思った。これで指導者たちの手綱が効かなくなりました。さらに一部の信者にとっては、黒人神学、フェミニズム、解放の神学の台頭は、そうした感覚を強化するものでした。これらはいずれもまことの聖書の声であり、教会に重要なものをもたらしたと私は思います。しかし、それらがどういうものであるのか、なぜそうであるのかを、私たち主流派の神学者がちゃんと説明してきたかとなると、私にも自信がありません」。

いっそう民主的になろう、教派内の「あらゆる異なった意見」に注意を払おうと努力するうちに、教会指導者は、(サンソム言うところの)「脱信条化《デコンフエッショナライジング》」を推し進め、教会を「本質的にコーカス教会」としてしまったのである。「脱信条化」の要点は、教会が教義教育をやらなくなったこと、教派の中心的信条に重きを置かなくなったことである。

メソディズムという教派の中心的信条を理解するには、この教派が一八世紀の英国国教会の信仰復興運動として誕生したことを考慮しなければならない。創始者ジョン・ウェスレーによれば、それは「国民、とくに教会を改心させ、聖書の聖性を国中に広げる」ことを目指すものであった。オックスフォード出身の英国国教会の牧師であるウェスレーは、一七三八年、ロンドンのオルダゲート・ストリートの祈禱会において、心が「不思議に熱を帯びる」体験をした(34)。メソディズムが強調したのは、万人にあたえられる、あらゆる人間的必要に平等に振り向けられる神の恩寵への信仰である。それは、「ひたむきなキリスト教」という厳格な道徳的理想を培った。一般信徒の説教者が指導する、組織的には柔軟だが厳格に管理された「会」において、敬虔な信仰、福音の教え、弟子としての共同生活を実践的に学んでいく。メソディストは毎週集まって、信仰告白、訓戒、学習、祈りによって互いに教えあい、強めあった。しかし、一九世紀後半までには、アメリカのメソディストは、思想的にかなり折衷的なものとなっていた。それでも自由意志、幼児洗礼、非公式的な礼拝式の強調という点で、長老派、バプティスト、聖公会のそれぞれとの違いを残していた。二〇世紀に入ると、社会的慈善活動が展開される。ウェスレーの規律が弱まったこととあいまって、メソディストは、現代神学にとって、また社会の徹底改革を訴える「社会的福音」にとって、豊かな土壌となった。一九六〇年代以降、メソディストの一部の指導者は、解放の神学、フェミニズム神学、黒人神学に対し、比較的好意的な立場を取るようになっている。現在、この教派は、自己固有の遺産をふたたび取り上げる努力を続けている。福音主義的な敬虔が見直され、ウェスレーの思想や「宗教改革」の古典的神学への関心が高まっている。

　主流教派のコーカス教会においては、「今日、ありとあらゆる大義が唱えられ、ありとあらゆる集団が発言権を得て」いるとサンソムは言う。ほとんどどの主張にも、それを代表する利益集団が存在する。そして、たとえば合同メソディスト教会では、一九七二年の「信仰声明」以来、「多元主義」が――すなわち福音派も包含し、解放の神学者やフェミニスト神学者も包含する、大きな傘としての多元的な教会が――強調されている[35]。種々の立場は、「主に仕えるにはあらゆるタイプのクリスチャンが必要であるとの信念にもとづく選択肢」であるとされる。だが、実際には、とサンソムは言う。「メソディストのような主流の大教派の場合、一人一票の原理は、多数派である中産階級の意思を表わすことになります。これに対して、一九六八年以来、教派の公的組織は、マイノリティーの信者・集団からの代表をすべての委員会に入れることを要請しています。黒人が一人、少数民族が一人、女性が少なくとも一人、青年が一人といった具合です」。結果として、合同メソディスト教会の管理組織中マイノリティーの代表が占める割合は、信者数全体におけるマイノリティーの割合よりもずっと高くなっている。たとえば黒人の代表は一〇パーセントだが、黒人信者数はもっと低い。「そのため〝声なき多数派《サイレント・マジョリティー》〟からの恨みを買うことになりました」とサンソムは言う。「彼らは、特殊利益集団が自己の目的のために教会を利用している、教会を動かしていると感じています」。サンソムは、彼と同世代の、改革の責を負う中道的な教会指導者の多くと同様、「今や反撃に出た正統主義者の反動と剛直」に当惑している。これでは「教会と現代世界との対話と和解の可能性が閉ざされてしまいます」。しかし、彼はまた「中心なき多元主義」の破壊的作用に対しても批判的である。そこには「私たちを一つのからだへと統合するものへの、明快な、共通のコミットメントが欠けています」。

　サンソムの立場からは、二つの相互に関係した展望が現われることになりそうである。「制度的には、私たちの教派においても[36]、プロテスタント教会全般にわたっても、連邦モデルに近づいていくように思われます」と彼は言う。「アイデンティティーの異なるさまざまな集団が、互いに相手を認めながら、一堂に会する。どの集団も、互いを隔てている相違点を否定することなく、できるかぎり親しく話し合い、協力し合う。私たちは、さまざまな集団、とりわけマイノリティー集団の民主的代表者を注意深く見守り続けるでしょう。そして、彼らを多数派の専制から護るために、憲法が保障する類の権利に訴え続けるでしょう」。

彼はまた考える。「中産階級のワスプの中年男性をもって信者の代表のように考えてしまう安易な思考が崩れることによって、私たちは、優勢な階級や人種によって定義も制限もされない教会として再出発できるかもしれません。教派のルーツに戻ることができるかもしれません」。信者の社会的構成が多様化すると、各教派は、教派独自の教義、習慣、組織形態に立ち返り、それらを現代社会の条件に合うように再定義することが必要となる。ここにおけるサンソムの展望は明るい。二〇年前、メソディスト教会内に「ウェスレーのことを話せる人間なんて一人もいませんでした。カール・バルトやディートリッヒ・ボンヘッファーといったさまざまな神学者が、熱を帯びた心に終始した敬虔主義的な感傷屋として葬り去っていたのです。今日、ウェスレーは、救済や人間的運命のためには、原罪の働きに打ち勝つように個人が変容することが必要であると、ほとんど東方の教父に倣って理解していたことが広く認められています。彼はまた、救済のためには社会の聖化もまた必要であると、それは私たちが創造されたそもそもの目的へと私たちを引き戻すためであると理解していました。このこともまた、広く認められるようになりました」。

結局、メソディズムの教派的伝統のなかには、万人に向けられたキリストの愛を通じての個人の救済に力点を置く福音主義を包含すると同時に、世界をよりよい場に変えていこうとする社会的キリスト教の要請をいささかも軽んじることのない、何らかの基盤が存在するのである。「キリスト教は『本質的に社会的な宗教である。……隠者の宗教に変えることは、それを破壊することである』」と、サンソムはジョン・ウェスレーを引用して語る。「神の似姿をもって生まれ変わることを互いに助け合う、クリスチャンの共同体をもたなければなりません。メソディストの信仰復興、説教、集い、会は、すべてこれを目指すものです。私たちは、押入れにこもって暗闇のなかで一人神と語らい、聖書を読んで生きるわけではありません。福音書には、地の塩となれ、世に灯し火を掲げよとあります。神が私たちをここに遣わされたのは、他者に触れ、社会を癒すためなのです」。サンソムは結論する。「ヘルムート・リチャード・ニーバーは〝社会を変容させるキリスト〟という理想を語りました。[37] 社会に従うのでもなく、逆らうのでもなく、上に立つのでもなく、変容させるのです。そもそもの初めから、これがウェスレー派の理想なのです」。

6　教会の刷新あるいは変容？

六〇年代に成年を迎えた教会指導者、学者、教師にとって、変容させるキリストの理想は、外部の社会や文化ばかりでなく、教会自身にも当てはまるものである。主流教会の過ちとは、一言で言えば「文化のなかでも最悪の屑を放出している」ことだ――。こう言うのは、新進気鋭の神学者にして歯に衣着せぬ物言いの牧師、メアリー・ハッチである。「信者が教会で聞かされている説教や訓戒は、新聞やテレビで聞かされているものと同じです。善き人間、善きクリスチャンであるとは、最善を尽くして順応すること、ひどい結婚や無意味な仕事にじっと耐えることである。小切手を切って、社会の浪費的な、不正な仕組みと取引しなさい。年に二回、都心の教会に出向いて、ハムサンドやクリスマスのバスケットを配ればよろしい。これが教えです」。要するに、ほとんどの主流教会は信者を売り叩いたのである。破綻と歓喜に満ちた驚異と転変の世界の只中で、教会は信者の想像力を殺し、感情を甘やかしているとハッチは言う。真の教会には、生かすべき伝統――私たちを現実に目覚めさせるだけの批判的で多元的な伝統――があるにもかかわらず、そんなありさまなのだ。

主流教会はどうしてこの罠にはまってしまったのか？　ハッチの過激な文化批判の立場からするならば、その答えは、信者の喪失、吸収、政争といったものよりも深いところにある。「問題の多くは、宗教を私的世界に割り当てたところに由来するものです」と彼女は言う。「芸術も、性も、規則や法に還元できないあらゆる種類の道徳的感情も一緒にです。しかもそのすべてが女性の領域に押し込められています。しかもそれは真の知ではないとされている。だから二流の地位しかあたえられていません。真の知は、感情にではなくて、事実にもとづく。それは科学的なものである。物を支配する現実の力を生み出す客観的データであるがゆえに、公共的なものである――」。こうした私事化と女性化とは、現代アメリカ社会における宗教の文化的構造を歪めている。ハッチは続ける。「公共や政治の世界について実質的に何も正しいことを言えないと思い定めたとき、現代キリスト教の内向化が始まったのです」。宗教は、深く内面的な、認識以前・言語以前のものとなった。あるいはまったく超越的な「他者」となった。「ひとたびこの方向に進み出すと、ある意味で教会は要らなくなります」と彼女は言う。「人々は自分自身を表現できる教会、自分と似た考えの持ち主と会える教会を探します。しかし、その教会は宗教となることができない。それは実は〝キリストのからだ〟ではない。公共世界の一部でもありません」。

クーパー師が提出し、サンソム博士が「コーカス教会」の名のもとに要約したテーマを、ハッチは、極めて明瞭な語り口で論じる。主流教会の内部や周辺に党派主義的な利益集団が生まれたのは、「女性や黒人の過失ではありません。むしろそれは民主政治の合意モデルの過失です。共同体がさまざまな個人や集団を、それぞれの違いを認めたままに真に包含できるような文化的規範が欠如していることが問題なのです。ひとたびそうした文化的規範を失ったとなれば——アメリカには初めからそんなものはなかったと懐疑家は言いますが——かつまた民主主義の原理でやっていくのだとすれば、もちろん次に出てくるのはコーカス型の集団政治です。女性や黒人といった〝異種の〟人間にとって、事実、アメリカは政治的に前進しました。今となっては、たとえ福音派の教会だって女性や黒人を排除することはむずかしくなっている。しかし、私たちがいかに努力しようと、いかに多くの金、時間、労力を費やそうと、結局見えてくるのは、教会ではコーカス型集団政治は機能しないということです」。こうした視点に立つならば、主流教会の信者喪失の問題と、全国的教派のコーカス教会的な党派政治の問題とは、教会自身の一貫した質《インテグリティー》が深いレベルで失われてきたことの二重の現われなのである。すなわち、主観性の内にある信者たちの「意識を高め《コンシエンタイズ》」、因習にとらわれぬ道徳的責任感をもって俗世と対決する、道徳的共同体としての教会のあり方が崩れてきたのである[38]。

教会の復活を主張するジーン・サンソムやロバート・クーパーの議論に比べると、メアリー・ハッチが主流教会の変容を語るさいの言葉は、いっそう過激な形で流動的な、教義性の薄いものであるが、しかし肝心なところでは、彼らの考えは共通している。アメリカの教会はどうあるべきか？　ハッチは答える。「勝手を言わせてもらえば、教会はもっとウェスレーの「細胞《セル》」〔福音伝道を行なう在家の班組織〕のようなものに——いや、この言葉は好きじゃないのですが——なってほしい。そしてもっと解放の神学で言うキリスト者基礎共同体のようになってほしいと思います[39]」。教会は、共同体を育て、養うことをもっと重視すべきである。信者たちが、多様にして多元的な世界のなかで、性、肌の色、階級にそれほど規定されることなく、ともに暮らせる道を探ることができるようにすべきである。彼女はそう信じている。「毎週一回、朝の一時間ばかりのあいだ、大ホールに八〇〇人の人間を集めるなんてことは、もうそれほど大事ではありません。信者どうしを近づけ、互いに相手を通じて自らを知ることができるようにするために、もっと心に響く、もっときめ細やかな、もっと熱意のあるやり方を探るべきです」。礼拝と聖餐式は「三〇分の講釈で信者を眠らせるかわりに、彼らを起こして、霊的に動かす」ことを心がけるべきである。「その唯一最良のモデルは、黒人教会です。黒人教会では、想像力を美的に掻き立て、感情を深く道徳的な、喜びに満ちた形で揺り動かします」。もちろん、教会が試み、実践できる共同体、礼拝、学習のモデルはたくさんある。いずれも、新たな歴史的・社会的・文化的条件のもとで、自己理解を決定的に新たにすることを求めるものである。「ラテン・アメリカのキリスト者基礎共同体のことを考えてみてください」とハッチは促す。「アルコホリック・アノニマス（AA）」〔アルコール中毒者更正会〕の方がわかりやすいかもしれません。私たちの社会の大問題である心理的な『否認』の突破がたいへんに上手です。もちろん、共同体として建設的に生きるすべを、AAからそれほど多く学べるわけではないでしょう。それを語るのはキリスト者基礎共同体のモデルです。周囲の社会の状況が、わが国とはずいぶん違っていますけれども」。

　クーパーの福音主義的信仰復興《リバイバル》の言語とサンソムの立ち返りのレトリックは、ハッチの言語では、「懐疑の解釈学」の批判の炎から不死鳥のように甦る大胆な文化的実験と微妙な「調合」のレトリックとなる[40]。ハッチは言う。「いろいろ試してみましょう。地域教会の成人学習グループでも神学教室でもけっこうです。グループ内で順繰りに、それぞれの抑圧、悩み、戦いを明らかにしていきます。受講者は、親がアル中のせいで生活がどうなっているとか、あるいは、自分の家はとても貧乏な労働者クラスで、大学に入ったのは自分が最初であった、こうやって成功してみると、自分は上の階級にも下の階級にも属していないようだ、といったような話を始めます。女性であれば、離婚の話であるとか、あるいは中年になってからまた学校に通い始めた、すると自分も夫も役割分担の仕方がわからなくなった、夫婦平等に近づいたとはいえ、まだ平等にはなっていない、といったような話をする。さてそこで聖書を開いてみる。聖書に書いてあることが、それぞれの置かれた状況のなかで、どんな意味をもつのかを話し合う。みな一緒になって探求する。みなが共有できる意味の土台を探すのです。これはキリスト者基礎共同体モデルの一種です」。

　公共の場での告白と聖書学習、セミナーと心理劇、道徳的対話と社会的分析——聖書のテクスト、個人のテクスト、社会のテクストを絡み合わせることは、同時に牧会的でも預言者的でも秘蹟的であるような宗教共同体の雰囲気を教えてくれる。「それは告白の——あなたが望むなら——共有です。物語られた倫理と言ってもいい。自分を広い文脈のなかに置き、みなを結びつける網のなかに自分もまたいるのだということを悟るのです[41]。罪は個人のレベルだけでなく、制度のレベルでも明らかにされます。ですから私たちは、たんに私は罪を犯しました、お許しください、今後はもっとちゃんと行動しますと言うだけでなくて、制度を変えていこうとも決意することができます」。かくして各々の物語は、共同体の内側で語られた「私たちの物語」の一部となる。それはまた、私たちがともに暮らす社会が形作る世界の物語でもある。私たちの繁栄と挫折の鍵を握る社会の制度・関係・習慣の物語である。

共同の礼拝、祈り、告白、物語を通じてのこのような交わりの回復においては、聖書の働きは実践的である。メル・リースが考える預言者的な社会正義の尺度よりも、クーパー師が考える福音主義的な霊感に近い。クーパーの言う「私たちの基盤《ベッドロック》」としての聖書観より一歩進めて、ハッチは、歴史と文化の網の目に絡ませた形で聖書を解釈することを提案する。もちろん彼女は、聖書の中心性を減少させたり、クリスチャンにとってのその道徳的な権威を相対化しようというのではない。「聖書は、ユダヤ人とクリスチャンが意味を見出すために長い年月のあいだ用いてきたテクストの集成です。それは生きて働く文書です。テクストが私たちの世界を創ることはありません。しかし、あらゆる時代のクリスチャンは、キリスト教文化の諸々の産物とともに、聖書を用いて、世界の認識と行動のためのイメージと言説を創り出してきたのです」。

「それゆえ、聖書を生きて働く文書として用いるべきです。これもまた私たちにできることです。聖書のなかにある信じられないほどの多様性のゆえにです。意味が一つだけということは一つもない。すばらしいことです。聖書は豊かなテクストです。カトリックの神学者、デヴィッド・トレーシーも、聖書は異種の物語に満ちており、そのそれぞれが私たちの伝統の古典となっているのだ、と言っています。[42] ですから、日曜の朝、ただ突っ立って一本調子に聖書を読むというのではいけません。歌い、唱え、劇として演じてみることです。黒人バプティスト教会に行ってごらんなさい。信者たちは聖書を用いて何をやっているでしょうか。ペンテコステ派の教会でもけっこうです。そこでは霊が働いている。彼らの神学に同意はできなくても、それは感じられます。私たちにそれができない理由はありません。社会的福音の感覚を新たにすれば、できないはずはないのです」。この立場は、実際、福音主義やファンダメンタリズムの聖書主義と異なるものではない。ただし、「礼拝の共同体において聖霊を吹きこまれるまでは、聖書もまた一冊の書物にすぎないと、彼らも気づいてくれるならば」である。これは何も現代の相対主義者の真理ではない、と彼女は言う。キリスト教の伝統における神学的真理である。「アウグスティヌスが、ルターが、カルヴァンがそう言っているのです。困ったことに、今日ではそのように言うクリスチャンが十分多くはいないのです」。

文化・制度全般の変容を成功させるには、既成の社会・道徳体制の内部からの支持も必要だ、とハッチは言う。支持のない活動家は、ユートピアの夢想家、「万事がおかしいと思っても、どうにも手が出せない俗世の鉄の檻に閉じ込められた囚人」となる。彼女の考えによれば、社会的福音は、ニーバーの「キリスト教的現実主義」を包含した、幅広い、独特にアメリカ的な運動である。それはフェミニズム神学と解放の神学に受け継がれている。彼女はまた、社会的キリスト教の、批判と総合とを弁証法的に兼ね備えた性格を強調する。[43] それは、アメリカ民主主義の規範とキリスト教の預言者的理想とを用いて、社会と教会の両方を批判する。アメリカの政治経済のもつ非民主的な側面も、ブルジョワ・キリスト教の私事主義も、ともに批判を免れない。たとえば、フェミニズムは、権利の平等という民主主義の概念を用いて、教会の男性中心主義を批判してきた。今日それは、女性の権利と知的職業の幅を広げるだけで正義ある社会や真の教会が創造できるという狭い考えを批判するために、共同体と関係的愛というキリスト教的な概念を用いている。

狭く捉えたときのアメリカの社会的福音の伝統は、内面の自己をどう変容させるべきかを明らかにしていないところに限界がある。それは基本的に制度の変容を狙ったものである。「制度はどのようにして形成されるか、そして形成された制度はどのようにして人々の理解や感情を形成するか。この二つを強く結びつけて考えてはこなかったのです」とハッチは言う。この点こそが、黒人神学とフェミニズム神学がアメリカの社会的キリスト教に対して貢献できることである。なぜなら、「黒人と女性は、この問いと向き合わなければならないからです。黒人も女性も自分は不完全な人間だと感じてしまう、そんな社会構造においては、この問いと向き合ってはじめて、自分もまた完全な人間であると知ることができるのです」。人間として自分は何であるのかという個人の自己認識は、アプリオリに備わっているものではない。歴史のなかで、社会生活の体験を通じて構成されるのである。個々の人格は、自らが生きている社会の構造のみならず、その規範とメタファーとを表現している。「性差別と人種差別とは、偏った法律や職業差別によって押しつけられるばかりでなく、子供時代に学ぶイメージや言葉からも生じます。これがどこまでおよぶものであるのかを、フェミニズム神学と黒人神学は教えてくれるのです」。

この文化と共同体のビジョンは、教会に福祉国家、病院、社交クラブを虚しく真似することを求めるかわりに、教会固有の制度的役割を約束する。「罪を罪とし、恩寵を告げるのが教会の使命です」。ハッチはきっぱりと言う。「極めて伝統的なことですし、話だけでは簡単そうに聞こえます。しかし、主流教会のやっていることはお粗末です。今日の中産階級の生の病をはっきりとさせてこなかった。私たちは、このことについて真実を語ってこなかったのです。それは教会の最大の罪です。男はこう、女はこう、白人はこう、黒人はこうと切り分けてしまう、競争に追い立てられた生が病の一形態であることを言ってこなかった。それは人間の精神を狭め、緊縛しているのです」。アメリカの教会が取り組むべき最大の課題は、「中産階級の快適消費者人生は彼ら自身と第三世界とを殺しつつあるということを、彼ら自身が認識できるようにすること」である。「私たちは第三世界のことを本気で考えていないので、慈善を訴えてみても、罪状を読み上げてみても、さしたる効果は上がりません。私たちが猛烈に本気なのは、自分の人生のことです。私たちは、自己の生が危険にさらされていると、それは善い生ではないと、自分にとってさえ善い生とは言えないと見てとることができるならば、おそらく次には行動に出ることでしょう」。

ハッチは言う。消費主義は、自己の不安な欲望の名において貧者の必要を否定するものである。しかし、何よりも「消費主義は魂を殺します。アウグスティヌスに従う者なら、みなわかっていることです。消費主義は、神よりも、人間の共同体よりも、物品を尊ぶのです」。それは私たちの意識を鈍らせ、感覚を濁らせる。麻薬やアルコール中毒はその主症状である。福音派はこのことで声を上げている。だが、主流教会が言うべきことはないのか？ ほとんど何もない。「なぜかわかりますか？」とハッチは問う。「なぜなら私たちは、宗教を、あらゆる生活上の実践より先にある、深く内面的な、もしくはあの世的な実在として定義してきたからです。そう定義してしまえば、毎日をどう生きるかなどは、宗教にとってどうでもよいものになってしまうのです」。

アメリカ人は今、個人レベルで、また国民レベルで、いかに獲得し、消費するか、いかに獲物を山分けし、廃物を棄てるか、いかに武装し、武力で脅すかをめぐる世界的危機に直面している。「黙示録的な言い方になってしまうのですが……」とハッチは切り出す。「人類の存続と地球の運命とは、私たちがこの危機に立ち向かえるかどうかにかかっていると思います。政治と経済に、大きな変化を起こす必要がある。そしてまた、日々の行動と思考を通じて、私たちの共同体と言説のあり方を変容させる必要があります」。たとえば、とハッチは続ける。「カトリックの司教による〝万人に経済正義を〟〔「結論」七節参照〕は、外側から経済制度を抜本的に改革し、なおかつ地域における私たち自身の生活と考え方を変えることで、内側からも経済的な習慣と分配の公正化を図るように求めました。これはよい手本です。しかし、私たちは実際にそれをやりぬくことができるかどうかが問題なのです」。私たちは努力しなければならない。現代の国家・経済のシステムが自己の基準に照らして機能亢進するというだけでは、長期的には私たちを救うことはない。

7　黒人教会の例

その礼拝、社会的連帯性、市民的関与のダイナミックな力のゆえに、黒人教会に積極的な役割モデルを期待する白人教会からのロマン化に対して、しばしば黒人教会の指導者は、慎重な抵抗をもって応じる。「第一、黒人の教会といってもさまざまです。一個の『黒人教会』があるわけではありません」と、思慮深い黒人バプティスト教会の牧師であり、メソディストの神学校で教える神学者であるトーマス・ラスキンは言う。「それに、誓って申し上げますが」と、彼は笑う。「白人教会のなかでも最高に因習的なところとどう見たって違わないような退屈で社会的融通の利かない黒人教会だってあるのですよ」。神の死《ラディカル》の神学者や解放の神学者は、アメリカの教会と文化とを福音の真理を冒瀆するものとしてひとまとめに批判しているが、黒人教会の指導者は、勇ましいばかりでなく、また慎重でもある。「そういう診断に道徳的説得力をあたえるような、文化的疎外と政治的無力のことは理解しているつもりです」とラスキンは言う。「しかし、同意はできないと申し上げなければならない。私たちは、現に自分が生きている社会をただ非難して、自分がその一部ではないかのように振る舞うわけにはいかないのです。私たちは教会に、自らの社会に対し、もっと誠実に立ち向かうことを可能にするような共同体、人間としてさらに望ましい生き方を見つけるよう、私たちを促すような共同体を求めなければなりません。また、同意できないというのは、私はとにかく教会を愛しているということでもあるでしょう。私はそこで育ちました。教会は私の母です。問題もある、やむなき妥協もある。しかしそこには神を説き、神に歌う私の仲間がいる。それが教会なのです」。

既存の教会を全面的に捨て去る、あるいは告発するのは、裕福な人間のみが続けることのできる怒りとユートピア的理想主義の表現であるとラスキンは考える。「歴史的に見て、教会は、わが国の黒人が避難し、立場を強化するためになくてはならない場所でした」とラスキンは言う。「今でもそうです。教会は、貧しい者を世話し、神が自らの創造を善しとされたように、彼らの善さを認めます。私たちの社会では、教会以外にそうした世話や認知のような善きものが培われる場所はそうたくさんありません。それゆえ私は、教会が今あるみたいに革命以前に踏みとどまっているからといって、棄てしまう気にはなれないのです。私はまた、根底から閉鎖的・分離的な社会体制のゆえに神と隣人を愛することができないようなとき、革命的行動を起こすのを止すべきではないとも考えます。たとえば、黒人教会は、ラテン・アメリカや南アフリカの革命的な解放の神学といくつか連帯した行動をとっています。それでも教会は、貧しい者の避難所となると同時に彼らのための正義の代弁者となることを躊躇してはいけません。互いに助け合うこともしないで——とりわけ今ここにいる『もっとも小さき者』たちを助けることもしないで——来るべき王国を世に告げる闘いで命を落とすなどということは避けようではありませんか」。

アフリカ系アメリカ人の各共同体の中心には、今でも教会がある(44)。だが、黒人教会は、人種隔離と社会的従属の傷あとを残している。そして、中産階級としての成功と地位の倫理が、ここでも誘惑をかけている。いずれもアフリカ系アメリカ人の社会の二分化を促進する要素であり、教会の課題をますます重くしている。アメリカ黒人社会のおよそ三分の二は、中程度の収入の「適応」組によって占められている。それは労働者階級と中産階級の二つに分かれる。残り三分の一は「危機」組、すなわち職のある、あるいは職のない福祉にたよる貧困者のグループである(45)。これら甚だしく剝奪された者たちは、都心のスラムに取り残され、次第に孤立し、社会的に追い詰められつつある。一方、上昇可能な黒人たちは、より安定した住宅地域や新たにできた郊外の黒人居住地域に移動してきた。たとえばアトランタでは、一九六〇年代以降、黒人人口の半分近くが中心市域を去り、周辺の郡部〔郊外地域〕に向かった(46)。

最大・最古の黒人系諸教派の信者は、主として労働者階級と中産階級の中所得者層で占められており、それを——とくに南部の田舎では——貧困層のうちの、極めて敬虔だが規模の小さい一群が支えている。一方、もっとも貧困な、社会的にもっとも疎外されている者たちは、これらの教会から遠くに去ってしまったかに思われる。実際彼らは、セクトやストアフロント教会〔街なかの店先を借りて開く福音派の集会〕を含めて、あらゆる種類の教会から離れてしまったかのようだ。とくに、黒人一〇人につき七人は無教会という、南部以外の都市の中心市域ではそうである（若い男性の無教会層の率はさらに高い）。

都市の最下層階級《アンダークラス》に属する黒人無教会層の、過去一世代における伸長ぶりを考えて、ラスキンはこう警告する。「アフリカ系アメリカ文化の要である象徴についてほとんど何も知らない世代が、路上で暮らすようになっています。出エジプト《エクソダス》やバビロン捕囚《イグザイル》が何を意味しているのか、磔刑や復活とは何のことなのか、みなが知っているとはもはや限らないのです。二十年前であれば、黒人の牧師は、玄関先、あるいは説教壇でも、そのつもりで話すことができました。今あるのは、ラップ・アーチストや少年グループの怒りの表現です。ルイス・ファラカン〔ブラック・ムスリム系の分派教団ネーション・オブ・イスラムの指導者。黒人ナショナリズムを説く〕が、我々にはここにはなんの投資もない、我々は別の民なのだ、我々は自分たちのために事を行なうのだ、と説くのは、まさにこの言語です。彼はデール・カーネギー流の成功訓話だって行ないます。〝独力でやり遂げろ〟と。しかし彼は、黒人と白人が空間を分かち合って、ともに暮らせる世界を作ることについては、何も語るものがない。これは、誰をも信じない、仲間うち以外には手を差し出すことのないような類の怒りです。障害者《クリップ》と黒人《ブラッド》、これだけが俺の家族、これだけが俺の仲間、みたいなものです」。

では、私たちはこれにいったいどう答えていけばよいのだろうか？　職も教育もない最下層階級の黒人の問題を解決するには、社会全体の政治的意思、教育的制度、経済的資源が必要となる。黒人教会は、独力で達成できるものは何であるのかを現実的に考え、広い道徳的共同体から離れないように決意を堅くする必要がある。しかしまた、社会的に上昇可能な高学歴の黒人と彼らの教会が、今やアフリカ系アメリカ人の五、六人に一人という、都心に暮らす最下層の者たちを見捨てないようにすることも肝要である。そして資料の示すところ、彼らは見捨てていない。中心市域の黒人教会のほとんどは、今も創建の地を離れていない。郊外に移住した中所得層の黒人は、今も同じ教会に所属しており、同じ教会の祈禱会に毎週出席している。

いくつかの黒人系「巨大教会《メガチャーチ》」は、中心市域のさまざまな共同体を階級や地域の線を越えて一つにまとめ、黒人貧困層に教育・住宅・スポーツ・福祉の各種プログラムを提供している(47)。だが、とラスキンは言う。同時にまた教会は、「弟子となって規律を」学ぶ場でなければならない。たんに個人的達成を目指すのではなく、神と隣人への愛のために奮闘するのである。「ストアフロント教会を含め、多くの小さな教会では、こうした極めて基礎的な部類の教育を行なっています。……金、エネルギー、プログラムを生み出す、数の力を頼むようになると、規律とまことの共同体の愛とを見失うかもしれません。それでは信者が一週間どっぷりつかっている企業世界と同じことです。教会の仕事ではありません」。これとは逆に、とラスキンは強調する。「信者さんやお子さんの名前、誕生日を知っているような教会のことを認めてあげる必要があります。私たちに必要な教会とは、貧しい者、弱者、一人で子育てしている女性を受け入れて、あなたのことはわかっています、あなたは大事な人なんですと言えるような教会、そしてその言葉の意味を行動で表わすことができるような教会なのです」。

信者の苦しみを預言者として代弁し、牧会の香油で癒すという黒人教会の二重の責任からするならば、一部の白人の論者が非難している教会の変化は、ラスキンにとって望ましいものである。「コーカス教会」の内部の道徳論争、政治闘争、集団利害のきびしさ、危険性は彼も認める。それでも彼は、こうした不穏な状態を、社会的に異質な人間を容易に排除しない、あるいは沈黙させることのない教会、より正しく包括的な、真に普遍的《カトリック》な教会へと向かう途上の、不可避の状態であると見ている。

「今日、主流教会の多くは、新約聖書にある、初期キリスト教共同体の〝からだ〟の内部における根本的多様性に目を向けるようになってきました」とラスキンは言う。「黒人教会は昔からそうする必要があった。生き残るためにです。私たちはあまりにも隔離され、あまりにも弱体だったからです。今日、教会の指導者は、対立のなかから道徳的・精神的な成長と社会のいっそうの開放性とをもたらすにはどうしたらよいか、潜在的な権力闘争や派閥争いの脅威を減らすにはどうしたらよいかを探らなければなりません」。

8 教会関連団体《パラチャーチ》とその道徳的意味

社会活動に取り組む宗教運動や宗教団体は、アメリカでは長い歴史をもっている。それが拡大したのは一九世紀、宗教的・社会的善行のための自発的結社が慈善の帝国をなしていた時代である。今日の教会関連団体に対しては、それが社会的区分や文化的ギャップを反映するものであることをいぶかる批判者もいる。それは亀裂を埋めるどころか広げるものではないか？[48] ふつうこうした懸念が現われるのは、教会関連団体の運動が利益団体のロビー活動や圧力行動と見なされるときである。しかし、それらはまた、善い社会についてどう考えるかをめぐる対照的なビジョンどうしでもある。アメリカ文化のさまざまな道徳的伝統の解釈の相違ということであれば、恐れるにはおよばない。

福音派の保守的な公共神学が強調するのは、アメリカ人には世界に福音を伝える選民としての聖書的原点があるという理念である。それはまた、政府の権威の尊重、競争的経済における懸命な労働、良心的個人道徳規範の保持といった義務にも力点を置く。妊娠中絶、不特定性交、同性愛などの問題に集中することもあるが、世界の飢餓の問題にも活発に取り組んでいる。一方、リベラル派が強調するのは、アメリカ市民には、自国の力と富ゆえ、国内外の貧者を助ける責任があるということである。彼らはまた、核軍縮と国際平和による世界の和解を望んでおり、公民権、全市民への経済的機会拡大、環境保護を目指す活動も行なっている。

こうした二つの、あるいはこれに類したビジョンは、アメリカの市民宗教や社会倫理の分極化を表わすものであろうか？　だが、分極化を相殺するような要因があることも忘れてはいけない。第一に、アメリカの大衆文化は、二種の公共神学が強調する道徳的・社会的価値の多くを、分離するよりもむしろ橋渡ししている。たとえば、実質的にすべてのアメリカ人は、米ソの緊張緩和を歓迎し、核軍備の削減あるいは全廃に賛成し、人種的・宗教的偏見の減少を希望している（既成の政策や行政がこうした希望をみな実現できるとは思っていないが）[49]。第二に、福音派は、信者数を増やすに従って、学歴、職業、社会的意見の点でリベラルな教会の信者に近づいてきている[50]。宗教的リベラルと保守とを、異なる社会環境に応じて道徳上の考え方も異なる二つの社会集団と見るならば、両者は分極化に向かうよりも和解に向かう可能性がある。第三に、そしてこれはもっとも重要な点かもしれないが、こうした道徳的不一致の裏には、文化的な一貫性がある。この一貫性があるがゆえに、教派的な構造を保ったまま、議論を――あるいは闘争さえも――続けていくことができるのである[51]。統一的な価値の合意を熱望しておきながら、道徳的不一致をそうした合意を妨げる社会的利害の綱引きとしか考えないのであれば、私たちの熱望はいつまでも叶わぬままに置かれることになる。

社会的に狭隘化した単一争点型の宗教運動は、社会階層の裂け目を広げてしまうことよりも、公共生活における宗教の例として見たときに、いっそう危険であると言える。それは、主流派教会と福音派教会の道徳的ビジョンをともに萎縮させ、どちらが負う道徳的責任もともに回避するようなものだからである。さまざまな教会にはさまざまな伝承と啓示があり、特定の道徳的立場と社会行動を、共同の礼拝、信者どうしの交わり、魂の世話のうちに受肉している教義や説教に結びつけている。個人の救済、祈り、福音伝道、神学の学習、慈善活動、社会改革運動は、一繋ぎの連続体である。教会関連団体の運動は、宗教的視点にもとづく批判あるいは社会行動であることを忘れ、道具主義的・主観主義的な利益政治の線に沿って、世論操作、選挙区動員、ロビー活動に走ってしまうときにのみ、宗教の自己理解や公共生活にとっての脅威となる。

アメリカの大教派は、もはや分派あるいは分割によって生活様式や信仰の異なる者たちから逃れたり、自己を隔離することはできない。国家が寛容であることをよいことに、公共の問題から身を引くわけにはもはやいかない。大きな教派に今できること、今なすべきことは、派閥争いせずに会議を通じて内部の対話を図っていくことであり、関連する宗教運動を自己改革のために批判的に活用することである。教会が一般社会と国家を道徳的な議論と教育へと向かわせることは、以前にも増して可能であるし、それはますます急務となっているのだ。(52)

9　制度的宗教

制度と言えばすべて疎ましいものと考える多くのアメリカ人は、「制度的宗教」という言葉を否定的なニュアンスで用いる。「私は宗教的ではありませんが、かなりスピリチュアル（霊性的・精神的）です」とはよく耳にする言い方である。(53)本章を読んでさえ、自らの先入観をますます強める者もあるかもしれない。メアリー・ハッチの次の言葉は、彼らにほとんど同意しているかのようだ。「主流の教会が今あるような形を失ってしまったとしても、私はたいして気にしません。……教会が変容できるのであれば、それでもけっこうです。もし主流の制度が変化できないのなら、キリスト教はその外に出て、他の社会形態のなかで存続していくことでしょう」。とはいえ、彼女にとってさえ、何か社会的な形のあることが必須なのである。「人は自らが立つ場所を、自らの行動のための構造体をもたなければなりません」。そして彼女は、地域教会を棄てるつもりはない。「もし棄ててしまったら、討論し、問題と取り組むよすがとなる制度がどこにもなくなってしまいます」。

実際、多くのアメリカ人の生活のなかで、「制度的宗教」は今でも重要性を失っていない。本章において雄弁に語ってくれた人々も、いかに不完全であろうとも、制度を欠いた宗教は、虚ろで、私的で、見当外れなものになりがちであると考えている。しかし、彼らにしても、自己の人生の意味を探求しつつも、既存の教会が自己や社会にとってふさわしい形でそうした人生の意味を明らかにしてくれるものとは確信できないでいる個人、制度的宗教を避ける者たちと同様の個人なのである。それでもなお、彼らには、超越的な課題をこの地上で実行する理想の制度というものについての理解がある。現実の宗教組織は、理想の制度にただ近似できるばかりであり、それゆえいつも改革の必要がある。この点では、本書が教会をめぐって論じてきたことは、広く制度全般に言えることである。彼らもまたそう理解している。

制度的理想としての教会の姿は明白であり、ただその具現の仕方だけが問題である、ということではない。私たちが行なったインタビューには、いくつかの象徴的表現が繰り返し出てきた。たとえば、「キリストのからだ」としての教会——すなわち献身的な愛、アガペーのうちに統合される教会の概念——である。さまざまな教派のクリスチャンが、ニカイア信条を引いて、「唯一の、公なる、使徒の教会」への信仰を告白している。しかし、それでも本書の発言者たちは、制度としての教会を少しずつ違ったふうに理解している。メル・リースにとっての教会はロバート・クーパーの教会とは違うし、ジーン・サンソムの教会はそのどちらとも異なっている。メアリー・ハッチとトーマス・ラスキンは本質的に同じことを言っているようでもあるが、この二人のあいだにも多少の相違がある。こうした不一致はしかし、「合意の不在」というよりは、私たちの社会にとって教会とは――そして究極的には、宗教とは――いったい何であるのかをめぐって、活発な討論が行なわれている証拠である。この活力ある討論のなかから、今日のアメリカにおける宗教の役割について、いくつかの結論を引き出すことにしよう。

(一)　宗教を信ずる者にとって、宗教への忠誠は国家への忠誠を超越する。二つの忠誠はいつも衝突するわけではないが、衝突があるときには、宗教の要請が優先される。実際、アメリカがこの衝突を経験してきたことは、良心的兵役拒否と市民的不服従の歴史を見れば明らかである。しかし、主要な宗教共同体は、いずれもみなアメリカ共和国の正統性を受け入れてきたし、衝突よりも討論の道を選んできた。衝突は、証言と説得が失敗したときの最後の手段であった。信者にとって国家への忠誠は条件つきであるが、神への忠誠は無条件である。このため、時に信者は、個人・集団・国家の相対的利害関係を超えて、人間的必要に対して愛を以て応える行動を取る。そのため、平和、地球環境、第三世界の貧困といった問題に応じる機会も、ある点では、忠誠心がまったく国家的であった場合よりも多い。もちろん、宗教の信者でなくとも、超国家的な忠誠をもち、超越的な義務に従う人々は大勢いる。超国家的な忠誠と義務は、宗教の占有物ではない。また、多くの因習的な信者は、そのような行動を取ることがない。

(二)　地域教会などの組織に属する者たちは、家族や仲間うちの付き合いの範囲を越えた、より広い共同体への参加を行なう。合衆国における他の集団に比べ、数の上でも、時間や出費の点でも、参加の度合いが高い。メル・リースにとって、信者の地域主義には問題がある。それは大きな社会を無視する集団エゴのようなものである。ロバート・クーパーとトーマス・ラスキンにとっては、地域の教会は、信者のみならず市民をも育てる場である。孤立した個人や家族としてあるよりも、人々はいっそう社会に貢献できるようになる。近隣の教会どうしで付き合いがないことも珍しくないが――教派が同じであってさえそういうことがある――しかし教会が一つに集まるときには、信者たちは共同体の生活の質を格段に優れたものにすることができる。

(三)　地域教会と教会関連組織《パラチャーチ》とのあいだには、緊張関係がある。これは双方の足を引っ張り、使命の十全な遂行にとっての障害となっている。この解決のために、一案として、教派の境界を横断する一連の媒介的な制度を設けることが考えられる。聖職者と一般信者とが集まって、緊張関係の根にある神学的・社会的諸問題を討議するというものである。直接行動よりも教育と討論を重視するという点で、ヨーロッパにおけるいくつかの福音伝道アカデミーが参考になるかもしれない。それらは神学的・社会学的な洗練にも役立つが、本来の目的は礼拝と信仰の生活を強化する点に置かれるだろう。今日、さまざまな教派の神学校が、一般信者への働きかけの一環として、この種の試みを行なっている。しかし、地域教会と教派組織の双方の疑念を乗り越えるには、一般信者向けの教育機関《アカデミー》を強化するほうが効果的かもしれない。双方の土台である聖書的・神学的資源に新たな関心を呼び起こすのである。枯渇した資源を回復・強化するこうした努力を続けていくならば、新たな教育機関は、公共教会に、いっそう教育程度の高い、内容の明確な意見を送り届けるための一助となりうるかもしれない。このような教育機関はまた、クリスチャンとユダヤ人とのあいだの、そして聖書宗教と他宗教との基本的対話にも貢献できるかもしれない。宗教共同体が共同善の探求に貢献することができるのは、この多元的な社会・世界において、互いに信仰の異なる共同体のことを理解し、尊重するかぎりにおいてなのである。

（四）　私たちの生に影響をあたえ、私たちのエネルギーの多くを消費している経済、行政組織、教育といった強力な制度の多くには、私たちをばらばらにする働きがある。それは、共同の福利のために協力するよりも、個人的利益のために競争せよと圧力をかけているようなものである。私たちの実存は、金、権力、威信、あるいはそれらを象徴する消費財を獲得する競争として構造化され、生の意味は空洞化される。宗教共同体の行なうことは、人を仲間に加え、彼が誰であるかを認知することだけではない（しかしこれはアメリカには不足している資質である。ラスキンの挙げたストアフロント・チャーチの例を思い出して欲しい。そこでは信者は、子供をかかえ、離婚した者たちにこう言うことができた。「あなたのことはわかっています。あなたは大事な人なのです」）。宗教共同体はまた、私たちが究極的な問題と取り組むのを助けてもくれる。すなわち、費用便益計算以上のもの、欲望以上のものにもとづいて生きるための道を探ることである。あるいは、この宇宙のなかに私たちの場所はあるのか、ここで探求すべき永続的な目的はあるのかという問題である。メアリー・ハッチの認識によれば、聖書は生きて働く文書である。それはお手軽な答えが書いてあるようなものではない。私たちの周囲にしばしば穴を開けているかに見える深淵、これを理解しようと奮闘するとき、私たちを助けてくれるものが聖書なのだ。彼女にとって、聖書が今日私たちに話しかけるのは、それを理解しようと、それが現在の私たちの状況にどう当てはまるのかを見ぬこうと、私たちが懸命に取り組むときのみである。このようにして努力を続けていくのでなければ、宗教はゆっくりと揮発してゆき、もはや誰にも意味のわからない聖なる文句と化してしまう。メアリー・ハッチのすばらしいところは——本章の他の人物もまたそうであるが——、彼女の意味の探求が、孤独な実存主義者のものではなく、他者との、道徳的な世界との深い関わりのなかから現われるものだということである。聖書の象徴と物語は、究極的実在との共鳴のみならず、地上のあらゆる場所で苦しみ、また人生を謳歌している者たちとの共鳴の意識を彼女にあたえている。個人の尊厳が実現され、軍、政治、市場の力に押しつぶされずに暮らせる世界的共同体を創り出すこと。聖書の象徴と物語が指し示すのはここである。聖書宗教は、こうした意味と道徳的目的の探求のための唯一の源泉なのではない。しかし、こうした探求に聖書宗教が今もなおいかに深く関与しているかに気づかないようであれば、私たちは身の回りで起こりつつあることをも見過ごしてしまうであろう。

第七章　世界のなかのアメリカ

1　新世界

共産主義のイデオロギーが崩壊し、不透明さを残しながらも旧共産圏社会が漸進的に変貌し始め、当面、軍事的脅威が軽減されるようになった結果、合衆国を取り巻く状況は、根本的に変化した。この予期せざる途方もない変化、四五年間にわたって私たちの想像力を支配してきた敵の突然の破綻に対して、私たちはせいぜいためらいがちの反応しか示していない。勝利の感覚――われわれは冷戦に勝った！　モスクワのプーシキン広場にマクドナルドが店を開いた！　――には欠けていないが、冷戦時代を、変動の巨大さに比して、かなり抑制されたものである。冷戦時代を、思い入れを込めて振り返ることもない。政治の全領域にわたって、主たる反応は、安堵であった。とくにソ連との核戦争の脅威が大幅に軽減されたことに対する安堵である。しかし、この凄まじい闘争の終結の後に、たとえば二次大戦のときの、四年間に満たない参戦の後に迎えた対日戦勝日の陶酔に比すべき何ものもないというのは、驚くべきことである。

ことによると、アメリカは、虚勢を張ってはいるものの、冷戦の終わりには、その始まりの時代にはあった自信を、おおいに後退させているということかもしれない。共産圏の崩壊のずっと以前から、アメリカの経済競争力と政治的影響力への疑念が成長してきている。冷戦の終結によって、私たちは、世界におけるアメリカの位置についてのイメージをまた一つ失ってしまったが、それに代わる新たな理解は未だに現われていないということかもしれない。だが、新たな理解を手に入れるには、まず私たちの近年の歴史を、もっと現実的な、イデオロギー性の少ないやり方で受け入れる必要がある。

私たちの自信喪失を解釈する方法として、アメリカ帝国は衰退しつつあるのかと問うことが行なわれてきた。一九八八年にポール・ケネディーが『大国の興亡』[1]を著わして以来、この問いは国民的討論の主題となっている。討論は、事実をめぐるものというよりも、アメリカのアイデンティティーを表わす諸々の概念について論じたものである。事実は錯綜しているが、しかし、政治的・経済的な基本的状況は、はっきりしているように思われる。合衆国は、今でも世界一強力な軍事的パワーであり、経済的にももっとも豊かな国の一つである。しかし、世界の経済的・政治的な歴史の流れを牛耳るようなことは、もはやできない。政治学者は、こうした状況を指して「アメリカの覇権の衰退」と呼んでいる。(2)

この衰退は、第一には内部的な弱さに由来するものではない。むしろそれは、さまざまな意味において、私たちの強さがもたらしたものである。二次大戦後、西欧と日本が経済的に復興を遂げることができたのは、一つには私たちの援助があったからである。過去数世代にわたって、アメリカ経済の絶対的レベルは後退していない。むしろ西欧と日本がわが国のレベルまで上昇したのだ。さらに韓国、台湾、香港、シンガポールなどの「ＮＩＣＳ」諸国〔ＮＩＥＳ（新興工業経済地域）の八〇年代までの表現〕が、わが国からの多大な援助のもとに発展の道を歩み始め、わが国を国際市場における厳しい競争に立たせるまでにいたった。アメリカは貧困化していない。しかし、他の国が豊かになって、世界の資源のより多くのシェアを要求するようになったのである。

同時に、これもまた私たち自身の努力の結果であるが、世界はますます相互依存的になってきている。巨大な世界市場は、次第に巨大多国籍企業によって支配されるようになった。世界市場とわが国との相互の結びつきは、とりわけこの三〇年間に劇的な発展を遂げた。国境の外側の、私たちには統御できない行為者の経済的イニシアチブが、すぐにもわが国の経済に影響をあたえるようになった。戦後二〇年ほどのあいだは、自由世界と名づけられた圏内の国々は、アメリカがそれらの国々に依存する以上に、アメリカに依存していた。今日、依存関係はもっと互恵的なものになっている。たとえば、莫大な財政赤字を抱えるわが国は、資金を深く日本に依存するようになった。それは日本がその生産品の市場としてわが国に依存しているのと同様の関係である。(3)

一方また、世界のこうした経済的相互依存関係によって、最貧国の運命は、次第に私たちの手に握られるようになってきた。この不公平な関係は、第三世界からの激しい憤激を招いている。たとえば、国際金融のシステムは、アメリカのようなもっとも豊かな国を保護し、もっとも貧しい国には厳しい重荷を課すような仕組みとなっている。真に「合理的な」国際市場システムであれば、労働者の賃金が低く、福祉の恩恵も少ない社会からの競争を受けたとき、賃金も福祉の水準も高い社会は、自らの賃金と福祉の度合いを下げるか、世界市場における競争から手を引くかしなければならないはずである。だが、合衆国のような強大な国家は、ある程度ではあるが通貨操作を行なって、自国商品の価格を外国で競争可能な水準に留めることで、これを避けることができる。ところが、中南米・アフリカ諸国のような弱くて貧しい国々には、そのような贅沢は許されない。自国の輸出品の国際競争力を維持し、海外の銀行から融資を受けるために、高失業率を見逃し、社会福祉を縮小させて、賃金と物価のインフレの低下を図る「緊縮計画」を採用しなければならない。これによってもたらされる貧困と怒りとが、ときに激烈な闘争を招く潜在的要因となる。

わが国の軍隊には、こうした闘争を抑え込むだけの力はない。今日でもアメリカの軍事力は世界最強であるが、いかなる軍事力の行使にも限界があることが明らかになりつつある。核兵器は、私たちにとって高価で危険な重荷であり、必要悪と理解するとしても、アメリカの政治的意思を他国に押しつける役には立たない。通常兵器について言えば、敵国領土内での「限定戦争」に勝利を収めるのは、極めて困難である。たとえ火力に格段の差があろうとも、容易なことではない。このことは、ベトナム戦争（とソ連にとってはアフガニスタン戦争）によって劇的に明らかになった。さらに、近代戦は、たとえ勝利を収めたとしても、長期的不安定要因となるような悪質な政治的暴力を播きたてる。私たちは、世界に対してもはや一方的にパックス・アメリカーナを押しつけることはできない。平和の達成には、非常に多くの国際的協力が必要なのである。

最後に、地球規模の経済発展は、温室効果〔地球温暖化〕のように一国では解決不可能な、新たな地球的問題を生み出した。わが国がたとえ全力を尽くしたとしても、他国との協力関係なしにはこうした問題に対処することはできない。アメリカは少しも衰退していないが、何がしかの独立性は失ったのである。

独立ということに強い思い入れのある文化にとって、こうした喪失は、深い不安を生み出すものである。アメリカはもはやナンバー・ワンではないと言うことは、非愛国的である――敗北主義である、大国にふさわしからぬ自信喪失を涵養するものである――と主張する者がある。また、経済的・政治的卓越性を失った事実をよく見据え、ナンバー・ワンたる地位をふたたび獲得すべく、新たな基本戦略を練る必要があると言う者もある。だが、相互依存的な世界において、ナンバー・ワンであるとは何を意味するものなのか、ナンバー・ワンであることの道徳的目的はいったい何であるのかを問うてみようとする者は稀にしかいない。

2　自由世界

アメリカの戦後外交政策の設計者たちは、ナンバー・ワンになろうなどと口にしたことはなかった。そんな言葉自体、教養ある彼らの耳には愚かしいものに聞こえたかもしれない。というのは、ほとんどが富裕な家柄に属するアメリカの外交エリートの「賢人」たちは、名門の私立中等学校と一流大学で学び、そこにおいて、富と権力にともなう道徳的義務に対して、少なくともリップサービスを、そしてしばしばそれ以上のものを示すようにと訓練されていたからである。(4) 彼らは合衆国が世界でもっとも豊かで有力な国であることを知っていた。その富と力はさらに増強される必要があるとも考えていた。しかし、富と力は、それ自体が目的なのではなく、より大きな、より高位の目的のための手段であると、彼らは述べている。合衆国は、新しい、道徳的に優れた世界秩序の創造へと向かうべきである。わが国の基本目標は、「個人の尊厳と価値にもとづく、わが自由社会の徳《インテグリティー》と活力を保障する」ことに置かれるべきである(5)――。

かく述べるのは、一九五〇年代の初め、ポール・ニッツェの指導のもとで、国務省・国防省の特別研究班が起草した「合衆国の国家安全保障の目標と計画」という包括的声明文書、NSC68〔国家安全保障会議（NSC）において一九五〇年に採択された政策文書六八号〕である。NSC68は、時代の危機意識のなかで書き上げられた。それまでの半年間に、中国の内戦は共産党の勝利に終わり、ドイツは二分され、朝鮮半島では破局へ向けて緊張が高まりつつあった。そして、もっとも恐ろしいのは、ソ連が原爆の実験に成功したことである。NSC68は、世界情勢について包括的見直しを行ない、それに対処すべき基本戦略を勧告した。それにはこう書かれている。「我々は容易ならざる問題に直面している。そこには、わが共和国のみならず文明そのものの生死がかかっている。……わが政府とわが政府が代表する国民とは、徳義と覚悟をもって、今や新たな、運命的な決断を行なわなければならない(6)」。

NSC68は、歴史に幅広い影響をあたえた文書である。冷戦に対処するための青写真として、それは、平和時における未曾有の規模の軍備増強と、それに対応するアメリカの経済・政治・教育の制度的変革のための理論的根拠をあたえた。その根拠づけたるや、レトリカルな説得力に満ちた、哲学的に精緻なものである。今時の政府の官僚が書く文書には、期待できない類のものだ。もっともその一因はこの文書自体にある。NSC68の雄弁な、想像力豊かな提議がもたらした制度そのものが、次第に私たちの公共生活から、雄弁性と想像力の閃きを奪ってしまったのだ。

NSC68は、世界の自由という大義を護るために、合衆国は自ら強大とならなければならないと論じた。今日、そのような発言はあまりに理想主義的なものに聞こえる。政府内外の現実主義者たちは、アメリカをふたたび競争の優位に立たせ、常にトップの座を、ナンバー・ワンの座を確保するといった話をすることのほうに慣れている。NSC68の執筆者は、アメリカ国民は自由を護るために多大な犠牲と規律を引き受けることになろうが、私たちはおおむねそうした犠牲を甘受するであろうと論じた。自分たちは自由の大義を護ろうとしているのだと市民自らがほんとうに信じられるかぎりは、それは価値あることに思われた。今日、経済の専門家や政治家は、アメリカ国民はナンバー・ワンの座を護るために多大な犠牲と規律を引き受けなければならないだろうと言っている。ほんとうにそうなのか？　また、どうしてそうなのか？　この疑問に答えるためには、私たちは、アメリカの伝統的な道徳的理想と今日の私たちを取り巻く新たな世界情勢との関係について、真剣に考察する必要がある。私たちは、ただ自らの独立性を誇るかわりに、自由についての理解を深め、国際的な依存関係にある今日の状況を受け入れる必要がある。

民主主義にとって、世界をありのままに見据える現実主義は、かえって高度な理想を必要とする。複雑で危険な世界と関係をとり結ぶには犠牲を払わなければならないことがある。自由な市民がこうした犠牲を払うためには、それ相応の理由を示されなければならない。だが、往々にして、高度な理想は、その遂行のために必要な手段によって切り崩される。これもまた人間的限界の一つである。理想実現の手段として許容できるものを決めるには、困難な討論を要する。理想は、そうした討論を支えられるほどに深く基礎づけられ、入念に定式化されていなければならない。また、堕落が訪れるのも避けがたいであろうが、そうした堕落ののちに新たな再出発ができるだけの弾力性を備えていなければならない。二次大戦後のアメリカ外交政策の設計者たちは、その政策を、自由と責任というアメリカの理想に深く根拠づけた。しかし、彼らの定式化は、理想を蝕みかねない手段が行使される危険性を防ぐほどに掘り下げられたものではなかった。おそらくそれは、新たな再出発に耐えられるだけの弾力性をもっているであろう。そうした刷新のさいには、新たな定式化が施されなければならない。

NSC68のビジョンの中核にある哲学は、「法の支配のもとでの自由」という私たちがなれ親しんだアメリカ的理念である。「自由社会は、自己目的的なものとして、個人に価値を置く。個人に要求されるのは、ある程度の自己規制と自己抑制のみである。それは、すべての個人が、互いに各々の権利を両立させることができるようにするためのものである。それゆえ、個人の自由は、それを補完するものとして、個人が自らの自由を他者の自由と矛盾する形で遂行することを禁ずる消極的責任と、彼が自らの自由を正義ある社会の構築に建設的に用いることを求める積極的責任とを含むことになる」(7)。もしこの文書が、この自由の概念における積極的責任よりもその消極的責任の方を強調するものであったならば、それはアメリカ人に対して、自国のことに専念し、政府のサイズを小さく抑え、他国との厄介な同盟関係には手を染めずにいることを求めていたかもしれない。アメリカの伝統には、そのような孤立主義的感情が深く内在する。実際、ヨーロッパでドイツが始めた戦争に関わらないでいることを国民の大多数が望んだのは、そのわずか一〇年前のことである。だが、NSC68が強調したのは、もちろん自由の積極的責任の方であった。アメリカは、「世界の指導者としての責任を引き受け」なければならなかったのである。

なぜなら、自由が脅かされていたからである。自由の理念は、「クレムリンの冷酷な少数独裁集団が支配する奴隷制の理念」との死闘のただ中にあった。「なぜなら、絶対的権力への意志をもつ個人あるいはそのような個人の集団が支配する社会においては、自由が息づくことはできないからである。……そうした体制は神となり、神の意志に対する服従は体制の意志に対する服従となるのである[8]」。

ソ連が打ち出した、絶対的権力への意志に支配される奴隷制からの脅威を食いとめるために、自由な諸国民は、私的生活の安逸な快楽のいくつかを断念しなければならなかった。彼らは、世界規模の善い社会を創造するという、自由の積極的責任を強調しなければならなかったのだ。「今日、世界中いたるところで自由な制度への攻撃が行なわれている。そして力が二極化した現在の文脈においては、自由な制度のいかなる地点における敗北も、全地点における敗北に等しいのである」。この挑戦に応じるべく、アメリカは、「自由と民主主義の原則に則った手段によって、秩序と正義をもたらすことに着手し、またそこに内在する危険を引き受け」なければならなかった。私たちは、「同意の原則にもとづく世界社会の創造を探求し」なければならなかった[9]。

では、その手段とはどのようなものであったのか？　NSC68は、目的と手段のあいだにいくつかの矛盾があることを露呈している。文書はまず、次のように述べている。「国家間の関係においては、自由社会は、その理念自体の説得力と魅力を第一の拠り所としなければならない。自由社会は、短期的にも、長期的にも、あらゆる社会にこの理念への同調を求めようという義務感にかられることはない」。そして「自由の理念は、歴史的にみてもっとも伝播しやすいものである。それは権威への服従の理念よりも伝播しやすい」と確言している。しかしその一方で、「わが国の根本的な価値観についての、またわが国の国防に対する献身についてのいかなる考察」に鑑みたとしても、アメリカは「冷戦の戦略を用いて」自由と民主主義を護らなければならないとも述べている。文書の全目的は、実にこの点を警告することにあった。執筆者たちは、彼らの理想を実行するために、大規模な常備軍を創設することを提言する。それは「アメリカ国民に多大な犠牲と規律を」求めるであろう。「国民は、自らの自由と結びつけて考えるようになった便益のいくつかを断念するよう求められるであろう」(10)。

NSC68が構想した強大な軍事力が、絶対的権力へと膨張し、市民があたかも神の意志のように国防体制に仕えることを要求し始めるということは起こらないのだろうか。どのようにしたらそうした事態を防ぐことができるのであろうか？ この点にかんしては、正しく情報をあたえられた世論の働きが極めて重要であると、NSC68は述べている。「何よりも重要なのは、［アメリカ国民が］冷戦の根拠を完全に理解していることである」とそれは強調する(11)。しかし、NSC68そのものは、最高機密事項とされたのである（機密を解除されたのは一九七五年のことである）。

公共的討論は自由社会にとって不可欠であると述べつつ、NSC68が公共的討論の抑制にも意を注いでいることは、他の点においても明らかである。NSC68は主張する。クレムリンは、自由世界を支配するために、あからさまな侵略ばかりでなく、潜入と破壊活動も行なう。「われわれの価値観においては疑念と多様性は自由体制の長所の一つである。……だが、クレムリンにとってそれは、彼らの悪事を遂行する機会に他ならない。自由と民主主義をわれわれにとって意味あるものとしている、まさしくこの原則および躊躇が、われわれの予防と報復の手段を制限している。この事実が最大限に利用されるのだ」(12)。一九五〇年の二月、NSC68の執筆者たちが国務省《フォギー・ボトム》のデスクで原稿執筆に励んでいたおりしも、この妄想的な気分が公共の世界に形をとって現われるとどのようなものになるかが皮肉にも明らかになろうとしていた。二月九日、マッカーシー上院議員はウェストバージニア州ホイーリング市において演説し、国務省内には二五〇名の共産主義者がおり、高位の重要ポストについていると証言した〔マッカーシーの告発は無根拠であるとの調査結果が提出されたが、彼の勢力は朝鮮戦争後の五四年まで衰えなかった〕。

マッカーシーとは対照的に、NSC68の執筆者たちは、共産主義者の破壊活動と、自由な制度へのコミットメントとのあいだに均衡を図ることの必要性を鋭く認識していた。彼らはこう述べている。「自由社会は、目的達成の手段の選択という点において、制限を受けている。……暴力、強制、意思の強要という手段を用いることは、それゆえ、自由社会にとっては困難で危険な行動であり、さらなる危険に直面したときにのみ正当化されるものである。行動の必要性は、明白かつ説得的なものでなければならない。行動は、圧倒的多数が、自由という基本的理念の避けがたい例外として受け入れるものでなければならない。さもなくば、行動が取られた後の自由国民の再生能力は、危ういものとなるだろう」(13)。

「我々が躊躇したとしても」とNSC68は論じる。「〝道徳は革命に奉仕するものである〟を唯一の規範とする者たちを躊躇させることはない(14)」。このような脅威が目前に差し迫っているときに、アメリカは、自由と民主主義をめぐって「躊躇」しているだけでよいものであろうか？　自由な制度を護るために、その破壊を狙う妄想的な欲望と戦うことができるのであろうか？

NSC68のビジョンは、美徳と悪徳のまさしくアメリカ的な形の組み合わせが生んだものである。究極的目標の構想においては、それは大胆にして寛大なものであった。高い理想を追うことも恐れず、それは世界中のあらゆる個人の尊厳を護ることを決然と宣言した。このビジョンの鷹揚な性格はその包括性に現われている。あらゆる個人には尊厳がある。そしてすべての人間は、万人の尊厳を保証する状況を創造するための責任を負うとそれは主張する。

しかし、NSC68はまた、無謀でナイーブなものでもある。まず、ソビエト体制以外の一切を「自由社会」と性格づけたのは、無謀な単純化である。ソ連のスターリン体制は、なるほど残酷で専制的なものであった。それは人間の自由と尊厳の敵であり、しかも軍事力を備えており、その軍事力は、人類の生命を脅かす原爆の所有によって今や増強されたところである――とこう考えたのはよいとしよう。だが、それでもなお、世界には、クレムリンに由来するもの以外にも、階級格差、人種差別、過激なナショナリズムが生んだ憎しみに由来する、自由と尊厳に対する脅威がいくつも存在していたのである。クレムリンを世界中の自由と尊厳に対するあらゆる脅威の根源とするのは――そしてソビエト共産主義を牽制また撃退することで自由と尊厳を護ることができると、かくも単純に述べるのは――経験的にも誤りであるし、戦略的にも馬鹿げているし、道徳的にも間違っている。さらに、NSC68が「自由世界」における世界秩序のあり得べき基盤として構想したものもまた、ナイーブで楽観的なものであった。それは「同意の原則にもとづく世界社会」を創造すると謳っている。しかし、世界をさまざまな共同体に分けている文化、歴史、経済的利害の相違を考えるならば、これらの共同体が将来、ただ自発的同意のみにもとづいて、秩序正しく――そしてアメリカの利害に調和した形で――協力しあう日が来ると想像するのは、ユートピア的と言うべきであろう。

こうした美徳と悪徳は、いずれもアメリカの個人主義の伝統に由来するものである。人間には一人一人根本的な自由選択の能力があるとして、個人に聖性と尊厳を帰すことで、個人主義は、アメリカ人の道義心を掻き立て、世界中の人間の福祉への普遍的関心へと向かわせる。歴史上のほとんどの帝国においては、民族に体系的な優劣をつけ、優位者が劣位者を「開化」の名目によって支配することが行なわれてきた。

もちろん、個人主義があるからといって、アメリカが民族差別から自由であったわけでない。しかし、個人主義は、差別を非合法とするための強力な基盤として働いた。公共の討論において個人主義が優勢な言語として働いているため、わが国の指導者たちが、外交政策を、人種、宗教、あるいは信条——もちろん共産主義ばかりは除外されたが——によるいかなるあからさまな差別に基礎づけることも、実質的に不可能であった。

しかし、個人主義の道徳的内容の乏しさは、わが国の外交政策の無謀でナイーブな性格を助長することにもなった。個人主義は私事主義に向かう。だが、世界を指導するには、公共的参加の強固な概念が必要である。公共的参加の動機づけとしては、明白かつ眼前の危機、すなわち全世界の自由への包括的にして劇的なる脅威なる意識以外の何が可能であろうか？　個人主義の論理のもとでは、冷戦なしにパックス・アメリカーナを保つことなど可能であったであろうか？

さらに、「同意にもとづく」よき世界社会に対するナイーブな期待の根にも、個人主義の知的内容の乏しさが認められる。ロック的個人主義は、文化、共同体、歴史は長期的にはそれほど重要なものではないと仮定する文化的伝統である。重要なのは、自らの利害に対する個人の認識である、とこの伝統は考える。善い社会は、自由な社会あるいは自由世界である。そこでは、社会関係は、強制を基盤とするものではなく、全関係者が自らの利益になると見なすことで自発的に参加する協定——契約——を基盤とするものである。しかし、文化的偏見や歴史的に長く続いてきた悪しき関係の記憶のゆえに、国あるいは社会によっては、協力を拒むこともあるだろう。たとえその協力関係が、その国の市民の大半にとって利益になると外部の目には映じたとしてもである。だとすれば、同意にもとづく平和な世界秩序は、どのようにして維持することができるのであろうか？　一九五〇年代初めのアメリカ人は、適切な啓蒙さえ施せば、ほとんどの国の人々は、自らについて、アメリカ人の多くと同様の見方をするようになると期待する傾向があった。すなわち、自らを、国民的自尊心の共有と他国への歴史的敵意・恨みの共有によって結ばれた共同体の一員としてではなく、自己の（基本的に経済的な）利害にプラグマティックな関心を寄せる個人として見るようになると考えていたのである。(15)

だが、「近代社会」の市民は最後にはそのように考えるようになるものだと仮に考えるとしても、もし豊かな社会と貧しい社会との落差があまりにも大きくて、富裕な国と協力することが貧困な国にとって歴然たる経済的不利益となるのだとしたら、いったいどうなるであろうか？　世界の経済システムは不正なものであるとして、貧しい社会が戦いを挑んできたら、どうするのか？　しかし、アメリカ人は、経済発展はシステムが公正なものと見えるほどに広く世界に共有されるであろうから、貧しい国といえども、このシステムと協力することは自己の利益に合理的にかなうと見るであろうと、おおむねこんなふうに考えていたのである。こうした考えは自国中心主義的であり、またナイーブである。そしてNSC68に表明された希望は、現実離れしたユートピア的なものであった。

NSC68のユートピア的な性格の問題点は、理想主義的な目標と、その遂行のために選ばれる現実主義的な手段とのあいだに、いかなる一貫した関係も見出せないというところにある。目標を高く設定しすぎて、部分的にしか到達できないというばかりではない。手段を選んで実行に移したとたんに目標自体が覆されてしまうという問題もまたあるのだ。たとえば、自由と尊厳の保護のために行なわれる巨大な軍事的動員は、まさしく自由を破壊してしまうかもしれない。なぜなら、巨大な常備軍は、社会の他の部分を窒息させ、市民のあいだに妄想の種を植え付けるかもしれないからである。もしある国が——自らの文化伝統の傾向ゆえに、あるいは過去の憎しみの遺産ゆえに、あるいはまたナショナリズムからの誘惑ゆえに——アメリカにとって理にかなった発案と思われるものに協力しないということになれば、合衆国政府は苦境に立たされることになる。では、その国を共産国扱いにして軍事的圧力をかけるべきなのか？　CIAを通じて秘密裏の政治工作を行なえばよいのか？　いったいそうした手段は、ほんとうに自由の大義を高揚するものだと言えるのであろうか？

NSC68が書かれて以来、四〇年のあいだに私たちが行なってきた過ちを振りかえることのできる今日では、こうした疑問を抱くことは容易である。だが、一九五〇年の時点では、それは今日ほど容易なことではなかった。なぜなら、アメリカの莫大な富と力、非共産圏における確たる政治的・経済的支配力のゆえ、私たちは、歴史におけるアメリカの役割について、救世主まがいの自信を抱くことができたからである。今やアメリカの世紀が始まった——私たちの多くはそう考えていたのである。

3　アメリカの世紀、ふたたび

アメリカの世紀とは、神秘的な思想である。その言語は宗教的なものである。広く行きわたっている信念と希望とを鮮やかに表現することで、それは、アメリカ人にアイデンティティーと運命の劇的なイメージをあたえ、アメリカ社会がそのアイデンティティーを現実化し、その運命に従うのを推進した。「アメリカの世紀」という言葉は、一九四一年二月、真珠湾攻撃のちょうど一〇か月前に発売された『ライフ』誌の有名な論説のなかで、ヘンリー・ルースが造語したものである。ルースはここで、アメリカ人は孤立主義から脱すべきだと論じた。

ハーバート・フーバーは、アメリカはすみやかに文明の理想にとっての聖所となりつつあると言った。当面は聖所ということで十分であるかもしれない。だが、いつまでもというわけにはいかない。今やわれわれは発電所となって、世界中に文明の理想を送り出すべきときである。その理想が人類の生活を、禽獣のレベルより、詩篇作者の言う「天使にわずかに劣るレベル」へと上昇させるのである。［われわれが迎えつつあるのは］おおいなる試練である。……そしてこの試練のときを経たのちには、われわれはある展望を得るかもしれない。二〇世紀——われわれの世紀——の真の創造へとわれわれを導くような展望である。(16)

一九四五年には、私たちはこの試練を乗り越えたと考えるだけの理由があった。

アメリカの世紀の神話には、千年王国論の要素があった。アメリカの歴史は、霊と肉、手段と目的、道徳と権力の人間的分離が終結を迎える時代へと向かおうとしている。ルースはこう書いている。「事業の新分野を開拓し続ける動力の中心としてのアメリカ。人類に奉仕する技術者の訓練所としてのアメリカ。受けるよりもあたえる方が幸いであると心より信じる善きサマリア人の再来としてのアメリカ。そして自由と正義の理想を送り出す発電所としてのアメリカ。これらの要素より、二〇世紀におけるアメリカのビジョンを形作ることができる」。第二次世界大戦におけるアメリカの決定的勝利は、私たちの理想が普遍的に妥当であることの証拠ではなかったか？　今や私たちは、新世界秩序の創造という義務を課せられている。私たちの理想は極めて強力なものであるから、新秩序はおおむね、戦力の行使ではなく、強力な道徳的霊感と経済的創造性によって支えることができる。世界各地の反抗的な臣民を支配したかつての帝国の場合と異なり、アメリカの感化の力は、今や時の織物そのもののなかに浸透しようとしているのだ。

私たちの文化のなかには、こうした千年王国論に警告を発する要素もまたあった。そうした資源を活用した者のなかで、ラインホールド・ニーバーより雄弁に論じた者はいない。一九四六年に、彼は、この、「平和の支配ばかりでなく、〝アメリカの世紀〟をも求めようとする危険な希望」のなかには「自己本位という堕落」があると警告した。(17)彼の論点は、一九五二年の著作、『アメリカ史のアイロニー』のなかに見事に要約されている。当時のニーバーは、決して冷戦に反対していたわけではない。罪深い地上においては、悲劇的にも、社会どうしの激しい対立が避けがたいことがある。道徳的現実主義は、彼にそう告げていた。そして彼もまた、時代の思いこみを共有している。彼の著作は、今日には妄想的と思えるほどの緊迫した反共意識で満たされている。だが、それと同時に、彼の著作は、アメリカに対する重厚な批判、権力の絶頂にあるアメリカに対する厳しい警告ともなっているのだ。「アイロニー」という言葉で、ニーバーは、アメリカの成功と失敗との深い関係を指摘しようとしている。私たちは、自分もまた罪人であることを理解しないかぎりは、この関係を見てとることができない。だが、これを理解するのは――教会に通う者であれ、通わない者であれ――アメリカ人には極めて苦手なことなのだ。『アメリカ史のアイロニー』は、アメリカの美徳を唱えたりするようなものとはほど遠く、むしろアメリカ人に悔い改めを求めるものとなっている。

いかに賢い国家であろうとも、道徳的・精神的な自惚れに陥る危険性はある。国家とはいつでも独りよがりなものである。だが、大事なのは次の点だ。国家政策の土壌となる文化が、その国家の理想と同じだけの深さ、高さしかもたないのか？　それとも、その文化のなかにはある次元が含まれていて、その次元に立ってものを見るとき、いかなる人間的な野心と業績のなかにもある、虚栄の要素を見分けることができるのか？　この違いは大きい。だが、後者は、信仰によってのみ獲得できる高みなのだ。……信仰によって聖餐の意味を体得するとき、国家と文化の驕慢が形をあたえた偽りの意味に気づき、必ずやそれを悔い改めることになる。こうした悔悛こそが、慈善の真の源泉なのである。そして私たちは、専門家の科学技術の増強よりも、純粋な慈善をこそ、真底必要としているのだ。(18)

章を結ぶにあたって、ニーバーはこう告げる。私たちが破滅するとしても、その第一の原因は「敵の残忍さ」ではないだろう。「闘争にともなうあらゆる危険を見抜くことのできない眼が指揮を振るい、巨大国家の強大な力を動かす」ことに破滅の原因があるであろう。「そしてその眼を盲目にするものは、自然や歴史の偶発的要因ではなく、憎しみと虚栄であることだろう」。

アメリカの戦後外交政策の設計者の多くは、確かにそうした警告に対して耳を傾けている。一九四九年には、ニーバー自身が国務省の政策・計画スタッフと協議しているが、そのなかにはNSC68の主要執筆者も加わっていた(19)。NSC68には、「暴力、強制、意思の強要という手段を用いることは、それゆえ、自由社会にとっては困難で危険な行動であり、さらなる危険に直面したときにのみ正当化されるものである」というくだりがあるが、こうした強調のなかに、ニーバーの議論の反映を読み取ることもできるであろう。

ニーバーがアメリカ人に求めたのは、道徳的な均衡を図る英雄的行動を保持することである。大志を抱くのは大事なことだ。アメリカの力をあえて世界に振り向け、これをできるだけ建設的に用いるようにすべきである。ただし、超越的な基準によって、絶えず自らを測り続け、全体的視野を失わないようにすることが必要である。あらゆる階層の、驚くほど多くのアメリカ人が、まさにこれを実行しようと試みた。おそらく一九五〇年代には、それは比較的容易なことであったのだ。それはまだ、完全な綱渡りにはなっていなかった。軍需は経済をおおいに刺激した。朝鮮戦争は共産主義のアジア進出を当面阻止した。西欧と日本はふたたび繁栄の途についた。――ニーバーのような預言者的人物からの警告は胸に刻んでおくべきだろうが、自己満足も少しばかりなら許されよう。アメリカ千年王国論に屈するまでもない。アメリカは、進歩のカリスマの香油をたっぷり注がれたとは言わないまでも、ぱらぱらと振りかけられたものではあるだろう――。人々がそう思い込むだけのことはあったのである。ヘンリー・ルースの熱狂的な自己宣伝と、ラインホールド・ニーバーの厳しい預言とのあいだには、緊張がある。この緊張関係より、一つの慎重な希望が生まれた。倫理的にも、政治的にも、経済的にも、乗り越えるべき課題は山積しているが、ほどよく知的で道徳的に真摯なアメリカ人であれば、そうした挑戦を受けて立ち、世界をより善いものにすることができる――。人々はそう希望した。

だが、六〇年代半ばごろには、そうした信念もぐらつき始めた。その結果、本書の全体で論じているような混乱がもたらされた。それは、制度全般にわたる失敗の現われである。アメリカ人が世界と意味のある関係を取り結ぼうと築き上げてきた諸制度は、今や矛盾だらけの状況を招来するようになった。一九五〇年代の初めには、多くの善意のアメリカ人は次のように考えることができた。――世界は危険で複雑だが完成は可能である。問題は、自分がその世界の善の探求という課題をこなすだけの個人的資質をもっているかどうかである――と。だが、一九六〇年代の終わりには、世界の善を探求することが、誰にとってどんな意味をもっているのかということ自体が判然としなくなっていた。

このことを明らかにするために、過去の四〇年間、それぞれの時代において、世界の改善に献身してきた人々が、自己の人生をどのように描いているかを注意深く読んでいくことにしよう。

4 「近代化」の政策と理論

三〇年間勤務したフォード財団を近年退職したフランク・サットンは、五〇年代の支配的ムードを振り返って、次のように述べる。「フォード財団で出会った人々は、典型的アメリカ人であったと言ってよいかと思います」。「シニカルなムードは全然ありませんでしたよ。みな前向きでした。正しく事を運ぶならば、物事はうまくゆくという信念があった。……つまり、問題が生じたとしても、答えは必ずあると信じていました」。

戦後期を通じて、フォード財団、ロックフェラー財団、ルース財団といった大規模な慈善団体は、安定した公正で平和な世界秩序を築こうとするアメリカの努力を具体化するのに大きな役を果たした。フォード財団だけでも、国際事業に二〇億ドル以上を費やした。財団は「地域研究」という学問分野を事実上創り出し、国際関係にかんするさまざまな学術研究を援助し、貧しい国の経済開発計画を支援し、また世界各地の指導者が出会って意見を交換できるように、種々の会合の資金援助を行なった。

一九五〇年代のフォード財団は、このうちの最後の活動に高い意義を認めていた。その理由のなかに、この時代の思考の特徴が現われている。サットンは言う。「つまり、人と人とが出会い、互いに理解しあうならば、争いごとはなくなるだろうと考えていたのです。国どうしの争いは、良識を働かせれば、そして互いに相手の国についての情報をたくさん手に入れれば、なんとか対処できる。たとえば当時は、公共行政学というものが重要視されていました。人々に行政管理の科学的な技術をざっと訓練してやれば、企業であれ、政府であれ、どんな集団の管理経営にも役に立つ、いろんな問題に対処できるというのです。こうした考えには、どこかアメリカ社会の性格と関係したところがあります。どこかに人材がある、どこかに才能が隠れているという楽観的信念、民主的信念です。堅い階級の壁の内側のどこであれ、人を縛りつけておくことはできない。だからこそ、正しい情報と適切な動機づけがあれば、個人は過去の先入観を払いのけて、みんないっしょに楽しく協力しあえるようになるであろうと考えたのです」。

当時のフォード財団の展望を要約して、サットンはこう述べる。「私たちはこう感じておりました。私たちには、世界の国々にあたえるものがある。近代化を、教育をあたえ、古い偏見から人々を引き出すことができる。これを行なうことが、私たちの道徳的義務である、と。昔であれば、たとえば中国人に対して、宗教を伝道すればそれでよかった。今や私たちは、進歩のイデオロギーの信奉者です。私たちはこう信じました。アメリカを豊かで偉大な国にしたイデオロギーを、他の社会に教えてやるだけでよい。そうすれば、貧困な社会も、同じような発展の道を歩むことになるだろう。当時は社会を二つに分けて考えておりました。相対的に豊かで、経済発展と種々の自由な制度の重要性を強調する共通認識のようなものをもっている社会と、そうでない社会の二つです」。

科学による啓蒙、個人の解放、そして自己利益を認識した当事者どうしの自発的協力を通じて世界中が進歩してゆく。こうしたビジョンは、当時アメリカの社会科学者が展開していた近代化の理論とも一致していた。(理論がビジョンを生んだと言いたいところである。しかし実際は、フォード財団を含む種々の組織が、そうした理論を活動の指針とする一方で、理論を展開した研究の多くは、これらの財団からの資金援助を受けていた。理論と実践の関係は、相互的なものだったのである)。主流の社会科学理論によれば、近代化とは、マックス・ウェーバーの言う「合理化」の過程、あらゆる社会関係を体系的に組織し、それらを富あるいは権力、あるいはその両方を最大化するためのもっとも効率的な手段として使えるようにする過程である。そして、自己制御的な市場と官僚国家とが、その特徴的な制度である。

近代化は西洋に始まるものであるが、全世界に広がる運命にあった。いかなる社会も近代化からの要求を逃れることはできない。日本などいくつかの非西欧社会は、この要求に対して比較的スムーズに適応することができるような文化——「価値体系」——をもっていた。他の社会にとっては、近代化はトラウマ的な過程であった。中国などにおいては、このトラウマは非合理的で革命的な運動を呼び起こし、経済的・政治的発達のアメリカ型モデルではなく、マルクス・レーニン主義型モデルを採用するという悲劇的な錯誤が犯された。こうした動乱を避ける最善の方法は、効率の尊重、法的手続きの公正な遵守、技術の継続的発展への献身といった西欧的価値をもった「近代化エリート」を育てることである。(20)——近代化の理論とは、およそこのようなものであった。

概して、社会科学者たちの編み出した近代化計画は、徹底的に世俗的なものであった。すなわち、社会問題の解決には宗教ではなく科学を用いるというものであった。平和・自由・正義による世界秩序を確立するために、大財団の専門スタッフが打ち出した計画も、世俗的に考えられた実際的なものであった。もっとも彼らは、宗教家と協力することにやぶさかではなかった。サットンは言う。「フォード財団は、いつも……宗教家との関わりを慎重に避けていました。宗教家とは関係をもたないということではありません。宗派性を十分に超えた計画であるならば、そして神の問題に触れないようにできるなら、資金を出すことはできました」。

だが、この世俗的な、社会科学的なビジョンにしても、少なくとも一つの宗教的ビジョンと——すなわちアメリカの主流プロテスタンティズムのビジョンと——微妙な関係を取り結んでいたのである。ここでまず、一九四〇年代に中国に、五〇年代に台湾に宣教師として赴任したメソディストの牧師、ドン・マキニスの回顧を読んでみよう。彼は一九四〇年代に初めてアジアを訪れた。それはUCLA代表として学生会議に出席するためであったが、結局彼は、上海で「クリスチャン・ヘラルド少年産業孤児院」を経営していたアメリカ人宣教師のもとにしばらく滞在することになった。「このとき、宣教というお召しが下された」のだと彼は言う。二次大戦中は陸軍に配属されたが、「私は中国に戻れるように志願した。私は中国のことが気になっていた。……このときの私の行動は、とてもロマンチックなものであったと思う。戦時中の中国においては、英雄は日本の侵略の犠牲者である中国人であった」。戦後は宣教師として中国に戻ったが、共産党が全土を掌握した一年半後には、ふたたび去らなければならなかった。イェール大学に復学し、勉強を続けたのち、一九五三年、妻とともに宣教師として台湾に赴いた。妻もまた宣教師であった。

台湾での彼の仕事は、主に二つの活動を中心としていた。「一つは、全教会的な協力である。……もう一つは、福音伝道や地域教会よりも広いレベルの計画への参加であった」。福音伝道や教会建設に「反対していたわけではない。我々メソディストには別の形での経験が豊富にあると私は思ったのである。……これらの人々の生活に役にたつような、職業的訓練や職業的手工業の計画というやり方である。私はまた、一一〇棟の家と一棟の工場を含む建設計画を立てた。……我々は高校の職業訓練センターも企画した。……我々はこうしたことを行なうべきなのだと、私はいつも感じていた。……それはキリストの宣教の一部なのであった」。

こうした宗教的情熱にもとづくビジョンと、フォード財団の専門家たちが抱いていた世俗的ビジョンとのあいだに、容易に類似点を見てとることができる。アメリカには、その天恵を外国と分かち合う道徳的義務がある。主流派プロテスタントの宣教師にとって、天恵の第一のものはキリストの信仰であるが、しかしそれは、信者非信者を問わず、万人に寛容の精神を振り向けることで成就されるものであった。宗教家が信仰を押しつけないかぎり、世俗の財団の幹部が宗教家に協力を惜しむことはないというのであれば、キリスト教会としても、世俗主義者たちが非信仰を押しつけないかぎりは、彼らと「エキュメニカル」に協力し合うことができるということになる。両者が協力しあえば、アメリカよりも恵みの乏しい国々に「発展」をもたらすことができる。教育、仕事、(「職業的《ボケーショナル》」)訓練、経営管理のテクニックをあたえることで、人々が自立できるように援助するのである。たとえ宗教的回心に結びつかないとしても、こうした社会的発展じたいが、キリスト教の伝道の一環と考えられる。

こうした主流宗教と世俗の世界改良への取り組みには、共通の起源がある。イェール、ハーバード、プリンストン、シカゴ、コロンビアといった大学共同体である。神学部、各種専門学部、社会科学系諸学部の教授と学生が織りなす制度のなかから、NSC68の執筆者が現われた。リップマン、ニーバー、デューイのような公共哲学者を育て、しばしば彼らのための知的本拠地を提供しているのも、ここである。こうした制度で教育されたアメリカ人は、しばしば共通の敵をもっている。それは小さな聖書カレッジ出身のファンダメンタリストであり、二次大戦の記憶が薄れてのちには、おそらく士官学校出身の軍人がこれに加わる。要するに、知的多様性に不寛容であると思われる者と、協力よりも強圧をもって世界問題を解決しようとする者が、彼らの敵なのであった。

5　一九六〇年代の危機

「五〇年代後半の、とくにハーバードのような大学の大学院がどのようなものであったかを説明するのは、容易なことではない」。そう書くのは、アメリカ外交政策の左翼批評家をもって今日任ずるニューヨーク大学の歴史学教授、マリリン・ヤングである。「この時代、何事にも確実さの感覚がともなっていた。少なくとも私の知っている者たちのあいだでは、そうであった。我々の行なっていることの正当性を、我々が関与している制度の卓越性を、物事の中心にあることの陶酔感を疑問に思う者は、我々のなかにはほとんどいなかった(21)」。

一九六〇年代の初期には、もちろんこうした確実さの感覚は消失しつつあった。マリリンはこう書く。「私は以前ほどハーバードが善いもののように感じなくなっていた。その規範や価値観がたんに疑問の対象になったというだけではなく、安っぽい、偽善的なものに――おぞましいものにすら――思われてきたのである」。同様の困惑は、フォード財団に就職する新卒者にも見られた。「六〇年代に入って来た者たちは、よく、君の価値観は何か、と言っておりました」とフランク・サットンは言う。「既成の価値観に挑戦しようというのです。以前には、価値は当然のものでした。自分の価値観が何かなんて論じる必要はありませんでした。論じるといえば、同意済みの原則の内側で、さて何をどう行なうのが実際的か、ということだけでした」。

では、なぜ新しい世代は疑うようになったのだろうか？ 教育と仕事のおかげで、彼らは「自由世界」のさまざまな対立をますます広く体験するようになった。一方、そうした対立を道徳的に理解するのは、ますます困難になっていった。たとえば、一九六〇年代に長老派の宣教師として香港に行き、中国からの難民学生を援助する任に就いたフランクリン・ウーの体験がある。彼が牧師、また宣教師になったのは、「そこには展望と希望があったからです。人生を通じて何かを生み出すことを、〝あなたたちは地の塩である〟という言葉を実行に移すことを、出会った牧師たちは教えてくれました。善をなせ、大義に献身せよ、と」。「私はアジアの学生たちと何度も議論しました。植民地支配のなかで生まれ育った彼らは、自己について、自己の尊厳について一生懸命に語ってくれました。……帝国主義と植民地支配の束縛を振り解きたいという、アジアの人たちのこの願いが、大事な、そして正当なものであることを、私が理解するにはずいぶんの時が必要でした。一九六四年頃、私はフィリピンに行き、そこの刑務所を訪ねました。私はフクのメンバーだった人物と話すことができました。フクというのは、マルクス主義の革命運動組織です〔Hukbalahap. ルソンにおける抗日人民軍として始まる〕。彼が〝牧師さん、我々は政治犯なんですよ〟と言ったのを覚えています。結局、彼とは手紙を交わすようになりました。彼は反帝国主義について私に書き送ってきました。ベトナム戦争〔へのアメリカの本格的関与〕以前のこと、私の世代のアメリカ人が反帝国主義というものを知るようになる以前のことです」。

アメリカの世紀においては、アメリカの指導下に置かれた自由世界は、徐々に平和な、繁栄した社会になってゆくであろう、世界中の人々が喜んでアメリカ人の確立したシステムに協力するであろうと思われていた。一九六〇年代初期に海外に赴いたアメリカ人の多くにとっては、この進歩の道筋は、もはやそれほど確かなものではなかった。第三世界の多くの国々において、愛国的な知識人たちが、合衆国が支配するシステムにおける経済的不正と政治的抑圧を厳しく批判していた。彼らの不満を「クレムリンの奴隷主人」からの悪影響のせいにばかりしてもいられなくなっていた。

こうした変則状態を説明するために、近代化理論に新工夫を加えた学者もいる。それによれば、政治と経済の近代化は、いつも足並み揃えて直線的に進むとは限らない。近代化にはいくつかの段階というものがあって、近代化に必要な規律を強制するために、独裁的な政府が必要な段階もまた存在するのである——。[22] だが、合衆国の後援を受ける独裁者によって、自由を求める叫びが封じられてしまった初期段階の人々のことは、どう考えたらよいのだろうか？　これと「法治下の自由」なる大義を推進するというアメリカの約束とは、どのように折り合いがつけられるものなのか？　共産圏（以前ほど一枚岩には見えなくなってはいたが）を除くとしても、多くの国の国民は、合衆国と協力することに——たとえアメリカ人のことをよく理解したとしても——熱心になったわけではない。アメリカ人のことを理解すればするほど、むしろ利害の違いが明らかになっていった。そのような各国民に対し、アメリカ人はどう対処したらよいのだろうか？

そうした疑問に対し、大学からの有益な答えを期待することはますますできなくなっていった。大学は巨大化し、複雑化した。山とある専門分野とその下位区分とを、管理運営上の官僚機構が枠づけるようになった。財団や政府の資金援助を受けたロシア学科、ヨーロッパ学科、アジア学科、国際関係論、戦略研究などの新手の研究機関は、大量の情報を流し続けている。世界中のかくも多様な地域についての、かくも多くの書物、論文、報道記事、統計データを、アメリカ人が公に手にすることができたことなど、かつてなかったことである。しかし同時にまた、そうした情報を解釈することは——すなわちそれらを評価し、総合し、展望へと繋げ、その道徳的意味合いについて考えることは——ますます困難になっていった。事実に精通することと、その道徳的意味合いを理解する能力とのあいだには、何らの関係もないと思われるような事例も現われるようになった。それがもっとも明白に見てとれるのが、ベトナムをめぐる論争である。

「外地勤務の将校とベトナムについて論ずるのもさることながら」とマリリン・ヤングは当時を振り返る。「教授連や同期の学生の無関心を見るのも格別であった。いや、もっとひどい体験だった。なかでも私が思い出すのは、一九六三年のある日の議論である。私たちは、教授の家のこざっぱりとした居間でお茶を飲んでいるところであった。……そこである極めて優秀な大学院生が私に向かって、合衆国はベトナムに百万人の兵を投じ、占領し、改良すべきだと言ったのである」。結局、「ベトナム戦争と国内の黒人解放運動は、私の精神世界のあり方を変えることになった。こうした出来事の意味を理解することのできなかった教授たち。大きな声で堂々と抗議の声を上げることのできなかった教授たち。敬愛すべき人々ではあるが、彼らは、いかなる問題にも耳を貸すことが困難な人間なのであった。彼ら（実際、みな男性であった）は、私には障害者に思われてきた。現実世界に対して道徳的に欠損し、グロテスクに盲目な者に思われてきた」[23]。

すでにこのお茶の席におけるミニ対決のなかに、マリリン・ヤングは、時代のマクロな対決の中心にある社会的問題を看取していたのである。大学は、さまざまな世代の市民が集まって、社会の過去、現在、未来をめぐる市民的討論に参加する場であるとされていた。ヤングが描写する対決は、そうした討論の形式に準拠したものである。すなわち、情報に精通している人々が交わす、情熱的だが（午後のお茶にふさわしかるべく）礼節をそなえた論争という形式である。だが、議論の中身においては、それは市民的討論の将来を危うくするようなものであった。頭脳優秀な大学院生の、ベトナムへの軍事介入が技術的に要請されるというクールで自信に満ちた主張と、マリリンの道徳的驚愕とのあいだには、深い裂け目がある。この二人のあいだには共通の基盤がない。このとき以来、大学はそうした裂け目を次々と生み出してきた——ただ表面の皮一枚で取り繕われていただけである。アメリカのベトナムへの関与がエスカレートするにつれ、かつまたそれがますます不毛な様相を呈してくるにつれ、裂け目は深淵にまで成長した。一九六九年には、礼節をもってベトナムを論じるお茶の席はなくなっていた。軍事的解決を心から支持する者たちは、研究室の壁の内側に隠れて意見を交わしあい、介入反対論者の方は、外部でデモを行なって、アメリカ独占資本帝国主義の共犯者たる大学当局を打倒すべしと叫んでいたのである。

大財団の内側にもこうした対決が見られた。フランク・サットンによれば、「六〇年代に採用された一流大学の社会科学出身者の多くは、自分を新左翼の一員と見なしておりました。私どもなんかネクタイも外しませんが、彼らは長髪です。マンハッタンのど真ん中のこのビルのなかに、企業の本社が勢ぞろいしていることからして批判の対象となりました。……この時代、新左翼の連中は、何かといえば私たちを批判して、経費がかかりすぎる、貧困者にまわす金が足りないと言っておりました」。

同様の対立は主流派の教会にもあった。たとえば、一九六九年、当時NCC（全米キリスト教協議会）の対中国企画担当局長だったドン・マキニスは、一部の若手牧師から、彼が毛沢東主義を信奉する中国の道徳的な美質を認めていないことを批判された。大学を分裂させた種々の組織的勢力は、教会をも分裂させた。一〇年前にドワイト・アイゼンハワーが名づけた「軍産複合体」の急成長する官僚機構の勤務者に対して、大学と同様、教会もまた奉仕していたからである。だが、教会はまた、彼らの子供たちにも奉仕していた。彼ら若者の多くは、ベトナムでの意味不明な戦争で死ぬことを求める社会に対して、深く当惑していた。一昔前であれば、こうした対立する集団の共通基盤となる要素を聖書的伝統から引き出してくるラインホールド・ニーバーのような公共神学者や政治的指導者がいた。だが、神学校はニーバーのような人物を生み出すことはなかった。リベラルな神学教育過程は、大学の標準コースに従うようになっていた。ますます混乱と断片化の様相を呈するようになった世界についての、ますます科学的に体系的な知識を生産する、ますます専門化したコースである。聖職者は、そうした教育の論理に従って官僚化する——あるいは象牙の塔に引きこもる——者と、心の訴えるところに従って時代の情熱的な社会運動に飛び込むかする者とに分かれた。

ユダヤ人やカトリック教徒の共同体もまた、この対決によって二分されたが、ここには時代の変化を読み取ることができる。戦後、アメリカの教育機会は拡張され、ユダヤ人、カトリック教徒もまた、それまでワスプが独占していた政府、教育、メディアといった公共生活の中心的制度に参加する機会を得るようになった。共同体の内部の矛盾によって、ユダヤ教やカトリック教会のなかにも対決が生み出された。それはプロテスタント教会における対決と同様のものである。あたかもそれは、ユダヤ社会・カトリック社会がアメリカ社会の中枢の諸制度に入りこんでいくにつれて、内部的にはより分離が進行していくかのようであった。

こうした種々の制度が混乱と分離の度を増していったのは、それらが掲げる目標と、それらが推進する生活行動とのあいだには、矛盾があるからである。この矛盾をとくによく表明しているのは連邦政府と教育制度である。両者とも、その制度自身が悪と宣告しているあり方で国民が行動するように促している。合衆国を世界の指導者、「個人の尊厳と価値」の保護者とするはずの政府は、当のそうした理想を嘲るかのような野蛮な戦争へと国民を駆り立てていた。大学研究機関は、科学的・技術的知識を開発するばかりでなく、国民がそうした知識を活用して全人類のために知恵を発揮できるようにすると謳っているが、しかし、私たちの教育の「最良にして最先鋭の」生産物のなかには、ベトナム戦争の計画と遂行に奉仕するものも含まれていた。

6　帝国主義の理論と解釈

ベトナムの悲劇は、こうした矛盾を残酷に暴き出したが、矛盾の淵源とその解決法を明白に示すことはなかった。政府の外交政策の反対者たちが往々にして現実的な代案を欠いていたことは明らかである。たとえば、反戦論者の多くは、合衆国を帝国主義的であるとして告発した。そうした団体の主導的なものの一つが、憂慮するアジア学者委員会《コミッティ・オブ・コンサーンド・エイジアン・スカラーズ》（CCAS）である。一九六八年設立のCCASは、「ポート・ヒューロン声明以後、SDS（民主社会のための学生連合《スチューデンツ・フォー・ア・デモクラティック・ソサエティー》）

以後に属する」と、その初期からの活動メンバーであり、その『会報』の論説委員ともなったマリリン・ヤングは書いている（SDSの最初の重要な声明文が、六二年のポート・ヒューロン声明〔新左翼の運動綱領〕である）。「SDSは基本的にアメリカの国内問題に焦点を絞っていたが、CCASが取り組んだのは反帝国主義の問題であった」。

マリリン・ヤングと彼女の世代の「憂慮する学者《コンサーンド・スカラー》」の多くにとって、二次大戦後のアメリカの歴史は、世界の自由と尊厳を護る歴史ではなくて、弱小貧困社会を犠牲にして自国の権益を高めるための、苛酷で抑圧的な、帝国主義的な拡張の物語であった。ヤングは『会報』にこう書いている。「帝国主義は、経済、政治、社会、文化を含む、全体的なシステムである。各要素は内的に結びついている」[24]。『会報』は、この制度的結びつきの暴露を図った。いかにしてアジア研究は、アメリカ政府や種々の財団——とくにフォード財団——の資金援助によって創出されてきたのか。指導的研究者は、自己の研究を政府の要請にすりよせるためにいかに努力してきたのか。『会報』にはこの詳細な記事がある。だが、ハーバードの傑出した中国史学者ジョン・F・フェアバンクといった長老学者の目には、歴然たるこの扇動暴露記事も、ただ当たり前の事実を書いただけのものと映ったようだ。——彼はこう考える。もちろん財団や政府がアジア研究の資金を出している。他にどこが資金を出せるというのか？　そしてもちろんアジア学者はアメリカ外交政策に役立つような研究を行なおうと努めている。それが責任ある学者の務めというものではないのか？

ヤングは言う。「私は、アジアに対するアメリカの研究態度は帝国主義的であると書いた。これに対して、フェアバンクは、君は原罪を発見したのだ、と答えた」。ニーバーが道徳的代弁者となっていた世代に属する、たいていの真剣な知識人と同様、フェアバンクは、大国アメリカが世界中の国の問題に介入するのは当然のことと考えていた。そしてそうした行動は、キリスト教の原罪説についてニーバーが論じたように、いかなる人間的行動にもともなう両義性、不完全性を免れることはできない——組織が大きければ、なおさらそうである——と考えていたのである。アメリカの関与は不可避である、それは「我々をほぼ支配している歴史」の一部である、とフェアバンクは書いている。どの時代にあっても、「先進国による干渉は、その成長の過程の重要な構成要素であった。成長が続くかぎりは（それを止めることなど可能であろうか?）、我々は増大するその悪い作用を緩和することに努めなければならない。我々は、二つのレベルで対応を進める必要がある。この二つは区別すべきである。まず、こうした作用と作用の過程を特定し、診断し、記述するという知的な作業がある。これが第一のレベルである。……そして公共政策を批判し、その改善を処方し、それに応じて行動の改善を探るという実践的・政治的な作業。これが第二のレベルである」。

ハーバードの中国学の水準を飛躍的に高めた長老であるフェアバンクは、大学は古くからある目的の意識を取り戻せばよろしいと言おうとしていたかに思われる。合衆国の力の構造についての分析を、その道徳的責任についての合理的反省と結びつければそれでよいのである、と。一方、マリリン・ヤングをはじめとする反乱組の学者の多くは、こうした目的意識を取り戻すことなどもはや不可能であると言おうとしていたかのようである。何よりもこの意識は偽善的であったから、というのがおそらくその理由であろう。当時のCCASの指導者の一人であるジェームズ・ペックの言い方ではこうなる。──道徳的な関わりをもとうというのであれば、学問は「抑圧される側への奉仕に努めるべきである」[25]。

だが、それを実行に移すための現実的方策については、何も考えられていない。もし、政府や大学などのアメリカの中枢的制度が、取り返しのつかないほど腐敗しているというなら、それを入れ替えるためのエネルギーはどこから得たらよいのだろうか？　悪を求めるアメリカの強大な権力に対抗するには、善をなす大きな権力、抑圧された者たちの意思全般を代表する権力をどこかに見出さなければならない。マリリン・ヤングの言う「贖う者の革命」が必要だということになる。反戦運動に加わったアメリカの学者の多くにとって、贖いの革命は、中国の「プロレタリア文化大革命」であった。これを真似た北ベトナムをはじめとする各国民の信ずるところでは、文化大革命は、毛沢東が言ったように、政治が真に「人民に奉仕する」、新しくて平等主義的・進歩的な世界へと通ずる道なのであった。ここには中国を理想化する根深い衝動があったかのようである。だが、文化大革命の戦慄的現実が西洋に知られるようになったとき、アメリカの反帝国主義の学者の多くは、イデオロギー的な拠り所を失ったまま、立ち去っていった。「贖いの革命国家として、私が中国を擁護することはありえない」と、今日のマリリン・ヤングは沈鬱に語る。「だが、問題は、アメリカのナショナリズムを抑える方法を、いかにして発見するかである。私はまさに疎外されたコスモポリタンでありたいのだ」。

7　アメリカのメシア主義

マリリン・ヤングや彼女のような多くの反戦活動家は、自らの国の外交政策を徹底的に拒否し、同胞市民の多くが最悪の敵として恐れる国家を「革命的な贖い主」として信奉した。

彼らのこうした理想主義的な姿勢のなかには、何か深いところでアメリカ的なものがあるようである。彼らは、あるメシア主義的な想像力の滋養を受けている。ヘンリー・ルースの「アメリカの世紀」というビジョンをもたらしたのもまた、同じこのメシア主義であった。建国以来、多くのアメリカ人が、この社会は神の終末の計画の一部をなしていると考えた。あらゆる国民の贖いの希望を成就すること。ここにアメリカの実験の目的がある。一六三〇年に、マサチューセッツ湾植民地初代総督のジョン・ウィンスロップは、私たちは「丘の上の町」となるべきであると説いた。一七八二年に、建国の父祖らは、私たちは「世紀の新秩序《ノウス・オールドー・セークロールム》」であると語り、合衆国国璽にこの銘を刻んだ。かような偉大な希望以外のいったい何物が、先祖の地を離れ、新たな土地に植民するために危険な荒野への「出エジプト《エクソダス》」の旅に出た最初のアメリカ人たちを導くことができたであろうか？　自らの生命を賭してでも大英帝国からの独立を獲得せよと、共和国の建国者を鼓舞することができたであろうか？

　こうした言説には、もちろんいつも大きな危険がつきまとっていた。言葉の意味をあまりに文字通りに受けとってしまうという危険である。アメリカ人は、気負うあまりに、信仰の言語と国家の言語とをつい混同したくなる。だが、当初より、アメリカの偉大な理想は、勝利主義よりも謙遜を促そうとするものであった。ウィンスロップが丘の上の町について語ったとき、彼が言いたかったのはまさしくこのことである。神はアメリカの植民者と契約を結んだ。かつてイスラエルの民をエジプトの奴隷状態より救い出したのち、彼らと契約を結んだのと同様である。申命記にあるように、この契約は、祝福を約束したばかりでなく、呪いを警告するものでもあった。「なぜなら、私たちは、このことをよく心すべきであるからだ。私たちは、丘の上の町となるのである。あらゆる人の目が、私たちに注がれている。それゆえ、もし私たちが着手したこの事業において神を偽り、神が今私たちに差し伸べておられる援助の手を引かれるようなことになれば、私たちは、神の多くの善き僕《しもべ》たちの面目をつぶすことになる。彼らの祈りは、私たちへの呪いとなる。私たちは、目指す善き地より消し尽くされるまで、その呪いを受けることになろう」〔ジョン・ウィンスロップ『キリスト教徒の慈愛のひな型』より〕。

　だが、すでにウィンスロップは、信仰の言語と国家の言語とを混同している。彼が丘の上の町について語るとき、そこで話されているのは、イエス・キリストの教会そのものではなく、ニュー・イングランドの植民地のことである。彼と同時代に生きたロジャー・ウィリアムズ〔マサチューセッツ植民地を逃れ、ロードアイランド植民地を建設した聖職者〕は、この点に気懸りなものを感じた。彼はウィンスロップと彼の仲間に警告して、マサチューセッツを神の国と同一視すべきでないと言った。なぜなら「アメリカは（ヨーロッパや世界中の民の場合と同様に）罪のうちに死んでいる」からである。ウィリアムズは、植民者には他者の土地を力ずくで奪う権利はないと論じた。また、アメリカインディアンは英国人とまったく同様に神の子なのであるとも主張した。同時代のニュー・イングランド植民者のなかで、こう論じたのはほとんど彼一人であった。その後の歴史において、こうした警告は頻繁に繰り返された。だが、聞き入れられることはそれほど多くなかった。

ヘンリー・ルースもまた、彼の先輩である多くの誇り高いアメリカ人たちと同様である。彼は、アメリカはそのメシア的理想の高い基準に照らし、謙遜をもって自らを省みなければならないと考えると同時に、アメリカそのものがそうした理想の「聖所」であって、「人類の生活を、禽獣のレベルより、詩篇作者の言う『天使にわずかに劣るレベル』へと上昇させる」文明の理想を世界中に送り出す「発電所」となることができると考えたのであった。ルースと同じく、一九六〇年代の多くの若い活動家たちもまた、自由と正義についてのアメリカの理想は普遍的に妥当なものであると、そして、人間社会における現実の政体として実現できると信じていた。アメリカがこうした理想を体現することに失敗したとき、彼らは、そうした理想の新たな聖所となるべき、贖いの国家がどこかになければならないと考えた。彼らはその希望を中国につないだ。なぜなら、その過激な革命主義は、合衆国とは非常に異なるものと見えたし、またその自己破壊的な蛮行は、当面外部の目には隠されていたからである。

最良のときのラインホールド・ニーバーであれば、これとはまったく異なったふうに語ったことであろう。当時の彼は高齢で、病を得て死の床に就いていた。彼が死んだのは一九七一年である。ニーバーは、ロジャー・ウィリアムズの主張を繰り返し、贖いは、国家の政治ではなく、神があたえるものであると、アメリカと中国を含めたあらゆる国家は、罪の内に死んでいるのであると述べたことであろう。それでもなお、彼は次のことも主張したのではないだろうか。あらゆる国民と同様に、アメリカ人は、自由、正義、人間の尊厳という偉大な理想の審判のもとに立つのだということ。こうした理想の追求が、人生に意味をあたえるということ。アメリカ人が失敗することは避けがたいが、しかし彼らは諦めてはいけないということ――。だが、こうした知恵は、当時のアメリカ人には簡単に手に入るものではなかった。かつて彼が提唱したような道徳的均衡を、創出あるいは維持することを促すような、制度的環境ではなかったのである。

私たちの大学も、政府や企業の官僚機構も、メディアも、アメリカの理想についての私たちの理解を薄っぺらなものへと変えていく傾向があった。自由とは、技術が生み出した商品を金銭で獲得し、私的目的を追求できることだとされるようになった。正義とは、すべての人間が、他人を傷つけないようにして、可能なかぎりこうした私的目的を追求できるような機会の平等のことであるとされるようになった。私たちの大学にも、官僚機構にも、メディアにも、自由と正義のこうした理解に疑問を投げかけようとする者のための居場所はほとんど残されていない。実際、アメリカに大きな富と力をあたえた諸制度そのものが、この理解の結実だったのである。だが、こうした理解によっては、アメリカ人は、今や自らを取り巻いている国際的な苦境を理解することはできないのである。

8　世界的な苦境

世界の遠く離れた一角で、小さな、経済的に遅れた、技術的に原始的な社会が合衆国の意志に逆らおうとした。私たちは、その国に対して飴と鞭をもって答えた。道理のわかる社会であれば、その意味が通じるはずであった。――私たちに協力しなさい。そうすれば、私たちは、あなたたちの国の再建のために、寛大な経済的援助を行なうであろう。だが、私たちに挑むようなことがあれば、私たちはもてる軍事技術の一切をあなたたちの国に振り向け、あなたたちの工業を破壊し、あなたたちの都市を荒廃させ、あなたたちの人民の暮らしを生き地獄にするであろう――。理性ある個人の集まりであるならば、すぐにも私たちと協力するはずである。だが、彼らはそうしなかった。私たちが彼らの国を残忍に爆撃したときも、彼らは頑として譲らず、民族の怒りと誇りという集団的な意識によって、さらに反抗的となった。

一方、わが国の市民もまた、このはるか遠方の敵への懲罰に要する大きな犠牲に対して、反対の声を上げた。政府は戦争の正当化に努め、インドシナ半島の全体に共産主義のドミノ倒しが起きるようなことになれば、わが国の安全そのものが脅かされると主張した。だが、一九六〇年代後半には、これはいかにも強引な主張となっていた。

私たちがこのような状況に陥ったのはなぜか？　北ベトナムは、善い生活というものを、アメリカの制度が私たちに教えてきたような個人主義の形では考えていなかったのである。世界中の多くの社会もまたそうであることが、今では次第にわかるようになってきた。アメリカは、これらの社会を、私たちの考えるような形で協力させることはできない。しかし、これらの国民から距離を置きながら、「文明の理想の聖所」をひとり気取っているわけにもいかない。好むと好まざるとを問わず、私たちの運命は、こちらから手出しをして言うことを聞かせるわけにはいかない諸外国の運命と緊密に織り合わされているのである。

　ベトナム戦争ははるか以前に終結したが、難局の基本構造は現在も変わっていない。問題の出現の仕方はさまざまである。中米、中東、アフリカ南部などでは軍事的な形で現われた。日米関係のように、主として経済的な形で現われることもある。政治的な形では、ソ連との軍備交渉などに現われている。究極的には、こうした苦境を――アメリカは自分の思うようにならない多様な世界の一部であるという事実を――正確に記述し、それに対し、有意味な形で対処することができるはずである。ただし、そのためには、私たちは、自分たちが掲げる中核的理想を、さらにいっそう豊かに、地に足がついた形で、いっそう国際的に理解するようにしていかなければならない。

　私たちは、なかなかこれを行なおうとしないのだ。ベトナム戦争によって初めてこの問題にぶつかったときの私たちの反応は、もちろん、問題からの逃避であった。私たちは、いつもの個人主義的応答のパターンを繰り返した。科学技術的な改良で場を制しようとした。「電子制御《スマート》の」爆弾を開発し、新手の偵察技術を生み出し、言うことを聞かない敵を叩くためのコストの削減を図った。こうした対応は非現実的である、受け入れられないと批判した者たちにしても、やはり個人主義的であったことにはかわりない。すなわち、敵と自らを同化させ、彼らの革命的な贖いの運動と、感情的に（「実際に」でなくともよかった）連帯したのである。

　今でも私たちは、本能的にこの同じ反応パターンに従っている。私たちは敵のミサイルに備えて難攻不落の盾を築こうとしている。私たちはグレナダ、パナマといった私たちの気にくわない政府を転覆するための安上がりな方法を――つまりアメリカ人の生命をあまり犠牲にしないで済む方法を――見つけ出そうと頑張っている。

　世界的難局に対するもう一つの一般的な反応は、理想を矮小化することである。曰く、アメリカ人は世界の自由と正義という大義に献身することはもはやできない。我々には限界があるということを認めるべきだ。我々は自己が生き延びることを考えたほうがよい。生活水準が急激に大幅に落ちてしまうことのないように気をつけるべきだ。外交の綱渡りをやっていれば、我々はナンバー・ワンのままでいられるだろう。もちろん古き良き時代のように他国をはるかに引き離して独走するなどということはもはやできない。文明の理想の発電所を気取ることももはや考えられない。この考えを実行するのが力の均衡の地政学である。ヘンリー・キッシンジャーと彼の弟子《プロテジエ》たちは、これを見事にやって見せた。今やこれが、公共政策を論ずるほとんどの大学研究所とシンクタンクの標準的な思考となっている。

だが、一般のアメリカ人は、こうした「現実主義的な」政策に対して、あまり好意的な反応を示さない。「敵方の候補は、世界を次のように見ている」。一九八八年の共和党全国大会の指名承諾演説において、ジョージ・ブッシュはこう述べた。

わが国は長期の緩やかな衰退過程にあると。それは人間を超えた歴史の力が命ずる不可避的な衰退なのであると。だが、アメリカは衰退していない。アメリカは青年国家である。彼はアメリカを、国連の点呼において、アルバニア［A］とジンバブエ［Z］のあいだのどこかで呼ばれる、愛すべき国家の一つと見ている。だが、私は違う。アメリカはリーダーである。アメリカは世界における特別な役割を担う、特異な国である。今世紀はアメリカの世紀と呼ばれてきた。なぜなら今世紀、我々は世界に善を行なう主要な勢力であったからだ。我々はヨーロッパを救った。小児麻痺を治した。月に行き、世界をわが国の文化で照らした。今日、我々は新しい世紀を迎えつつある。来世紀にはどの国の名が付けられるのであろう？　それもまたアメリカの世紀であると、私は言いたい。

ブッシュは、ヘンリー・ルースが「アメリカの世紀」という言葉を作り出して以来の四七年間、何も学んで来なかったか、あるいは国民が学んで来なかったと考えたかのどちらかであろう。

自由とは何か、正義とは何か、その理解の幅を広げるならば、私たちは、それらと共同善との関わりをよく見ることができるようになる。自由とは、自分を創り出した社会から自立さえすれば実現されるというものではない。社会に積極的に関わるときに実現されるものである。正義とは、個人が競争に加わることができるようにする形式的な規則さえあれば実現されるというものではない。社会の成員がみな最低限の必要を満たせるように、互いに責任を果たそうとするときに実現されるものである。自由と正義のこのような見方は、相互依存性という現実を道徳的に理解するものであって、そこから逃避するものではない。それは英雄的な自己犠牲を求めるようなものではない。むしろ、徹底的自立ばかりを目指そうとする私たちの現在の生き方のほうこそ、もっとも英雄的な――しかもその非現実性ゆえにしばしば悲劇的に不毛な――自己犠牲を要求するものである。自由と正義について、社会的にいっそう現実的に見ることのできるレンズで見るべきである。そのとき世界は、ただそのままの姿を私たちに見せるであろう。富と力に極端な差があり、しばしば敵意と破壊を生み出す、経済的にも政治的にも相互依存的な無数の社会に分割された、小さな壊れやすい惑星というのが、その姿だ。アメリカ合衆国は、今日でも、この世界における最強にしてもっとも豊かな国家である。経済的・政治的にこれだけの力を握っている国には、秩序と安定と前進する繁栄のための土台を建設する大きな責任がある。だが、力だけでは、敵国はもちろん、同盟国にさえ自己の意志を容易に押しつけることはもはやできない。平和維持のために、アメリカは、これまで以上に他国との協力に前向きに取り組まなければならない。アメリカは、その大きな、しかし限界のある力を用いて、論争を平和的に解決する純粋な機会に対応し、また、真の危機に対応していくべきであろう。

たとえば、核兵器・通常兵器の削減協定にさいして、一切の警戒をただちに解くのは過ちだと思われる。だが、アメリカ経済が巨大防衛産業漬けになっているというだけの理由で、軍備削減への純粋な機会を利用しないというのは、たいへんな過ちである。そして、世界中のあまりにも多くの国々を苦しめている残酷な貧困の救済に乗り出そうとしないのであれば、愚かにも身の破滅を招くことになるだろう。この貧困は、もっとも豊かな国に有利で、もっとも貧しい国に犠牲を強いるような経済体制によって生み出された部分がかなりある。すでに見てきたように、この貧困の内に、暴力的な闘争の種がある。国際金融を支配する諸制度を改革して、貧困を緩和せよと提唱することは、眼に綺羅星を浮かべた理想主義なのでは決してない。これは、感傷抜きの現実主義である。たとえ第三世界の負債を切り下げる政策を取ることによって、合衆国の生活水準をわずかに引き下ろすことになろうとも(だが、必ずそうなるとは少しも決まっていない)、そうした政策を支持することは、英雄的理想主義を要求することではない。「持てる富を貧者と分かち合うためにまったくの自己犠牲を払うべきだなどとアメリカ人に言って聞かせる必要はありません」と、メリノール〔米国カトリック海外伝道会〕の布教師、リチャード・アルハーティン神父は述べる。「それは国民自身の利益にかなうことなのです。持てる財産を貧者と分かち合えば、いっそう平和となり、わが国の製品のためにいっそう市場が開かれることになります。国民にとってそれ以上の利益がありましょうか? 自分と自分の家族が戦争で身を滅ぼすのを避けることになるのですから」。

9 世界に対する責任――その新たな意識

自由は純粋な人間的達成ではなく、神の賜物である。それゆえ、それを受けた者には深い責任が課せられる。――アメリカの伝統の奥深くより、こうした考えが姿を現わす。私たちの自由は賜物なのだから、正義と社会的責任を果たすべきであるというこの考えは、しばしば聖なる物語を通じて語られる。中でももっとも重要なのは、おそらく出エジプトの物語であろう。出エジプトの物語は、わが国の歴史が始まって以来、今日にいたるまで、あらゆるタイプのアメリカ人を一つにまとめてきたものである。一九八八年のこと、南アフリカから来たユダヤ系移民の二世のある一三歳の女の子が、バト・ミツバ〔ユダヤ教における女性の宗教的成人式。男性の場合はバル・ミツバ〕の朗読に、この物語を取り上げた。「畑で穀物を刈り入れるとき、一束畑に忘れても……それは寄留者、孤児、寡婦のものとしなさい。こうしてあなたの手の業すべてについて、あなたの神、主はあなたを祝福される。……あなたは、エジプトの国で奴隷であったことを思い起こしなさい。わたしはそれゆえ、あなたにこのことを行なうように命じるのである」（申命記二四章一九－二二節）。彼女は、ジョン・ウィンスロップよりマーティン・ルーサー・キングにいたるまでの、数々のアメリカ人が繰り返し取り上げ、同じ点を明らかにしてきた、まさにその物語の一片を、ここでふたたび読み上げたのである。この物語は、私たちの社会の意識を明らかにするのに有効である。子供たちがこうした物語を取り上げ、その内容の一部でも現実の生活に生かせるように願うことができるような社会。アメリカ人にとって善い社会とは、そのような社会である。そのような社会を育て上げ、維持していくことができるということにこそ、国民としてのアイデンティティーを置いていくべきである。そうできるなら、私たちは、相互依存的な世界というこの大きな社会のなかで、擁護し、追求していけるような自己理解を得たことになる。

だが、聖書を読まない社会、自己と社会の関係を意味づけるために、異なる物語を語り、異なる儀式を祝う社会についてはどうであろうか？　私たちは、それらの社会と、どのようにしたら世界の共同善について共通の理解をもつことができるのであろうか？　どのようにしたら、互いに協力しあって、商業を規制し、環境を保護し、軍事的衝突を防ぎ、人間的品位の少なくとも最低限の標準を護るために、新たな国際的諸制度を打ち建てていくことができるのであろうか？　私たちの学校、教会、マスメディアは、私たちの国境の向こうの世界について、さらに多くのことを国民に教える必要がある。私たちの基本的な仮定とそれらの社会の基本的な仮定とを比較対照することができるようになる以外には、私たち自身を適切に教育することはできない。文化と文化のこうした出会いを通じて、自由と正義の理念は深められ、私たちは共通の基盤を見つけることができるのである。

真に多文化的な解釈の共同体を創造するというのは、たいへんな課題である。だが、一世紀前よりは容易になっているはずである。今日、文化と文化の出会いは、植民地主義と帝国主義の文脈において行なわれているわけではない。ただし、古い時代の行動様式の残滓が、今でも文化の対話に影響をおよぼしている。全世界は、共通の市場経済によって緊密に結ばれており、国際的対話のための共通の日程表を組むことも可能となっている。だが、経済力の著しい不平等が見られるところでは、今なお重大な障壁が残っている。

この市場経済の巨大な創造の力を活用しつつも、なおその破壊的な作用から共同体を保護するにはどうしたらよいか。今、世界中の人々が、この問いを投げかけている。通例、これに対して最初に返ってくる答えは、絶対的な国民国家をもつことによって、その国民を絶え間ない経済競争の破壊的効果から保護すべきだというものである。だが、政府というものは、しばしば、国家の経済的・政治的・軍事的利益についての極めて狭隘な理解にもとづいて行動するものである。もしこれがほんとうだと認めることができるのであれば、私たちは、市場の力学と国家の権力との両方に道徳的制限を設ける必要があることに気づくはずである。

こうした制限は、どのようなものであるべきか？　それを設けるにはどうしたらよいか？　たとえば国際累積債務危機のことを考えてみよう。一九七〇年代、世界の大銀行は、第三世界諸国に対し、開発計画と装備の資金として巨額の融資を行なった（現在その未払いの負債総額は一兆ドルを越えている）。石油価格高騰後の中東諸国による預金の投資先を求めて、銀行家はこうした融資を積極的に推し進めた。金利の上昇（これは一つにはアメリカ政府自身の財政赤字によるものである）など、いくつかの要因が重なって、多くの債務国は利息を払えなくなった。

今日までに、この危機への対応策として結ばれた国際協定は、債務国の利益よりも銀行の利益を保護するものであった。国際行動を規制するたいていのルールがそうであるように、それらは政治指導層、銀行家、国際通貨基金のような国際機関の職員、そして最強国の政府の役人による交渉によって決定されたものだ。国際金融の「体制」は世界の銀行制度に秩序と予測可能性をもたらしたが、しかしそれは一部の最貧国の国民を犠牲とすることで成し遂げられたものである。

ヨハネ・パウロ二世など、精神的指導者は、こうした協定は甚だしく不正であると非難した[26]。この危機をいっそう公正に解決できるような国際金融体制はありうるだろうか？　国際金融取引の規範確立の過程を、もっと民主的なものにできないものか？　貧しい国の代表は、この過程において、もっと発言権があたえられて然るべきである。豊かな国の労働者もまた、もっと影響力行使の機会をあたえられるべきかもしれない。なぜなら、現行の国際システムにおける第三世界からの安価な輸入品の流入は、結局は彼らの利益にも反するような作用をおよぼすからである。累積債務危機に対し、公正な解決法をとることは、世界の大半の国民の長期的利益にかなうはずである。

この問題やこれに類似した危機に対する永続的解決法としては、世界的な「ニュー・ディール」が求められるであろう。それは、世界最大級の銀行の短期的損失という犠牲と引き換えに、第三世界における、より健全な開発パターンを培い、それによってより安定した、繁栄する、協力的な世界秩序をもたらそうとするものである[27]。合衆国はなお、国際金融の規範確立のためにもっとも影響力ある行為者となることができる。そうした規範のいかなる包括的改革も、アメリカの支援と指導力なしには起こしえない。だが、こうした支援と指導力が生まれるためには、あらゆる社会階層のアメリカ人が、自らのアイデンティティーが世界中の国民のアイデンティティーと結びついていることを、また、自らの自由と正義の理想が国際的協力への幅広い献身を必要としていることを理解しなければならないのである。

国家政策の道具としての戦争が正当化されないこと、基本的人権の尊重が必要であること、自然環境の保護が急務であることについては、すでにかなりの程度、国際世論ができあがっている。そうした問題を——試験的にではあれ——処理するための国際的な制度もまた、すでに存在している。すなわち、集団的な目的を定義し、協力活動の責任体制を確立し、人道的行動の共通基準を決め、係争中の問題を威嚇によらずに理性的討論によって解決するための、一連のルールとその意味づけである。制度は強力ではないとはいえ、無視できるものではない。過去五〇年間、国際法はかなりの発達を遂げた。ほんの数世代前には想像もつかなかったほどである。国際間の緊張は数多くあるが、前進への圧力もまた大きい。

私たちは、世界的な超国家といったものが出現するとも考えないし、それが望ましいとも思わない。むしろ、さまざまな制裁の手段と執行の権力を備えた、種々の制度や協定が、徐々に積み重ねられていくことを望んでいる。国民国家が重要ではないとか、消えてなくなるとか言いたいのではない。むしろそれは、世界が緊急に求めている国際的な諸制度にとって、欠くことのできないものである。だが、国民国家は、以前ほど自律的なものでも、自前で自国のあり方を正当化できるものでもなくなっている。

合衆国は、多くの新しい国際的制度を創造するために助力してきた。もっとも、海洋法のように、自らの経済的利益に反すると疑われるものについては、妨害したこともある〔一九八二年の国連海洋法条約の採択にさいして、海底開発の規定に反対するアメリカは署名しなかった〕。国際的な制度が体現すべき理想について、アメリカと他国とのあいだで論争がもちあがるとき、アメリカ人は、論争相手がアメリカを論駁するために、他ならぬアメリカの理想の一変種を用いていることに気づかされることがしばしばある。NSC68の立案者は正しかった。自由という理想は、史上もっとも伝播しやすい思想であった。中国からソ連、東欧にいたるまで、レーニン主義的集団主義は失敗した。これらの社会のどこにおいても、人々は、新しい、善い社会の基礎となるものを想像するとき、西欧的な自由の概念を用いている。実際、世界的政治経済へと統合され、マス・メディアの影響下にある今日の世界においては、個人の尊厳、自己表現の自由、良心の潔白にかんする西欧的な理念は、ほとんどどの社会においても、公共的討論における通常の言語となっている。もちろん文化が変われば、この自由の言語の用い方も変わってくる。個人の主導性と社会的責任とのバランスについては、さまざまな考え方がある。だが、私たちのもっとも高度な伝統的理想は、いかに想像力をたくましくしても、もはや私たちの独占物と言うことはできない。それらの理想は人類の共通財産なのである。

それゆえ、私たちが自らの自律性を制限する国際的制度に参加するとしても、私たちのもっとも高度な理想から外れることには少しもならない。善い社会を創造するという国際的な事業に参加するためには、アメリカ人自身が、自己の最良の理想が訓育するところに従い、理想を生かすように心がける必要がしばしば出てくるだろう。万人の自由という私たちの伝統的な約束を、私たちよりもかえって強力に信じている他国民と、不快な緊張関係に入ることもあるだろう。だが、まさしくこうした緊張関係があってこそ、私たちアメリカ人は、自己の富と世界における特権的な地位がもたらす種々の問題に対し、包括的な解決に取り組むことができるのである。

10　多文化的世界に立ち向かう

東西の緊張関係が激減した今日、もっとも深刻な裂け目は、豊かな国と貧しい国とのあいだにあるということが、はるかによく理解できるようになった。国家の貧富の差が容易に解消できるものと考えるのは、たとえ最善を尽くす意志があったとしても、間違いである。第三世界のどこに行っても、しばしば西洋の行動それ自体を批判するために、西洋の理想に訴える人々に出会う。だが、西洋化への圧力に対する深い憤りと、自らの遺産に誇りをもつことへの深い要求があることもまた看取できるのだ。急速な社会変動の文化的動力学と、世界中の個人と社会に強いられた恐ろしい代価を理解するために、私たちはまだ長い道のりを歩まねばならない。

セオドア・フォン・ラウエの『世界の西洋化革命』は重要な書物である。このなかで彼は、多文化的な世界がもたらす緊張に対処するにはどのような資質が必要であるかを述べている。彼はまず指摘する。西洋の襲撃によって始まった急速な社会変化は、その受け手となったほとんどすべての社会に、トラウマ的な結果を残した。それらの社会は、西洋社会の特質の多くにあこがれると同時に、自らが被った破壊に憤り、西洋に追いつくための多くの努力が不毛ではないかとの意識に焦燥を覚えている。しばしば彼らは、「反西洋的な西洋化」を行なおうとしてきた。すなわち、反西洋を公言するイデオロギーを盾にして、劇的な社会変革を実行しようというのである。共産主義は、こうした流れのもっとも明白な例であるにすぎない。

　この複合した現実を前にして、フォン・ラウエは、忍耐と謙遜という困難な道を歩むことを提唱する。

> 現実をよく理解するとき、忍耐と謙遜の道もまた、開かれることになる。忍耐とは、もっとも大事なところでは、個々の意識と意志における急速な変化を期待しないこと、緩慢な進歩で満足することである。謙遜とは、文化的条件づけが要求するものに喜んで従うことである。謙遜はまた、同情の意識を生む。同情は、今日ある不平等に対する人道的な対応にとって肝要なものである。文化の変動の推進者も、犠牲者も、ともにこの同情の意識にもとづいて行動しなければならない。絶望的な者たちの人間的尊厳に対し、保護をあたえなければならない。そして、すでに構造化された、不可避的な文化の変動がもたらす苦しみを緩和しなければならない。すべての人間は、自らが受け継いだ文化的限界を超越し、人類のいっそう包括的な結びつきを求めるよう、慎み深く努力しなければならない。

　すべての人間がこの世界大の変動の只中に置かれている。だが、もっとも豊かな国民には、特別な責任もまた課せられている。

> 西洋人は、このように心を改め、開発途上国の困難と悲劇に対する責めを負わなければならない。反帝国主義の旗印を掲げる過激派たちは正しい。西洋からの衝撃を受ける以前、伝統社会は、自らが入手できる知的・宗教的・物質的資源を利用しながら、ほどよい調和を保ちつつ、取り巻く環境に対して危うい均衡を保持してきた。そこを西洋の衝撃が襲った。それは伝統社会の意志に反して、彼らを彼らの理解と資源の限度を越えた複雑な世界に投げ込み、さらにはそれまであった共同体の絆を破壊してしまった。……どちらの側にある者も、前を向いて行くしかない。素朴なままでは共存不可能であるようなさまざまな文化が、全世界において合流してしまった。

かつて人類が経験したことのない、巨大な問題に直面しなければならなくなった。世界は緊密に圧縮されている。そうした中で、文化どうしの対話を阻む障害を乗り越えるためには、何をなしたらよいのか？　文化どうしの無理解が引き起こす暴力を極小におさえるには、どうしたらよいのか？　ここを考えていかなければならないのだ。

この「人間化《ヒューマナイゼーション》」（解放の過程をファノンはこう呼んでいる）を行なうために、最初の一石を投じなければならないのは、西洋の側である。……自らの優越性を盲目的に信じている、自己中心的な西洋が目覚めなければならない。(28)

11　サパタ渓谷

豊かなわがアメリカ社会と、貧困に支配されたラテン・アメリカとの、境界線上の光景である。(29)サパタ渓谷は、カリフォルニア州サン・ディエゴとメキシコのティフアナとの境界付近に広がる無人地帯である。聖カルロ・ボロメオ伝道会のイタリア人神父、フロレンツォ・リゴーニは、ティフアナに駐在して、合衆国に不法入国しようとする移民に対するミサを行なっている。夕闇のミサに参加する者は数百名。カリフォルニアへの違法な国境越えを試みる直前の、最後のミサである。彼は始める。「それぞれの夢の実現を願って、たくさんの者たちが最後の望みにかけようとしている今宵、私はあなたたちをこのミサに招きます。キリストがそれぞれとともにありますように」。説教の主題も同じである。「……あなたたちはみな、愛する者に別れを告げたその瞬間を正確に覚えていることでしょう。私たちは、この御聖体が、これから迎える長い、長い夜のあいだじゅう、あなたたちとともにあることを願います。……あなたたちが無事国境を越え、目的地に着き、仕事を見つけられることを願います」。彼は祈りを込めて、こう述べる。「国境のない世界、身分証明書の提示を求められない世界、万人がパンと平和とともに一日の夕暮れを迎えることのできる世界。このミサにおいて、私たちのそれぞれが、そのような世界のなかにおいて、兄弟たちと出会えることを願います」。

リゴーニ神父の祈りは、経済学者の明晰な分析とも、政治家が提示する計画とも、道徳哲学者の体系だった思考とも異なる、別種の知を差し出している。国境を襲う移民の洪水が大きな危機を生み出している今、そうした経済的・政治的変動に対して、彼は何か実際的解決法を示しているわけではない。さらに彼は、たとえば、アメリカの移民法を尊重することと、移民の必要を満たすこととのバランスをいかにとるかといったような、道徳的ジレンマを解決するための指針を差し出しているわけでもない。リゴーニ神父が差し出すものは、私たちの先祖のほとんどが移民するときに心に抱いていた理想を秘蹟として実演したものなのである。すなわち、神の恩寵により、「出エジプト」とともに獲得される、自由の約束の地としてのアメリカという理想である。

もちろん、現実主義者はこう言うであろう。アメリカはもはや、この岸辺へと泳ぎ渡ろうとするすべての勇敢な、あるいは絶望に追いこまれた人間にとっての約束の地であることはできない。私たちは、国境を何らかの形で管理しなければならないし、それには十分な経済的・政治的理由がある、と。だが、リゴーニ神父の聖体の秘蹟のうちに現われた理想は、いっそう大きな現実を照明している。この典礼が意味するものはこうだ。この移民たちの集団――二つの国家のどちらにも属さぬ無人地帯に立ち、いかなる法の保護に訴えることもできず、家族からも隣人からも切り離され、職ももたないこれらの人々は、それにもかかわらず、国家を超えた制度に属している。すなわち、祈りと秘蹟において、神が万人にあたえた尊厳を主張する教会に属している。この制度の教えにおいては、移民は、ただ国際労働市場の商品として、あるいは政治闘争の人質として扱われるべきものではない。このビジョンには、アメリカの理想の最善のものと共鳴するものがある。だが、このビジョンはまた、この理想の多くを分かち合う者たちとさえ、私たちを切り離すような、巨大な文化的相違があることを、私たちが理解しなければならないことをも示している。実際問題として、アメリカ人は、もはや――かってはいざ知らず――こうした絶望的な移民をもたらす経済的・政治的な力を、独力で制御することはできない。リゴーニ神父のような好ましからざる外国人によって自らの理想が何であったかを不承不承思い起こされるはめとなって、ようやく合衆国も目覚めるかもしれない。そしてすべての人間にとっての共同善の達成に必要な、困難だが現実の急務である、国際的制度の建設事業に協力しようとするかもしれない。

結論　民主主義とは注意を払うことである

1　注意を払う

私たちは、両親や小学校の先生から「注意しなさい《ペイ・アテンション》」と言われて育つ。子供の頃より、この同じ言葉を強くあるいは優しく命じられながら、大人になっていく。やがては慣れて聞き流すようになるかもしれない。だが、人生においてこれは非常に大事なことである。なぜなら、注意を払うとは、心のエネルギーをどう使うかということであり、このエネルギーの使い方の如何が、自らをどのような自己へと育てるのか、どのような人間になることを学ぶのかを決めるからである。(1) 何かに一生懸命に注意を払っているとき、本気で取り組んでいるとき、私たちは、知性、感情、道徳的意識のすべてを動員している。仕事でも、遊びでも、大事な人との交わりにおいても、同じことが起きている。このとき、私たちは、行なっていること自体に没頭しているので、自分のことは忘れている。それは楽しいひとときであるかもしれないが、私たちがそれを行なうのは、楽しさを求めてではなく、それが広い生の文脈において自分がほんとうにしたいことだからである。つまりそれには「意味が感じられる」。自分という意識は極小になる。しかも、その目的は楽しみにひたることではない。にもかかわらず、私たちが真に幸せに感じるのは、こういうときである。

注意を払うこと、気をつけることは、人間にとって極めて自然なことであるが、しばしば注意は妨害を受ける。精神病者の顕著な特徴の一つは、「注意力の障害」が見られることである。(2) 心に波のように押し寄せてくる思考や感情をどうすることもできない。関心の対象へと意識的に注意の焦点を結ぶことができない。それほど激しいものではなくても、一種の注意力障害に陥ることは誰にでもある。何かを「しなければならない」、しかし、思考も感情もどこか別のところに行ってしまっている。こんなとき、注意は疎外されている。こうした注意の障害ないし疎外が起こるとき、自意識はかえって高ぶることになる。私たちは、不安になったり、今日誰もが訴える「ストレス」を感じたりする。好きなことで一生懸命になるとき、愛する人のことに気を配るとき、私たちはストレスを感じない。しかし、成績を上げるために面白くもない学科を勉強するとき、無意味だと思っても上司の言いつけだから仕方なしに——馘にならないために——仕事をこなすとき、手に負えない状況のなかで身も心もばらばら、くたくたになってしまったとき、私たちはストレスを感じる。すなわち、注意は疎外されている。注意を払いたくても断続的にしか続かない。言わば不注意に注意を払う。それでは自己も育たないし、他者との関係も育たない。むしろ、暇になったら気晴らし《ディストラクション》の種を見つけようと、そればかりを考えるようになる。(3)

困ったことに、「鎮痛剤」のつもりで飛びつく気晴らしの多くは——アルコール、がちゃがちゃチャンネルを回してばかりいること、強迫的な不特定性行為——は、たいして役に立ってくれない。そうした気晴らしもまた、注意の疎外の一種であって、漠たる——時に深刻な——鬱状態に陥るのが落ちである。自己自身あるいは人間関係の潜在的可能性を働かせてこなかったのだから、生に意味をあたえる大きな文脈のなかで自己を確認することができないのである。もし、ストレスのたまった一日の終わりに、少しは努力を要するがそれ自体に意味のある何か——善い読書、車の修理、愛する者との会話、家族のための夕食の用意——に注意を傾けることができるならば、私たちはもっと「くつろげる」はずである。

興味深いことに、一つにとどまらぬ伝統が、注意を宗教的な概念としている。たとえば、禅は、「念〔マインドフルネス〕」の状態、目の前のすべてに注意を開いた状態を保つように命じる。しかし、修行者は、これがすぐにも散心〔ディストラクション〕に陥ることを知っている。(4)「念」が大事であるのは、それが悟りの前段階のようなものであるからだ。そして、迷妄の闇から完全に覚醒し、現実をありのままに認識したときが、悟りである。こうした概念は、東洋の宗教には普通に見られるものであるが、聖書宗教にも似たものはある。神はモーセに、燃える柴から自らを現わし、「わたしはあるという者だ」(出エジプト記三章一四節)と言った。モーセは、金の子牛に散心しているイスラエルの民に、彼がシナイで啓示を受けた根本的な真実をわからせるのに、たいへんな苦労をした。イエスは、新たな現実、神の国、を説いた。神の国はそこにあるとの提唱にもかかわらず、聞き手のほとんどは理解することができなかった。イエスは言った。「目があっても見えないのか。耳があっても聞こえないのか」(マルコによる福音書八章一八節)。だが、多くの者は、見るには、聞くには、散心にすぎたのである。

今は、注意の現象学を全面的に展開するときではない。だが、宗教がそうしているように、本書では注意《アテンション》という語を、規範的に、つまり、仏教で言う「念」の意味で、あるいは、クエーカー教徒の言う、神の導きに対して開かれた状態の意味で用いることにしたい。一見すると、注意と強迫との区別は、むずかしいかに思われるかもしれない。だが、ここで用いている意味での注意は、経験に対する開放性のこと、必要に応じて統覚のレンズを広げることのできる用意のことである。強迫状態にある者には、これを行なうことは不可能である。強迫的な「注意」は――私たちの規範的な意味からするならば――注意ではなくて散心、つまり、周囲の現実に真に注意を払わないことである。強迫的に見える賢人や聖人も、私たちが捉えそこなっているある現実に、注意を払っているのかもしれない。

以上、注意、注意の障害あるいは疎外、そして散心について、個人のレベルに焦点を当てて考察してきた。自制や修養のあり方によって、生に向き合うか、逃げて回るかはおおいに違ってくる。だが、宗教の所で注意したように、人はこの問題に独力で取り組むことはないし、注意を維持できる自己を独力で作り上げられるわけでもない。私たちは、制度のなかで、制度によって、生きている。これは本書を通じて強調してきたことだ。私たちが、そのなかに生き、同時にそれを変えもする制度というものの本質は、私たちの、注意を維持する能力と関わっている。次のようにさえ言えるかもしれない。制度は、社会的に組織された注意の形式である。だが、うまくゆかなかったときには、制度は、社会的に組織された散心の形式ともなりうるのである。

2 家庭における注意

アメリカ人は、家庭生活に重きを置く。しかし、家庭をたんなる「厳しい世間からの待避港」、外の厳しい生活からの気晴らしを提供する場だと考えるなら、私たちは必ずや失望する。家庭が家庭として機能するためには、いろいろと注意を払うことを怠ってはいけない。いかにロマンチックな幻想を抱こうとも、結婚生活における愛は、あらゆる痛みを消してくれる麻酔薬ではない。互いに注意を払う（気遣う）こと、つまり自分がほんとうに関心を寄せているものやほんとうにやりたいものについて語り、相手のそれを聞くということは、善い結婚生活にとって不可欠であり、結婚生活が深い満足感をあたえてくれるかどうかはここで決まる。もし（これは女性よりも男性にありがちなことだが）一日仕事がきつすぎたかと言って、家に帰るや相手から注意を払われることだけを望んで、自分が相手に注意を払うことを怠るとしたら、夫婦生活はうまくいかなくなるに決まっている。得られるはずのものも得られなくなってしまう。独身者よりも既婚者の方が長生きだという事実は、結婚生活が人間にとって非常に大切な、ある種の注意を提供する場であることを示唆している。

注意は、配偶者どうしにとって重要なものであるが、子供にとっては不可欠のものである。心のやり取りないし愛情という意味で注意を払われない幼児は——たとえ衣食の点で不足はなくとも——生きることとさえ不可能である。そして、その注意の質の如何が、彼らの将来に大きく影響する。この問題については、シカゴにおける調査がある。心理学者チクセントミハーイと社会学者ロックバーグ＝ホールトンは、「温かい家庭」（構成員のそれぞれに、高いレベルの注意があたえられている家庭）の子供は、「冷たい家庭」（両親が散心していたり、注意を怠っていたりして、相互の関係がうまくいっていない家庭）の子供とは、かなり異なっていることを発見した。「温かい家庭の子供は、より好意的で、よく手伝い、思いやりがあって、たよりとなる。仲間関係について見ると、忠実で、温かく、友好的で、社交的で、協力的である。温かい家庭は、また、自己の価値への否定、防衛、不信の度合いの低い子供を育てる」(5)。つまり、注意を払う家庭は、注意を払う子供を育てるのである。

本書の趣旨にとって重要なのは次の点である。注意を払う家庭は、家族が市民活動その他の外的な参加を避けて引きこもる「待避港」ではない。外部との交際がほとんどないのは、冷たい家庭の構成員であった。温かい家庭の構成員は、家を出てボランティアのグループに参加する傾向があった。注意を維持する能力は、家族を超えて広がっているのだ。

この研究が見出したもののなかに、一つ気懸りなものがある。研究者らは、「温かさ」——高いレベルの注意——への重い責任が、一人の人間にかかっていることを見出した。それは、（典型的には、自分の人生を家族や子供に捧げる）妻また母親である。この研究は、子供が一〇歳かそれ以上の家庭を対象に一九七七年に行なわれたものであり、現状がどうなっているのかについては必ずしも記述がない。いくつかの徴候からすると、こうした女性たちの多くは、たとえどんなに愛情深く、社交的であっても、（しかも、地域のボランティア団体で活動しているとしても）、そうした達成——つまり、広い社会や、創造的で満足感の得られる仕事に自分自身が十全に参加すること——のために自分が犠牲となっていると感じていて、そのあたりについて必ずしも幸せに思っていない。父親が家庭生活に関与していないわけではない。冷たい家庭の父親に比べると、関与の度合いはかなり高い。しかし、ほとんどの場合、それは、母親の重荷を軽減するには大して役にたたないという、典型的な男性のやり方なのであった。むしろ、家族生活を密にする分だけ、母親の重荷を増すことになっていたかもしれない。

シカゴの研究の「温かい、注意を払う家庭」と「冷たい、注意を払わない家庭」というこの家庭像は、変動期のある一瞬に描かれたものである。今日、アメリカ人が、そうした温かくて注意を払う家庭を簡単に再構築できるなどと考えるとしたら、ばかげたことであろう。同様に、そのような家庭を、ホメーロスの英雄時代以来のあらゆる歴史的形態の家族といっしょくたにして「家長的」として退けるのも、ばかげたことである。「ブルジョワ的」と呼んでも足しにはならない。チクセントミハーイとロックバーグ＝ホールトンはこう指摘する。

> 一つには、伝統的なブルジョワの家庭は、社会的伝統の非常な重圧によってまとまりを保っているということがある。経済的な利点、地位への配慮、社会からの抑制、そして期待といったものが、ブルジョワの家庭を支えている。それらは抑圧的な目標となり、構成員の心的なエネルギーの向かう道を定める。それゆえ、ブルジョワの家庭は、あるいは緊密な単位であるかもしれないが、しかし、必ずしも温かいものではない。なぜなら、それを支えている諸々の意味は、社会的な諸力が生む融通の利かないものだからである。私たちが扱っている温かい家庭というのは、それとは対照的に、構成員自身が事実上「生み出す」ものである。外からの強制は、割合に弱い。この家族をまとめる諸々の意味は、構成員の絶えざる注意が織りなし、繕うものである。(6)

今日では、一九七〇年代の場合に比べて、小さな子供をもつ母親のうち、労働力の一部を担う人の割合が、ずっと高くなっており、しかも彼女たちの多くはフルタイムで働いている。私たちの家族の、連続的に制度を生み出して行く力は、限界すれすれのところにきており、しっかりとした家庭生活を過ごすことができないという、子供にとってマイナスの徴候が現われつつある。

精神医学者でソーシャル・ワーカーのジュディス・ウォラーステインは、両親が離婚して一〇年になる、年齢が一九歳から二四歳までの子供について調査を行なったが、サンプルが示したのは、そうした子供たちの多くが「定まった目標をもたず、教育も不十分で、無力感を抱いて、人生を漂っている」ことであった。「……高校中退者はわずかであったが、ほとんどは高等教育に本腰を入れていなかった。……彼らは、長期の計画をもたず、両親の知的レベル・教育レベルよりも下のところを狙っている」(7)。とりわけ彼らは、自分が注意を払われていないと感じており、そのことに悩んでいる。彼ら自身の注意を維持する能力は低く、一貫性のある人生を構築する能力に欠損がある。

しっかりとした家庭生活が、大人たちの満足のためだけでなく、自己や周囲の世界に関わることのできる責任のある子供を育てるためにも、必須のものであるなら、ジレンマを解く答えの一部は、家庭の責任は両親のあいだで公平に分担されなければならないというものであることは間違いない。両親が共働きという新たな状況は、ほとんどの場合、家事労働の、不平等で不公平な分担という結果を生んでいる。アーリー・ホックシールドは、働く女性が、常勤の仕事をもっている場合でも、帰宅後、(彼女が名づけた)「セカンド・シフト」〔職場労働を第一とする、第二の勤務単位ということ〕において、家や子供たちの世話をすることについて論じた(年間では夫たちより一日二四時間として一か月分も多く働く計算である)。家庭の仕事の分担における不平等は、家庭の安定性にとって大きな脅威である。

> ジョーン・ヒューバーとグレナ・スピッツは、……一三六〇人の妻と夫に質問している。「あなたは過去に、夫(妻)と離婚しようと思ったことがありますか」。彼らは、離婚を考えたことのある人が夫より妻に多いこと……、また、妻のほうに離婚を考えた頻度がより高いことを発見した。相手の収入の多い少ないは、配偶者が離婚を考えることにはなんの影響もあたえていなかった。男女の役割についての態度もそうであった。しかし、夫がより多く家事をやってくれていると妻がみている場合ほど、彼女が離婚を考えることは少なかった。調査をした人たちはこう書いている。「男性が五種類の日常の家事のそれぞれの、少なくとも半分をやれば、そのたびに、妻が離婚を考える率は三パーセントずつ減っていく」(家庭の仕事のなかでもっとも時間がかかるとされた五つのものとは、食事の支度、食品の買い出し、育児、日常の雑務、食事の後始末である)〔邦訳『セカンド・シフト』三一四頁〕。

ホックシールドは、こう結論づける。

> 幸せな結婚生活は、夫婦が経済的に安定し、思いやりのある友だちに囲まれ、二人が互いに相容れる欲求と価値をもつことによって維持される。しかし、今日では、他者の面倒をみるという仕事についての価値観を分かち合うことにも、結婚生活の幸せがより多くかかっているようである。多くの女性が主婦の役割を返上するにしたがって、その役割は価値を切り下げられ、低賃金の家政婦や、ベビーシッター、託児所の職員などにまかされるようになっている。多数派集団の文化に呑み込まれる危険にさらされている少数民族文化のように、伝統的な主婦の貢献は、まず男性によって、そして今や多くの女性によってもその価値が切り下げられているのである。
> ……こうした価値の低下を逆転させる一つの方法は、

男性が価値の低下したこの仕事を分担し、その再評価を手助けすることである。多くの働く母親たちは、すでに家庭でできることをすべてやっている。今度は男性が行動する番だ。離婚の時代にあって、結婚そのものが、そのことにかかっているのである(8)［邦訳三一五頁］。

ホックシールドが見出したことを私たちの言葉で言いかえるとすれば、今の家庭には注意を払うこと、払われることにかんする危機が訪れているということである。時間がないということで、あらゆることが、あらゆる人間が、とくに子供が、構われないままに置かれている。この問題を解決するには、社会全般の変化が必要であるが、短期的には、家族のそれぞれが注意や世話の重要性に立ち戻ることが急務である。現在もっとも必要なことは、家庭生活に不可欠な世話という分野への、男性の、夫や父親の、参加の拡大であるとしたホックシールドは、確かに正しい。

ここで私たちは、注意と祭式《セレブレーション》のあいだには関係があるということに、触れておいてもよいかもしれない（これについての詳しい考察は、後に回すことにする）。もっとも時間のかかる家事労働と言えば、多くは食事にかんするもの、すなわち、食料の買出し、調理、後片付けである。しかし、家庭の食事は、すでに第三章で述べたように、家族の主要な祭式なのである。家族の聖餐だとさえ言えるかもしれない。食事を用意する時間が誰にもないとしたら、何日間も家族が食事をともにすることがないとしたら、いったい何が起こるのか？　もし、みなが平等に――妻だけでなく、夫も、また手伝えるかぎりのことについて、子供たちも――役割を分担するとすれば、少なくとも週に数回は、食事をともにすることができる。そして、みなが揃うことの喜びを味わい、互いに助け合って用意した善き物を楽しむことができる。子供のある人はみな知っているが、食事時間は、喧嘩の始まるときでもある。しかし、喧嘩の解決の仕方を――すなわち人の言い分を聞いたり、自分の言い分を聞いてもらったりするやり方を――身につけることは、共同の食事になくてはならない教育的機能の一部なのだ。共同の、しかも家族のみながそれに貢献しているような食事をすることは、家庭を温かいものにし、一人一人の注意の能力を高めるものである。そう断言してもよいであろう。

家庭生活の古きよき時代についてはいろいろに言われているが、私たちは、いずれの時代であれ、過去の「温かい」家庭をロマン化しようとは思わない。同様に、どのようなものであれ、ある一つの形態の家庭生活を提唱して歩こうとは思わない。両親がそろっていて子供のいる家庭がとくに重要であることは間違いない。なぜなら、それは子供を育てるという主要な責任を果たした家族の形態であり、かつまたこの形態の維持はますます困難になっていっているからである。しかし、たとえこの家族形態が実際的にも象徴的にも重要であると認めるとしても、だからといって、他の家族形態の価値を切り落とすようなことはしない。片親の家庭に育った子供の多くもまた、強く、自信をもった、愛情深い大人になる。離婚した片親には（子供がない場合も同じであるが）広い共同体からの援助が必要であり、彼らの働きの尊さが認められる必要がある。同様に、同性のカップルどうしで結ばれた関係もまた、子供をもつ場合でも、もたない場合でも、カップルどうしの愛と忠誠というあり方の全般に貢献しうるものである。こうした取り合わせを「正常な」家庭とされるものへの脅威と見なすべきではない。家族形態が昔からずっと単一であったと考えるのは、歴史的幻想である。大切なのは、家族生活の質であって、その形態ではないのだ。

しかし、家族形態がどうあれ、家庭生活の再建という任務は、家族だけで果たせるものではない。ホックシールドの議論のところで見たように、これまで「仕事の文化」は「家庭の文化」を犠牲にして発展してきた。仕事と家庭のバランスの回復は、労働をめぐる組織と、それにかんするアメリカの公共政策とに大きな転換があってはじめて可能となる。経済競争がかくも強迫的なものとなっている現状においては、あるいはこう考える向きもあるかもしれない。どんな形であれ、家庭が経済効率の足を引っ張るのであれば、我々アメリカ人には家族のことを考える「ゆとりなどない」のだと。これほど近視眼的な見方はない。私たちの社会の経済効率は——公共生活の他のあらゆる局面とも同様——結局は人間の質にかかっている。無関心で、不安で、何事にも集中していられず、自己のために一貫した人生を設計する気もないような世代が経済を担うようになったとき、その効率はどれほど上がるというのだろう。文字通り、わが若者たちの質ほど重要なものはない。しかし、アメリカの公共政策は、この事実に注意を払うことを、一貫して拒み続けているのだ。

3　場所の重要性

アメリカの家庭の現在の窮境とおおいに関係があるのは、その地理的・社会的な孤立の度合いである。夫が働き、妻が家にいる「伝統的」家族ばかりでなく、共稼ぎ世帯、片親世帯、子供のいる同性カップルといった今日のさまざまな「実験的」家族形態について、多くの議論が交わされているが、こうした家族のすべてに共通する問題、そのいずれの形態においても家庭生活の維持を困難にしている問題がたくさんある。神学者ジョン・スノウは次のように語る。

こうしたいずれの事例においても、家族が一つの場所に世代を通じて根を下ろし、地域共同体や地域経済に長期的に関与するということが欠けている。そのため、金銭――当座のカネ――が家族にとっての保証の主要な源泉となっている。

専門職レベルには、保険、健保、年金などの付加的な保障がある。それ以外であれば、社会福祉、社会保障、メディケア〔高齢者や身体障害者に対する公的医療保険制度〕がある。いずれにしても、保証の究極の源泉は、金銭であって、親族や共同体ではない。

究極の拠り所のまったくない家族もある。貧窮者宿泊所《シェルター》で暮らす場合もあるだろう。それは、幼い子供をかかえた健康な若者で、別に麻薬中毒でもアルコール中毒でもなく、ことによっては職もちゃんともってはいるが、ボストンやニューヨークなどの高い家賃が支払えないというケースであるかもしれない。さらには住所さえ不定ということもある。(9)

スノウが訴えているのはこうである。安定した、注意を払う家庭には、一つの場所へのコミットメントが必要であり、従って、地域や地方に一貫して関わる経済活動が必要である。私たちの社会から、親戚のお祝いや集い、懇親会といった、子供時代を楽しく彩る体験の多くが姿を消しつつあることは事実だ。こうした状況の原因は、現在の政治経済が生み出した圧力にあるのであって、人々があえてそれを望んだわけではないとするスノウの認識は正しい。

スノウが指摘するように、今日のアメリカ社会において、金銭は必須のものである。公共政策の第一の責務は、金銭をまったくもたない人々のもっとも明白な必要を満たすことである。しかし、たとえば西欧諸国のような行き届いた福祉国家の場合においても、金銭と官僚制的支援だけでは――ホームレスや病気などの目に見える徴候を取り去ることはできたとしても――家族の衰退を食いとめることはできないのである。家族がもっとも必要としているのは、家族に注意を払う人間関係や制度の文脈なのであって、ただ金銭があればよいというものではない。経済の脱集中化であれ、他の公共的な制度であれ、そういったものは、現代社会全体の流れに対する逆行であると思われるかもしれない。しかし、第三章で指摘したように、近年のハイテクの発展は、これまで長期にわたって続いてきた流れを逆流させる手段を提供しているのである。大型の設備がもはや経済の基盤ではなくなったところでは、仕事や職業教育の場に人間が移動するのではなくて、人間のいるところに仕事や教育手段をもってくることができる。近年行なわれている、地域における民間主導・官庁主導のいくつかの実験や、ジョンソン政権が最初に推進した地域開発法人というプランの再検討などのなかに、そのモデルを求めることができる。

地域主義、脱集中化、かつてジョサイア・ロイスがよい意味で「地方第一主義《プロビンシャリズム》」と呼んだもの、ルイス・マンフォードが「セツルメント」と呼んだもの——これらを見なおすことは、家族生活のためによいというばかりではない。地域主義と言っても、連邦政府や州政府に、国民全般に対する責任を放棄せよと言うのではない。政府の大事な責務を資金不足で明滅している「光の点《ポインツ・オブ・ライト》」〔ブッシュ大統領の慈善運動の標語。六章注26参照〕に委譲することを求めたりはしない。政府に求められるのは、たとえば、貧困地域の黒人教会が主催するティーンエージャー向けの夏季講習であるとか、所有者がブラジルに移転しようとする工場を労働者たちが買い取って再出発しようとする試みであるとかといった、さまざまな地域レベルの取り組みに対し、それを援助・拡大する——そうした取り組みがなければ地域にそれを促す——ということである。社会についてのカトリックの教説においては、これは——解釈にいくぶんかの相違があるが[10]——サブシディアリティーの原則として知られるものである。ここで筆者らが言うサブシディアリティーとは、州のような上位の組織は、下位の組織が効率的に行なえる仕事を取り上げることはしないが、下位の組織に財源がなくて、単独ではその任を果たせないような場合には、それを援助する責務を負うという方式のことである。

ハーバート・クローリーは、このサブシディアリティーの原則が定式化されるかなり以前、一九一七年に、労働組合や同業者組合など、彼の言う「忠誠の副次的な中心」が果たすと思われる重要な経済的機能について論じている。クローリーは、州はそうした制度を許容しなければならないばかりでなく、「制度が弱いときには、強化するよう努めなければならない」と論じた。現場の組織には「独立の利害や固有の意志がある」[11]。州には「相応の強力な調整機関として」働いてもらう。現場の様子にもっともよく注意を払うことができ、現場の必要にもっともよく応えることができるのは、当の現場にもっとも近い者たちである——基本的な原理は、この点にある。

もちろん、言うは易く、行なうは難しである。たとえば、高レベルの保育は、それを必要とする人々にできるだけ近い場所で提供されるのが望ましい。働く母親にとっては、職場での保育が望ましいだろう。だが、一般水準は揃えておくべきである。十分訓練を受けたプロの保育者でさえ、扱える幼児の数は少なく、おそらく三人が限度である。現場の主導に任せるからといって、水準を落とすことの言い訳にはならない。段階別水準というのは、階級や人種の境界に沿うことになる傾向があるから、まして警戒すべきである。信頼し合う知り合いどうしで、相互の幸福に責任があることを理解している者たちが、さまざまな場面において活動すること。一般的に言って、そうした活動が繰り広げられていくことが望ましい。世話の水準は確保し、いかなる集団もそこから漏れることのないようにすべきである。

ジョン・デューイは、顔見知りレベルの共同体の活力が、民主主義が機能するためには不可欠であると考えた。狭く凝り固まった地域共同体が消えていくのを惜しんだのではない。もっと開放的で活気のある新たな地域主義を構想していたのだ。

未来がどのようなものになろうと、一つだけ確実なことがある。地域の共同体生活を復興させることができなければ、公衆は自己自身の形成という緊急の課題を正しくこなすことができない。しかし、再建されたときには、そこには、過去の時代の近隣組織が知らなかった、意味や物品の、豊かで、多様で、自由な所有あるいは使用が見られるであろう。なぜなら、地域共同体の生活は、安定しているばかりでなく、活発で柔軟でもあり、自らを包含する複雑な世界大の状況に反応するものでもあるからだ。それは、地域的でありながらも、孤立的ではない。広い世界との関係は、尽きせぬ意味の源泉、空手形には終わらない意味の基金である。……情報は部分的にしか公開されず、従って公衆のもつ情報も部分的であり、公衆の形成は、情報が口伝てに広まるまで続く。個人の知的資質には限界があるが、そのリベラルな成長と確認の過程には限界がない。この過程は、地域的共同体内で口伝てに広まる社会的情報の流れによって前進することが可能である。そしてこの過程こそが、世論に現実性をあたえるのである。エマソンが言うように、私たちは、はかり知れない知性に恵まれている。しかし、その知性は、地域的共同体という媒体をもたないかぎりは休眠状態に置かれており、その伝達は途絶した、不明瞭で、微弱なものに留まるのだ。(12)

すでに紹介したように、ジェームズ・コールマンは、有効に機能している学校、家庭、地域共同体のあいだには相互に関係があることを見出した。この関係というのも、結局、注意——細やかな、心のこもった気遣い——の問題である。デューイの理解によれば、学校は、子供が自らの注意を、家庭から家庭の周囲へ、さらに広い世界へと広げていくのを助ける小宇宙的共同体である。競争的な熟練労働者を産出する機械としての学校と、市民を創造するための学びの共同体としての学校とのあいだには、明らかに緊張関係がある。いつもながら、何が行なわれるかは、何を批判基準とするか、どんな物差しに注意を払うかによって決まる。時に基準は、本質的な重要性によってではなく、（功利的目的と関係した）計測の便によって定められてしまう。数学的点数は、市民的美徳よりも計測しやすいものだ。ここでふたたび、複雑性という基本的な問題が立ちあがることになる。

4　私たちはすべてのものに注意を払えるか？

大きな、多様性のある社会では、今何が起きつつあるのかを理解するのは専門家にとってさえ困難であり、普通の市民はただ当惑するばかりである。近代アメリカ人は、多数の事象を単純な数量をもって要約することで、今起きつつあることを理解しようと、さまざまな計量の尺度を開発してきた。たとえば、貨幣なしに大規模な経済を営むことは不可能である。もし、あらゆる物を物々交換しなければならないとしたら、私たちは、あるものの価値を知るということができず、人生のほとんどを取引に費やすことになるだろう。価格の機構には問題もあるが、それは偉大な単純化の仕組みである。しかし、単純化の仕組みとしてあまりにもいつも便利であるので、私たちは、つい、これを、適切とは言いがたい場面でも使ってしまう。単純化するかに見えて実は混乱のもととなるようであれば、そうした尺度を用いるのは、注意を払うことではなくて、注意を散らすことである。私たちの社会のように強迫的に貨幣に関心を寄せる社会においては、貨幣は、散心の主たる形式となっている。

そうした散心の形式の最たるものは、人の価値は彼がどれだけ金を儲けるかによって決まるという観念である。自己の価値についての人間的な疑いを金銭の言語に翻訳して、安心したり自己嫌悪に陥ったりすることは、普通に見られることだろう。これを避けることは、アメリカ社会では非常にむずかしい。アメリカの収入格差は他の先進工業国よりもはるかに大きいが、競争的なサービス市場の観点からすると、これも意味のあることかもしれない。しかし、そもそもそうした市場をそれほどまでに強力にしてよいのかという疑問は、依然として残っている。

ここで、私たちは、本書の中心的議論と向き合うことになる。一八世紀には、自律的個人というロック的理想は、複合的な道徳的エコロジーにしっかりと組み込まれていた。この道徳的エコロジーは、一方では、家族や教会を、他方では、経済的意欲が公共精神と足並みを揃えて成長すると見込まれた、活発な公共世界を包含していたのである。多くの不正があったことを忘れてはいけないが、この社会が、人間が理解できる規模で機能していたことは間違いないだろう。経済も、政治体制も、普通の市民に理解できるほどに小規模であったと言える。今日振りかえって見ると、当時の市民は「育成［カルチベーション］」と「搾取［エクスプロイテーション］」という二つの可能性に向かいあっていたことがわかる（恐ろしく曖昧な「開発［デベロップメント］」という語は、どちらの意味にも取ることができる）。かつて多くのアメリカ人が試みようとした（今でも一部の人々は完全に放棄してはいない）[13]「育成」という行動様式は、自然環境とある程度の調和を保ち、個人、家族、地域共同体が道徳的・文化的複合体のなかで成長することを許すような、地域的な文化を創造するものであった。一九世紀初期のニューイングランドは、こうしたあり方を可能にする要素をいくつかもっていた。共同善についての宗教的・共和主義的な理解が個人主義を補い、大規模な制度が個人の決定を左右していなかったときには、「育成」の様式は自律的個人主義と矛盾するものではなかった。

だが、かくも新しく、かくも豊かな国にとって、「搾取」の誘惑は抗し難いものであった。ひとたび新しい産業経済の可能性が理解されると、劇的な結果が訪れた。ルイス・マンフォードは、これを次のように述べている。

> 芸術、文化、教育、娯楽――こういったものはすべて、後からの思いつきであった。それも思いつけばである。これらの可能性の実に多くの部分が、まず、産業一辺倒の思考によって破壊された――物質的獲得のために健康も知性も犠牲にされた個人の生活においても、また共同体の生活においても。開拓者は土壌をはぎ取ると、次の地へ移った。山師は鉱山を掘り尽くすと、次の地へ移った。樵はアパラチアの森林を裸にすると、次の地へ移った。この社会的タイプの人間は、いつも荒廃しか残さなかった。地域計画者は言う。この調子で不安定な放浪を続けていては、どんな文明も存続できない。文明には安定した生活が必要である。環境を継続的に育んでいく可能性、ある形で取り去ったものを別の形で補ってゆく可能性に基礎づけられていなければならない[14]。

搾取のパターンは、自然環境と共同体の生活のどちらにとっても破壊的なものであった。それは、アメリカの伝統に含まれるある要素に訴えるものをもっていた。金銭で計られる個人的蓄積が、他の諸々の社会的財産から切り離されて、あらゆる関心を一人占めし、本来であればロック的理想と両立できるはずであった自己の修養や家族への奉仕という要素でさえ切り捨てるにいたったというのも、伝統のもつある側面のなせるわざであった。しかし、ロックの真の信奉者をさらに当惑させただろうと思われるのは、この搾取のパターンが、大規模な経済的・政治的組織の発達を招いたことである。これらの組織は、ロックの政治哲学の根本原理――統治される者たちの同意にもとづく統治――を嘲笑するかのように、市民の「頭越しに」、理解も統御能力も超えて成長したのだ。これに続いて、北米大陸の天然資源の収奪のみならず、帝国的な軍事国家の――帝国の常用手段である秘密主義と恣意的統治をともなう――発達を見たとき、天下公明に市民に応える共和政体という一八世紀的理念は、ほとんどどこにも読み取ることができなくなった。

私たちが抱えている――社会と環境の両方に関わる――困難と、その解決に必要な変化について、具体例を挙げて考えてみよう。地方大都市圏は、アメリカ人の圧倒的多数が人生を営む場である。ニューヨーク、ロサンゼルス、シカゴ、ヒューストン、マイアミおよび同種の都市圏は、大多数のアメリカ人にとって、人と自然に対するもっとも基本的な関係を生きる場となっている。このような場所においてどのような暮らし方をするかによって、地球との関係をどのように見るかという想像力のあり方も決まる。もし私たちが、自然に対し、また人間どうしで、新たな関係をどう結べばよいのかが理解できないのだとしたら、おそらくその理由のいくぶんかは、大都市での生活という体験のなかにあることだろう。私たちが、育成や搾取の行動様式に直接出遭うのは、ここにおいてなのである。

アメリカ的生活様式は、大都市とは切り離せないものである。大都市は、これまでずっと民衆の夢と熱望の源泉であった。今日、また予想可能な将来において、大多数のアメリカ人は、大都市圏で暮らし、死んでいくであろう。他方、その外側に暮らす人々も、大都市の商品、考え方、生活様式に魅力を感じている。しかし、他の工業国の国民と同様、大多数のアメリカ人は、むしろ小さな町、理想化されたトクヴィル的小都市のような所で、暮らしたいと思っている。

民主主義の社会だというのに、なぜ、希望と現実の食い違いが生じるのか？　なぜ、大都市は、生涯にわたる居住者の心や関心を捉えることができないのか？　たぶん、それは、都市のなかには、人々が一体感を感じるものがほとんど見出せないからである。都市の住民の大部分は、そこが経済的機会が得られる場所だという理由から、都市に引き寄せられたものである。アメリカの都市は、英国や北欧のような他の民主的資本主義国における集合住宅都市に比べて、経済の力学によって生み出されたという性格をかなり強くもっている。これらの国の場合、都市計画機関がかなりの程度有効に働き、社会の受ける純粋な経済的圧力の衝撃を和らげている。アメリカの大都市の境界線は、政治的なものではなく、経済的なものである。それは、労働日一日のあいだに労働者を職場に送り、家庭へ帰す地域の輸送システムの能力によって決められる。連邦の財源で高速道路が建設され、新たに人口の拡散が可能となり、歴史的都市の中心部から従来よりも遠く離れたところまで住民の居住が可能になった。労働がたんなる職、つまり個人的目的のための手段であるような社会においては、都市は、私的幸福とは無縁の手段となってしまう[15]。

先のいくつかの章で概観したアメリカの政治経済の発達と、育成というよりは搾取と見える形で国土の大部分を変容させた大都市圏の発達とのあいだには、平行関係がある。一九世紀、投資に回すほど資本に恵まれた富裕層を主たる庇護者としてアメリカの産業体制が形成されていくにつれて、都市では、不動産業、銀行、企業、開発業者が台頭してきた。もちろん、行政がまったく欠如していたわけではないが、地方レベルでは、それはかなり断片的なものであった。すべてのレベル〔地方・州・連邦〕において、行政の役割は、個人主義の伝統に忠実なものであった。つまり、国防維持を除けば、商業の発展に必要な水道、道路、学校といった「インフラ」を供給するという、経済のはしための役に甘んじたものである。他方、たとえば、個人を市場の気まぐれから保護する社会保険の提供者としての政府の役割については、遡ってせいぜい五十年の歴史しかなく、他の先進諸国に比べて、今もって貧弱な理解しか得られていない[16]。

ときに私たちは、自分たちの物理的環境への接し方と、自分たちどうしの交わり方とのあいだの、根本的な類似に気づくことがある。しかし、ほとんどの場合は、そうした類似性や相互関係は気づかれないままである。生活、労働、交際といった人間の活動のための物理的装備や、生態系に無関心な商業化された景観を備えている現代アメリカの大都市は、目に見えない市場の支配を、レンガ、鋼鉄、コンクリートに変えている。ロサンゼルスやヒューストンなどにおける都市景観の絨毯の広がりは、オフィス街、ショッピングモール、ほとんどいつも収入と人種で区画されている居住区のでたらめな配置のうちに、市場の変動を記録している。これをもたらしたのは、種々の要素が高度に結びつき合う大きな社会の成長である。大きな社会の成長も、大きな都市の物理的成長も、ダイナミックで融通性に富んだものであったが、同時にまた恐ろしく乱雑なものでもあった。

職場、ショッピング地区、学校、住居が地理的にでたらめに配置されているために、都市の住人の一人一人は、生活の基本的活動を結びつけるだけのために、かなり計画的に振舞い、努力する必要がある。中産階級にとってもたいへんな問題になりつつあるが、職場や適当な学校から遠く離れた所に住まなければならない――それも家が見つかればであるが――貧困層にとっては、それは手に負えないほどのものだ。大都市のアメリカ人にとって、近親者が近くに住んでいるというのは、滅多にないことである。それでもなお、彼らは、物理的に（それゆえまた通例は社会経済的に）近い者たちとの付き合いに励み、広範囲に散る友人のネットワークを維持することにさらに多くの意を注ぐ。都市生活者は、伝統的な社会の型を無視することができるし、あえてそうしてもいる（たとえば半数以上の者が家族と離れて暮らしている）が、しかし、社会的な結びつきの欠落は、若年者、高齢者、障害者、社会的に恵まれない人々を不利な状況に追い込んでいる(17)。不承不承の大都市生活者である彼らは、自分を取り巻く広い社会的環境をただの道具としてしか見ていないし、個人的付き合いのネットワーク以外には、都市と自分とを繋ぐものをほとんど感じていない。エコロジー的な注意の落差は、社会的忠実さの落差の表われである。

　過去半世紀にわたる都市の成長の記録が、視覚的に表現しているものは何であろうか。それは、相互依存性を道徳的に意味のあるものとするような支援的な制度が欠けている場合には、個人の注意の焦点は、とりとめもなく分散していくということである。たいへんな社会的不平等があるというのに、居住地の分離によって見えなくされる。悲惨な生活状況や環境の崩壊に対し、しばしば驚くほどの無関心がまかり通ることになる。生活の種々の部門が地理的に分散してしまったので、人々は互いのあいだでも孤立している。芸術、政治、知的活動、市民活動における伝統的な都会文化は、全盛期には、アメリカの古い都市を創造的な社会生活の場とするのに有効であった。しかし今、こうしたものを志向する都市居住者は、ごくわずかしかいない。とりわけ、南部や南西部の新興の大都市においては、行政サービスとしての「市民生活のインフラ」も、地域を統合する市民的・文化的な組織も、十分な発達を見ていない。分離した生活に向かおうとするこうした傾向を、部分的にでも緩和するような、多くのメンバーをもつ組織はそう多くない。そのなかで重要なものは宗教集団である。富裕層の私的な楽しみや、個人的な出世でさえ、都市の貧困層が長い間味わってきた悲惨な状況の飛沫を浴びることがある。いたるところに暴力的な犯罪の恐怖があり、それが大都市に暗い影を投げかけている。そのため、財産のある者たちは、トム・ウルフの言葉で言えば「遮断《インシュレート》してしまえ！　遮断《インシュレート》してしまえ！」と躍起になる。

　こうした傾向は、ルイス・マンフォードが三十年前に述べた予測の正しさを裏付けるものである。彼はこう書く。古い中心都市から都市生活が分散していくことによって、「都市の新たな配置構成」「地域規模で機能する多心型の都市」がもたらされるというような積極的な展開は起きないであろう。むしろ、「古い都心部を腐食し、その土台を掘り崩す一方で、基本的な文化的機能を昔ほどに果たせるような一貫性のある生活様式を形成することはできない」という結末に終わるのではないか。彼は警告する。「一世代ののち、現在は歴史的都市がもたらしている活力が枯渇したとき、そこに現われるのは深刻な退廃であろう」[18]。マンフォードにとって、都市のもつ開化の能力を維持し、拡大することは、極めて大事なことであった。歴史的都市は、文化の進化のための中心的機関であると彼は考えていた。都市は、人々が人類の経験の連続体に参加し、自ら成長し、また文明の潜在力を成長させるための手段である。マンフォードは言う。「生には――いつもとは言わないが――集団的な芸術作品ともいうべき均衡と統一がある。この均衡と統一のための背景を創出すること。こうした洞察を達成すること。知的にも美的にも理解できる全体を分割しながら、個々の人間の能力を生かしていくこと。ここに、都市建設という芸術の神髄がある」[19]。

現代人の建築的環境は、これまでの章で論じてきた家庭・職場・個人・宗教・市民などさまざまな生の要素どうしの分散と衝突の、目に見える類似物となっている。現代アメリカの都市の運命のなかに、不適切な、ないがしろにされた制度の行き着く先を見て取ることができる。ことによると、ここに社会全体についての教訓が読み取れるかもしれない。だが、多くの制度が、さまざまな困難にさらされながらも、金銭によらぬ絆の強化のために戦ってきたのである。もしそれらがなかったとしたら、アメリカの都市における生活の質は、今よりも悪くなっていただろう。ふつうは微力で断片的なものではあったけれども、行政は、市場的利益とほとんど無縁の人々の活動を助け、その働きの多くを存続させるのに役に立った。また、さまざまな「第三セクター」組織――学校、大学、宗教団体、劇場、博物館、オーケストラ、あらゆる種類のボランティア団体など〔アメリカの「第三セクター」は、政府・地方自治体でも民間企業でもない非営利の機関のこと〕――は、正義、相互扶助、啓蒙、礼拝、親睦、祝賀といった集団的目的に、具体的な都市生活の形をあたえてきた。商業活動を教化して、都市生活の質を高め、市場がその最悪の結果に陥るのを防いだのはそれらの働きである。そればかりではない。それらは「焦点構造」の拠点でもある。すなわち、人々が集まって、過去の記憶と将来の方向性を確かめることで、注意の焦点を絞り、生活全体の像を得ることのできる場ともなっているのだ。

対立が建設的論議へと昇華するのは、こうした組織における空間――それはまた物理的な空間でもある――においてである。この空間において、市民は公共の対話を行ない、共同で活動して、新たな希望を育むのだ。そのような制度が育む公共的目的と、市場の純粋に量的な思考とがバランスをとってはじめて、私たちの大都市圏は住みやすいものとなる。秩序ある都市においては、企業や銀行のなかにおいても、また外においても、これらの目的のあいだに動的なバランスを保つように探求される。もしアメリカの世紀が、自然や私たち自身に対する犠牲も顧みず、常により多くを、より大きなものを追求することを意味していたのだとすると、この体験は、新しい時代を迎えようとしている今日においては、従来とは異なった教訓を示しているように思われる。生活の質は、環境や人間の健康と同様、統合された、バランスのとれた目的を育むことにかかっている。これを怠るとき、犠牲はたいへんに大きいのである。

ほぼオハイオ州と同じ広さのロサンゼルス低地は、かつては地上でもっとも美しい地域の一つであった。今は経済的・文化的に地上でもっとも活動的な地域の一つである。そして、今日では、行政による個人の選択権の縮小がここほど市民生活の細部におよんでいるところは、アメリカ中を見渡してもほとんど見当たらない。来る日も来る日も、工場を稼動させるかどうかを、個人ではなくて、行政が決定する。アウトドアライフの理想の地であったはずの郊外地域では、自宅の裏庭でバーベキューの火をおこしていいのかどうかさえも、個人ではなくて、行政が決定している。これらはすべて、生命を脅かす大気汚染を抑制するための必死の努力の結果として出現した事態である。そしてこの大気汚染は、この地域が自動車輸送に依存しているために発生したものである。皮肉なことに、こうした厳罰政策が必要となったゆえんを問い返すと、アメリカの世紀の主要目標の一つである「個人の無制限の可動性」を、国民が半世紀にわたって追求し、長らくこれに行政が無関心であったこと、あるいはそれを奨励しさえしていたことに行きつくのである。[20]

個人的フラストレーションと集団的混乱。これは個人的目的の無制限の追求がもたらした、自家撞着的な結果である。大都市の交通渋滞は、本書で論じた戦後のアメリカの種々の社会的傾向を、目に見える形で示したものだ。無数の新企画があり、多くの成功がある。しかし、今日、ロサンゼルスであれ、他のどこであれ、街を見渡してもう一つ気づくことは、莫大な社会的・環境的な成長のつけがたまっていることである。統合的な目的によってバランスを取ることなしに、狭い目標ばかりを追うことによって、私たちが溜めてきたつけである。

5　注意が育む、持続可能な生活

「アメリカの世紀」の時代の大都市に欠けていたものは、

何といっても、全体に対する十分な注意であった。これによって遺されたものは、環境破壊、恵まれない者たちへの社会的無関心、そして全般にわたっての可能性の狭隘化であった。二一世紀に必要なのは、さらなるインフラの整備ばかりではない。行政機関、「第三セクター」、また官民の営利・非営利の共同事業などが提供する「焦点構造」のようなものもまた必要である。大都市の市民や組織の能力を高め、全市民の生の質を向上させることが、焦点構造の任務である。

一九七〇年代に広まった都市の地域開発の流行は、一九八〇年代になって、半官半民の共同事業によって強化された。これによって多くの中核都市の再活性化が促進されたが、これらの事業の大部分が富裕層に有利に働き、都市の貧困層の地位が実質的に低下したことを忘れることはできない。今日、環境政治は、社会正義、経済的存続能力、環境保全など種々の関心を一つにまとめる包括的な再結集地点となっている。生態環境の維持という目的が、安全で、多様で、経済的に存続可能な共同体を求める意識と一つになっている。ロサンゼルスの例からもわかるように、こうした目的が協働して、戦後数十年にわたる見境いのないスプロール化を一変し、かわりにいっそう限定された大都市環境をもたらすための努力が払われるのである。これを実行する能力を高めることは、民主国家の公民としての責務であろう。公民を育むものは、良心と展望をもった選挙民を育成する制度である。選挙民は、都市、州、国家の指導者を生み出す創造的母体である。その課題は、現代社会の相互依存性が理解できる、そして責任ある行動を起こせるような地域のあり方を目指すことである。[21]

アメリカ人は、搾取の論理を可能なかぎり押し進めてきた。国家と言わず、大都市と言わず、企業と行政における短期的利益追求の圧力が、将来を見越す能力を破壊してきたが、こうした上位レベルでの失敗のみならず、搾取の論理は、市民生活レベルの失敗、個人や家族の崩壊を招いているように思われる。本書では繰り返し新しいパラダイムの必要性を訴えてきた。そのパラダイムを、今からは育成のパターンと呼ぶことができるであろう。一九世紀初頭の開拓時代の形態へ回帰しようというのではない。それは、現代社会の状況のなかで、社会ないし環境のバランスを見出す試みである。すなわち、子孫に継承したい自然や文化の資産に注意を払い、これまで私たちを混乱させてきた散心を退けながら、私たちの共同生活のなかに意味と目的とを回復する試みである。ここでもまた、長きにわたって理想主義として退けられてきたものが、今日における唯一可能な現実主義であるように思われる。

しかし、私たちは、どのようにしたら次々と現われる問題のすべてに注意を払うことができるのであろうか？　専門家でさえ、ＧＮＰや相対的軍事力といった単一の分析尺度に寄りかかることで注意をそらすことができるのであれば、気が楽なのである。幸いにも、軍事的危機は減少した。第三世界の衝突は継続すると思うが、ソ連軍の脅威が続くとはまず考えられない。しかし、ソ連の軍事・政治的脅威のかわりに、経済的脅威を言いたてるのは、馬鹿げている。実際、日本や西欧に対する強迫的な競争意識は、共産主義に対する強迫観念と同じくらいに現実からの散心となりうるのである。アメリカは衰退しつつあるのか、これまで通り強い国家なのかという議論そのものからして、見当違いであり、根本的に私たちの注意を拡散するものである。明らかに私たちは、高度に成功したいくつもの国家経済・地域経済が共存するような未来に向かいつつあるのだ。私たちは、合衆国が序列のどこに位置するかを思い煩うのではなく、私たちの真の目的にかなう人道的な経済と、あらゆる国民の幸福に資する健全な国際経済を創造することに心を砕くべきである。かねてよりヴァツラフ・ハヴェルが主張しているように、私たちは、恐れの政治を信頼の政治に置き換えることが必要である。注意を払うべきものが不可解と見えるときでも、信頼があれば注意を払う余裕ができる。しかし、恐れは、私たちを散心に追いこむ。私たちは、大きな数字だけがあたえてくれるような保証を求めるようになる。

金銭も、権力も、手段としては必要なものだが、善い社会や善い世界を測る適切な尺度とはならない。私たちは、市場や防衛システムばかりを測る指標よりももっと豊かな語彙を用いて、私たちの問題と私たちの未来について話し合う必要がある。「注意」と「散心」、「育成」と「搾取」といった言葉は、私たちは何を優先すべきか、既存の制度のどこを強化すべきか、どのような制度が新たに必要であるかを明らかにするための対話を始めるための手がかりをあたえてくれるかもしれない。

私たちは、専門家や専門的意見を必要としている。そして専門家は、私たちが重要な問題について考えるのを確かに助けてくれる。しかし、民主主義は、専門家の統治ではない。専門家の意見をどう評価するかを学ぶというのは、市民教育の基本である。高校教育や大学教育の多くは、この点にかんして、確かに役割を果たしている。しかし、これが教育の主たる役割であることが認められれば、もっと多くのことがなされるはずである。ともかく、専門家の意見を評価することは、物事の手始めにすぎず、結局のところ、いちばんの重要事ではない。さまざまな選択の道徳的意味合いを考量することこそが肝要なのである。この点において、家庭や地域共同体のなかで注意を払うことを身につけた市民は、それを一般化して、より広い問題に適用することができる。家庭が民主主義の学校であり、学校が民主的な共同体であるとき、こうした知恵の初歩は、すでに学ばれたということである。

私たちの制度は、うまく機能しておらず、徹底的な改革が必要である。それゆえ、制度が搾取の行動様式ではなく、育成の行動様式を支援すべきものであるとすれば、私たちは、制度の法的地位や、制度に対する私たちの考え方を改めることによって、制度を変えなければならない。制度の変化は、法やモーレスの変化をも含む。金銭や権力以上に、法やモーレスが、私たちの注意の焦点となる必要がある。

6　注意と散心

私たちは、はじめ、注意という概念を個人の心理の問題として取り上げた。それをたどっていくうちに、私たちの話題は、さらに広い社会的・文化的領域へと移っていった。つまり、自己修養から、家族への関心、地域共同体やアメリカ人の大多数が住んでいる大都市、国民生活や国際社会の話題へと移っていった。注意や散心——注意の障害や破壊——は、どの段階においても起こりうる。散心が、恐れや心身消耗に対する反応であって、ある状況下には浅薄な現実逃避へと、別の状況下には軍事力や金銭による支配と統制の防衛的努力へといたるものであったのに対して、注意は、あらゆる場合において、はっきりとした認識ばかりでなく、人的可能性や目的の育成と関係するものであった。

注意と散心は、記述的であるとともに規範的な用語である。泣いている赤ん坊に注意を払うのは、善いことである。勉強するかわりに、デザイナーズブランドのジーンズを買う金を稼ぐためにマクドナルドで働くのは、十全な生活や、社会に貢献する能力を培うためにはほとんど何もなすところがない。注意と心配あるいは世話とは密接な関係がある。生活のあまりに多くの部分を「頭越し」の決定に委ねてきたために、私たちは、注意や世話を要するものから私たちの注意をそらしてしまうような安直な方策に甘んじるようになった。民主主義の定義として、それは人々が大事な事柄に積極的に注意を払うような政治システムであると考えることもできるだろう。

今日のアメリカで、注意ということが優先されているかどうかは、疑わしい。現行の政策の多くは、重要な事柄より私たちの注意をそらし、すべてはうまくいっているという幻想を振りまく仕掛けのものであるかに見える。さらに悪いことに、そうした政策が打ち出す問題解決策は、私たちの散心を増大させるだけのものである。たとえば、輸送の問題に対する唯一の解決法は、フリーウェーの車線数を増やすことであるといった場合がそうだ。さらに基本的なレベルでは、それがどのような種類のものか、どのような結果をもたらすものかは考えずに、まるで万能薬ででもあるかのように「成長」

を持ち出すといった場合がそうだ。注意するとは、短期的収益にではなく、長い目で見た大きな意味に関与することである。目先の快楽の追求あるいは目先の快楽の約束は、散心の最たるものである。善い社会とは、注意が散心に優先するような社会のことである。

本書では、さまざまな大きな制度に焦点をあて、それらがかかえる問題を検討してきた。だが、この章では、私たちに関係のあるいくつかの重要な問題に照明を当てるため、家族の問題に立ち戻った。これらのなかには、心理学者のエリク・エリクソンが「生殖性《ジェネラティビティー》」と呼んだもの、つまり、ある世代が次の世代にあたえる世話も含まれている(22)。生殖性とは、エリクソンがまず第一に親が子供に対して払う関心と位置づけた徳性であるが、彼はその意味を家族を超えて拡張し、自らに委ねられたあらゆる人と物に対して世話をするという徳性であるとした。私たちは、子供たちや、そのまた子供たちに、一体どのような社会を、どのような世界を、どのような自然環境をあたえるのであろうか？　目先の幸福に焦点を合わせることによって（あなたの暮らしは四年前より豊かになりましたか？）、また、所得や消費の相対的な伸びに強迫的に関心をもつことによって、私たちは、人生に意味をあたえるものは自分が何を所有しているかよりも、自分がどのような人間であるか、自らの生活をそれ自体がよいものである将来の目的に向けてどのように形づくるか、であることを忘れてしまっている。

冷戦、あるいは冷戦を最終段階とする二〇世紀の七五年戦争とでも呼ぶべきものが終結した今日、こうした強迫観念から一歩退いて、将来について考えてみるチャンスである（もしかしたら私たちは、無意識のうちに、将来が来ることを疑っているのかもしれない）。きのこ雲の脅威は遠のいた。これまであまりにも長い間無視してきた多くの事柄が、私たちが注意を振り向けるのを待っている。私たちは、このことに、今ようやく気づくことができるかもしれない。

今や明るみに出てきた国家的諸問題を解決するためには、生殖性の徳性、あるいはまさしく生殖性の政治が必要である。もっとも顕著な問題は、アメリカ国内の子供たちに対する危険なほどの無関心である。乳幼児死亡率、貧困児童、不完全就学の指標において、アメリカは、工業国中、最下位かその近辺に位置する。私たちは、「麻薬撲滅戦争」を戦っているが、麻薬に走らせる絶望的状況の撲滅にはほとんど手をつけていない。意味は麻薬に対する最良の解毒剤であり、将来のないところに意味などありえないことは明白なことと思われようが、しかし、私たちの芝居じみた、マッチョな政治においては、警察・刑務所・軍事攻撃の強化が、より明白な解答なのである。

貧困と絶望は、わがアメリカ社会において、膿を発している。膿の出る傷はそれでも小さい。だが、第三世界の国々は巨大な規模の貧困と絶望を知っており、その多くはこの十数年のあいだに前進するどころか後ろに滑り落ちている。それらの国々の状況が「私たちの過失」ではないことは確かであるが、しかし、アメリカの銀行も、政府も、彼らの問題を――とくに、対外債務の処理にかんして――助長してきたのである。私たちが彼らの問題を彼らの代わりに解決することはできない。けれども、サブシディアリティーの原理に従えば、私たちは、援助が有効なところには援助することができるのだ。しかし、現状のような大きな格差を広がるままに放置しておくならば、地球規模の衝突の再開という危険を冒すことになる。そうなれば、あらゆる希望は危うくなってしまう。

　最後に、環境への深刻な脅威は、明らかに累積しつつある。この問題を無視することは、他の一切を軽視するにも等しい。なぜなら、それでは、私たちは地球を居住不能な場所にしてしまうことになるからである。だが、ここにおいても、短期的・即時的な収益の強調は、この問題に私たちが真剣に注意を払うことを阻むことになる。中産階級の人間は、彼らほど恵まれていない者たちのことよりも地球のことを考える傾向があるが、アメリカ人にとって、環境の問題と社会の問題とは、連動して起きているのである。この二つの問題は私たちに問いかける。アメリカ人は、この大陸に定住するつもりがあるのかどうなのか？　定住とは、不活発に止まっていることではない。それは、搾取の情熱に呑み込まれずに、個人や共同の生活の目的を育成する意欲のことである。定住した民は、自らの居住地のことを理解している。彼らには、都市ばかりでなく、原野や農業が必要とするもののことがわかっている。そして、彼らは、富と権力の頂点にある者たちの集中的な欲望ばかりでなく、地域全体そして地域の必要のことも考えるように努めている。定住した民は、家庭や近隣の信頼の回復に関心を抱いている。また、その文化生活を豊かにする学校、博物館、音楽会堂や講演会堂に関心を抱いている。そしてまた、そのすべての市民をこれらの善に参加させて、恐れとともに暮らしている――そして他者の恐れともなっている――最下層階級《アンダークラス》を解消することに関心を抱いている。私たちがここで言っている意味での定住した民とは、自己満足的な人間ではなく、注意深い人間である。万人の生活を豊かにするために、その多文化的な資源を利用することに注意を払っているのである。定住や育成のパターンは、記憶の共同体〔『心の習慣』の用語。歴史性をもち、過去の記憶を自らの定義に含む、真の共同体〕のなかで、民族的・人種的な文化を育てることだけではなく、そうした共同体のあいだで、知識を自由に交換すること、つまり世界《グローバル》に開かれた地域主義《ローカリズム》のようなものを可能にする。定住した民は、何よりも、できるだけ完全に生きることに――生きるための準備をしたり、生きるために恐れたりすることではなく――心を砕く。貪欲や妄想およびそれらの巨大な制度的形態は、定住と育成の敵である。

言うまでもなく、定住と育成は、アメリカ人が必要としているものである。そして、さまざまな形で、地球上のあらゆる場所の苦境にある人々が求めているものでもある。だが、今用いているような深い意味での「定住」は、私的な決断の総計として現われるものではない。制度的文脈が、そのような決断を教え育む必要がある。意識を高めることが肝要なのだ。そして、公式・非公式を問わず、法によるか慣習によるかを問わず、新たな制度的パターンを創造することもまた、決定的に重要である。

制度の変更は、政治的な過程を経なければ起こりえない。注意に基礎をおく民主的政治は、多忙でたえず追いたてられている市民が、あるいは無視し、あるいは「リベラルな罪責感」から発作的に注意を払ったりするような、何か外部的な要請物ではない。論点はここだ。自らがなりたい人間になるためには、送りたい人生を送るためには、ぜひとも注意し、また散心を避ける必要がある。もっとも私的な関心も、地球大の関心と繋がっている。子供たちの必要を思い、世話を惜しまぬ人間でありながら、その子供たちが生きる将来の世界のことを考えずにいられるわけがない。効果的で民主的な介入と制度の建設がなければ、世界経済は、私たちの生を破壊し、環境を崩壊させるまで加速を続けるかもしれないという現実を、考えずにいられるわけがないのだ。道徳的な会話は、家庭にとって必須のものであるが、世界にとってもやはり必須のものである。逃げ場はないのだ。「散心による、散心からの散心」とは、T・S・エリオットが私たちの状況を述べたものである。今こそ、注意を払わなければならないときである。

7　生殖性の政治学

これまで随所で観察してきたように、私たちの決定のメカニズムはかなり近視眼的である。アメリカ経済とアメリカ政治の優先事項は、いつも直接の見返りということであった。広告と公共のレトリックは、個人の収入、個人の家、個人の車、そして個人の銃に集中している。現実の未来の自由は近視眼的決定によって着実に減少してきているというのに、わが指導者たちは、いつも変わらず「自由」を持ち出してくる。彼らは、私たちが迎えつつある世界、子供たちやその子供たちが生きていかざるをえない世界に対しては、ほとんど関心を示さない。

散心に支配された大衆文化や大衆政治が、不安に対しては一時的な麻薬を、深刻な変動によって利益を脅かされている人々には目隠しを差し出している現在、新たな生殖性の政治学が緊急に必要とされている。近年、民主党は、共和党の議席の半分にまで勢力を落としているが、共和党を凌ぐには個人的な気晴らし（散心）の提供のほうがいいか、あるいは生殖性の政治の少なくとも一部となるような（無給の育児休暇、国民健康保険、教育の扶助にかんする法の制定のような）いくつかの政策の提供のほうがいいかと、不安定に揺れ動いている。しかし、（利己主義に偏った個人主義の対極としての）生殖的な相互依存性を考える包括的な哲学を欠いたままでは、このリベラルな洗濯物リスト〔だらだらと書き並べただけのリスト〕は、気ままに千切られ、棄てられてしまったとしてもおかしくはない。

最近の二〇年ほどの私たちの経済活動に対して、最終的にどのような評決が下されようと、この期間は、アメリカの物質的・社会的資源に対する軽視の時代であった。一九四五年から六八年にかけての「多元的」政治の時代を典型とする行政・企業・労働間の非公式の協力体制が七〇年代に崩壊したことによって、社会の信用関係の全面的な侵食が始まった。この退行は、物質面において深刻な影響をもたらしている。公的・私的インフラへの投資は——とくに公共部門において——減速し、私たちの経済生活に明白な結果をもたらした。同時に「人的資源」への負の投資が進行し、すでにそれは社会崩壊を引き起こしている。犯罪、麻薬中毒、シニシズム、礼節の退化、教育の衰退、そしておそらくもっとも衝撃的な形では、若者たちに浸透する周囲への無関心というのがそれである。(23)

責任感のある注意力の減退は、アメリカ社会のすみずみで進行中である。それはドイツや日本のような国に比べて経済競争力を弱めており、同時に、社会的・政治的な注意に対するエネルギーを枯渇させている。利己的で無関心な行動様式が浸透しはじめ、経済評論家のケヴィン・フィリップスが指摘するように、最富裕の最権力層に属する多くの者たちによって推進されるまでになった。彼らは、自由市場という一九世紀的な経済イデオロギーの復活を推し進めることで、この蔓延する不信と利己主義という社会的退化の過程を弁護し、部分的に隠蔽しているのだ。(24)もちろん、現在の多国籍的な資金調達の潮流のなかでは、このような経済観をもったからといって——この幻想が一部の有権者にはいかに魅力的に映ろうと——個人企業家の世界への回帰が始まるわけではない。それは、資本の所有者や運用者に対し、社会的責任のしがらみをほとんどともなわずに、利潤を掬い取ることを許す、白紙委任状に他ならない。冷戦が終わってみると、ロック主義の合衆国がソ連よりもイデオロギー的にはるかに強固であったというのは、いかにも皮肉な話である。

私たちは、現代社会の相互依存性が複雑であると同時に壊れやすいことを知っている。それゆえ、社会の存続能力は、過去にそうであった以上に、全市民の——なかでもとりわけ、基本的な機能集団、つまり企業・労働・行政・知的専門職・「第三セクター」の——相互の信頼と善意にかかっているのである。これまで繰り返し論じてきたように、相互依存性を発展的な形で保つには、各員が、自らをとりまく相互依存性を知的に理解した上で、それを、種々の制度のなかで要求される善の具体的実践へと生かしてゆく必要がある。個人的利益あるいは集団的利益の徹底的な追求は、現体制における制度的欠陥の一つであるが、まさしくそれは、万人の生存にとって病理的、さらには致命的ともなりうるものである。現代社会においては、社会の経済的・社会的発展は、基本的に、相互信頼と市民的責任とを結びつける諸々の制度を維持する能力にかかっている。この能力に集団の注意を集め、成長させ、その促進のための制度的改革を進めることが、生殖性の政治学の中心的課題である。

脱工業化時代のグローバルな経済秩序においては、(物質的)「土台」と(制度的)「上部構造」という古いカテゴリーは、急速に意味を失いつつある。今日の経済発展は、原材料よりも科学技術的・制度的革新の側に「投入」されるようになった結果である。もはや一九世紀的モデルにおけるような、鉱物埋蔵量や低賃金の問題ではない。物理的インフラばかりでなく、教育、社会的・環境的に存続できる共同体、経営管理的・政治的能力もまた、成長と繁栄の鍵なのである。

生殖性の政治学にとっての中心的主題は、社会的な包括性と参加である。道徳的・社会的な理由ばかりでなく、経済的な理由からもそういうことになるのだ。国際間の協力と規制の制度は、経済発展にとって、また国際的・国内的な競争の存続にとってさえ欠かせないものである。そして、すたれかけている経済的イデオロギーにしがみつく合衆国がまさに喪失しようとしている、このような形の政治的知識に対する理解力を伸ばすことが、ほんとうの国際競争である。ハイエクとフリードマンの素朴なダーウィン主義的市場競争のイデオロギーを実践しているところなど存在しない。国際通商においても存在しないし、ましてや成功している貿易国ないし輸出国においては存在しない——企業や投資銀行家の短期的な政治的利益には、なりうるかもしれないのであるが。それは低賃金を正当化し、銀行の破壊的に無分別な国際投資を保護する。だが、それは、合衆国に——結局は企業にも——破局をもたらすものである。しかも、それは遠い先のことではない。

アメリカは、社会的権利や尊厳のための支えを特権階級にはごく自然に拡大しておきながら、市民の多くに対しては拒み続けている社会である（「競争相手」国の多くはこれを全国民に広げているというのに）。とくに、健康保険と年金がそうである。わが国は、ほとんどすべての労働者を法的に随意に解雇できる、唯一の先進国である(25)。アメリカ式経営は、自らの労働が決定権、信頼、昇進の見込みへと結びつく一部の者たちと、そのような可能性もなく、安定した退職年金もあたえられない大多数の従業員とのあいだにある境界線を取り払うことを一貫して拒んできた。それにはごくわずかの心強い例外があるのみだ。それにもかかわらず、アメリカの企業は、士気を高め、転職を制限することに巨額の金を費やしている。生殖性の政治は、社会的知識のこうした自滅的な欠損に疑問をぶつけ、それに打ち勝つようにしなければならない。もはや定住と育成の政策がユートピア的であるとは言えない。それは私的利益を正しく《エンライテンド》捉え返したものとなってきていることに気づくべきである。しかし、生殖性の政治は、制度の平等性と包括性に対して、現実的な注意を払うようにしなければならない。道徳的な裏付けのある制度的改革がなければ、私たちのもっとも貴重な社会的・経済的資源である信頼を育むことは、ほとんど考えられないことである。

今や新たな社会運動が必要とされているのかもしれない。これまでの歴史においても、政党が重大な現実を無視したときには、そういうことが起こった。ヨーロッパでは緑の運動が躍進している。だが、必要なのは、環境主義以上のものである。生殖性の政治は、環境とのよい関係ばかりではなく、国内における、また国際間における善い社会への関心を含むものである。生殖性の政治は、既存の政党の内部において展開することもできるし、新たな社会運動を通じて展開することもできる。あるいは社会運動として始まり、政党へと浸透するということもありうる。しかし、それを既存のイデオロギーの枠内で捉えようとしても容易には納まらないであろう。それは大企業にとって好都合なものでもないし、大きな政府にとって好都合なものでもない。資金や専門知識において豊富な裏付けのある連邦や州のレベルにおいて——ただし地方レベル・地域レベルの企画や制度に奉仕する形で——効果的な政治的主導性を発揮すること。生殖性の政治にふさわしいのはこれである。そしてこれがサブシディアリティーの実際的な意味である。

さらに大事なことは、そうした政治は、市民の積極的な参加と討論を前提としているということである。討論の内容は、現行の政策アナリシスがひたすら問題としている単純な数値上のことよりも、長期的な目標とそれがもたらす結果についてでなければならない。この参加には、行政上の決定への市民の参加、企業の決定への有権者の関与、審査委員会と公論による立法過程の綿密な監視が含まれる。ここで重視されるのは、規制、すなわち市場や金融の力の上限を定め、審査なしで行政措置がとられる限界を定めることと、長期的な計画の立案である。

　生殖性の政治は、構造の変化をもたらし、経済的・政治的な諸制度を、共同善と長期的展望に目を向けた市民の道徳的議論のなかにしっかりと固定することができるかもしれない。諸制度は、市民の頭越しに作動することがむずかしくなるだろう。そうした生殖性の政治によって、ロバート・ダールの言う第三次の民主主義の変容が実現されるだろう。しかし、古くて使いものにならないロック流の個人主義のパラダイムに代わって、新たな道徳的パラダイム――育成のパラダイム――が現われるのでないかぎり、こうしたことは決して起こらないのである。

8　新たな展望の場所

　ウォルター・リップマンは、私たちが本書の題名を借りた一九三七年の著書、『善い社会』において、「高き法《ハイヤー・ロー》」〔法に優先するとされる宗教的道徳律〕について論じている。彼は言う。高き法を個人の絶対的権利を保護するものとだけ考えているのであれば、アメリカ人はこれを完全に理解しているとは言えない。高き法は、確かに人権に関わるものであるが、基本的にそれは、人間についての社会的な理解に根ざすものである。

> 　人権の発達とは、人は人に対して勝手な振る舞いをしてはいけないという高き法が発現したものに他ならない。人権とは、わけのわからぬ一部の個人主義者が考えているように、集団としての人間が個人としての人間とまったく関わらないような無菌地帯が存在するということを意味するものではない。私たちは、まさしく、互いに相手の手足《メンバー》なのである。共同体と共同体に属する人間とを、外交上の関係しかもたない別個の独立国のごとくに扱って、両者を区別しようとする哲学は、事実に反するものであり、道徳的な混乱をもたらすだけである。人間の権利は、忠僕フライデーが現われる前のロビンソン・クルーソーの権利ではないのだ。(26)

　人権の基礎となる高き法は、優れた哲学者たちによってすでに突きとめられている自己完結的な真理といったようなものではない。「この高き法はどこにあるのであろうか？　答えはこうである。高き法は、自分自身の啓発に努める者たちが一歩一歩発見してゆくものである。その適用範囲と意味とは、少しずつ明らかになっていくものであって、どこかで完結するということはありえない」[27]。それでも、古典的哲学と聖書宗教とは、高き法の内容がどのようなものであるのか、最良の手がかりをあたえてくれる。こう論じるリップマンは、このとき、彼の研究のなかで初めて、個人性に対する彼自身の深くリベラルな敬意と、西洋の古い伝統とを結び合わせたのであった。

「新しい社会を設計するにあたって」と題された結論の章において、リップマンはこう論じる。私たちは、単一で同質的なシステムへと移行していくべきではない。多様性を重んじてそれを推進していく社会、「こうした多様性がもたらす軋轢をうまくおさめる」ように前向きに取り組む社会へと移行していくべきである。そのような社会が要求するものは何か。それは徳性である。

それは十分な徳性なしにはなしえないことである。公正であることを強く求めなければならないし、公正であるための能力も伸ばしていかなければならない。あれこれの主張やさまざまな利害関心を査定するにあたっては、洞察力も必要であるし、共感能力も必要となる。特権を追い求めたり、恣意的な力を行使しようとしたりする者たちを牽制できるような、道徳的な基準がなければならない。抑圧と横暴に抵抗できるだけの決意と勇気がなければならない。忍耐と寛容と優しさとをもって、あれこれの主張に耳を傾け、議論をし、交渉を行ない、和解を進めなければならない。

しかし、これらはみな、人間的な徳性である。高邁なものではあるが、私たちも知っている人間の本性の限界を超えるようなものではない。それらは現に実在している。救いがたく堕落した者はともかくとして、人は誰もこれらの徳性をいくぶんなりとももっている。徳性は伸ばせるものだということもわかっている。それらについて語るとき、私たちは、現実の歴史の過程に影響をあたえた徳性のことを語るのである。どこまで実践できたかは、人それぞれである。いずれにせよ、完璧に実践した者はない。だが、かなりの程度まで進むことのできた者たちも大勢いる。あらゆる場所、あらゆる時代において、人々に「善い社会」とはどのようなものであるか、そのイメージを指し示すことができた者たちが大勢いたのである。私たちは、このような徳性について語っているのだ[28]。

新たなビジョンの必要性を訴えていたリップマンは、そのビジョンを構成する要素を、聖書宗教と古典的哲学に求めた。このことは、私たちの現在の状況にとっても意味のあることである。東欧において最近起きた出来事も、私たちアメリカ人自身の過去の経験も、キリスト教会やユダヤ教のシナゴーグや他の宗教組織が、搾取や散心よりも育成や生殖性がはっきりと優位にたつ、まったく新たな事態の展開を可能にするような場となりうることを示している。ここで、わが国の状況についての、ある鮮やかな分析について考えてみよう。アメリカのカトリック司教が合衆国の経済について書いた一九八六年の書簡である(29)。そこには、「人間の尊厳」が社会生活や経済生活のかなめ石となるということが雄弁に述べられている。しかし、司教らにとって、人間とは、抽象的な個人ではない。それは、その尊厳が共同体のなかでのみ具体化されるような存在である。心をつくして神を愛せよ、自分自身のように隣人を愛せよという命令が、人間の共同体の根底にある。あらゆる人間に権利がある。しかし、権利は、一つの創造による仲間どうしとして互いに気遣いあう相互の絆から生じるものであり、また、「創造者である神への崇敬と、契約への忠誠」に根ざすものである。すべての人間が、共同体に参加して完全な人間となることが必要である。互いのために働き、究極的には互いに愛しあうことで結ばれるのである。この必要性を認識することから、正義が始まる。

　司教らの書簡は、党派的な枠を越えて、公共の対話に対する顕著な貢献を行なった。経済的な豊かさを個人レベルにおける物質的な生活手段と消費活動によって定義づけ、経済的な成功を生産物の総量あるいは平均値そして生産効率によって測ること――因習的にはこれが党派を越えて受け入れられている知恵である。司教らはこれに対して挑戦したのであった。司教らのもっとも根源的な挑戦は、次の点にあった。すなわち、経済的な活動や規則や結びつきは、政治や道徳とは別個の社会的領域に属するという前提に対する批判である。この前提に対する代案として、司教らは、経済生活・政治生活・宗教生活を、重層的に、有機的に結びつけながら、道徳的に理解することを提案した。共同体的な連帯が必要であること、万人の尊厳と聖性との実現が必要であることが、理解の中心におかれる。経済の制度は、生産された富の量によってではなく、富をどう生産し、どう分配したかによって評価されなければならない。大事なのは、共同体の全成員が生産的労働、学習、公務に参加できるような形で、生産と分配が行なわれているかどうかである。人権は、創造に発し、契約《コヴナント》において結ばれる共同体的な連帯の道徳的な基盤に根ざすものである。人権一般もそうであるが、特殊的には、一度社会から排除された者たちが善い社会の参加へと復帰する権利も、ここに根ざしている。それは決して、個人の基本的自己利益や、その契約《コントラクト》による交換から打算的に打ち建てられるものではない。

このように論じるにあたって、司教らはまた次のような認識も示している。善い社会についての共有できるビジョンを新たに構築していくさいに、私たちはアメリカ文化に含まれる種々の道徳的伝統の相互の違いをなくしてしまって、一個の見解しかもたないようにするのではなく、個々の伝統を相互に批判的に結びつけるようにするのでなければならない。それゆえ、教会としては、聖書の物語、神学、教会の伝承を通じて、自らの信者に道徳的な導きをあたえることを考える。しかし、教会はまた、自らの信仰の伝統を共有しない人々にも納得できるような、筋道立った議論も行なう必要がある。そのようにして、自らの声を、公共の討論に反映させる道を探るのである。公共の事柄にかんして社会的な協力を続けていくことは可能である。また、道徳的な努力のあり方は文化によって異なるであろうが、それぞれの共存は可能である。この可能性を確信すること自体が、信仰表明となる。「人間性という共通の絆が万人を結びつけている。この絆があるからこそ、私たちは、この国が新たな公共的な道徳的ビジョンを達成することは可能であると信じることができるのである」(30)。

今世紀のカトリックの社会的教説には、プロテスタントの社会的福音と同様の要素があった。すなわちそれは、神と隣人への愛を通じて善き人間となるようにという伝統的な主張を行なうと同時に、社会の制度的な取り決めを新たに作りかえる取り組みをも支持した。こうすることで、人々は、「原罪」という傷を負っているにもかかわらず、互いにいっそう公正に、いっそう人間的に暮らすことができるようになる。人々が公正に生きないかぎり、公正な社会システムはありえない。正義は何よりも重要な徳性である。神の戒律は、人々が互いに世話をすることを命ずる。すなわち、飢える者に食をあたえ、病む者を癒し、強い者が公共の福祉のための労働と貢献ができるようにすることを命ずる。正義は、これを実行する個人や制度のうちにある(31)。

真の共同体の繁栄を可能にする制度的条件とは何か。カトリックの社会思想は、次の三つの原則を強調しながら、この制度的条件を定義した。(一) 制度は、神の被造物としての人間の尊厳と人間の内にある聖性とを保護しなければならない。(二) 社会組織は、相互依存的で協力的な形態をもつように秩序づけられなければならない。大きくて有力な政治制度・経済制度は、小さな共同体を支配するのではなく、支援しなければならない。つまり自然なサブシディアリティーが保たれるように注意を払わなければならない。(三) 国家とその市民とを媒介する、国家の意志にも個人の利害にも支配されない、家族、教会、専門家組織、市民組織といった社会構造が必要である(32)。国家の目的とは、従って、この構造分化した社会の秩序に奉仕することである。すなわち、そうしたすべての集団や制度のあいだに協力関係を促し、またそれらが良好な状態にあるように計らうことである。

アメリカの職場や政治において（司教の書簡の第四章で提案された）「参加民主主義の新たな実験」が進められるように、社会協力を推し進め、権力の脱集権化を図るためには、サブシディアリティーの原理を生かす必要がある。この原理は、政府の役割を、共同体における人間の繁栄を補助するものと考える。こうした考えは、民主的共和国を目指したアメリカ建国の理想に立ち返るものである。サブシディアリティーの原理は、革新主義者と新保守主義者のどちらに対しても、党派主義的な政治経済の青写真を提供したりはしない。むしろ、この考え方からするならば、イデオロギー的な固定した思考を乗り越えて、公共的な世界における道徳的な討論が行なわれるように取り計らい、また議論の結果に耳を傾けることこそが、国家の重要なサブシディアリティーの働きの一つなのである。

リップマンの『善い社会』が行なった分析は包括的なものであったが、どの政党もこれに匹敵する広いビジョンを提出することはなかった。そのようなものを政治の機関が提出することもほとんどなかった。わが国の競争力が低下したことに対して、さまざまなバージョンの野生の資本主義が押し立てられている。そのような時代にあって、司教らの書簡が現代の経済生活がかかえる根本的な問題について議論を引き起こしたことは、健全さの現われであると言ってよいだろう。

9　責任、信頼、そして善い社会

「注意」と深く関係のある言葉で、善い社会を創造するためのいかなる努力にも関わってくる重要な道徳的用語がもう一つある。それは、「責任」である。

責任［レスポンシビリティー］の出発点は注意である。責任をもって行動するためには、何が起きているのか、何が私たちの応答《レスポンド》を求めているのかを問わなければならない。神学者のH・リチャード・ニーバーは、著書『責任を負う自己』のなかで次のように論じている。私たちは、他の人々や自然界にある種々の物や、人と自然のすべてを包含し、また超越する究極的な現実——ユダヤ教やキリスト教でいう神——との関係のなかに置かれている。それは逃れることのできない網の目である。それゆえ、私たちの行為のすべては、自己に向けられた他の行為に対する「応答《レスポンス》」なのである。たいていの場合、私たちは、自分に対して起こされた出来事を漠然と受け入れるか、周囲の出来事には関わるまいとするかのどちらかの行動をとる。しかし、私たちは、出来事を「解釈」しなければならない。とくに、ここで自分と関わりのある他人が何を考えているのか、その意図を解釈しなければならない。「応答」「解釈」に次ぐ三つ目の要素は、自分の行為が他人におよぼす働きである。ニーバーはこれを「アカウンタビリティー」と呼んでいる。ところで、私たちが何か行為を起こすとき、たいていそれは、自分とそれまで連続した関係を全然もっていなかった人間や物と、そのときだけ出会って終わりというようなものではない。その文脈はたいていパターン化されたものであり、そこには「社会的連帯」の要素もある。以上をまとめて、ニーバーはこう述べる。「従って、責任の概念ないし行動パターンを、次のように要約的・抽象的に定義してもよいだろう。それは、他人から向けられた行為に対して、その行為についての自らの解釈と、自分がこう応ずれば相手はこう応ずるであろうという予期とをもって、応答したときの行動である。そして、これらのすべての過程が、行為者たちの継続的な共同体における出来事なのである」[33]。

このように論じるニーバーは、優れた社会学者である。社会学者は、人間の行為をまさにこのような関係性の文脈において解釈してきた。実際、社会学者は、制度を「行為者たちの継続的な共同体」のなかにおいて行為を統制するために人間が創造した行動様式というふうに定義している。だが、ニーバーにとって、話はこれだけに終わるものではない。責任ある生としての道徳的な生という考え方は、ただ社会学的な記述に合っているというだけのものではなくて、「キリスト教徒の生活の歴史的規範を表わす、聖書的なエートス」と彼が呼ぶものを理解する鍵なのである[34]。責任には、たんなる社会学的な記述を超える二つの側面がある。一つは信頼である。そしてもう一つは、責任ある行為の射程、すなわち、私たちはどこまで応答を求められているのか、その広がりである。

ニーバーは次のように言う（彼の話は社会学的な現実性と宗教的な洞察とを含むものである）。信頼とは、気を遣わない馴れ親しんだ関係のことではない。私たちが世界に接するあり方においては、信頼は、いつも不信と対立関係にある。不信にはそれなりの体験的理由がある。ある程度の不信はたいてい現実味を帯びているものである。だが、そこでもし不信に身を任せるようなことがあれば、私たちは適切な注意を払うことも、適切な解釈を行なうことも、アカウンタビリティーをもって行動することもできなくなる。自己の属する共同体の内側でも、外の共同体との関係においても、連帯を強化するどころか、むしろそれを破壊してしまうだろう。だがしかし、私たちはどのようにして信頼できるようになるのであろうか？　エリク・エリクソンは、彼が「基本的信頼」と呼ぶものを、子供の母親（おそらく今日では、たんに「親」と言うべきであろう）との最初期の体験の内に位置づけている。

もしこの段階で信頼が保証されないのであれば、信頼が人格のなかに適切に確立されるかどうかはわからないと述べている。(35) ニーバーのような神学者は、親の愛は基本的なものであるが、その背景にはさらに深い疑問が横たわっていると言う。それは、現実（実在）は、至高存在《ビーイング》自体は、信頼できるものなのかという疑問である。信頼や信仰は正当であると、現実の原理そのものとしての神が善であると論じることは、自明なことではない。何世紀にもわたってそれを信じていたはずのキリスト教徒やユダヤ教徒にとっても、自明でないし、まさにこの現実の世界に生きてゆかざるをえないいかなる人間にとっても、自明ではない。信頼や信仰は、親の愛情と同じように、一つの賜物である。それは、特殊な時と場所において、特殊な経験のなかで、個人ないし集団に訪れる。ニーバーは、それはユダヤ教徒やキリスト教徒にだけ訪れると言っているのではない。自分が宗教的であると思っている人にだけ訪れると言っているのでもない。誰であれ、それが訪れる人には、賜物として訪れると言っているのだ。そして、ひとたび訪れるや、それは大きな喜びをもたらし、私たちが仲間たちとともに責任をもって暮らすことを可能にする。

私たちは、非常に長い間、不信に圧倒されていた。また、至高存在は善であると――キリスト教徒の言い方では、神は愛であると――信じるのは、非常にむずかしいことである。しかしまた、信頼をまったく欠いて生きるというのでは、妄想性分裂病も同然になってしまう。というわけで、ほとんどの人間は、自分が信頼を寄せる人や物の範囲を限定しようと考え始める。彼らは、この人、この職業、この民族集団、この宗教、この国なら信じるが、その他のものは信じないと言う。しかし、そうした制限は、どれをとっても、責任ある行動の可能性を減ずるものである。私たちは、自分が信頼を置くものにしか注意を払うことができない。だから、信頼の圏内から外すことにしたものについては、正確に解釈することができないし、それらにアカウンタビリティーをもつこともできないし、それらとのあいだに連帯を築くこともできない。これは決して抽象論ではない。私たちが部分的にでも善い社会に似たものを創造できるかどうかは、まさにこの点にかかっているのである。もし私たちが、トクヴィルの言う「家族や友人たちの小さな社会」であるとか、自分と同じ肌の色の人間であるとかにしか注意を払わないのであれば、私たちが善い国家社会を創造するために責任をもって行動していないことは、確実である。もし自国にしか注意を払わないならば、私たちは、善い国際社会のためにほとんど貢献することができない。もし人間にしか注意を払わないならば、私たちは、自然界をふさわしい配慮をもって遇することはできない。現実それ自体が私たちにとって空虚で無意味なものになるとき、縮小した私たちのコミットメントがいかに脆くはかないものとなってしまうかを見通すことは困難である。だが、H・リチャード・ニーバーは、次のように述べている。

> 決定的な契機において、私たちは究極の根拠を問う。……そして私たちは知ることになる。私たちは、他人から向けられた行為に応答しつつ生きており、また、自分の反応が次に相手に引き起こす反応を予期しながら生きているが、それは、空間的にも、時間的にも、相互作用のおよぶ範囲にかんしても、境界線を引くことのできない、一個の社会を舞台とするものである、と。そこにあるのは一個の全体のみ、私たちがそのなかに生き、動き、存在する全体のみである〔使徒言行録一七章二八節「我らは神のなかに生き、動き、存在する」〕。
> 　責任ある自己は、社会的な作用によって、まさしく普遍的な共同体の中で応答し、アカウンタブルであるようにと、言わば駆り立てられるのだ。(36)

だが、不信を乗りこえ、普遍的な共同体のなかで責任をもって行動することは、誰にとってもたやすいことではない。そのような可能性は、賜物である。そして、それが訪れたとき、私たちの応答は、感謝と祝福となるはずである。

私たちは、実際、自己を取り巻く世界に対して、純粋に注意を払うように努めることができる。そして、世界とのやり取りを通じて発見される諸々の意味に対しても、純粋に注意を払うように努めることができる。私たちは、体験を通じて、人々の生はみな互いに深く結びついていると、この自分もまた普遍的な共同体の一部なのであると悟ることができるかもしれない。注意を自然界にまで、また、自然をもたらし、自然のなかに表現される究極的な根拠にまで広げるとき、感謝の念が、恩寵の思いが私たちに押し寄せてくることがある。畏怖を起こさせると同時に、この上なく美しくもある世界に自分が参与していることに対する感謝の念である。このような瞬間、私たちは、自己が参与している喜びと神秘とを賛美したいと感じる。最善の場合、宗教は、この衝動の焦点を絞り込み、それが私たちに開かれているすべての意味を包み込むものとなるように促すことができる。大きな意味に、感謝に、賛美に達しようとする衝動は、制度的な形式をあたえられなければならない。生の中心にある組織化の傾向は、みな制度的な形式に向かうものである。さもなくば、それはたんなる個人的感情の内に雲散霧消してしまうかもしれない。

本書で繰り返し見てきたように、制度化は、いつも問題を含んでいる。注意を払うための社会的組織は、散心のための社会的組織になりうる。宗教の世界ほど、組織化のジレンマが深刻であるところはない。聖書宗教の信者には、世界史上の大事件のなかにも、日常生活のもっともありふれた出来事のなかにも、神の言葉を聞き、それらの出来事がもたらした倫理的要請にできるかぎり忠実に従うという義務がある。しかし、新たな状況がもたらした新たな応答に対し、あえて危険な信頼を寄せるよりも、古い教義を繰り返し、共同体に馴染んだ儀礼で自己満足していることの方が容易である。

しかし、もし、幸運にも信仰の賜物を得て、自分が全存在の普遍的共同体の一員であることを悟ったときには、私たちは、特別な責務を帯びることになる。すなわち、自己の得たあらゆる洞察を、新たな問題についての共同討論のなかに持ち込むという責務である。自分が何か優れた知恵をもっているからそうするというのではない。恐れに満ちた世界における、信頼の特使となりうるからそうするのである。ヴァツラフ・ハヴェルは、自己の役割をそのように理解していた。もし、私たちのなかに、責任ある行動を取れるほどに十分な信頼をもつことができた者が、十分な数だけいるのであれば、部分的にでも、善い社会を達成するチャンスはある。ともあれ、ありのままの世界のなかにも、感謝と賛美の基盤はある。意味は、あらゆる存在とともに私たちを包み込む、生きた織物である。それに参加することは、人間の真の幸福が何であるのか、そのいくぶんかを知ることなのである。

付論　社会学および公共哲学における制度

序論において、私たちは、「制度」はわかりにくい語であり、しかもさまざまな意味で用いられていることを指摘した。当付論では、本書におけるこの語の用い方を、よりはっきりと、アメリカで影響力のあった社会学と哲学の伝統のなかに位置づけることにしよう。「制度」は、社会学では中心的な用語であるが——ただし、その意味についてはいろいろと議論がある——哲学では周縁的にしか用いられていない。私たちは、幾人かの公共哲学者や公共神学者に依拠してきたが、彼らは、大概の場合、この語を専門用語としては用いてはいない。彼らの数多い著作を見ても、この言葉はついで程度にしか現われない。だから私たちは、たとえ彼ら自身は別の用語法に従っていたとしても、彼らもまた、私たちが制度的なものと考えるさまざまな問題に取り組んでいたということを明らかにする必要があるだろう。

1　制度の媒介的な役割

制度は、自己と世界との関係を仲介している。ここを理解することが、まず基本である。制度的文脈なしに誰かと会うというのは、不安なこと、もしかしたら恐ろしいことである。何が起こるものかも、どう振る舞ったらよいのかもわからない。こうした状況において、私たちが最初に試みるのは、言葉であれ、動作であれ、何か共通の基盤を見つけることである。これが見つかれば、このあとどうするのが適切なのか、互いに次々と予想していくことが可能になる。たとえば、手を振るなり握手するなりすれば、歓待を表わすことができる。これができてはじめて、今後お互いに何をしたらいいのか、交渉も始められるようになる。社会学の用語で言うならば、私たちは、暗黙に成立した相互の期待のもとで機能する一つの行為を組織できるようになる。互いの予想が噛み合わないときには、不安のレベルは増し、相手と組織的行動をとることはむずかしくなる。もはや、やり取りどころではないかもしれない。喧嘩するか、退散するか——。だが、「互いに次々と予想していくこと」は、すでに制度の始まりである。どう行動するか、思考の道筋は決まっており、暗黙のうちに当否を判断している。

私たちの、自然界との関係もまた、制度に媒介されている。自然のなかを一人散策する者の楽しみでさえ、「自然」にかんする種々の社会的な理解に媒介されている。自然界における人類の位置であるとか、自然が私たちの心に呼び起こす種々の感情であるとかが、それである。自然界に対する組織化された関係――農業、鉱業、製造業など――が制度に媒介されているのはもちろんである。それゆえ、自然的・社会的とを問わず、エコロジーの問題は、いつも制度ぬきでは考えられないのである。

制度はまた、私たちの究極的な道徳的（そして宗教的）コミットメントを媒介している。道徳的・宗教的信念は、制度的文脈によって学ばれる（非公式的に習得されることもあるし、個人的経験によって信念や態度を変えていくこともあるけれども）。それればかりではない。制度それ自体が、道徳的な（また宗教的な）理解、つまり社会学者が究極的価値と呼んでいるものを前提としている。さまざまな制度的領域――経済、政治、家族など――は、何が正しく何が間違っているか、何が善で何が悪かにかんして、文化的に伝達された究極的価値を体現し、具体化している。そうした規範的な型は、私たちの行為の目的や目標を示しているばかりでなく、使用可能な手段をも限定している。つまり、道徳的に受け入れられるもののしか、手段として認めない。すでに示したように、制度は、非公式的な理解やモーレスを通じてのみならず、法を通じても作動するものである。

制度を規範的な――つまり道徳的な――期待の型として見るこうした考えによれば、制度には、もともと道徳的な性格があるということになる。とはいえ、制度の既存のあり方がそのままで正当化されるわけではない。むしろ、それは、真剣な道徳的討論にさらされることになる。既成の制度は、道徳の二種の土台から挑戦を受ける可能性がある。事実そういうことはしばしば起きている。まず第一に考えられる批判は、制度が、自らに課せられている道徳上の目的に、十分に応えていないというものである。たとえば、本書では、私たちの社会の自由経済は、その推進者たちの言に相違して、生計のための機会も、有意義な仕事に就くための機会も確保できていないと批判した。また、私たちの国の民主政治に対しても、その前提であるはずの活発な市民参加を強化するものとなっていないと批判した。第七章では、冷戦を戦うために創設された制度を批判したが、それは、自由を擁護するために作られたはずの当の制度が、自由を部分的に破壊しているからであった。

もう一種の批判は、制度の背後で基本的前提として働いている価値観を疑問とするものである。たとえば、本書では、ロック流の個人主義は――アメリカの中心的価値体系としてさまざまな形で作動してはいるものの——不十分なものだと論じた。中心的な価値体系に欠陥があるのであれば、個々の多くの制度に問題があっても不思議はない。そうした制度を変更するには、価値体系を変更しなければならないだろう。そのさい、社会にすでに足場のある体系を代わりに活用するというのが、もっとも見込みのあるやり方である。『心の習慣』で私たちが提案したのは、アメリカの聖書的伝統や市民的・共和主義的伝統に含まれる要素を取り返すことであった。私たちの制度がかかえる諸々の問題は、アメリカの中心的価値観に深く根ざすものである。それゆえ、制度の本格的な改革がうまくいくためには、中心的価値観を変えるしかないと私たちは考えている。

制度はまた、しばしば、道具的見地からの批判を受ける。アメリカの企業は、大学は、司法制度は、有効に働いているか？　すでに見てきたように、問題はあっても技術的な微調整を施せばなんとかなるとつい考えたくなるものだ。しかし、問題は、この「有効」の意味である。どういう目的に対して有効であればよいのか？　この問いは、価値をめぐる問い、道徳的討論へとつながる。アメリカ人には、社会的・制度的な問題を、基本的に技術的なものと考える傾向がある。これは、中心的価値の問題はすでに解決済みである、制度は個人の私的な目的に奉仕するために存在するという考えと関係がある。しかし、本書で見てきたように、こうした考えは、必ずや矛盾や難問に行きつく。また、現行の制度の型がもたらした数多くの破壊的な結末についても、この考えでは、曖昧にしか認識できなくなる。

制度にかんする私たちの議論は、社会思想の長い歴史を受け継いだものである。なかでも、タルコット・パーソンズに負うところが大きい。このことは、彼の初期の論文、「社会制度論序説」を読めば明らかである。この論文が出版されたのはつい最近であるが、執筆されたのはおそらく一九三四年である。(1) パーソンズは、デュルケムその他に従って、制度を本質的に規範的なものとする定義を主張し、さらには、社会それ自体を規範的なものと見る見解を提出している。パーソンズの「序説」が興味深いのは、これが、一般に彼のものとされている多くの見解と異なる考え方を含んでいることである。たとえば、彼は、社会とは統一された中心的な価値体系をもつものだとは考えていない。彼が挙げるのは中世ヨーロッパの例である。中世においては、封建制にもとづく国家組織と、官僚制にもとづく教会とが、それぞれに異なる、互いに両立しえない中心的価値に基礎を置いていた。その結果、両者のあいだには、緊張と対立が絶えることがなかった。私たちの『心の習慣』では、徹底的個人主義（本書ではロック的個人主義と呼んできた）は、アメリカの基本的伝統の一つであるにすぎないと論じた。それは、聖書宗教と市民的共和主義に含まれるいくつかの重要な要素とは根本的に相容れないものである。後者の要素は、いつもこの徹底的個人主義の作用を緩和してきた。この要素は、今日、私たちがとりわけ再確認する必要のあるものである。パーソンズはまた、制度が規範的合意によってのみ作動するものだとも考えていない。むしろ彼は、制度は、積極・消極両方向からの制裁、すなわち報酬と罰によって強化されるものだと見ている（もちろん、何らかの程度の道徳的正当性がなければ、制度は存続できないのではあるが）。本書では、アメリカの経済、政治、教育の制度は――その道徳的正当性はなお大きなものであるとしても――かなりの程度、外的な賞罰に、富と権力の操作に依拠していると論じた。利害の対立が社会生活の基本的特徴であるというのは、パーソンズも私たちも認めるところである。しかし、それで話が終わりだとしたら、社会は崩壊して、ホッブズのいう万人の万人に対する闘争になってしまう（実のところ、今日の私たちの社会には、すでに書いたように、部分的にホッブズ的な世界も存在しているのである）。

一つの重要な点において、私たちはパーソンズと見解を異にする。彼は、実質的に規範の問題にかかわることなく、制度についての解釈的な科学理論を追求しようとしている。『心の習慣』と同様、『善い社会』においても、私たちは、アレクシス・ド・トクヴィルを典型とする古い伝統に従って、分析的手法と規範的手法とを結び合わせた。私たちは、ロバート・ダールの「第三次の民主主義の変容」や、H・リチャード・ニーバーの「普遍的共同体」など、幾人かの論者の規範的立場を正しいと認め、私たち自身の規範的立場を提出した。もし、社会の中心的伝統と諸々の主要な制度が道徳的なものであるならば、それらが活力を失わずに継続するには、道徳的な議論ないし討論が欠かせないはずである。私たちの考えによれば、パーソンズが中心的価値と制度的規範を所与のものとしたのは、間違いであった（もっともパーソンズは、一再ならず、また無批判に、アメリカにおける価値や制度を、彼が理解したなりの形で唱道している）。また、もしパーソンズが、こうした問題にかんする規範的議論にもっと真剣に取り組んでいたならば、自らの理論の分析力を高めていたことだろう。彼はそれをはっきりとさせるべきであった。しかし、彼の議論においては、それは曖昧なままに残されている。

社会がある程度の価値の共有を必要としていること、制度は基本的に規範的であるということを受け入れない理論家もいる。この場合のつけは、パーソンズの曖昧な立場よりも大きい。社会的実在を説明するために、彼らは、何らかの合理的選択理論――昔のホッブズ、ロック流儀で私的利益を強調する類のもの――を採用しているが、その分析は不毛であり、道徳的・政治的議論への真剣な取り組みもできていない。時に彼らは、社会を操る者たちの正体を暴こうとするものの、実際には、彼ら自身、操作者たちの味方となっている。

たとえば、パーソンズの「序説」に対するジェームズ・コールマンの批評であるが、ここには、人間のアイデンティティーがいかに言語や道徳の共同体によって形成されるかということについて、貧しい理解しか示されていない。(2) 彼にとって、あらゆる個人は、根本的に同じもの、すなわち自己の目的を達成するもっとも有効な手段を算出することのできる理性的行為者である。(3) 彼らは、自分が生きるため、それぞればらばらの利益を獲得するため、他人の力を必要としている。その意味では、彼らは社会的行為者である。しかし、彼らのアイデンティティーそのものが、そして自分の利益とは何か、何であるべきかという彼らの認識そのものが、社会の諸制度に形成されるとは考えられていない。そうした積極的な意味での社会性は、この行為者には欠けている。コールマンの問題の立て方はこうだ。制度とは、社会的に共有され、強制された規範である。共同の長期的利害と、個人の私的な短期的利害とは対立する。では、そんな個人は、どのようにして制度を創出するのか？　私たちは、コールマンとは違ったふうに考える。彼の言う対立は、私たちがそのなかで生きている制度の性格によって形成されたものである。ある制度は、自己とは拡張的なものであること、真の利害は長期的なものであり、広い社会協力に依存するものであることを教えてくれる。だが、またある制度は、直接的な利害ばかりを見るようにと、私たちを仕向ける。

私たちが同意できないのは、コールマンが示す経験的証拠ではなくて、彼の解釈である。確かに、制度には人間的な堕落がついて回るものだ。手段を目的化し、法からその精神を引き離すことより、こうした堕落は始まる。しかし、人間の制度においては、目的と手段とは微妙に絡み合っていること、どちらが目的でどちらが手段か、いつもはっきりしているわけではないということも、また事実である。きわめて功利的・実用的に見える行動にも、深い象徴的な意味があるのかもしれない。たとえば、家庭の食事は、栄養をあたえる手段であるが、それ自体が善いものであるような、一種の「聖餐」でもある。制度に導かれたこうした行為の型は、アラスデア・マッキンタイアの言う「実　践《プラクティス》」でもある。つまり、善い生活のための手段であると同時に、歴史的に形成された、善い生活の一つのあり方でもある。(4) 目的と手段的観点とを切り離して考えるわけにはいかない場合もある。私たちが「注意を払う」とき、それは目的を達成するためのたんなる手段なのではない。そのとき私たちは、目的そのものに関与してもいるのだ。

コールマンは、パーソンズは、社会的必要がそれに見合った制度を作り出すという「機能主義の誤謬」に陥っていると批判した。パーソンズの理論がそうした批判に耐え得ぬものであるかどうかは疑問であるが、少なくとも筆者らは、制度が機能的であるかどうか、先入見はもっていない。制度の多くは、機能障害を起こしている。みなが共通に必要としているものの多くは、制度によって満たされていない。本書では、現行の制度的布置に対し、多くの批判を行なってきた。それは以下のようなものである。

（一）　社会の目的についての私たちアメリカ人の理解には欠陥がある。それゆえ私たちは、自分が何を望み、何を必要としているのかが見えていない。私たちは、非ロック的な世界のなかで、ロックのイデオロギーを奉じている。過去二世紀のあいだ、私たちは、ロック的イデオロギーでは表現できないような必要を発達させた。私たちの制度の多く（たとえば私的個人として定義された企業法人）は、私たちの共通の目的にかんする、今や時代遅れとなった理解にもとづいて形成されたものだ。私たちが自らの要求や必要を形成するのに、制度は本質的な役割を果たす。それが私たち『善い社会』の筆者の確信である。制度は、社会的必要に対する自動的応答より生ずるものではない。制度を生み出すのは、議論と行動なのである。

（二）　制度は堕落した。手段が誤って目的化された。私たちは、何が必要なことかがわかっているときでさえ、その獲得へ向けての変化も起こせない。あれこれの手段に心を奪われているからである。このようにして心を奪われていると、自己についての見方までが影響される。異なる形の自己を育てる方向へと制度を変えようとしても、なかなかできないということになる。

（三）　経済の制度は、他の制度（政治、宗教、家族など）を侵略した。それらの制度が本来の目的を果たすことは困難となった。国際交易が広めた言語は、世界全体に容易に一般化できるものであった。しかし、その一方で、私たちが共有する道徳的・政治的問題について考えようとすると、私たちの能力は、文化的に特殊な世界から抜け出ることができない。もちろん「人権」の言語など、例外もある。

私たちは、現代社会の現実に対して批判を行なった。とくに、経済や政治の制度が歪められ、家族、教育、宗教など、他の制度を侵略してきた過程を問題とした。私たちの批判は、他の著作家からの影響をおおいに受けている。『善い社会』の最初の構想は、カール・ポランニーの『大転換』に着想を得たものである。『大転換』のなかで、ポランニーは、初期の資本主義経済がいかに伝統的な社会を各地で崩壊させたか、この崩壊に対処するため、強力なナショナリスト国家の成長をいかに促したか、そして、二〇世紀半ばには文明を滅亡の瀬戸際に追い込むことになった破壊的な力をいかに誘発したかを描いた(5)。作業が進むにつれて思考は練られていったが、私たちがたえず参照したのが、ユルゲン・ハーバーマスの著作である。「生活世界」を侵略し、植民地化する、経済や政治の「システム」という彼の考え方から、私たちはおおいに影響を受けた(6)。しかし、結局、私たちは、彼の用語を用いないことにした。私たちが考えている以上に、システムと生活世界との二分法を際立たせているように思われたからである。とくに、ハーバーマスの用語では、経済と行政管理国家を制度的に人間化することを論じるのは、困難であった。もちろん、その可能性に期待をかけている点では、彼も私たちと変わらない。聡明な読者はすぐに気づかれることであろうが、彼の用語を用いてはいないものの、中身においては、私たちは彼に多くを負っているのである。最後に、私たちは、R・H・トーニーの『利欲的社会』を見出した。そのなかで、トーニーは、真の人間的目的に合わせて社会組織を再構成することを、雄弁に論じている(7)。トーニーにとって、経済活動とは次のようなものである。

［経済活動は］社会の主人ではなく、従僕である。多くの人は、現文明が抱える難題は、たんに、産業の生産物の不適切な分配や、その専制的な振る舞い、激しい対立によるその機能障害といった点にあると考えている。だが、それは違う。産業そのものが人間の関心のなかで法外に重視されるようになった。このことこそが問題なのである。いかなる関心事であれ、生存のための物質的手段のいかなる備えであれ、かくも重視されるようなことがあってはならない。……産業化された共同体は、富を獲得する手段に血道を上げることによって、富を獲得するに価する当の目的をおろそかにしているのだ。

私たちが展開した理論的展望によれば、現社会の制度的布置は、社会学的な「必然」ではない。それは、批判的反省や重大な改革の余地のある、歴史的な偶然である。私たちの提言は、社会の制度的多様性を利用することである。ある制度（たとえば市場）の論理から逃れるために、それを別種の制度（たとえば教会）の視点から眺めるのだ。メアリー・ダグラスも言うように、制度が思考するとすれば、それは他の制度について思考するのである。制度は、他の制度の手段と目的を、自己の固有の論理に翻訳する。第五章で見たように、経済の制度は、教育の制度をビジネスとして解釈する。私たちは、もし民主的な社会を求めているのなら、制度の多様性を維持しなければならない。政治的全体主義と同様、経済的全体主義も排さなければならない。本書の目的の一つは、異種の制度のあいだに活発な対話を生み出すこと、そしてそれを可能にする実践理性（すなわち道徳的理性）を培うことである。[8] 理論理性と道徳理性とのギャップに橋渡しをすることが必要であると私たちは信ずる。この点で私たちは、パーソンズともコールマンとも異なっている。

故レイチェル・カーソンは、自然科学の専門的知識と、自然環境に対する自己の関心とを結びつけた。[9] 私たちもこれに倣って、社会についての専門的知識であることが望まれるものと、現代の社会的エコロジーに対する関心とを結びつけようと試みている。アメリカの社会制度は、自然環境を脅かしているまさに同じ多くの力によって、破壊され、脅かされている。環境の健康を回復するためには、いくつか明確な基準を設ける必要がある。そして制度の健康を回復するためにも、いくつかの明確な基準が必要である。実のところ、この破壊された社会的エコロジーを修復しないかぎりは、破壊された自然環境を修復することは不可能である。

本書の議論と論拠の多くは、現代の社会科学者の業績に深く依拠したものであるが、そればかりではない。しばしば私たちは、洞察や着想を得るために、二〇世紀初期ないし中期の思想家に立ち返った。消え去りはしないが近年はすっかり振るわなくなった公共哲学の伝統のなかにある思想家たちである。私たちの理解によれば、彼らは、分析的であると同時に規範的でもあるような対話を行なっている。私たちは、こうした対話を棄て去るわけにはいかない。いや、私たちはこうした対話の回復を緊急に必要としている。社会科学と政策アナリシスは、公共哲学に取って代わったわけではない。むしろ、それらは、現在私たちが抱えている問題は、道徳的・政治的なものというよりも、技術的なものであるという観念を横行させている。政策エリートたちが、市民世界の外側に立って、自分たちが定めた成果、効率、費用、便益などによって価値づけながら、社会政策を設計しているのだとすれば、彼らは、民主主義のプロセスを省いているのである。彼らが、国民は本質的に「最大利益の追求者」であると見ているのか、国民もまたいくぶんかは「価値」によって動機づけられていると見ているのかは、このさい関係ない。こういう状態では、政策は、メディア管理の専門家によるイメージ操作の技術になってしまう。民主主義の屋台骨である、政府と啓蒙された公民との結びつきは、壊れてしまっている。民主主義の第三の変容は、真剣な公共的対話の蘇生、その対話を育み拡大する制度の強化を必要としている。公共の対話の流れの多くが断ちきられてしまってから、半世紀になる。これを取り返すことから蘇生が始まる。私たちが学んだ思想家たちの見解は単一ではない。彼らのあいだには際立った相違がある。しかし、彼らの議論がまさしく説得力をもち、無数の人間がそれに応じたことは、健全な、民主的な公共生活があったことを示すものである。

2　私たちはみな精神的《スピリチュアル》移民である

近代文明がもたらす急激な変動に対する困惑は、はるか以前からあった。しかし、第一次世界大戦の戦前期において、知識人のみならず、一般大衆もまた、アメリカの制度に何が起きつつあるのかに強い関心を寄せ、既存の制度に取って代わろうとしているものの姿が見えないことに懸念を示すようになった。ウォルター・リップマンは、一九一四年の著作、『漂流と統御』において、ウィリアム・ジェニングズ・ブライアン〔南西部農民の利害を代弁した民主党政治家。スコープス裁判では反進化論の論客〕の一八九六年の有名な「金の十字架」演説〔一八九六年の民主党全国大会で、金の十字架すなわち金権政治を批判したもの〕について論評した。その演説のなかで、ブライアンは、新たな企業経済の来襲を激しく非難している。

ブライアンが守ろうとしていたのは、実は、アメリカの古くからの単純な生活である。それは、新たに出現した大組織のために、危機に瀕していた。彼は、自分が金権主義と戦っているものと思っていた。しかし、実際には、彼は、金権政治よりはるかに根深いものと、より大規模なスケールにおける人間社会のあり方と、戦っていたのである。東部の資本が新来の産業体制を支配していた。ブライアンはそれと戦った。しかし、彼や彼の仲間たちが心の底から嫌ったのは、プレーリーの昔ながらの生活を混乱させ、民主主義に新たな要請をつきつけ、専門化と科学を導入し、村の忠誠心を打ち砕き、各自の野心を挫折させ、現代社会の非人格的な社会関係を作り出した経済の状況なのであった。[10]

ブライアンをこのように描くことには、若気の性急さと思い込みがある。しかし、本の最後の辺りでは、この新しい時代にいるのがブライアンだけではないこと、私たちアメリカ人、また現代人のすべてが、根こぎにされた生活を送っていることを、リップマンは理解するようになっている。「我々はみな、精神的《スピリチュアル》には移民である。産業化された社会においては、我々の誰もが移民であって、頼るべき権威を有していない。我々は、根無し草、新参者、にわか成金《ヌーボー・リッシュ》なのだ。いかにもそれにふさわしく、我々は、国民としてまったく粗野であり、魂がまったくばらばらである。現代人は、まだ自己の世界に定住していない。現代人にとって、世界は未知のものであり、恐ろしく、魅惑的で、理解がおよばないほど大きい。

……我々は、風に吹かれるちりの如く、あちらへ、またこちらへと飛ばされている」(11)。興奮気味の力強い筆致で書かれたものではあるが、この本には、生まれつつある新社会への疑念のトーンが残っている。「かつてこれほど未知の海域に船を進めた水夫はあるだろうか。普通の人間が二〇世紀に生まれ落ちるというのは、そういうことなのだ。我々の祖先は、生まれてから永遠へと旅立つまで、通るべき道筋を知っていると思っていた。だが、我々は、あさってのことでも当惑せずにはいられない」(12)。

こう語るリップマンの言葉は、一九世紀後期から二〇世紀初期にかけての大多数のアメリカ知識人の気持ちを代弁するものだ。彼らのなかには、ブライアンが育ったのと同じような小都市に育った者たち、たとえばジョサイア・ロイス、ジョン・デューイ、ジョージ・ハーバート・ミード、ラインホールド・ニーバー、H・リチャード・ニーバーがいる。また、より洗練された都会的背景をもつ者たち、たとえばチャールズ・パース、ウィリアム・ジェームズ、ハーバート・クローリー、ルイス・マンフォード、そしてリップマン自身がいる。しかし、誰もが、自分が根本的変動のさなかにある社会、古い真理がもはや信じられない、少なくとも再考を余儀なくされている社会に生きていることを知っていた。国家規模・国際規模での組織化、都市化、科学の勃興と専門化の進行、近代的大学とマスコミをともなう新たな産業経済のすべてが、個人にとって不可解なものであり、まさしく「民主主義に新たな要請を」突きつけていた。おそらく、二〇世紀末に立つ私たちは、現代社会の生活規模にずっと慣れていることであろうが、それでも、これがもたらしたものに対して少なからず当惑しているはずである。今でも私たちは、これらの思想家たちから多くを学ぶことができるのである。

これらの思想家の特徴の一つとして、彼らの社会実在論が挙げられる。彼らは、アメリカの主流をなすロック流個人主義から知的に距離を置いている。古典的アメリカ哲学は、個人主義に対して一貫して批判的であった。ウィリアム・ジェームズにしても、部分的な点について例外であるにすぎない。彼は、個人を基本的に利己的なものであるとは、決して考えていなかった。アメリカの成功イデオロギーに対する彼の批判には、当時影響の大きかったロック哲学を拒絶する意味合いがあった。チャールズ・パースは、アメリカが生んだもっとも創意に富む哲学者であるが、彼は、断固とした社会実在論者であるばかりでなく、哲学的実在論者でもあった。二つの実在論は、彼の基本的な社会概念である探求によって結びつけられている。「こうして実在的なものとは、知識や推論がおそかれ早かれ最終的におちつく先であり、わたしやあなたの気まぐれに支配されないようなものである。実在概念のこのような成立事情からして、実在概念が共同体の概念をふくんでいることは明らかである。そしてこの共同体は新しい知識を受け入れるということにかんしてはおおいに開放的なのである」[13]（強調点はパース）〔邦訳『世界の名著59』一六三頁。一部語句を調整〕。思潮の全体を理解するのに、「影響関係」の系譜をたどるにはおよばないだろう（ロイスは直接パースに依拠し、ミードとクローリーはロイスとともに学んだ。また、H・リチャード・ニーバーはロイスとミードに強い影響を受けている）。より直接的に実生活に関わった思想家たちは、みな、社会は個人と同じくらい実在的であると考えていた。たとえばジェーン・アダムズ（彼女の考えについては第五章で論じた）や、二〇世紀初期のもっとも重要なアフリカ系アメリカ人公共哲学者、W・E・B・デュボイスや、フェミニズムの提唱者、シャーロット・パーキンス・ギルマンなどがそうである[14]。ロックが認識論的にまた社会学的に表明した、そして現代の哲学や社会科学のほとんどにおいて優勢を誇っている唯名論は、当時のアメリカの一流の知性には訴えるところがなかった。社会実在論の立場にたつことによって、彼らは、個人の動機や偉大な思想についてのみならず、社会の組織のあり方が個人の責任や文化の創造性にいかに影響をおよぼすかについても、真剣に考えることができた。彼らの議論において、制度という語が重要な位置を占めることはほとんどない。だが、このようにして彼らは、私たちが用いている意味において、制度について考えていたのである。

3　包括的な公衆

ジョン・デューイは、生涯、社会実在論を表明していた。それがもっとも顕著に表われているのは、一九二七年の著作、『公衆とその問題』であろう。ユージン・ロックバーグ＝ホールトンは、次のように評している。「ここにおいて、デューイは、政治に先立つ所与としての、譲渡不能の『自然の』権利という概念を批判した。譲渡不能の権利なるものは、社会的な過程のなかで、この過程を通じて構成されるものだ、と彼は主張した。個人主義哲学は、個人を、その個人が生きている社会的世界から『切り離して』捉える。そして、（私的財産などについての）個人に対する制約は断たれるべきだと主張する。しかし、デューイは、人間の権利は人間の関係によって形成されると、媒介的な諸制度によって我々の意識の生きている社会の網の目が形成されると主張するのである」[15]。

『公衆とその問題』は、デューイが「公衆の失墜」と呼ぶ状況に対する鋭い分析である。彼は言う。「民主的統治の諸々の形態を生み出したまさにその同じ力が、統治機構を友愛で結ばれた包括的な公衆の真の道具として活用することを求める、社会的・人道的な種々の理想を停止させる状況を生み出した」[16]。

大きな社会の出現は、人々にアイデンティティーをあたえてきた地域共同体をしばしば崩壊に導いた。これによって人々は依存と伝統のくびきから解放された。だが、そうして解放された個人が集まり、今や手にしたはずの大きな自由を用いて、新たなアイデンティティーを育てるために共闘することは、個人主義的な私的市場経済の教説によって妨げられた。ここをデューイは厳しく批判した。「民主主義的な公衆は、おおむね初歩的で未組織な状態に留まっている」と彼は訴える[17]。部分的な公衆どうしの意思伝達を図ることは、経済の作用によってはからずも放棄されてしまった。デューイの目的は、この公衆間の意思伝達を促進することによって、新たな国家大の公衆の創造を促すことであった。こうして生まれた広範な公衆は、国家の発展に新たな一貫性をもたらすことであろう。

デューイが目指しているのは、「集団の成員の潜在力を、共同の利益や財と調和するかたちで解放すること」であった。解放するといっても、新たな経済の影響を受けている消費者の一人一人のために、その選択肢を拡大するというのではない。デューイは言う。「善を実現するということが、皆で分かち合う善なのだから存続させよう、そのために努力しようという熱意を意味しているかぎりは、そこには共同体が存在している」。そして、「民主主義の理念を形作るものは何か。それは、共同生活というものに含まれるすべての意味合いについての明瞭な意識である」[18]。

4　避け難い闘争

デューイは民主主義のために献身したが、これと比肩できるものは、彼自身の教育に対する献身くらいなものであろう。彼にとって、この二つの概念は、切り離すことのできないものであった。民主主義をつくるのは教育ある市民である。しかも、知識の習得という点においてのみならず、活発な社会生活を送る能力という点においても教育ある者たちだけが、真の民主主義を可能にする。大恐慌がアメリカと世界における無数の人々にもたらした甚大な被害に応えて、一九三二年、ラインホールド・ニーバーは『道徳的人間と非道徳的社会』を公にした。これは、当時支配的であった世俗的・宗教的リベラリズムに疑義を呈し、社会には暗黒面があることを警告する怒りの書であった。序章において、彼はジョン・デューイを厳しく批判している。デューイは「今日の社会的困難の原因は、このテクノロジー文明を創り出した物理科学に対して社会科学が遅れをとっていることにある」と仮定している。「そのような議論の向かうところはいつも同じだ。もう少し時代が進んで、もう少し適切な道徳的・社会的教育がなされ、人間の知性が全体的に高まるようになれば、社会の苦境は解決に向かうだろうというものである」[19]。こうした立場は、結局のところ、理解しがたい、非現実的なものであるとニーバーは言う。高潔にして公平なる知性は、現実に起きていることをまるで見損なっていると言うのだ。

社会的状況においては、完全な合理的客観性などというものはありえない。同時代の民衆に向かって救済の助言をあたえようと熱望し、無知で怠惰な民衆がせっかくの知恵をなかなか受け入れないことに失望している当の社会科学者たちは、書く物のほとんどすべてにおいて、中産階級の先入見を露呈している。理性はいつでも、ある程度は、社会の現場における利害のしもべである。それゆえ、社会的不正は、教育家や社会科学者らが普通信じているように、道徳的・理性的勧告のみによって解決されることはない。闘争は不可避である。そして、この闘争において、権力は権力によって挑戦されなければならないのだ[20]。

ニーバーは論じる。世俗のリベラルや社会的福音の神学者は、（中産階級の）私的な交わりに認められるような親切や徳性を敷衍すれば社会改革ができると考えているが、これは間違いである。社会集団には、個人の動機や行動よりも道徳的統制をとることがむずかしい、集団エゴ、自己主張、押しつけの性向があるのだ――。H・リチャード・ニーバーは、兄の著作を公に批判することはなかったが、私的な書簡のなかでは、兄にはっきりと異議を唱えている。彼は言う。どんなに親密な人間関係のなかにも、エゴイズムや強要は表われるものである。兄が試みた区別は、論理的にも神学的にも誤りである、と[21]。しかし、それでもこの区別によって、ラインホールド・ニーバーは、個人レベルの交わりにおいては彼が決して容認することのなかった政治世界の過酷さに対して、実際的に立ち向かうことができたのである。

ラインホールド・ニーバーは、私たちが考察を加えているほとんどの思想家たちが疑問としている、個人と社会との区別を主張した。しかし、彼は、彼なりのやり方で「社会実在論」を主張している。制度における権力の重要性と闘争の不可避性を強調する彼の議論は、対話の展開におおいに貢献した。そして、ジョン・デューイがおおむねいつも想像していたよりもはるかに根源的な、アメリカの諸制度に対する問いの空間をもたらすこととなった。

5　リップマンの『善い社会』

ウォルター・リップマンの『善い社会』（一九三七年）は、現在の私たちの状況について考えるために有用な本である。ここには、現代社会に対する彼のもっとも深い洞察のいくつかが含まれている。第一部ではこう論じられている。分業の拡大と市場経済の進展によって、現代社会は、国際的な規模の「大きな社会《グレート・ソサエティー》」になりつつある（すでに述べたように「大きな社会」というのはグレアム・ウォーラスの概念である）。現代の市場経済は、規制が可能であり、また規制を必要としている（これについては後半部に多くの言及がある）。しかし、これを計画経済にとって代えることができるのは、戦争あるいは戦争の準備体制など、緊急時においてのみである。リップマンは、全体主義国家は、戦時の民主主義国家に似ていると述べている。全体主義国家は、緊急動員体制の永続化を図ろうとする。それゆえそれは本質的に軍国主義的であり、事実、拡張を画策するか（ファシスト国家の場合）、外部の攻撃を不可避と考えるか（ロシアの場合）しないではいられない。軍事国家において計画経済を創設しようというのは、深く病理的であり、近代的発展の趨勢に逆らうことだとリップマンは信じていた。

一九八九年の出来事を見るかぎり、リップマンの分析は非常に的確であったと思われる。ニューディール時代の過度の動員体制より彼が察知した危険の多くは、国家安全保障動員体制下にあった冷戦の四〇年間に、合衆国において、あまりにも現実的なものとなった。本書の序論で見た通り、彼は、現代社会においてはあらゆる戦争は内戦であると論じ、見かけはどうであれ、戦争は廃止される方向に進んでいくと結論づけた。これもまた、一九九〇年代においては、一九三七年以上に説得力のある考察となっている。

リップマンは、「国家や地域や個人の自足状態を壊し、深い、複雑な相互依存へと導く［ひいては大きな社会を形成する］生産様式によって、富が増大すること」[22]を歓迎した。しかし、彼は、大きな社会《グレート・ソサエティー》が必ずしも善い社会《グッド・ソサエティー》ではないこと、そして、制約なき市場の教条的擁護に走る経済的リベラルたちが、その重大な欠陥を見逃していることも十分理解していた。

それ［市場経済］は、物品の自在な使用という点において、生活水準の実質的向上をもたらした。現代のマルクス主義者も、資本主義が労働者階級の貧困の増大を引き起こすという当初のテーゼをもはや主張しなくなった。しかし、富の漸進的増大が、人間の良心に動揺をあたえるような、悲惨さ、失敗、挫折した生の痕跡をあとに残すというのも、また、同じくらいに確かなことだ。統計上の改善項目を数え上げても、損失項目を目立たなくさせたり、犠牲者の声をかき消したりするほどに目覚しいものとはならない。市場の決定によって労働と資本の効果的投下が図られ、大衆の要求を満足させることができるというのはまったく正しい。しかし、人間の立場に立ってみれば、市場は冷酷な君主である。実際、市場の判断を誤った人間は、自らの誤りを、自らの財産や自らの人生の敗北で償わなければならないのだ[23]。

　経済的リベラルは、市場経済の人的犠牲を軽減しようとはせず、むしろその存在を否定しようと試みた。その結果——とリップマンは言う——経済をより公平に管理するために国家の力を利用することを考える集産主義の運動（国家主義、社会主義、ファシズムの運動）への道が開かれてしまった。この展開は悲劇的である。新たな生産様式には、並外れた潜在力があったからだ。すでに序章において見たように、リップマンは、現代経済における生産性の増大は、より善い社会、あるいはまさしく善い社会を実現する基礎となりうると考えていたのである。

　リップマンは、彼が「リベラリズムのアジェンダ」と呼ぶ、ニューディール政策よりも徹底的な一連の改革を提案した。それは、行政の刷新のみならず法的規制をも通じて——つまり制度的改革によって——市場経済の欠陥を正すというものである。「私はこう指摘した。古典経済学者が認識した——そして結局は無視した——『軋轢』や『騒乱』は、実は、見識ある人間にとっての最高の関心事ともいうべき社会問題である。分業を行なっている社会では、いつでもそうなのだ[24]」。彼が掲げた必要な改革のリストの筆頭にあるのは「土地とすべての天然資源の保全」である。彼は述べる。「自由企業体制の保護者をもって任じている人間が、一方では、国民が自らの子孫への世襲財産を破壊するのを法は止めてはならないと思い込もうとしている。これは人の世の奇妙な不条理の一例である[25]」。

　次に、リップマンは、「労働と資本は、ともに、完全に可動的でなければならない」とする古典的な経済概念に対し、修正を求めた。「……資本は労働よりも可動的でなければならない。移動生活に対して人が抵抗するのは避け難いし、また望ましいことであるが、この抵抗を埋め合わせるほどに、資本は可動的でなければならない」。彼は、地理的固定状態を擁護したのではない。あまりに大規模で、あまりに繰り返される移動がもたらす破壊を指摘しているのである。「それゆえ、社会的統制を用いて、生きている人間にではなく生命のない資本に高度の移動性をあたえることで、この社会悪を軽減することが、政策目標となるべきである。ほとんどの人間が、自らの生まれた地において、種々の働きをなし、適応できるようにすることが、教育政策の目的となるべきである。そして、資本を可動にすることが、経済政策の目的となるべきである」[26]。彼なりのやり方で、リップマンは、一貫して、搾取に対抗するものとしての育成や定住の徳を主張していたのである。

経済的不平等に関心を寄せるリップマンの考察は、立場が非常に弱い人々ばかりでなく、立場の非常に強い人々にもおよぶものである。彼は、「新たな所得配分法」を求めた。現在の状況においては、これを可能とするのは「思い切った相続税と急勾配の累進所得税を通じて、所得の大掛かりな再配分を行なう政策」のみである[27]。そして「機会均等制の下では、今日、合衆国のような国に見られるほどの所得の著しい不均等はありえない」と論じた[28]。

リップマンはまた、経済的リベラリズムの二つの根本前提について論じた。彼の推奨する大変革を有効なものとするためには、是非ともここを再考察しなければならないと彼は考えた。すなわち、私有財産と企業である。彼は、私的所有権は「唯一絶対の主権」ではなく、「法によって確立された、法によって実施される権利」であると主張する[29]。確かに、所有権は、共同善のために社会が制度化した一組の権利である。所有権は絶対のものではなく、権利と同時に義務もともなう。同じことは、企業の権利についても言えるとリップマンは言う。「企業法人の特権を認めるにあたって、国家が条件を設けること、企業の権利は何であるかを述べること、企業があれこれの義務を果たす場合にのみ、有限責任と永久相続の特権があたえられると述べることは、当たり前の話であろう」[30]。

私有財産は絶対のものではない、企業は「自律的主権国家のようなもの」[31]ではないと論じたからといって、リップマンは決して、行政管理国家の権力拡大を推進しているのではない。むしろ、彼は、財産の所有者と企業とが、共同善のためにのみ認められる権利の享受者として、自らの義務を果たすように、法の支配を積極的に推進すべきだと言っているのである。「力に対する説得の勝利とプラトンが呼んだものを達成するためには」、法の支配が決定的であると彼は述べている[32]。

古典的な現実主義者であるリップマンの議論は、私たちが富と権力に魅惑されないように警告するものであった。制度について評価を下し、経済的・技術的勢力の破壊性を緩和するために、法とモーレスの内に体現される道徳的規範を用いることを、彼は半世紀も前に説いたのであった。種々の要素が深く連関して、大きな衝突があれば必ずや内戦状態に陥るような世界のなかで、近代なるものの達成物が、さらなる搾取のための手段ではなく、善い社会、真に人類に適する社会を創造するための手段となることを、彼は望んでいたのである。

6　文化の革命

一九六〇年、カトリックの神学者でイエズス会士のジョン・コートニー・マレーは、『我らの真とするもの――アメリカの企図に対するカトリックからの考察』と題する本を出版した。序文で彼は、「アメリカの公共哲学」について語っている。公共の議論と公共の対話についての彼の記述は、私たちが考察を加えてきたデューイ、ニーバー、リップマンの著作に完全に調和するものである。年齢的にはリップマンより一五歳、ニーバーより一二歳若いだけなのだが、共同の対話に彼が参加したのはわりに遅かった。『我らの真とするもの』は、一九五〇年代に発表した論文の集成である。かつてプロテスタントと世俗の人々によって占められていた議論の場に、ついにカトリックの重要な思想家も参加した。そして、自らの言葉によって、まさしくその議論を明快にし、豊かにした。

マレーによれば、「社会が市民的なものとなるのは、その成員が……議論によって結ばれているときである」[33]。議論には意見の不一致がつきものである。しかし、意見が一致しないということは、何について意見が一致しないのか、そこのところでは十分に共有するものをもっているということである。「公共の議論たるもの、文明の礼法にかない、また礼法を導くものであるべきならば、真の合意《コンセンサス》があること、人々のあいだに疑念がなく、賛同、一致、了解、黙諾の核となるものが存在していることが、議論を始める一切の前提となる。――我らこれこれを真とす、ゆえに、我ら論じうるなり」[34]。最小限の合意もないのであれば、議論はふらつき、市民社会に対して悲惨な結果をもたらすであろう。「もし、議論が無関心によって死んだり、怒れる不平へと沈滞したり、ヒステリックな叫びへと激化したり、実証主義的重箱の隅つつきに逸脱したり、意味論の泥沼に迷い込んだりしたならば、そのとき、市の門には蛮族が迫っている」[35]。たとえブルックス・ブラザーズのスーツに身を包み、ボールペンをもっていたとしても、蛮族は蛮族である。なぜなら、とマレーは言う。「繰り返そう。野蛮とは、原始林の比較的単純な蛮行を指して言うのではない。野蛮の定義には長い歴史がある。聖トマスはアリストテレスによってこれを要約した。野蛮とは、理法にかなう対話の欠如である。ここで言う「対話《カンバセーション》」には、ラテン語で二つの意味がある。ともに暮らすことと、ともに話すことである」[36]。

マレーは、アメリカ社会の合意の核を強調した。パーソンズなら共通の価値と呼んだところであろう。それは、対話を可能ならしめるものである。彼は、アメリカ建国以来カトリックがそうしてきたように、共和制の基本的用語を受け入れた。さらに彼は、カトリック知識人の一般的姿勢より一歩踏みこんで、より自由に、より十全に、公共の会話に加わろうとしている。マレーが行なったことについては、しばしばこう解釈されている。彼は、アメリカのカトリック教会がアメリカ社会へいっそう完全に統合されるよう尽力したのである。その統合とは、第二バチカン公会議以前のローマが必ずしも快く思わなかったものである、と。

『我らの真とするもの』をよく読むと、この解釈は著しく歪んだものであることがわかる。マレーは、たんにカトリックを公共の対話に導こうとしたのではない。礼儀正しく穏やかにではあったが、彼は、対話に用いられる言語を変えようとしていたのだ。これまでカトリックは排除されるか、対話に参加するためにアイデンティティーを放棄するかしなければならなかったと彼は言う。こうした排除には、終止符を打たなければならない――。一九六〇年という出版年には、当時ははっきりと見えなかった意味がある。つまり、『我らの真とするもの』は、文化の革命の開始の祝砲であったのだ。

マレーは、市民の合意ばかりでなく、文化的多元性の正当性を強力に弁じた。「他の者たちと異なり、カトリック信徒は、自己の信仰と自己の愛国心を混合したり、一方を他方で覆い隠したりはしない。ひどく単純な解決を求めても、自己に資することはない。カトリック信徒は、自己の思想の伝統を考慮しなければならない。それは、アメリカが作り上げてきたいかなるものよりも広くて深いものである。カトリック信徒はまた、自己の歴史を考慮しなければならない。それは、アメリカが生きた数世紀よりも長いのである」[37]。

アメリカの現実を市民的討論の理想に反するものとして描写しながら、彼は、実際に見られる「戦いの構造」について語った。

私たちは、説得という手段のみを用いて相互に品位ある対話を行ない、同意できない意見があれば礼儀正しく修正してやることで満足するような、真実のみを探求している人間の集団では決してない。実際には、種々の意見や信念は、社会的勢力として稜堡を築いている。それらは土地を占拠している。それらは利害を養成している。それらは自己のために戦う手段を備えている。そして、それらは自己のために戦う手段を備えている。真実は何かという真の問題は、権力と威信をめぐる二次的な問題と絡み合っている。この順序が逆転することも

しばしばである。(38)

自己の望むものを説得によらず力によって得ようと、権力と威信に訴えてきた者たちとは誰か。マレーは臆せず言う。「アメリカのプロテスタンティズムは、自らの歴史的ないしイデオロギー的アイデンティティーを作るにあたって、アメリカ文化の手を借りた。とくに、どのようにしてか正義、秩序、統合などあらゆるものの源泉とされる、個人の自由という、世俗主義的な、正体不明の秘法を利用した。その結果、醜悪と洗練、大衆性と学究性、狂信とリベラルなど、ありとあらゆる多様性をもつ自文化執着《ネイティビズム》が生まれた(39)」。

マレーは言う。カトリシズムは共謀集団であると非難されてきた。しかし、conspiracy（共謀）のもとの意味は、たんに、ともに息をすることであり、それは、互いに合意した者たちが自然に行なう行為である。プロテスタンティズムも、ユダヤ教も、世俗主義も、やはり共謀であるとマレーは主張する。私たちが望んでいるのは、それらのどれかを排除することではなく、私たちのすべてを含みうる、より大きな共謀を作り出すことである。マレーが「合意《コンセンサス》」という語を用いるときは、慎重な配慮があるに違いない。彼が常に信じていたことは、対話が進行するには最小限の一致が必要であるが、そのもっとも根本にあるものでさえ、市民の討論に服するものだということである。それゆえ、合意は、甘口の賛同でもなく、アメリカ社会における厳しい闘争を直視することの回避でもなかった。逆にそれは、そうした闘争のあることを認識できるように促すものだったのである。

マレーの議論は新しいものではなかったが(40)、彼はそれを新たな時代を予告するような主張をもって提出した。そして、彼の主題は、後日、民族的マイノリティー、女性、同性愛者によって、激烈な形で展開された。多元性と多様性は、確かにアメリカの議事日程《アジェンダ》であった。マレーの言った「より大きな共謀」が達成できるかどうかは、今のところまだ明らかではない。

7　制度の研究

ジョン・コートニー・マレーは、公共の討論という主要テーマを概略的に論じたが、その内容は、本書で明らかにしようと努めてきた事柄と一致するものであった。彼の主張はこうだ。公共の討論と公共の哲学とは、政府の行動に関わるものである。しかし、いっそう本源的には、国民の信念と実践に、そして信念や実践が伝達され、ある善い生活の形態に結実されるそのあり方に——本書の言い方では、制度へと結実されるあり方に——関わるものである。

リップマンの一九四〇年の『漂流と統御』以来、今日の社会批評家の著作にいたるまで、同じ話が繰り返されている。すなわち、国民の信念と実践には混乱がある、善い生活の意味についての合意事項がほとんどない、いやそれについての理解すらほとんどない、私たちの制度はひどい傷を負っているという議論である。問題の核心は近代性そのものであると、ほとんどの公共哲学者が論じている。私たちは、近代テクノロジー、経済、行政管理上の進歩がもたらした莫大な可能性と、共同生活の一貫した行動様式とをどう結びつけたらよいかを未だに学んでいない。絶えざる変化の只中に置かれている私たちは、家庭的・個人的生活への暖かいコミットメントと、市民的友情のやや冷静なコミットメント——マレーによれば、そこで唯一許容される熱情は、正義への熱情である——をどのように位置づけたらよいものか、今ひとつ方向が見えていないように思われる。

私たちは、こうした重大な局面を迎えている現在の課題と可能性とを分析するには、制度の分析を復活させなければならないと主張してきた。しかし、制度は見えにくく、また研究もしにくいものである。社会科学は、標本調査、徹底インタビュー、生活史分析など、個人を研究するための手法を入念に発達させているし、個人の経験が形成する集合的行動様式を研究するためにも、人口統計学から標本調査分析にいたるまで、入念な方法を備えている。[41] 今日では、組織を研究するための初歩的な方法もある。たとえば、資料や面接にもとづく事例研究[42]や、組織の成員の調査[43]があるし、公文書や、集積データ上の組織的特徴のコード化、さらには全職員の質問表にもとづいた調査[44]がある。

だが、制度については、どのようにして研究するというのか？　たんなる組織の研究では不十分である。それでは組織と、組織の目的や意味を定義する制度的様式とを混同する危険がある。

この問いに対する答えの一つとして考えられるのは、ある分野における法と、その法が実際にどう運用されているかについての研究である。制度とは規範的な型であり、法律とは社会における規範的な型のもっとも明確な表明であるから、制度の研究は、「まさに、法の社会学であると考えてよいかもしれない」。また、法学と緊密な関係があるかもしれない。これはパーソンズが『序説』で指摘したことである。[45] 本書の序論と結論において、家族の制度的問題を論じたが、ここで用いたのは、メアリー・アン・グレンドンの家族法の比較研究であった。[46] また、フィリップ・セルズニックの『法・社会・産業の正義』は、アメリカ実業界における団体交渉の制度化と産業の正義にかんするすばらしい研究である。[47] しかし、制度の研究においては、「法」という語は極めて広い意味に用いられる。そこには、判例法[48]や、無文字社会の慣習法、複雑な社会の公的・私的組織における経営管理上の規則が含まれる。また、トクヴィルがモーレスと呼んだもの、日常生活の多くの部分を規定するような信念や実践の非公式の型もまた含まれる。

だが、制度は、社会生活の極めて広い範囲におよぶものであり、組織、あるいは個人の行為と信念に比べて、範囲の特定がはるかにむずかしいものである（制度をなしくずしに個人や組織の行動の総体に読み替えてしまう社会学者がいるのは、一つにはそのせいである）。それゆえ、公式・非公式のコードの研究は、これから行なうべきことのほんの第一歩にすぎない。ある制度を徹底的に研究するにあたって、まず公的なコードから着手するとしても、制度がどのように働いているかをつぶさに調べ、研究者が書いたもの、その分野で実務を担っている人が書いたものの両方に広く目を通し、関係者と相互に影響し合うこともまた必要である。また、制度の道徳的意味に深く関与すること、制度的布置の正義と不正義について厭わず判断を下すことが必要であるというのもほぼ間違いのないところだ。記述的なばかりでなくて暗黙には規範的でもあるというのは、すべての社会学について言えることだが、こと制度を研究するにあたっては、学問的にきちんとした道徳的価値判断の責を負わずして善い仕事を行なうのは非常に困難である。広範なデータに専心することと道徳に対して感受性をもつこと。この二つを組み合わせることができて、はじめて、フィリップ・セルズニックの法の研究のようなものが可能となる。法を制度として記述したセルズニックの方法は、法に生命をあたえる深い価値的コミットメントに対しても、法の現行のあり方に対しても、配慮の行き届いたものであった[49]。私たちも、同様の戦略をとろうと努めた。私たちは、アメリカ社会の種々の制度的領域に通じた学者たちの著作を読み込みつつ、制度に生命をあたえ、制度それ自体を定義づける目的をあたえるような、根底にある原理をも見逃さぬように気を配り、それと同時に、制度が被っている、より具体的、組織的な困難をも理解しようと努めた。私たちはまた、制度に足をとられながら、その制度の目的を実現しようと試みている人々のジレンマを理解するために、インタビューを用いることもあった。私たちは、標本抽出の原理はまったく用いていない。私たちが探したのは、制度の核心にある規範的な問題と、それぞれの観点から格闘している者たちのみであった。

また、私たちは、多くの研究者との対話からも学んだ。社会の核心にある文化的伝統やコミットメントに対する私たち自身の意識をも生かすようにした。規範的理論と制度の分析とのあいだには必然的なつながりがあると考える私たちは、社会科学にも、哲学にも、制度に注意を払う明確な方法が必要だと見ている。哲学の多くは、古典的プラグマティズムへの関心を棄てるとともに、制度を無視するようになった。そして、規範的な問題を、あたかもそれらが主として制度の外、社会的な文脈の外にある個人に対して生じるかのように扱っている。ヘンリー・ジェームズなど、小説家は、自分の描く登場人物が家族や階級の期待の範囲内で行動することを巧みに表わしている。ジェームズは、登場人物の道徳的ジレンマに主たる関心を寄せていたにもかかわらず、彼らのこうした行動を誤りだとは考えていなかった。最近の小説家でも、ジョン・アップダイクなどは、こうした制度的期待が崩壊していく様子を記述している。彼らもまた、制度のもつ意義や制度の弱体化が個人に強いた犠牲について無視することはない。哲学者も、社会科学者も、洞察力のある作家や芸術家から、制度について多くを学ぶことができるだろう。(50)

制度と真剣に取り組む社会科学は、公共哲学の再生に向けて重要な貢献を行なうことだろう。それは、道徳に関与する社会科学となるだろう。なぜなら、制度と取り組むためには、制度の核となる原理および価値と取り組まなければならないからである。本書が求めるものは、公共の対話の再生ばかりではない。社会科学者がふたたび制度に立ち向かい、それを分析の焦点とすることをも求めているのだ。こうした取り組みを行なうためには、通例社会科学が行なっている以上に、歴史について、また目的や価値の問題について、深く考察することが必要となるだろう。また、制度の研究には、どのような問いと分析の手法がふさわしいかについて新たに考察することが必要であろう。

8　対話の広がり

私たちが依拠した公共哲学者たちは、私たちの問題は、新たな形で道徳的反省を行ない、それを実践に移すことで解決されると一致して主張していた。短く言えば、問題を解決するものは、制度の変更だということである。国家・地域共同体・家庭における恣意的な力を制限して、従来抑圧され、排除されていた人々に、正義を施し、参加のチャンスを広げるということにかんしては、すでに大きな成果が上がっている。私たちが学んだ公共哲学者は、みなこの点を理解していた。しかし、彼らのなかに、自動的な進歩を信じている者たちはいなかった。みな、現代社会の恐るべき歪みに気づいていた。とはいえ、より善い、より正義ある世界を築く希望を棄てた者もいなかったのである。

大きな社会《グレート・ソサエティー》は非人格的なものであり、地域の共同体や文化の相違を破壊するものであるとデューイは論じた。(51)これに対し、大きな共同体《グレート・コミュニティー》の使命の一つは、地域の共同体と文化の相違がふたたび豊かなものとなるように促すことである。とはいえ、排他的な空気を養成するというのではなく、それら共同体どうしは、究極的にはみな同じ大きな共同体の一員なのであるとオープンに理解できるようにするのである。これについては、ジョン・コートニー・マレーその他の人々が、デューイよりもはっきりと論じている。そうした論者のなかには、もちろんマーティン・ルーサー・キング・ジュニアもいる。

　アメリカ文化は、非常に多様で多元的なので、話のかみあった公共の討論は望めないし、まして合意などありえないとは、しばしば言われることである。しかし、実際にやってみると、たとえば、カリフォルニア州議会の両院合同家族委員会が主催した討論会などの例では、州内の多様な全タイプの住民のあいだで、幅広い合意に達することができた。今日の家庭の窮状に無関係な主要集団はなかったし、必要な対策の多くについても、大きな意見の相違はなかった。しかし、ここで言いたいのは、文化的多様性は、共同善についての真剣な討論の障害にはならないということではない。むしろ、問題なのは次の点である。大きな社会の形態をもつアメリカは、たえず多元性や多様性の足場を崩している。二言語使用や二文化並存は、無慈悲にも打ち砕かれている（多言語使用や多文化共存どころの話ではない）。すなわち、大きな社会は、多様化ではなく均質化をもたらす。私たちはこうした危険性のことを訴えたい。今日、私たちにもっとも影響力のある文化的制度は、テレビと大衆化した高等教育である。それらは、文化の多様化の苗床ではなく、単一化の推進者となっている。

　今日、文化的な「多様性」や「多元性」という視点でいろいろと論じられているが、実際には、アイデンティティーの政治化ということが起きている。これは、アメリカ史においてよく知られた過程である。長い間、多くの州の政党は、候補者を推薦するさいに、「公認候補者間のバランス」をとる必要があった。今日でもそうである。今日では、アフリカ系アメリカ人、ヒスパニック、アジア系住民もまた、この過程に取りこまれている。これによって、アメリカは、多様な——しかし内部においては均質な——文化的「共同体」で構成されているかに見えるかもしれない。しかし、アイデンティティーの政治化の過程自体は、文化の同化の徴候なのである。たとえば、今日、アイルランド人のなかには、共和党員もいれば民主党員もいるし、保守派もいればリベラルもいるし、また、中絶反対派もいれば賛成派もいる。すなわちアイルランド民族の文化は拡散してきているということは明らかである。同様の同化と拡散の過程は、ゲームの新たな参加者のあいだにも起こりつつある。アメリカの大学における民族集団研究科は、アイデンティティーの政治化の過程で創り出されたものであり、またそのようなものとして弁護されるものである。だが、マイノリティーの学生の多くは、大学の教室で初めて「自分たちの」文化を学ぶというのは、辛辣な話である――自分が実際に生まれ育った共同体は、文化を伝達する力をもはや失っているのだ。大学は大学なりのやり方として民族集団研究コースをもっているとしても、この大学自体が単一文化の一部であるので、あれこれのコースがいったいどれほど物を言うのであろうか。真の民族的・地域的多様性を育てる、大きな共同体をつくる努力は、アメリカにおいては容易なものではなかった。それは、今でも大きな課題として残されている。第五章で論じたように、大学がこうした努力に大きな貢献をしようとするなら、教育の意味について、教育課程を論ずるほとんどの者たちが考えているよりも、はるかに深く、考察する必要がある。

デューイが「大きな共同体」という言葉を用いたとき、彼は、過ぎ去った過去に対して、すなわちリップマンがアメリカ村と呼んだもの、社会学者がゲマインシャフトと呼んでいるものに対して、なんの郷愁も感じていなかった。それはロイスの場合と同様である。デューイは、漠然とした伝統に戻ろうとしたのではなく、典型的性格と批判、忠誠と討論、平等と個性の繁栄とを結びつけようとしたのである。わが主要な論客たちは、みな、自分なりのやり方で、彼と同様の意見を述べている。マレーの真理の客観性の感覚と社会実在論に似ているのは、ただリップマンの最後の著作くらいなものであるが――この類似は、おそらく両者がともにトマス主義〔トマス・アクィナスの哲学・神学体系。一九世紀から二〇世紀の初めにかけてカトリックの正統哲学として影響をあたえた新トマス主義は、無神論に対抗し、唯名論に対して実在論を提唱した〕から大きな影響を受けていることによるものだろう――彼にしても、大きな共同体を可能にする信念について言及しているのである。彼は言う。「アメリカの企図は、教義としても、計画としても、完成されたものではない。それは、一度たりとも論証されたことのないものだ。そして、この企図自体が、発展を必要としている。発展がなければ衰微あるのみである」(52)。

9　私たちの展望

好機と危険とが紙一重であるような状況においては、新たな道徳的洞察を獲得することが何よりもまず求められる。それは、対話を通じて説得することのできるようなもの、善い生活の意味についての活発な公共的討論をもたらすようなもの、改革された諸制度のうちに具体化されるようなものでなければならない。私たちが諸々の古い伝統の力を借りなければならないのは明らかであるが、ただし、それらを、新たな条件に合わせて、解釈しなおす必要がある。だが、こうした道徳的議論だけでは、意味ある制度的変革をもたらすことはできない。権力と利益がいつでも必要である。しかし、道徳的合意が十分強力であるなら、突破のチャンスは見つかるであろうし、権力と利益の側も、状況に同調するのが得策と見るかもしれない。権力と権力とが戦っている場合には、闘争を経ずしてこうした結果が訪れることはないだろう。しかし、もし道徳的議論がないとすれば、破壊的なものにもなりうる経済的・政治的な諸力を、人間的な目的に奉仕させるような恒常的な圧力は、どこにもないということになる。

私たちの公共哲学者たちのほとんどは、広く一般の人々にもわかる議論を行なっている。これは示唆に富む問題である。彼らの著書の多くは、今日でも出版されており、今日でも一般の教養ある人々が読んで有益なものである。確かに彼らは、科学的・技術的な複雑性が今日の社会形態の中心的な問題であることを理解していた。しかし、それでも彼らは、私たちにとって根本的な問題は、道徳的・政治的なものであること、それらは公共の討論や民主的決定によってのみ解決できるものであると信じていた。当代流行の政策アナリシスは、さまざまな場面において、わが公共哲学者たちの考察の代わりを務めているが、真の民主的対話に取って代わるようなものではない。それらは、専門家たちの秘教の世界にとどまっている。彼ら専門家は、民主主義を装う儀礼の陰で、私たちの代わりに現実的決定を下そうとしている。公共の討論をやめて政策アナリシスでよしとするのは、事実上、民主主義の試みをすべて放棄すること、わが社会が管理社会になるのを認めることである。それは、私たちの預言者たちがいつも恐れてきた事態である。世界各地で民主主義が勝利を収めているまさにそのとき、アメリカで民主主義が敗北するとすれば、こんな皮肉なことはないだろう。

最後に、もう一つ注目したいことがある。私たちの論客たちは、多くの点で典型的アメリカ人である一方で、アメリカを超えたものをもっている。ジョン・デューイは、国際的に知られた哲学者である。彼の中国での業績は、依然として大きな役を果たしている。ウォルター・リップマンは、わが国のパワーの絶頂期においても、アメリカは世界のシステムの一部にすぎないことを理解していた。彼の同時代には、そのような人間はほとんどいなかった。彼は、アメリカが世界を警備するにも能力的に限界があることを警告したが、もし私たちが彼の警告を心に留めていたならば、ベトナムの悲劇はうまく回避できたかもしれない。ラインホールド・ニーバー、H・リチャード・ニーバー、ジョン・コートニー・マレーは、常々、国家を完全に超越する忠誠こそを第一としなければならないと主張し、アメリカを神の審判の下に置いていた。わが論客たちはみな、善い社会には活発な公共生活が欠かせないと主張した。彼らはみな、それぞれにやり方は異なるが、私たちにある一つのことを教えている。公共世界がいかに包括的なものになろうとも、その目的は、自己の境界線を越えた向こうにある。すべての地域と国家の民を市民とする、より大きな国、世界都市《コスモポリス》、普遍的な共同体に奉仕し、それを称えることの内にある。このことを、私たちに教えているのである。

原　注

（*）印は「参照文献邦訳一覧」（三五三頁）に訳書名があげられていることを示す。

序論　私たちは制度のなかを生きている

(1)　エリ・セーガンは、民主主義に対する心的な信頼の重要性と、民主的制度に対する猜疑心がもたらす危険性について雄弁に論じている。Eli Sagan, *The Honey and the Hemlock: Democracy and Paranoia in Ancient Athens and America* (New York: Basic Books, 1991).

(2)　George Grant, *English-Speaking Justice* (Notre Dame: University of Notre Dame Press, 1984 [1974]).

(3)　制度に由来することがわかる問題に対して、個人としてどう対応したらよいのか。これを知ることの困難を示す事例としてホームレスの問題を示唆したのは、カリフォルニア大学バークレー校の社会学者、Kristin Luker であった。

(4)　Robert N. Bellah, Richard Madsen, William M. Sullivan, Ann Swidler, and Steven M. Tipton, *Habits of the Heart* (Berkeley and Los Angeles: University of California Press, 1985) (*), p. vi.

(5)　制度に対する社会学的な見方については、本書の付録でさらに論じている。

(6)　とくに、*Habits of the Heart*, pp. 144–47 を見よ。

(7)　たとえば次を見よ。Bernard Yack, "Liberalism and Its Communitarian Critics: Does Liberal Practice 'Live Down' to Liberal Theory?" ; Jeffrey Stout, "Liberal Society and the Language of Morals" in Charles H. Reynolds and Ralph V. Norman, eds., *Community in America: the Challenge of "Habits of the Heart"* (Berkeley and Los Angeles: University of California Press, 1988), pp. 147–69, 127–46. また、Jeffrey Stout, *Ethics After Babel: The Languages of Morals and Their Discontents* (Boston: Beacon Press, 1988) も参照のこと。

(8)　クリストファー・ラッシュは、『心の習慣』に対する彼の書評のなかで、『心の習慣』は公共的な参加を論じたものであって、アメリカの伝統的な意味における「共同体」をそのまま取り上げたものではないと指摘した。Christopher Lasch, *In These Times*, June 26–July 9, 1985. ラッシュはまた、新著の第四章「社会学的伝統と共同体の概念」において、通常アメリカで使われるときの「共同体」という語がもつ欠点を、細部にわたって指摘している。そして第三章「ノスタルジア――記憶の放棄」では、アメリカ人の思考のもうひとつの特徴的弱点を非難している。Christopher Lasch, *The True and Only Heaven: Progress and Its Critics* (New York: Norton, 1990).

(9)　Graham Wallas, *The Great Society: A Psychological Analysis* (New York: Macmillan, 1914).

(10)　John Dewey, *The Public and Its Problems* (1927), in Jo Ann Boydston, ed., *John Dewey: The Later Works*, Vol. 2: 1925–27 (Carbondale and Edwardsville: Southern Illinois University Press, 1984), p. 314.

(11)　Josiah Royce, *The Hope of the Great Community* (New York: Macmillan, 1916).

(12)　Walter Lippmann, *The Good Society* (Boston: Little, Brown, 1937).

(13)　同 p. 194.

(14) 同 p. 161.
(15) Dennis McCann, "The Good to Be Pursued in Common," in Oliver F. Williams and John W. Houck, eds., *The Common Good and U. S. Capitalism* (Lanham, New York, London: University Press of America, 1987), pp. 158–78.
(16) ハーバート・フィンガレットは、私たちの文化における握手の制度的側面を鮮やかに分析した。Herbert Fingarette, *Confucius: The Secular as Sacred* (New York: Harper and Row, Harper Torchbooks, 1972) (*), pp. 9–10.

握手を事例として、礼儀と制度とのよりいっそう一般的な関係を知ることができる。制度の存続は儀礼的反復を必要とするからといって、私たちは制度が非合理的な慣習だとは考えない。健全な制度は、合理的な反省と儀礼という二つの極を行き来することのうちに生きるのである。

(17) David Kirp, *Learning by Heart: AIDS and Schoolchildren in America's Communities* (New Brunswick: Rutgers University Press, 1989).
(18) Mary Douglas, *How Institutions Think* (Syracuse: Syracuse University Press, 1986), p. 124.

第一章 理解する

(1) 一九八八年七月二日、ジョージア州アトランタにおける民主党全国党大会での演説。Jesse Jackson, "Common Ground and Common Sense" (*Vital Speeches*, vol. 54, no. 21, August 15, 1988, pp. 649–53).
(2) 「共同体・開かれた扉」にかんするこの記述は、ピーター・M・ガティエの研究に拠る。Peter M. Gathje, *A History of the Open Door Community*, unpublished MTS thesis, Emory University, 1988 を見よ。
(3) Reinhold Niebuhr, *Moral Man and Immoral Society* (New York: Charles Scribner's Sons, 1932) (*). また、Richard Wightman Fox, "The Liberal Ethic and the Spirit of Protestantism" in Charles H. Reynolds and Ralph V. Norman, eds., *Community in America: the Challenge of "Habits of the Heart"* (Berkeley and Los Angeles: University of California Press, 1988), pp. 240–43 を見よ。
(4) Richard Nixon, *The Real War* (New York: Warner Books, 1980) (*), p. 249.
(5) Gaddis Smith, *Morality, Reason, and Power: American Diplomacy in the Carter Years* (New York: Hill and Wang, 1986), pp. 29, 32.
(6) 次に言及がある。Bruce Cumings, "Chinatown: Foreign Policy and Elite Realignment" in Thomas Ferguson and Joel Rogers, eds., *The Hidden Election: Politics and Economics in the 1980 Presidential Campaign* (New York: Pantheon, 1981), p. 228.
(7) Arthur M. Schlesinger, Jr., "The Theory of America: Experiment or Destiny?" in *The Cycles of American History* (Boston: Houghton Mifflin, 1986) (*), pp. 3–22. ストーからの引用は p. 14 にある。
(8) Woodrow Wilson, *Messages and Papers*, Albert Shaw, ed., Vol. 2 (New York: Review of Reviews Corp., 1924), p.777. これは Schlesinger, *Cycles of American History* (*), p. 54 に引用されている。
(9) この点は Gaddis Smith, *Morality, Reason, and Power*; Bruce Cumings, "Chinatown" (Ferguson and Rogers, *Hidden Election*, pp. 196–231) において論じられている。
(10) こうした問題の多くをめぐる有益な議論が Sanford J. Unger, ed., *Estrangement: America and the World* (New York: Oxford University Press, 1985) にある。
(11) Daniel Bell, "The World and the United States in 2013," *Daedalus*, vol. 116, no. 3, Summer 1987, pp. 13–14.
(12) *New York Times*, August 11, 1989, section 1, p. 23.
(13) Jonathan Simon, "The Emergence of a Risk Society," *Socialist*

Review, no. 95, 1987, pp. 61–89.

(14) David Popenoe, *Disturbing the Nest: Family Change and Decline in Modern Societies* (New York: Aldine de Gruyter, 1988), pp. 57–79.

(15) また，Judith Stacy, *Brave New Families: Stories of Democratic Upheaval in Late Twentieth-Century America* (New York: Basic Books, 1990) を見よ。

(16) Barbara Ehrenreich, *The Hearts of Men* (Garden City: Doubleday, Anchor Books, 1983).

(17) Popenoe, *Disturbing the Nest*, pp. 295–306.

(18) Mary Ann Glendon, *The Transformation of Family Law: State, Law, and the Family in the United States and Western Europe* (Chicago: University of Chicago Press, 1989), p. 292. これは Alain Bénabent を引用している。

(19) Judith S. Wallerstein and Sandra Blakeslee, *Second Chances: Men, Women and Children a Decade After Divorce* (New York: Ticknor and Fields, 1989), p. xxi.

(20) Glendon, *Transformation of Family Law*, p. 313.

(21) Arlie Hochschild, *Second Shift: Working Parents and the Revolution at Home* (New York: Viking, 1989) (*), pp. 231, 267.

(22) Lenore Weitzman, *The Divorce Revolution* (New York: Free Press, 1985).

(23) Mihaly Csikszentmihalyi, *Flow: The Psychology of Optimal Experience* (New York: Harper and Row, 1990), chapter 7, "Work as Flow."

(24) Gaetano Salvemini, *Italy from the Risorgimento to Fascism* (Garden City: Doubleday, Anchor Books, 1970), p. 453. サルヴェミニは，地上に天国はない，何らかの形の煉獄を受け入れないならば，私たちはついには地獄に行くことになると警告している。

第二章 アメリカの世紀の興隆と衰退

(1) Kenneth T. Jackson, *The Crabgrass Frontier: The Suburbanization of the United States* (New York: Oxford University Press, 1985), p. 248. フューチュラマの社会的文脈については，Jeffrey L. Meikle, *Twentieth Century Limited: Industrial Design in America, 1925–1939* (Philadelphia: Temple University Press, 1979) も見よ。

(2) Frederick F. Siegel, *Troubled Journey: From Pearl Harbor to Ronald Reagan* (New York: Hill and Wang, 1984), p. 86.

(3) Lewis Mumford, *The City in History: Its Origins, Its Transformations, and Its Prospects* (New York: Harcourt, Brace, 1961), p. 486.

(4) David Riesman, with Nathan Glazer and Reuel Denney, *The Lonely Crowd: A Study of the Changing American Character* (New Haven: Yale University Press, 1950) (*).

(5) William H. Whyte, *The Organizational Man* (New York: Simon and Schuster, 1956).

(6) C. Wright Mills, *White Collar: The American Middle Classes* (New York: Oxford University Press, 1951) (*), p. xv.

(7) Robert S. Lynd and Helen Merrell Lynd, *Middletown: A Study of Contemporary American Culture* (New York: Harcourt, Brace, 1929) (*); Robert S. Lynd and Helen Merrell Lynd, *Middletown in Transition: A Study in Cultural Conflicts* (New York: Harcourt, Brace, 1937).

(8) Siegel, *Troubled Journey*, pp. 110–11 に引用されている。

(9) 同 p. 93.

(10) Robert Reich, *The Next American Frontier* (New York: Times Books, 1983), p. 81.

(11) Eric F. Goldman, *The Tragedy of Lyndon Johnson* (New York: Knopf, 1969), p. 164.

(12) Thomas Pangle, *The Sprit of Modern Republicanism: The Moral Vision of the American Founders and the Philosophy of Locke* (Chicago: University of Chicago Press, 1988).

(13) John Dunn, *The Political Thought of John Locke: An Historical Account of the Argument of the Two Treatises of Government* (Cambridge, England: Cambridge University Press, 1969); John Dunn, *Locke* (Oxford: Oxford University Press, 1984).

(14) ジーン・エルシュテインの本の第三章には、ロックの女性観についての含蓄ある見解が述べられている。Jean Bethke Elshtain, *Public Man, Private Woman* (Princeton: Princeton University Press, 1981). 彼女は指摘する。「ロックは女性が男性に従属することを正当化しており、それをイヴに課せられた罰の結末として説明している」が、これは「家長支配の権利は自然に根拠をもつものではない」という彼の断固たる見解とは矛盾するものである (p.125)。家族に対する自らの政治的立場を徹底的に適用するとどうなるか、ロックはその帰結を直視しようとしないが、理論的根拠があって適用を拒んでいるわけではない。この彼女の議論は説得的である。スーザン・オーキンの本の第四章にも、不十分ではあるが、女性と家族にかんするロックの見解についての議論がある。Susan Moller Okin, *Justice, Gender, and the Family* (New York: Basic Books, 1989).

(15) Forest McDonald, *Hamilton: A Biography* (New York: Norton, 1979), pp. 234–35. また、Leslie Wharton, *Polity and the Public Good: Conflicting Theories of Republican Government in the New Nation* (Ann Arbor: UMI Research Press, 1980) を見よ。

(16) アメリカの法と社会における、法人の地位の変化については、次を見よ。Alfred D. Chandler, *The Visible Hand: The Managerial Revolution in American Business* (Cambridge: Harvard University Press, Belknap Press, 1977) (*); Alfred D. Chandler, *Managerial Hierarchies: Comparative Perspectives on the Rise of Modern Industrial Enterprise* (Cambridge, Harvard University Press, 1980); Thomas C. Cochrane, *Two Hundred Years of American Business* (New York: Basic Books, 1977); Thomas C. Cochrane, *Challenges to American Values: Society, Business, and Religion* (New York: Oxford University Press, 1985); James Oliver Robinson, *America's Business* (New York: Hill and Wang, 1985); Michel Barzelay and Rogers Smith, "The One Best System?" in Warren J. Samuels and Arthur S. Miller, eds., *Corporations and Society: Power and Responsibility* (New York: Greenwood Press, 1987).

(17) Herbert Croly, *The Promise of American Life* (Cambridge: Harvard University Press, Belknap Press, 1965 [1909]), pp. 21–22.

(18) 同 p. 24.

(19) 同 p. 25.

(20) Graham Wallas, *The Great Society: A Psychological Analysis* (New York: Macmillan, 1914).

(21) Croly, *Promise*, p. 104.

(22) "NSC 68" in Thomas H. Etzold and John Lewis Gaddis, eds., *Containment: Documents on American Policy and Strategy, 1945–1950* (New York: Columbia University Press, 1978).

(23) Robert Dahl, *Democracy and Its Critics* (New Haven: Yale University Press, 1989). とくに序章、二二章および二三章。総じて『善い社会』は、ダールの言う「民主主義の第三の変容」が必要とする制度的枠組みについての考察の試みである。

第三章　政治経済――市場と労働

(1) Daniel Bell, *The Cultural Contradictions of Capitalism* (New York: Basic Books, 1976) (*), chapter 6, "The Public Household," pp. 220–82.

(2) Adam Smith, *The Wealth of Nations*, ed. Edwin Cannan (Chi-

cago: University of Chicago Press, 1976) (＊). スミスは狭い経済的要因ばかりでなく政治的・道徳的要因も重視しており、文明史における交換の役割について包括的議論を行なっている。

（3）　Donald Miller, *Lewis Mumford: A Life* (New York: Weidenfeld and Nicolson, 1989), p. 164.

（4）　Robert Dahl, *A Preface to Economic Democracy* (Berkeley and Los Angeles: University of California Press, 1985), pp. 162–63.

（5）　ロナルド・レーガンの一九八三年の記者会見。引用は Jennifer L. Hochschild, "The Double-Edged Sword of Equal Opportunity" in Ian Shapiro and Grant Reeher, eds., *Power, Inequality, and Democratic Politics: Essays in Honor of Robert A. Dahl* (Boulder and London: Westview Press, 1988), p.168 による。

（6）　Herbert Gans, *Middle-American Individualism: The Future of Liberal Democracy* (New York: Free Press, 1988).

（7）　Kevin Phillips, *The Politics of Rich and Poor: Wealth and the American Electorate in the Reagan Aftermath* (New York: Random House, 1990).

（8）　Benjamin Friedman, *Day of Reckoning* (New York: Random House, 1988), pp. 8–9.

（9）　David Popenoe, *Private Pleasure, Public Plight* (New Brunswick: Transaction Books, 1985), p. 82–84. ガルブレイスは著書『ゆたかな社会』を通じて「個人の富裕、公共の貧困」という観念を広めた。John Kenneth Galbraith, *The Affluent Society* (Boston: Houghton, Mifflin, 1958) (＊). この言葉の由来は、究極的には小カトーにまで遡る。小カトーは、サルスティウスが伝えるカティリナ弾劾演説において、ローマの共和制の美徳の崩壊を嘆いて 'Habemus publice egestatem, privatim opulentiam.' と述べている。これはほぼ逐語的に「我々は公共の貧困と個人の富裕を有する」と訳せる。Sallust, *Catilina*, section 52, subsection 22. マキアヴェリが、秩序ある共和国は国民（パブリック）を富裕に、市民（シティズン）を貧困に保たなければならないと言ったのは、この点を述べたものである。Machiavelli, *Discorsi*, I. 37. 3. また、III. 25 を見よ。

（10）　こうした状況の全体像は『心の習慣』に描かれている。Robert N. Bellah, Richard Madsen, William M. Sullivan, Ann Swidler, and Steven M. Tipton, *Habits of the Heart* (Berkeley and Los Angeles: University of California Press, 1985) (＊).

（11）　Alan Wolfe, *Whose Keeper? Social Science and Moral Obligation* (Berkeley and Los Angeles: University of California Press, 1989), pp. 36, 32, 37–38.『善い社会』はウルフの著書に多くを負っている。その第一・第二部には、現代西洋社会の経済と国家にかんする彼の批評があるが、私たちはここから多くのことを学んだ。多くの点で、私たちの本は、彼の著書の第三部、社会の部が制度という点において意味するものを展開させたものである。

（12）　Adam Smith, *The Theory of the Moral Sentiments*, ed. D. D. Raphael and A. L. Macfie (Oxford: Oxford Univeristy Press, 1976) (＊), part III, chapter 3, paragraph 25, pp. 146–47.

（13）　Robert Heilbroner, "The Coming Meltdown of Traditional Capitalism," *Ethics and International Affairs*, vol. 2, 1980, p. 72. また、R. Heilbroner, "Reflections: The Triumph of Capitalism," *New Yorker*, January 23, 1989, pp. 98–109 も見よ。ここにおいて彼は、共産主義国家の計画経済と比較したときの資本主義の顕著な成果を論じているが、資本主義経済自体が抱える深刻な問題からも目をそらすことはない。

（14）　Fred Block, *Post-Industrial Possibilities* (Berkeley and Los Angeles: University of California Press, 1990).

（15）　Robert Dahl, *Democracy and Its Critics* (New Haven: Yale University Press, 1989), pp. 111–12.

（16）　Alexis de Tocqueville, *Democracy in America*, trans. George Lawrence, ed. J. P. Mayer (New York: Doubleday, Anchor Books,

1969)(*), vol. II, part II, Chapter 20, pp. 555–58.

(17) David Vogel, *Fluctuating Fortunes: The Political Power of Business in America* (New York: Basic Books, 1989) を見よ。

(18) David F. Noble, *Forces of Production: A Social History of Industrial Automation* (New York: Oxford University Press, 1986).

(19) Harley Shaiken, *Work Transformed: Automation and Labor in the Computer Age* (New York: Holt, Rinehart and Winston, 1985).

(20) Robert Howard, *Brave New Workplace* (New York: Viking, 1985).

(21) Robert B. Reich, *The Next American Frontier* (New York: Times Books, 1983).

(22) Michael J. Piore and Charles F. Sabel, *The Second Industrial Divide: Possibilities for Prosperity* (New York: Basic Books, 1984).

(23) Shoshana Zuboff, *In the Age of the Smart Machine: The Future of Work and Power* (New York: Basic Books, 1988).

(24) Joseph Pratt and Louis Galambos, *The Rise of the Corporate Commonwealth* (New York: Basic Books, 1988). また、Neil D. Fligstein, *The Transformation of Corporate Control* (Cambridge: Harvard University Press, 1990) を見よ。

(25) Charles R. Strain, "Madison and Jefferson in the Workplace: Technological Change and the Ethos of a Democratic Society." これは一九八九年四月四日-七日のメリーランド州 Bethesda における会議 "The Worker in Transition: Technological Change" に提出された論文である。また、"Beyond Madison and Marx: Civic Virtue, Solidarity and Justice in American Culture" in Charles R. Strain, ed., *Prophetic Visions and Economic Realities: Protestants, Jews and Catholics Confront the Bishop's Letter on the Economy* (Grand Rapids: Eerdmans, 1989), pp. 190–202 も見よ。

(26) Cuomo Commission on Trade and Competitiveness, *The Cuomo Commission Report* (New York: Simon and Schuster, 1988).

(27) 労働、環境、人間関係にかんして、私たちの生活を新たに方向づける必要性を、ウェンデル・ベリーほど雄弁に語った者はない。この点にかんしては、とくに彼の最近の二つの論文集を見よ。Wendell Berry, *Home Economics* (San Francisco: North Point Press, 1987); *What Are People For?* (San Francisco: North Point Press, 1990).

(28) R. Jeffrey Lustig, "Taking Corporatism Seriously: Private Government and American Politics". これはアメリカ政治学会(APSA)の一九八七年九月四日のシカゴにおける学会で提出された論文である。また、R. Jeffrey Lustig, *Corporate Liberalism: The Origins of Modern American Political Theory, 1890–1920* (Berkeley and Los Angeles: University of California Press, 1982) を見よ。

(29) James Boyd White, "How Should We Talk About Corporations: The Languages of Economics and Citizenship," *Yale Law Journal*, vol. 94, 1985, pp. 1418, 1416.

(30) Ronald Dore, *Taking Japan Seriously: A Confucian Perspective on Leading Economic Issues* (Stanford: Stanford University Press, 1987), pp. 148–50 を見よ。また、フレッド・ブロックの最低保証所得についての議論を見よ。Fred Block, *Post-Industrial Possibilities* (Berkeley and Los Angeles: University of California Press, 1990), pp. 204–8.

(31) James Stockinger, "Locke and Rousseau: Human Nature, Human Citizenship, and Human Work," unpublished Ph. D. dissertation, Department of Sociology, University of California, Berkeley, 1990.

(32) Jennifer Hochschild, "The Double-Edged Sword of Equal Opportunity," in Shapiro and Reeher, *Power, Inequality, and Democratic Politics*, pp. 168–200. 機会均等にかんするホックシルドの綿密な分析は、本章のいくつかの論点を明らかにするのに有効であった。

（33）　Robert Coles, "The Underclass: What Is to Be Done?" *New Oxford Review*, March 1990, pp. 19–22 を見よ。

（34）　Philip Scranton. 一九八八年の秋における個人的対話。

（35）　Carol Gilligan, *In a Different Voice: Psychological Theory and Women's Development* (Cambridge: Harvard University Press, 1982); Sara Ruddick, "Maternal Thinking" in Barrie Thorne, ed., *Rethinking the Family: Some Feminist Questions* (New York: Longmans, 1982), pp. 76–94.

（36）　*Economic Justice for All*, Pastral Letter on Catholic Social Teaching and the U.S. Economy (Washington, D.C.: National Conference of Catholic Bishops, 1986), paragraphs 183–85, pp. 90–92.

（37）　Christopher Jencks et al., "Inequality: A Reassessment of the Effect of Family and Schooling in America" (New York: Basic Books, 1982), p. 8.

（38）　Jeffrey C. Goldfarb, *The Cynical Society* (Chicago: University of Chicago Press, 1991).

（39）　ヴァツラフ・ハヴェル（Václav Havel）の一九九〇年二月二一日の米国連邦議会両院合同会議における演説。*Congressional Record—Senate*, vol. 136, no. 13, p. S1313.

（40）　James Fallows, "Wake Up, 'America!'" *New York Review of Books*, vol. 37, no. 3, March 1, 1990, p. 19.

第四章　行政・司法・立法

（1）　ロナルド・ジェパーソンとデヴィッド・ケーメンズは、アメリカの「政治組織（ポリティ）」——諸問題が公共的なものとされ、その解決のために政府が期待される領域——の拡大について、挑発的な分析を展開した。Ronald L. Jepperson and David Kamens, "The Expanding State and the U.S. 'Civic Culture': The Changing Character of Political Participation and Legitimation in the Post-War U.S. Polity". これは、一九八五年にアメリカ社会学会（APSA）の年次総会で提出された論文である。

（2）　本書と視点を同じくし、これらの問題に対して極めて優れた議論を行なっているものとしては、次を見よ。Daniel Callahan, *Setting Limits: Medical Costs in an Aging Society* (New York: Simon and Schuster, 1987); *What Kind of Life: The Limits of Medical Progress* (New York: Simon and Schuster, 1990).

（3）　Guido Calabresi and Philip Bobbitt, *Tragic Choices* (New York: Norton, 1978) を見よ。

（4）　Viviana Zelizer, *Pricing the Priceless Child* (New York: Basic Books, 1985).

（5）　政策選択の正当化の手法として、福祉経済学の言語が他を押しのける傾向がある理由については、Robert Bell, *The Culture of Policy Deliberations* (New Brunswick: Rutgers University Press, 1985) に分析がある。

（6）　今日では、費用便益分析についての、より一般的には、政策立案のさいの経済学的論理の使用についての、数多くの文献が存在する。まず、好意的ではあるが穏やかな批判を含む概説を二つ挙げよう。E. J. Mishan, *What Political Economy Is All About: An Exposition and Critique* (Cambridge, England: Cambridge Univeristy Press, 1982); Steven E. Rhoads, *The Economist's View of the World: Government, Markets, and Public Policy* (Cambridge, England: Cambridge University Press, 1985). より根本的な批判を含むものとしては、Peter Self, *Econocrats and the Policy Process: The Politics and Philosophy of Cost-Benefit Analysis* (London: Macmillan, 1975) が挙げられる。また、次も見よ。Steven Kelman, "Cost-Benefit Analysis: An Ethical Critique," *Regulation*, vol. 5, no. 1, January–February 1981, pp. 33–40; Duncan Kennedy, "Cost-Benefit Analysis of Entitlement Problems: A Critique," *Stanford Law Review*, vol. 33, February, 1981, pp. 387–

445.

(7) 相対的リスクの分析にかんしては、Bernard L. Cohen and I-Sing Lee, "A Catalog of Risks," *Health Physics*, vol. 36, June 1979, pp. 707–22 を見よ。合理的リスク低減にかんする政府の記録に対する関係者自身の評価としては、John F. Morrall III, "A Review of the Record," *Regulation*, vol. 10, no. 2, November–December 1988, pp. 25–34 を見よ。

(8) この問題にかんする経済学者の研究の歴史と問題の複雑さを理解するためには、Steven E. Rhoads, ed., *Valuing Life: Public Policy Dilemmas* (Boulder: Westview Press, 1980) を見よ。

(9) Ann Fisher, Lauraine Chestnut, and Dan Violette, "The Value of Reducing Risk," unpublished paper, Environmental Protection Agency, September 16, 1986, p. 3. また、Morrall, "A Review of the Record," p. 34. を見よ。

(10) 好みの合理的集計の可能性に対する技術的批判は、Kenneth Arrow, *Social Choice and Individual Values* (New York: Wiley, 1951) にある。

(11) ロバート・ベルは、次のように論じている。政策作成者にとって、リベラル個人主義の経済の言語は、「政府の政策の背後にある現実の道徳的制度を記述したり、政策の再構築のための一貫した説得的な枠組みを構築したりするには不十分なものである」がゆえに、「道徳や行動規範そのものに対するシニシズムを増大させ、潜在的には、法にもとづく支配という根本理念をもゆるがす」ものとなりうると。Robert Bell, "Moral Order in America," p. 19.(一九八八年の the Georgetown University Faculty Seminar on Social and Political Theory に提出された論文)。なお、彼の *Policy Deliberations* も参照のこと。

(12) ダグラス・マクリーンは、生命のディスカウントに反対する注意深い議論を展開している。Douglas Maclean, "Comparing Values." これは一九八七年六月二三日・二四日にワシントン特別区で開催された米国科学アカデミー (National Academy of Sciences) の Conference on Valuing Health Risks, Costs, and Benefits for Environmental Policy Making に提出された論文である。また、次を見よ。Douglas Maclean, "Valuing Human Life" in D. Zinberg, ed., *Uncertain Power* (New York: Pergamon, 1983), pp. 89–107; D. Maclean, "Social Values and the Distribution of Risk" in D. MacLean, ed., *Values at Risk* (Totowa: Rowman and Allanheld, 1986), pp. 75–93.

(13) 社会的・道徳的理解にもとづいて個人を統計学的に扱う新たな社会的手続きの効果については、Jonathan Simon, "The Emergence of a Risk Society: Insurance, Law, and the State," *Socialist Review*, no. 95 (vol. 17, no. 5), September-October 1987, pp. 61–89 に分析がある。また、次を見よ。Jonathan Simon, "The Ideological Effects of Actuarial Practices: *Manhart* Reconsidered," Center for the Study of Law and Society, University of California, Berkeley, no date.

(14) ロナルド・ドウォーキンは、個人の権利が法秩序の基礎であり、民主的統治を補完する必須の要素であるという見解のもっとも雄弁な論客である。次を見よ。Ronald Dworkin, *Taking Rights Seriously* (Cambridge: Harvard University Press, 1977); R. Dworkin, *Law's Empire* (Cambridge: Harvard University Press, 1986).

(15) James Q. Wilson, "The Newer Deal," *New Republic*, vol. 203, no. 1, July 2, 1990, pp. 33–37 を参照のこと。ウィルソンはこう述べている。「連邦政府の活動範囲に対する公衆の期待は変わってきており、あらゆる事柄を一つ残さずワシントンの議事日程に加えるという方向に向かっている。……さらにまた、こうした変容をもたらした言語は、個人の権利の言語であった。すなわち、保護と救済を求める、道徳的に優越し、法的に防衛された要請というものである」(p. 37)。

(16) Charles A. Reich, "The New Property," *Yale Law Journal*, vol. 73, April 1964, pp. 733–87.

(17) Jethro K. Lieberman, *The Litigious Society* (New York: Basic

Books, 1981) を見よ。ただし，Lawrence M. Friedman, *Total Justice* (New York: Russell Sage Foundation, 1985) も参照のこと。後者はより慎重な解釈を行なっている。

(18) Friedman, *Total Justice*, p. 48.

(19) Philip Selznick, "The Ethos of American Law" in Irving Kristol and Paul H. Weaver, eds., *The Americans, 1976: An Inquiry into Fundamental Concepts of Man Underlying Various U.S. Institutions* (Lexington: Lexington Books, 1976), pp. 217, 219.

(20) しかし，ジョエル・ハンドラーの研究は，福祉を行なう側の権力と福祉を受ける側の弱い立場を思えば，これらの権利がなお不安定なものであることを示している。Joel Handler, "Controlling Official Behavior in Welfare Administration," *California Law Review*, vol. 54, 1966), pp. 479–510 を見よ。また，アメリカのイデオロギーや制度が社会福祉の土台を掘り崩し続けている問題については，Fred Block, Richard A. Cloward, Barbara Ehrenreich, and Frances Fox Piven, *The Mean Season: The Attack on the Welfare State* (New York: Pantheon, 1987) を見よ。

(21) 法，政治，訴訟，公共的討論におけるアファーマティブ・アクションの歴史については，Gary C. Bryner, "Affirmative Action: Minority Rights or Reverse Discrimination?" pp. 142–76 in Raymond Tatalovich and Byron W. Daynes, eds., *Social Regulatoty Policy: Moral Controversies in American Politics* (Boulder: Westview Press, 1988) を見よ。

(22) Mary Ann Glendon, *Abortion and Divorce in Western Law* (Cambridge: Harvard University Press, 1987). 妊娠中絶の問題がこじれた経緯については，他にも体験にもとづく豊かな分析を行なっている研究がある。とくに次を参照のこと。Kristin Luker, *Abortion and the Politics of Motherhood* (Berkeley and Los Angeles: University of California Press, 1984); Rosalind Pollack Petchesky, *Abortion and Woman's Choice: The State, Sexuality, and Reproductive Freedom* (New York: Longman, 1984); Carole E. Joffe, *The Regulation of Sexuality: Experiences of Family Planning Workers* (Philadelphia: Temple University Press, 1986).

(23) Larry Letich, "Abortion: Bad Choices," *Tikkun*, vol. 4, July–August 1989, pp. 22–26 を見よ。

(24) Michael Perry, *Law, Morality and Politics* (New York: Oxford University Press, 1988).

(25) Selznick, "The Ethos of American Law."

(26) Martin Shefter, "Party and Patronage: Germany, England, and Italy," *Politics and Society*, vol. 7, 1977, pp. 403–51. また，Ann Orloff and Theda Skocpol, "Why Not Equal Protection? Explaining the Politics of Public Social Spending in Britain, 1900–1911, and the United States, 1800s–1920," *American Sociological Review*, vol. 49, December 1984, pp. 724–50 を見よ。

(27) Stanley Lieberson, *A Piece of the Pie: Black and White Immigrants Since 1880* (Berkeley and Los Angeles: University of California Press, 1980).

(28) この節は，事実にかんしても，議論にかんしても，Jepperson and Kamens, "The Expanding State and the U.S. 'Civic Culture'"〔前掲本章注（1）〕におおいに依拠している。また，Benjamin Ginsberg and Martin Shefter, *Politics by Other Means: The Declining Significance of Elections in America* (New York: Basic Books, 1990) を見よ。

(29) Norman Nie, Sidney Verba, and John Petrocik, *The Changing American Voter* (Cambridge: Harvard University Press, 1976).

(30) Seymour Martin Lipset and William Schneider, *The Confidence Gap: Business, Labor and Government in the Public Mind* (New York: Free Press, 1983).

(31) 政治的アクセスの著しい成長については、Edward O. Laumann and David Knoke, *The Organizational State: Social Change in National Policy Domains* (Madison: University of Wisconsin Press, 1987) を見よ。

(32) Robert B. Reich, ed., *The Power of Public Ideas* (Cambridge, Mass.: Ballinger, 1988). とくに彼の "Policy Making in a Democracy," pp. 123–56 を見よ。また、次を見よ。Robert B. Reich, *Tales of a New America* (New York: Times Books, 1987); Steven Kelman, *Making Public Policy: A Hopeful View of American Government* (New York: Basic Books, 1988).

(33) ジュディス・インズは、バーモント、ニュージャージー、ロードアイランド、メーン、フロリダ、ワシントン各州におけるこうした新たな計画について記述している。Judith Innes, "State Growth Management Programs: Experiments in Collaborative Intergovernmental Planning," unpublished paper, 1990. トニー・ヒスは、州レベルにおける、とりわけマサチューセッツ州環境管理局における数々の取り組みについて記述している。Tony Hiss, *The Experience of Place* (New York: Knopf, 1990). デヴィッド・オズボーンは、さまざまな社会的背景にある市民たちを経済開発の過程に参加させる数多くの取り組みについて考察している。David Osborne, *Laboratories of Democracy* (Boston: Harvard Business School Press, 1988). ウォレス・カッツは、一〇の大都市地域における経済的成長と民主的イニシアチブの研究にもとづいて、民主的参加の「実験室」としては州よりも都市が重要であることを主張している。Wallace Katz, *The Politics of the Public Sphere: Growth and Democracy in Post-Industrial America*, forthcoming.

(34) サブシディアリティー (subsidiarity) については、本書の結論の章に、より詳しい議論がある。

(35) Bruce A. Ackerman, *Reconstructing American Law* (Cambridge: Harvard University Press, 1984) を見よ。

(36) Jürgen Habermas, *The Structural Transformation of the Public Sphere: An Inquiry into a Category of Bourgeois Society*, tr. Thomas Burger (Cambridge: MIT Press, 1989 [1962]) (*), part 3.

(37) Václav Havel, "New Year's Address to the Nation" (*Congressional Record—Extension of Remarks*, vol. 136, no. 2, January 24, 1990, p. E49.

(38) John Dewey, *The Public and Its Problems* (1927) in Jo Ann Boydston, ed., *John Dewey: The Later Works*, vol. 2: 1925–1927 (Carbondale and Edwardsville: Southern Illinois University Press, 1984), p. 282.

(39) Ronald Dworkin, "The New England," *New York Review of Books*, vol. 35, no. 16, October 27, 1988, p. 60.

(40) リチャード・フラックスは、アメリカの左翼の、真の民主的参加の勢力としての成功と失敗について分析している。Richard Flacks, *Making History: The Radical Tradition in American Life* (New York: Columbia University Press, 1988). 彼は結論として「左翼の伝統を再活性化する」ことを提言しているが、アメリカ民主主義の習慣の強化のためには価値ある示唆を含む内容である。ノーマン・バーンバウムは、同様の趣旨で過激派知識人の伝統を概観している。Norman Birnbaum, *The Radical Renewal: The Politics of Ideas in Modern America* (New York: Pantheon, 1988).

第五章　教育——技術的教育と道徳的教育

(1) Aristotle, *Nichomachaean Ethics* (*), book 10, chapter 9.

(2) Daniel Boorstin, *The Americans: The Democratic Experience* (New York: Random House, 1973) (*), p. 478.

(3) 初期のアメリカの教育にかんするデータは次による。Lawrence A. Cremin, *American Education: The Colonial Experience, 1607–1783* (New York: Harper and Row, 1970); *American Education: The Na-*

tional Experience, 1783–1876 (New York: Harper and Row, 1980).

(4) John Dewey, *The School and Society* (1899) (＊), reprinted in John Dewey, *The Child and Curriculum and The School and Society* (Chicago: Chicago University Press, 1956), pp. 24–25.

(5) 同 pp. 24–25.

(6) 同 pp. 28–29.

(7) John Dewey, *Democracy and Social Ethics* (New York: Macmillan, 1916) (＊), p. 383. 強調点はデューイによる。

(8) Lawrence A. Cremin, *American Education: The Metropolitan Experience, 1876–1980* (New York: Harper and Row, 1988), p. 14; Dewey, *Democracy and Social Ethics*, p. 220.

(9) Cremin, *American Education: The Metropolitan Experience*, p. 175.

(10) 同 p. 176.

(11) Jane Addams, *Twenty Years at Hull House* (New York: Macmillan, 1910), pp. 428.

(12) "Chicago school" という語には複雑な歴史がある。ここでは大学創立時代のデューイ周辺のグループをそう呼んでいるが、一九二〇年代のシカゴ社会学や近年のシカゴ経済学に対してもこの語が用いられている。

(13) バートン・ブレッドスタインは、高等教育の拡大と中産階級の知的職業に対する意欲との密接な関連について書いている。Burton J. Bledstein, *The Culture of Professionalism: The Middle Class and the Development of Higher Education in America* (New York: Norton, 1976).

(14) Cremin, *American Education: The Metropolitan Experience*, pp. 242–43.

(15) Reinhold Niebuhr, *Leaves from the Notebook of a Tamed Cynic* (Chicago: Willett, Clark and Colby, 1929) (＊) (邦訳名は『教会と社会の間で――牧会ノート』), p.162.

(16) James A. Berlin, *Writing Instruction in Nineteenth-Century Colleges* (Carbondale and Edwardswille: Southern Illinois University Press, 1984), chapter 5.

(17) Jürgen Habermas, *The Structural Transformation of the Public Sphere: An Inquiry into a Category of Bourgeois Society*, tr. Thomas Burger (Cambridge: MIT Press, 1989 [1962]) (＊).

(18) Lawrence Levine, *Highbrow Lowbrow: The Emergence of Cultural Hierarchy in America* (Cambridge: Harvard University Press, 1988).

(19) Bruce A. Kimball, *Orators and Philosophers* (New York: Teachers College Press, 1986).

(20) Berlin, *Writing Instruction*, pp. 86, 92.

(21) 同 pp. 73, 75.

(22) Robert K. Merton, *On the Shoulders of Giants: A Shandean Postscript* (New York: Harcourt, Brace, 1965); Mary Douglas, *How Institutions Think* (Syracuse: Syracuse University Press, 1986).

(23) William James, "The Moral Equivalent of War," in William James, *Writings, 1902–1910* (New York: Library of America, 1987 [February 1910]).

(24) Jürgen Habermas, *The Theory of Communicative Action*, Vol. 2: *Lifeworld and System: A Critique of Functionalist Reason* (Boston: Beacon Press, 1987 [1981]) (＊), chapter 5.

(25) Bruce Kuklick, *Churchmen and Philosophers: From Jonathan Edwards to John Dewey* (New Haven: Yale University press, 1985).

(26) ルイス・マンフォードは、現代の大学の矛盾した性格を辛辣に批評している。Lewis Mumford, *The City in History* (New York: Harcourt, Brace, 1961). 同書の図五六はカリフォルニア大学バークレー校とその周辺の図解であるが、彼はこれに次のように注記する。大学都市は古代都市国家のあらゆる機関を包含しつつあり、かくして「都市のもっとも中心的な役どころ」を演じ、「新しい都市的・文化的ネットワークの中核」となりつつある。だが、同時にまた、「大学は、歴史的都市の最悪の側面の多くを、ほとんど戯画的なまでに推し進めている。職業別の蛸壷化、極端な専門化、官僚的規律の浸透とそれに対する階層的従属化である」。マンフォードは、単純教育（ペダゴジー）から全人教育（パイデイア）へ、科学から知恵へ、放任（デタッチメント）から世話（コミットメント）へという内的な変容を求めている。

(27) Sam Bass Warner, Jr., *The Province of Reason* (Cambridge: Harvard University Press, 1984), p. 247.

(28) Talcott Parsons and Gerald M. Platt, *The American University* (Cambridge: Harvard University Press, 1973), pp. 103, 313. なお、これより少し古い、やや異なる見解が、Christopher Jencks and David Riesman, *The Academic Revolution* (Garden City: Doubleday, 1968) にある。

(29) Derek Bok, *Higher Learning* (Cambridge: Harvard University Press, 1986).

(30) Allan Bloom, *The Closing of the American Mind* (New York: Simon and Schuster, 1987) (*).

(31) 同 pp. 372–73.

(32) 同 p. 374.

(33) マッシー（William Massy）の引用は *Stanford Observer*, January 1989 の付録、*Stanford School of Education*, p. 2 からのものである。

(34) James A. Berlin, *Rhetoric and Reality: Writing Instruction in American Colleges, 1900–1985* (Carbondale and Edwardsville: Southern Illinois University Press, 1987), p. 155.

(35) 同 p. 169.

(36) 同 p. 170.

(37) Zelda F. Gamson and Associates, *Liberating Education* (San Francisco: Jossey-Bass, 1984).

(38) Bok, *Higher Learning*, pp. 38–39.

(39) Robert E. Proctor, *Education's Great Amnesia: Reconsidering the Humanities from Petrarch to Freud* (Bloomington: University of Indiana Press, 1988).

(40) David V. Hicks, *Norms and Nobility: A Treatise on Education* (New York: Praeger, 1981).

(41) コアカリキュラムについては Bok, *Higher Learning*, p. 45 を見よ。

(42) Thomas McCarthy, "Rationality and Relativism: Habermas's 'Overcoming' of Hermeneutics," in John B. Thompson and David Held, eds., *Habermas: Critical Debates* (Cambridge: MIT Press, 1982), p. 78.

(43) James S. Coleman, Thomas Hoffer, and Sally Kilgore, *High School Achievement: Public, Private and Catholic High Schools Compared* (New York: Basic Books, 1982); James S. Coleman and Thomas Hoffer, *Public and Private High Schools: The Impact of Community* (New York: Basic Books, 1987).

第六章　公共教会

(1) Jürgen Habermas, *The Structural Transformation of the Public Sphere: An Inquiry into a Category of Bourgeois Society*, tr. Thomas Burger (Cambridge: MIT Press, 1989 [1962]) (*), part 3.

(2) 合衆国憲法(*)修正第一条の本文は次の通りである。「連邦議会は、宗教の公認（エスタブリッシュメント）に関わる法律、宗教の自由な活動を禁じる法律を作ってはならない。また、言論の自由・出版の自由を制約する法律、国民が平和に集会する権利および政府に苦痛の救済を請願する権利を制約する法律を作ってはならない」。

(3) John R. Howe, Jr., *The Changing Political Thought of John Adams* (Princeton: Princeton University Press, 1966), p. 185 に引用さ

れている。

（4）John Locke, *A Letter Concerning Toleration* (Indianapolis: Bobbs-Merrill, 1950 [1689]) (*), p. 52.

（5）たとえば次を見よ。John Rawls, "Kantian Constructivism in Moral Theory," *Journal of Philosophy*, vol. 77, 1980, pp. 536, 542; John Rawls, "Justice as Fairness: Political Not Metaphysical," *Philosophy and Public Affairs*, vol. 14, no. 3, Summer 1985, pp. 223, 225, 226, 230. また、Richard Rorty, "The Priority of Democracy over Philosophy," Merrill D. Peterson and Richard Vaughan, eds., *The Virginia Statute for Religious Freedom* (New York: Cambridge University Press, 1988), pp. 257–82 を見よ。この点で哲学的リベラリズムを批判する者としては、次を見よ。Michael J. Perry, *Morality, Politics, and Law* (New York: Oxford University Press, 1988), pp. 57–63, 82–90; Michael J. Sandel, *Liberalism and the Limits of Justice* (New York: Cambridge University Press, 1982), pp. 1–11, 12, 55, 58–59, 172–73; Michael J. Sandel, "The Procedural Republic and the Unencumbered Self," *Political Theory*, vol. 12, 1984; Samuel Scheffler, "Moral Scepticism and Ideals of the Person," *Monist*, vol. 62, 1979, pp. 288, 295.

（6）Michael J. Perry, *Morality, Politics, and Law*, pp. 85–87 を見よ。ペリーによれば、ジョン・ロールズは、最近、「重畳的合意」という概念を彼の公正としての正義についての理論へと導入したが、これによって「善」は「権利」に優先することになる（これはロールズの元来の定式とは逆である）。また、これによって、アメリカ文化の道徳的多元主義に含まれる人間的善をめぐるさまざまな概念は、私たちの民主政治に優先することになり、民主政治を支える必須の要件となる（これはリチャード・ローティーの "The Priority of Democracy over Philosophy" とは逆である〔注（5）〕）。なお、次を参照せよ。John Rawls, "The Idea of an Overlapping Consensus," *Oxford Journal of Legal Studies*, vol. 7, no. 1, 1987, pp. 9–12; John Rawls, "Justice as Fairness"〔注（5）〕; John Rawls, *A Theory of Justice* (Cambridge: Harvard University Press, 1971).

（7）Robert N. Bellah, Richard Madsen, William M. Sullivan, Ann Swidler, and Steven M. Tipton, *Habits of the Heart* (Berkeley and Los Angeles: University of California Press, 1985) (*); Charles Y. Glock and Robert N. Bellah, *The New Religious Consciousness* (Berkeley and Los Angeles: University of California Press, 1976) (*); Steven M. Tipton, *Getting Saved from the Sixties* (Berkeley and Los Angeles: University of California Press, 1982), pp. xiv, 281.

（8）Michael Novak, *Choosing Our King* (New York: Macmillan, 1974), p. 132.

（9）Ann Douglas, *The Feminization of American Culture* (New York: Alfred A. Knopf, 1977).

（10）比較すると、一九六〇年以降、行政的・公共的問題に関与する非営利・非宗教の団体が約五〇〇ほど誕生している。そうした団体の半分以上が現存する。Robert Wuthnow, *The Restructuring of American Religion* (Princeton: Princeton University Press, 1988), pp. 112–13.

（11）Wuthnow, *Restructuring*, pp. 131, 336 n. 11.

（12）ワシントン特別区における主要な宗教的政策提言団体・ロビー団体は、一九五〇年の一六団体から一九八五年の八〇団体以上へと五倍も増加した。Allen D. Hertzke, *Representing God in Washington* (Knoxville: University of Tennessee Press, 1988), p. 5 を見よ。

（13）教区内部の分化・官僚化の増大、教派内の結びつき、教会関連団体との結びつきの増大にかんする分析については、教区の組織・計画・運営にかんする教会毎の事例研究を見よ。たとえば David Roozen, William McKinney, Jackson W. Carrol, *The Varieties of Religious Presence* (New York: Pilgrim Press, 1984), chapters 6–9. なお、Wuthnow, *Restructuring*, pp. 126–29 を参照せよ。

(14) 本章のインタビューの人物名は仮名である。制度的身分・立場は擬装したが、副次的な細部を除いて正確に描くようにした。

(15) Peter Steinfels, "Churches Find the Message of the Season Is Debt and Donations," *New York Times*, November 13, 1988, p. A54. 一九七五年以降、NCCに対するその三二の構成教派からの支援は、インフレを前に伸び悩み、額面価値は半減した。その結果、専門の職員は過去二〇年間に三分の二以上削減された。アメリカの大多数の教会信者の収入は、一九六八年から八五年までに、手取りで三分の一ほどの上昇を見ているが、彼らの教会献金の総額は八・五パーセント下落し、地域レベルを越えた「伝道と奉仕の計画」への寄付額は二三パーセント下落した。John and Sylvia Ronsvalle, *Study of Church Benevolence Giving, 1968–1985* (Urbana: Empty Tomb, 1988). 一九六〇年以降、教派の集権化が進んでいるという財政上の証拠はほとんど見出されない。中央の官僚組織や諸機関の支出は、教派全体の収入の五から六パーセントに満たない額に留まっている場合が多い。Wuthnow, *Restructuring*, pp. 99, 335 n. 88.

(16) Linda-Marie Delloff, "The NCC in a New Time (II): Structural Changes and the Future of Ecumenism," *Christianity and Crisis*, January 9, 1989, pp. 468–69.

(17) Committee on Membership, Council of Bishops, United Methodist Church, *Pastoral Letter*, November 12, 1985, p. 1.「教会の発展と衰退」にかんする文献は、次にまとめられている。Wade Clark Roof and William McKinney, *American Mainline Religion* (New Brunswick: Rutgers University Press, 1987), chapter 5, 7, esp. pp. 158–83, 230–36; Roof and McKinney, "Denominational America and the New Religious Pluralism," *Annals of the American Academy of Political and Social Science*, vol. 480, July 1985, pp. 24–38, esp. pp. 29–32. また、Dean Hoge and David A. Roozen, *Understanding Church Growth and Decline: 1950–1978* (New York: Pilgrim Press, 1979), chapters 4, 8, 9, 14, 15 を見よ。

(18) Roof and McKinney, "Denominational America," pp. 26–27; Roof and McKinney, *American Mainline Religion*, pp. 150–61, 165–75, 183.

(19) 教派と政党との並行事象については、次を見よ。Warren E. Miller, "Disinterest, Disaffection, and Participation in Presidential Politics," *Political Behavior*, vol. 1, no. 1, 1980, p. 22; Roof and McKinney, "Denominational America," pp. 33, 37. なお、ルーフとマキニーの次の著作は、社会変動に応じる形で教会の盛衰が起きていることを強調している。Roof and McKinney, *American Mainline Religion*, chapters 5–7. また、ウスナウは、一九六〇年以降、学歴、職業、中産階級の地位という点において、社会的に教派間の違いがなくなってきているのに対して、プロテスタントの主要教派と米国カトリックの内側では、高学歴・若年層の文化的「リベラル」と低学歴・中高年層の文化的「保守」との社会的二極化が進んでいることを強調している。Wuthnow, *Restructuring*, chapter 7, esp. pp. 88–91, 156–72.

(20) William McKinney, "The NCC in a New Time (I): Finding a Place in the Culture," *Christianity and Crisis*, January 9, 1989, p. 466.

(21) Roof and McKinney, "Denominational America," pp.26–27, 34, 36; Roof and McKinney, *American Mainline Religion*, pp. 54–56; Patrick H. McNamara, "American Cathoricism in the Mid-Eighties: Pluralism and Conflict in a Changing Church," *Annals of the American Academy of Political and Social Science*, vol. 480, July 1985, p. 66; William D'Antonio, James Davidson, Dean Hoge, and Ruth Wallace, *American Catholic Laity* (Kansas City: Sheed and Ward, 1989), chapter 1, 2, 5.

(22) Wuthnow, *Restructuring*, pp. 131, 336 n. 11.

(23) 一九八〇－八四年の General Social Survey〔シカゴ大学に付属す

るNational Opinion Research Center がほぼ毎年実施するインタビューによる社会調査――訳者〕によれば、保健・教育・都市・環境問題への政府支出の増加を支持した人々は、黒人プロテスタントとユダヤ人では約五〇パーセント、無教会者は四二パーセント、カトリックは三五パーセント、そしてプロテスタントは福音派と主流派のどちらも二七パーセントであった。「恵まれない人々への援助」への支出の増加についても類似の結果が出ているが、ただし黒人プロテスタントの支持は七〇パーセントに上がり、ユダヤ人の支持は四〇パーセントに下がった。Kenneth D. Wald, *Religion and Politics in the United States* (New York: St. Martins Press, 1987), pp. 71, 74.

(24) Arthur Keys, "National Ecumenical Advocacy: What Future?" *Christianity and Crisis*, August 14, 1989, p. 241.

(25) Marjorie H. Royle, *Research Findings Pertaining to Mission in the United Church of Christ* (New York: United Church for Homeland Ministries, 1986).

(26) 一九八九年の中頃、ブッシュ大統領は、地域のボランティアと企業に対し、ホームレス、非識字者、薬物濫用と戦うために「官僚機構ではなく、人間関係を」築こうと呼びかけた。連邦政府の財源と財団の資金による年間二五〇〇万ドルの支援を受けた「光の点運動」〔Points of Light はブッシュ大統領の慈善活動の標語――訳者〕の一環である。Independent Sector〔アメリカのボランティア支援団体――訳者〕によれば、アメリカ人はすでに毎年約一〇〇〇億ドルを支払っており、無教会層よりも教会の信者の方がはるかに多くを支払う傾向がある。だが、富む者よりも貧しい者の方が気前がよい。一九八八年で見ると、年収一万ドル以下の世帯は、収入の二・八パーセントを慈善に振り向けているが、これは年収五万－七万五〇〇〇ドルの世帯のほとんど二倍に当たり、年収一〇万ドルの世帯よりも多い。Steinfels, "Debt and Donations." また、*Atlanta Constitution*, June 23, 1989, p. A5.

(27) Arie L. Brouwer, "Stand for Truth," Report of the General Secretary to the Governing Board of the National Council of Churches of Christ in the U.S.A., Lexington, Kentucky, May 17, 1989, pp. 6–7.

(28) 一九七四年に、高齢者に代わって（一八歳未満の）児童が最貧困年齢集団となった。七九年以来の急激な増加によって、八四年には児童の貧困率は二一・三パーセントに達したが、これは高齢者の率（一二・四パーセント）に対して約四分の三倍分だけ多い数字である。現在、貧困児童の率は全児童数の四分の一に達しようとしている。八四年には、アメリカの全貧困者の四分の三以上が成人女性と児童で占められている。児童のうち、黒人児童は二人にほぼ一人、ヒスパニックの児童は三人に一人以上、白人児童は六人に一人、六歳未満の児童は四人に一人である。Daniel P. Moynihan, *Family and Nation* (New York: Harcourt, Brace, Jovanovich, 1986), pp. 111–12; Marian Wright Edelman, *Families in Peril* (Cambridge: Harvard University Press, 1986), chapters 1–2, esp. pp. 25–26.

(29) Domestic Human Needs and Economic Policy Work Group, Interfaith Action for Economic Justice, *Children: The Promise* (Washington, D.C.: IMPACT Education Fund, 1987), p. 1.

(30) 一九五八年には、子供時代からの教会を去った人は二五人にわずか一人であったが、八四年には、三人に一人となっている（ギャラップ調査）。一九八〇年代初期には、長老派、メソディスト、聖公会の家庭に育った者のうち一〇人にざっと四人が教会を変えている。バプティストやルター派では四人に一人、ユダヤ教徒とカトリック教徒は六人に一人である。ユダヤ人を除いてすべての集団において、大学卒業者がその主体となっている。Roof and McKinney, *American Mainline Religion*, pp. 172–83; Wuthnow, *Restructuring*, pp.88–91 を見よ。

(31) Jeffrey Hadden, *The Gathering Storm in the Churches* (New York: Doubleday, 1969); Harvey G. Cox, "The New Breed in American Churches: Sources of Social Activism in American Religion," *Daedalus*, vol. 96, no. 1, Winter 1967, pp. 135–50; Wuthnow, *Restruc-*

turing, pp. 160–61.

(32) 次は、合同メソディスト教会の妊娠中絶についての公式声明の一部である。「私たちは出産以前の人間の生命の神聖性を信じており、それゆえ中絶の容認に対する私たちの姿勢は消極的である。しかし、私たちは、生命の神聖性と、受容できない妊娠が破壊的損害をもたらす可能性のある母親の福利との両方を、等しく顧慮しなければならない。過去のキリスト教の教えに沿って、私たちは、中絶を正当化しうる生命と生命のとの悲劇的な衝突の存在を認める。……私たちは、産児制限の容認可能な手段として中絶を肯定することはできない。……」 *The Book of Discipline of the United Methodist Church—1988* (Nashville: United Methodist Publishing House, 1988), paragraph 71G, p. 96.

(33) たとえば次を見よ。Harvey G. Cox, *The Secular City* (New York: Macmillan, 1965) (*); Gibson Winter, *The Suburban Captivity of the Churches* (Garden City: Doubleday, 1961); Pierre Berton, *The Comfortable Pew* (New York: Lippincott, 1965); J. Howard Pew, "Should the Church 'Meddle' in Civil Affairs?" *Reader's Digest*, May 1966, pp. 1–6. 神学的多元主義と論戦の拡大については、Hadden, *Gathering Storm*, chapters 1–3; Wuthnow, *Restructuring*, pp. 142–72 を見よ。

(34) *The Book of Discipline of the United Methodist Church—1988* (Nashville: United Methodist Publishing House, 1988), pp. 8, 45, 55–56.

(35) *The Book of Discipline of the United Methodist Church—1972* (Nashville: United Methodist Publishing House, 1972), pp. 68–70, paragraph 70. なお、*The Book of Discipline—1988*, pp. 78–81 を参照せよ。そこでは神学的多元主義を一個の原理として認めることが強調されなくなり、「ニューエイジにおける福音」が宣言されている。

(36) William Everett, *God's Federal Republic* (New York: Paulist Press, 1988) にあるいくつかの共和主義的な理想、そして Arthur Farnsley, "Majority Rules: The Politicization of the Southern Baptist Convention," unpublished Ph. D. dissertation, Emory University, 1990. に描かれた手続き的に統制された戦略的内戦を比較せよ。

(37) サンソムが言及しているのは、アメリカ人神学者H・リチャード・ニーバーの著名な書にある内容である。H. Richard Niebuhr, *Christ and Culture* (New York: Harper and Brothers, 1951) (*), chapter 6. ニーバーはキリストと文化の関係の五つのタイプを論じているが、その一つが「文化を変容させるキリスト」である。

(38) パオロ・フレイレは、教育における意識高揚（コンシエンタイゼーション）を、民主的な対等な者どうしの相互学習を通じて、個々人が社会的・歴史的主体として「世界を告発する」ことができるようにする、解放の過程として定義している。Paolo Freire, *Pedagogy of the Oppressed* (New York: Herder & Herder, 1970) (*). ラテン・アメリカの解放の神学は、この語を「神と貧困者と連帯することで人間となるという、信仰の行為を名づけるために」用いている。それは、典型的には小さなキリスト者基礎共同体でなされる、「人民の」、また「世界における」企てである。Rebecca Chopp, *The Praxis of Suffering* (Maryknoll: Orbis Books, 1986), pp. 21–22.

(39) グスターボ・グティエレスはこう書く。「抑圧されているが信仰をもっている人々より生まれるこれらキリスト者基礎共同体のみが、自らの解放のために闘っている一般大衆のただなかにおいて、神の国の諸価値を宣告し、それを生きる立場にあるだろう」。それは、「望むならば、貧しく、搾取されている者たちの立場より、すべての民に福音を宣べ伝えるための道具」となりうる。そして「弟子（信徒）としてのあり方についての、私たちの理解の仕方を変容させるのである」。Gustavo Gutiérrez, "The Irruption of the Poor in Latin America and the Christian Communities," in Sergio Torres and John Eagleson, eds., *The Challenge of Basic Christian Communities*, (Maryknoll: Orbis Books, 1981), p. 118.

(40) 懐疑の解釈学を通じて、解放の神学は、伝統的な宗教的象徴の再解釈を模索する。すなわち、罪深い社会的諸条件のもとでの象徴の体系的な歪曲に批判的な目を向ける。また、社会的実在を明らかにし、また変容させるその真の力を信じるのである。次を見よ。Gustavo Gutiérrez, *A Theology of Liberation* (Maryknoll: Orbis Books, 1973) (＊), pp. 287–302; Jürgen Moltmann, *Theology of Hope* (New York: Harper and Row, 1967), pp. 50–76.

(41) 解放の神学は、広く現代神学とマルクス主義に依拠して、もつれあう社会的条件や人類の歴史的変容を強調している。この立場は、キリスト教社会倫理の物語的性格を強調する近年の研究における、「歴史としての人間の本性」への関心に近いものである。たとえば Stanley Hauerwas, *A Community of Character* (Notre Dame: University of Notre Dame Press, 1981), esp. pp. 111–28 を見よ。

(42) トレーシーはこう書く。「古典的テクストとの対話に挑むこと。これは、たんに古典をイデオロギーのさらなる範例と考えるようなものではない。むしろそれは、アモスとイザヤ、ルツとエレミヤ、オイディプスとアンティゴネー、さらにはメディアとヘラクレスといった人物との出会いのようなものである」。ギリシャ悲劇と同様、古典は「読む者の良心を掻き立て、思考と行動の気高さを要求する。そして私たちが今かかえている不純と自己満足とをあらわにする。同時にまた、古典は、その古典自体がもつ半ば隠された悲劇的欠陥を拒否するようにと、私たちを仕向ける」。David Tracy, *Plurality and Ambiguity* (New York: Harper and Row, 1987), pp. 86–87.

(43) Dennis P. McCann, *Christian Realism and Liberation Theology: Practical Theologies in Creative Conflict* (Maryknoll: Orbis Books, 1981) を見よ。

(44) Lawrence H. Mamiya, "Class Differentiation in the African-American Community and Its Implications for the Ministry of Black Churches: Some Present Trends and Issues," p. 24. これは一九八九年のアメリカ宗教学会に提出された未出版の論文である。また、次を見よ。C. Eric Lincoln and Lawrence H. Mamiya, *The Black Church in the African-American Experience* (Durham: Duke University Press, 1990); Roof and McKinney, *American Mainline Religion*, pp. 90–91.

(45) Mamiya, "Class Differentiation," pp. 3–12, esp. pp. 9–10. また、ウィリアム・ウィルソンが提出した階級の分岐にかんする議論を参照のこと。William Julius Wilson, *The Declining Significance of Race* (Chicago: University of Chicago Press, 1987).

(46) Ronald Smothers, *New York Times*, July 14, 1988, p. A13. これは Mamiya, "Class Differentiation," p. 8 に引用されている。

(47) たとえばニューヨーク市ブルックリンのコンコード・バプティスト教会（信者数一万二〇〇〇以上）、ハーレムのアビシニアン・バプティスト教会（八〇〇〇人）、ワシントン特別区のシャイロー・バプティスト教会およびボルチモア市のベセル・アフリカンメソディスト監督教会（それぞれ五〇〇〇－六〇〇〇人）を、平均的規模の黒人教会の信者数（二〇〇－二五〇人）と比べてみよ。Mamiya, "Class Differentia-tion," pp. 12–14.

(48) たとえば、Peter L. Berger, "From the Crisis of Religion to the Crisis of Secularity," in Mary Douglas and Steven Tipton, eds., *Religion and America* (Boston: Beacon Press, 1983), pp. 17–23 を見よ。また、Wuthnow, *Restructuring*, pp. 130–31, 212–18 を見よ。

(49) *The Harris Survey*, no. 104, December 22, 1983. これは Wuthnow, *Restructuring*, pp. 253–54 に引用されている。Steven M. Tipton, "Moral Languages and the Good Society," *Soundings*, vol. 69, nos. 1–2, Spring–Summer 1986, pp. 165–80, esp. pp. 167–72.

(50) James Davison Hunter, *Evangelicalism: The Coming Generation* (Chicago: University of Chicago Press, 1987), chapters 2–5. 世俗化や文化的リベラル化に向かわずに、同化する形で和解に向かっていくこ

うした動力学と同様の働きが、米国カトリックのあいだでも、アフリカ系アメリカ人の中産階級のあいだにも作用している。Timothy Hearly et al., "Religion and Education," *Daedalus*, vol. 17, no. 2, Spring 1988, pp. 8–32 を見よ。また、Lincoln and Mamiya, *The Black Church.* を見よ。

(51) Tipton, "Moral Languages," pp. 165–80, esp. pp. 167–72.

(52) Bellah et al., *Habits of the Heart* (＊), chapter 9 を参照せよ。

(53) Bellah et al., *Habits of the Heart* (＊), p. 246.

第七章　世界のなかのアメリカ

(1) Paul Kennedy, *The Rise and Fall of the Great Powers* (New York: Random House, 1987) (＊).

(2) たとえば、Robert O. Keohane, *After Hegemony: Cooperation and Discord in the World Political Economy* (Princeton: Princeton University Press, 1984) を見よ。

(3) Robert Gilpin, "The United States and the Postwar International Economy" in L. Carl Brown, ed., *Centerstage* (New York: Holmes and Meier, 1990), pp. 79–103; Robert Gilpin, *The Political Economy of International Relations* (Princeton: Princeton University Press, 1987).

(4) Walter Isaacson and Evan Thomas, *The Wise Men: Six Friends and the World They Made* (New York: Simon and Schuster, 1986).

(5) NSC 68, in Thomas H. Etzold and John Lewis Gaddis, eds., *Containment: Documents on American Policy and Strategy, 1945–1950* (New York: Columbia University Press, 1978), p. 386.

(6) NSC 68, p. 386.

(7) 同 p. 387.

(8) 同 p. 388.

(9) 同 p. 390.

(10) 同 pp. 388, 389, 390, 415.

(11) 同 p. 415.

(12) 同 p. 413.

(13) 同 p. 391.

(14) 同 p. 413.

(15) 次を見よ。George Parkin Grant, *English-Speaking Justice* (Notre Dame: University of Notre Dame Press, 1985); Alasdair MacIntyre, *After Virtue* (＊) (Notre Dame: University of Notre Dame Press, 1981), esp. pp. 227–37; Michael Ignatieff, *The Needs of Strangers: An Essay on Privacy, Solidarity, and the Politics of Being Human* (New York: Penguin Books, 1986).

(16) Henry R. Luce, "The American Century," *Life*, February 11, 1941, pp. 61–65.

(17) Reinhold Niebuhr, *Discerning the Signs of the Times* (New York: Charles Scribner's Sons, 1946). これは Daniel Bell, *The Winding Passage* (New York: Basic Books, 1980), p. 254 に引用されている。

(18) Reinhold Niebuhr, *The Irony of American History* (New York: Charles Scribner's Sons, 1952) (＊), pp. 149–50, 174.

(19) Richard Wightman Fox, *Reinhold Niebuhr: A Biography* (New York: Pantheon, 1985), pp. 238–39.

(20) James Peck, "Revolution Versus Modernization and Revisionism: A Two-Front Struggle," in Victor Nee and James Peck eds., *China's Uninterrupted Revolution* (New York: Pantheon, 1973), pp. 57–217.

(21) Marilyn Young, "Contradictions," in Sara Ruddick and Pamela Daniels, eds., *Working It Out: 23 Women Writers, Artists, Scientists, and Scholars Talk About Their Lives and Work* (New York: Pan-

theon, 1977), p. 219.

(22) Bruce Cumings, "The Origins and Development of the Northeast Asian Political Economy: Industrial Sectors, Product Cycles and Political Consequences," *Institutional Organization*, vol. 38, no. 1, Winter 1984, pp. 1–40, esp. pp. 26–35 を見よ。

(23) Young, "Contradictions," pp. 221, 235.

(24) "Imperialism in China: An Exchange," *Bulletin of Concerned Asian Scholars*, vol. 5, no. 2, September 1973, pp. 32–35. ヤングの引用は p. 35 にある。

(25) John K. Fairbank and Jim Peck, "An Exchange," *Bulletin of Concerned Asian Scholars*, vol. 2, no. 3, April–July 1970. p. 67.

(26) Pope John Paul II, *On Social Concern* [Sollicitudo Rei Socialis] (Boston: Saint Paul Books and Media, 1987). とくに Part 3, pp. 21–45 を見よ。

(27) Walter Russell Mead, *Mortal Splendor: The American Empire in Transition* (Boston: Houghton Mifflin, 1987), pp. 303–46 を見よ。

(28) Theodore H. Von Laue, *The World Revolution of Westernization* (New York: Oxford University Press, 1987), pp. 315–16.

(29) Patrick McDonnell, "Ministering to Souls on the Run," *Los Angeles Times*, January 25, 1988, San Diego County edition, Part 2, pp. 1–2.

結論　民主主義とは注意を払うことである

(1) Mihaly Csikszentmihalyi and Eugene Rochberg-Halton, *The Meaning of Things: Domestic Symbols and the Self* (Cambridge, England: Cambridge University Press, 1981), chapter 1. 私たちはチクセントミハーイの注意（アテンション）の概念に依拠しているが、これを深く論じたものは、Mihaly Csikszentmihalyi, *Flow: The Psychology of Optimal Experience* (New York: Harper and Row, 1990) である。私たちはまた、ロックバーグ＝ホールトンの育成（カルチベーション）の概念に依拠している。ロックバーグ＝ホールトンの議論のさらなる展開は、Eugene Rochberg-Halton, *Meaning and Modernity: Social Theory in the Pragmatic Mode* (Chicago: University of Chicago Press, 1986) にある。

(2) Csikszentmihalyi and Rochberg-Halton, *Meaning of Things*, p. 9.

(3) パスカルは『パンセ』において divertissement（気を紛らわすこと、気晴らし）について語っているが、それは私たちの「散心（ディストラクション）」の話に近いものである。T・S・エリオットは "Burnt Norton" の有名な一節において、地下鉄の乗客の顔について描写し、彼らは「散心している」と述べている。

(4) 「一挙手一投足、念（マインドフルネス）を以て行なわなければならぬ」と、ある現代の仏教の師は述べる。「どの動作も儀礼、儀式である。茶の器を口まで運ぶのも儀礼である。『儀礼』とはまた物々しい語だと思われるであろうか？　この語を用いるのはあなたに衝撃をあたえるためである。そうして自覚という一大事をつかんでもらいたいのだ」。Thich Nhat Hanh, *The Miracle of Mindfulness* (Boston: Beacon Press, 1987), p. 4.

(5) Csikszentmihalyi and Rochberg-Halton, *Meaning of Things*, pp. 161–62.

(6) 同 p. 170. 強調点は原著者による。

(7) Judith S. Wallerstein and Sandra Blakeslee, *Second Chances: Men, Women, and Children a Decade After Divorce* (New York: Ticknor and Fields, 1989), pp. 148–49.

(8) Arlie Hochschild, *Second Shift: Working Parents and the Revolution at Home* (New York: Viking, 1989), pp. 214–15.

(9) John Snow, "Families in the Fast Lane to Nowhere," *Episcopal Life*, May 1990, p. 18.

(10) 現代カトリックの社会的教説における「サブシディアリティー」論の標準典拠となっているものは、一九三一年のピウス一一世の回勅 *Quadragesimo anno* (Forty Years After: Reconstructing the Social Order である。この概念にかんする近年の解説は、Dennis P. McCann, *New Experiment in Democracy: The Challenge for American Catholicism* (Kansas City: Sheed and Ward, 1987), pp. 136–51 にある。

(11) Herbert Croly, "The Future of the State," *New Republic*, September 15, 1917, pp. 180–81.

(12) John Dewey, *The Public and Its Problems* (1927) in Jo Ann Boydston, ed., *John Dewey: The Later Works*, Vol. 2: 1925–1927 (Carbondale and Edwardsville: Southern Illinois University Press, 1984), pp. 370–72.

(13) ウェンデル・ベリーは、次の書において、アメリカが育成(カルチベーション)という文化の型へ回帰すべきことを雄弁に訴え続けている。Wendell Berry, *What Are People For?* (San Francisco: North Point Press, 1990).

(14) Donald L. Miller, ed., *The Lewis Mumford Reader* (New York: Pantheon, 1986), p. 213.

(15) David Popenoe, *Private Pleasure, Public Plight: American Metropolitan Community Life in Comparative Perspective* (New Brunswick: Transaction Books, 1985), pp. 33, 94.

(16) Stephen L. Elkin, *City and Regime in the American Republic* (Chicago: University of Chicago Press, 1987).

(17) Popenoe, *Private Pleasure*, p. 130.

(18) Lewis Mumford, *The City in History* (New York: Harcourt, Brace and World, 1961), p. 503.

(19) Lewis Mumford, *The Culture of Cities* (New York: Harcourt, Brace and World, 1966 [1938]), pp. 484–85.

(20) Scott Bottles, *Los Angeles and the Automobile: The Making of the Modern City* (Berkeley and Los Angeles: University of California Press, 1987).

(21) トニー・ヒスは、都市および地方の定着と変化のパターンを理解可能なものに変え、これにかんして責任ある行動が取れるようにするための数多くの試みを取り上げている。彼の事例はニューイングランド、ニューヨークおよび西海岸のものである。Tony Hiss, *The Experience of Place* (New York: Knopf, 1990). サンフランシスコ湾岸地域における問題を扱ったものとしては、Larry Orman and Jim Sayer, *Reviving the Sustainable Metropolis: Guiding Bay Area Conservation and Development in the 21st Century* (San Francisco: Green Belt Alliance, 1989) を見よ。

(22) エリクソンは、次の書において、ライフサイクルにおける徳性の場についての研究を要約している。Erik H. Erikson, *The Life Cycle Completed: A Review*(*) (New York: Norton, 1982). なお、生殖性については、Erik H. Erikson, Joan M. Erikson, and Helen Q. Kivnick, *Vital Involvement in Old Age: The Experience of Old Age in Our Time* (*) (New York: Norton, 1986) に多くの議論がある。

(23) ニューヨーク・タイムズの一九九〇年六月二八日号には、同月に発表されたタイムズ・ミラー社の調査についての詳細な記事があるが、それによると、一八-二四歳の若者たちのあいだで、国内外の事件に対する関心と知識の大きな低下が見られるという。この年齢層は以前に比べて新聞を読まなくなってきており、テレビのニュースさえ見なくなってきている。

(24) Kevin Phillips, *The Politics of Rich and Poor: Wealth and the American Electorate in the Reagan Aftermath* (New York: Random House, 1990).

(25) 「任意の原則——すなわち個々の交渉や契約によって取りつける以外には労働者には何の権利もないという原則——は、他の先進工業国が採用している職の保護の制度や国際的な規範とは相容れないものである。

ヨーロッパの競争相手国のすべておよびカナダには、従業員を不当な解雇から保護する法規や、訴えを裁定する機関を確定する法規がある。国連の国際労働機関（ＩＬＯ）の規約の一つは、全加盟国にそうした法規の制定を求めている。しかし、合衆国は——先進工業国ではほぼ唯一と言ってよいが——この規約に関与していない。この点において、わが国は国際社会において孤立しているのである」。Joseph Grodin, "Remedy Wrongful Termination by Statute," *California Lawyer*, vol. 10, no. 7, July 1990, p. 120. グローディンは、予測できる将来において法の制定によってこうした状況は改善されるものと期待している。

(26) Walter Lippmann, *The Good Society* (Boston: Little, Brown, 1937), p. 348.

(27) 同 p. 347.

(28) 同 p. 363.

(29) National Conference of Catholic Bishops, *Economic Justice for All: Pastoral Letter on Catholic Social Teaching and the U.S. Economy* (Washington, D.C.: National Conference of Catholic Bishops, 1986).

(30) 同 paragraph 27.

(31) 同 paragraph 123.

(32) 同 paragraph 124.

(33) H. Richard Niebuhr, *The Responsible Self* (New York: Harper and Row, 1978 [1963]) (*), p. 65. 要約的な議論は同書の pp. 61–65 にある。

(34) 同 p. 65.

(35) 基本的信頼については、Erik H. Erikson, *Insight and Responsibility* (New York: Norton, 1964) を見よ。

(36) Niebuhr, *Responsible Self* (*), p. 88.

付論　社会学および公共哲学における制度

(1) Talcott Parsons, "Prolegomena to a Theory of Social Institutions," *American Sociological Review*, vol. 55, 1990, pp. 319–33. また、パーソンズの制度にかんする議論も参照のこと。たとえば次など。Talcott Parsons, *The Social System* (Glencoe, Ill.: Free Press, 1951) (*); *Sociological Theory and Modern Society* (New York: Free Press, 1976).

(2) James S. Coleman, "Commentary: Social Institutions and Social Theory," *American Sociological Review*, vol. 55, 1990, pp. 333–39. パーソンズの立場をいっそう鋭く理解したものとしては、同号にある次の論文を参照のこと。Jeffrey C. Alexander, "Commentary: Structure, Value, Action," *American Sociological Review*, vol. 55, 1990, pp. 339–45.

(3) コールマンの立場を十分に論じたものとしては、James S. Coleman, *Foundations of Social Theory* (Cambridge: Harvard University Press, 1990) を見よ。パーソンズは、自らがかつて埋葬したはずの仮定が一九九〇年において社会学理論の最新決定版としてふたたび語られているのを知ったなら、驚くか呆れるかしたことであろう。Talcott Parsons, *The Structure of Social Action* (New York: Prentice-Hall, 1937) (*). いや、彼が驚くことはなかったかもしれない。いかなる批判があろうとも英米文化には功利主義への固執があると、パーソンズは繰り返し述べていたからである。

(4) Alasdair MacIntyre, *After Virtue* (Notre Dame: Notre Dame University Press, 1981) (*).

(5) Karl Polanyi, *The Great Transformation* (New York: Rinehart and Company, 1944) (*).

(6) これらの概念を十全に論じたものとして、次が挙げられる。Jürgen Habermas, *The Theory of Communicative Action*, Vol. 1: *Reason and the Rationalization of Society* (Boston: Beacon Press, 1984 [1981]) (*); Vol. 2: *Lifeworld and System: A Critique of Functional-

ist Reason (Boston: Beacon Press, 1987 [1981]) (＊). とくに Vol. 2 を見よ。

(7) R. H. Tawney, *The Acquisitive Society* (New York: Harcourt Brace, 1920 [Harvest, 1948]), pp. 183–84.

(8) さまざまな制度的領域どうしの道徳的対話については, Steven M. Tipton, "Moral Languages and the Good Society," *Soundings*, vol. 69, nos. 1–2, Spring–Summer 1986, pp. 166–77 を見よ。

(9) レイチェル・カーソンを論じたものとしては, とくに Sam Bass Warner, Jr., *The Province of Reason* (Cambridge: Harvard University Press, 1984), chapter 12. が優れている。

(10) Walter Lippmann, *Drift and Mastery* (Madison: University of Wisconsin Press, 1985 [1914]), pp. 80–81.

(11) 同 pp. 118–19.

(12) 同 p. 112.

(13) Charles S. Peirce, "Some Consequences of Four Incapacities," *Journal of Speculative Philosophy* (＊), vol. 2, 1861, reprinted in Philip P. Wiener, ed., *Charles S. Peirce: Selected Writings* (New York: Dover, 1966), p. 69.

(14) Jane Addams, *Twenty Years at Hull House* (New York: Macmillan, 1910); W. E. B. Du Bois, *Writings* (New York: Library of America, 1986); Charlotte Perkins Gilman, *Women and Economics* (Boston: Small Maynard and Co., 1898). ギルマンは, 一次大戦以前の指導的なフェミニスト理論家・評論家であった。今日では完全に説得的な議論とは言えないかもしれないが, 彼女はいかにしたら女性を家庭から外へと, 公共世界における十全な参加へと引き出すかについて深い考察を行なっている。彼女は, 男女両者の視野を狭める自己中心的な先入観の潜在的淵源が家庭にあることを正しく見ぬいている。相互依存性が増大しつつある社会においては, 活発な市民参加が必要であるというのが, 彼女の主張の要点であった。

(15) Eugene Rochberg-Halton, *Meaning and Modernity: Social Theory in the Pragmatic Mode* (Chicago: University of Chicago Press, 1986), p. 18.

(16) John Dewey, *The Public and Its Problems* (1927), in Jo Ann Boydston, ed., *John Dewey: The Later Works*, Vol. 2: 1925–1927 (Carbondale and Edwardsville: Southern Illinois University Press, 1984), p. 303.

(17) 同 p. 130.

(18) 同 pp. 327–28.

(19) Reinhold Niebuhr, *Moral Man and Immoral Society* (New York: Charles Scribner's Sons, 1932) (＊), p. xiii.

(20) 同 pp. xiv–xv.

(21) Reinhold Niebuhr に宛てた H. Richard Niebuhr の書簡。日付なし (一九三三年一月中旬)。この引用は Richard Fox, *Reinhold Niebuhr: A Biography* (New York: Pantheon, 1985), pp. 144–45 にある。

(22) Walter Lippmann, *The Good Society* (Boston: Little, Brown, 1937), p. 165.

(23) 同 p. 171.

(24) 同 pp. 210–11.

(25) 同 p. 213.

(26) 同 p. 214.

(27) 同 pp. 225–27.

(28) リップマンがこう書いた時点よりも, 五〇年以上も後の今日のほうが所得の分配はいっそう不平等であることに注意されたい。ケヴィン・フィリップスによれば, 所得と富の格差は一九八〇年代に著しく増大した。だが, 彼の示すデータ中の最初の年である一九五四年以来, 格差は着実に拡大してきているのである。Kevin Phillips, *The Politics of Rich and Poor* (New York: Random House, 1990), pp. 8–23 に記事があるが, とくに p. 13 を参照のこと。

(29) Lippmann, *Good Society*, p. 274.
(30) 同 p. 278.
(31) 同 p. 280.
(32) 同 p. 333.
(33) John courtney Murray, *We Hold These Truths: Catholic Reflections on the American Proposition* (New York: Sheed and Ward, 1960), p. 8.
(34) 同 p. 10.
(35) 同 pp. 11–12.
(36) 同 p. 13.
(37) 同 p. xi.
(38) 同 pp. 18–19.
(39) 同 p. 20.
(40) W. E. Du Bois, *The Souls of Black Folk* (＊) (1903) in *Writings*, pp. 357–547 を見よ。ランドルフ・ボーンは、第一次大戦の直前と戦時中にアメリカの民族的多元主義を雄弁に擁護した。Randolph Bourne, *War and the Intellectuals: Collected Essays, 1915–1919* (Harper and Row, Harper Torchbooks, 1964) を見よ。
(41) 個人的特性と集合的レベルに現われた結果とを結びつける因果関係モデルの詳細については、Arthur Stinchcombe, *Constructing Social Theories* (New York: Harcourt, Brace, Jovanovich, 1968) を見よ。
(42) 次を見よ。Alvin Gouldner, *Patterns of Industrial Bureaucracy* (Glencoe, Ill.: Free Press, 1954) ; Peter Blau, *The Dynamics of Bureaucracy: A Study of Interpersonal Relations in Two Government Agencies* (Chicago: University of Chicago Press, 1955).
(43) たとえば Michel Crozier, *The Bureaucratic Phenomenon* (Chicago: University of Chicago Press, 1964) を見よ。
(44) Gareth Morgan, ed., *Beyond Method: Strategies for Social Research* (Newbury Park, Calif.: Sage Publications, 1983) を見よ。ここには組織の研究方法にかんする架空の調査がある。
(45) Parsons, "Prolegomena," p. 328.
(46) Mary Ann Glendon, *Abortion and Divorce in Western Law* (Cambridge: Harvard University Press, 1987) ; Mary Ann Glendon, *The Transformation of Family Law: State, Law, and the Family in the United States and Western Europe* (Chicago: University of Chicago Press, 1989).
(47) Philip Selznick, with the collaboration of Philippe Nonet and Howard M. Vollmer, *Law, Society, and Industrial Justice* (New York: Russell Sage Foundation, 1969).
(48) 判例法の発達が見られるのは、政府以外の組織である。カトリック教会には長い判例法の伝統があり、決疑論 (casuistry) と呼ばれているが、これは必ずしも軽蔑語ではない〔casuistry は、倫理的行為どうしが衝突するとき、律法に照らして判断する方法であるが、「こじつけ」「詭弁」の意味にもなる――訳者〕。Albert R. Jonsen and Stephen Toulmin, *The Abuse of Casuistry: A History of Moral Reasoning* (Berkeley and Los Angeles: University of California Press, 1988) の研究は啓発的である。
(49) 次を見よ。Philip Selznick, "The Ethos of American Law," in Irving Kristol and Paul H. Weaver, eds., *The Americans, 1976: An Inquiry into Fundamental Concepts of Man Underlying Various U.S. Institutions* (Lexington, Mass.: Lexington Books, 1976), pp. 211–36; Philippe Nonet and Philip Selznick, *Law and Society in Transition: Toward Responsive Law* (New York: Octagon Books, 1978). 一方、ジョン・マイヤーの研究は、経験的事項にかんしては豊かな洞察があるものの、規範的判断の責を果たそうとはしないので、全般的にシニシズムへと傾き、個々の結論の論拠も弱い。マイヤーが「制度」という語を用いるとき、社会秩序を一貫した永続的なものとする構造的な原理を表わしていることもあるが、同時にまた、(彼がルールと呼ぶ) 暫定的で

一貫性の少ない諸概念を表わしていることもある。たとえば会計上の手続き、証明書発行に必要な資格、組織の技術的有効性を見せかけるための管理上の仕掛けといったものを定義する概念である。以下および他の出版物に収められている彼の論文を見よ。John W. Meyer and W. Richard Scott, *Organizational Environments: Ritual and Rationality* (Newbury Park, Calif.: Sage Publications, 1983); George W. Thomas, John W. Meyer, Francisco O. Ramirez, and John Boli, *Institutional Structure: Constituting State, Society, and the Individual* (Newbury Park, Calif.: Sage Publications, 1987).

(50) この点については、Rochberg-Halton, *Meaning and Modernity*, chapter 11. を見よ。

(51) デューイは great society（大きな社会）から great community（大きな共同体）へ向かう変容を論じたが、リップマンはほぼ同じ趣旨を表わすために great society（大きな社会）と good society（善い社会）とを対比させた。この用語をめぐっては皮肉ないきさつがある。リンドン・ジョンソン大統領が任期の初期において自らのビジョンを要約的に表わすスローガンを探していたとき、リップマンの著作の影響を受けた演説起草者の一人が good society（善い社会）はどうかと提案した。ほどほどの生活水準を達成し、全国民への正義の拡大においてはっきりと前進した今、新たな課題は善い生活の質に関心を示す社会の創造ということになるだろう。しかし、演説起草者のある者は great society（大きな〔偉大な〕社会）のほうが響きがよいと考えた（この語もまたリップマンの著作にしばしば現われるものだ）。かくして、ほとんど偶然のいきさつから、道徳的な意味を担った用語は放棄され、反対語が残った（これは一九八八年に Bill Moyers がロバート・ベラーに個人的に語ったものである）。演説起草者たちは、もちろん、great society に道徳的な意味を付与しようと試みていたのである。図らずも、ジョンソンの第二期における出来事、とくにベトナム戦争は、この語にその本来の非人間的・破壊的な意味を返すことになった。ベトナム戦争はジョンソンとリップマンとの全面的決裂をもたらしたが、これは以上のような皮肉ないきさつのとどめであったにすぎない。

(52) Murray, *We Hold These Truths*, p. vii.

参照文献邦訳一覧

本書に引用されている書物や論文のうち邦訳されているものを、訳者の調べえたかぎりで、著者名のアルファベット順にあげる。ここにあげた訳書の原著が原注に出てきた最初の箇所に、(＊)の印が付してある。

アリストテレス『ニコマコス倫理学』全二冊（高田三郎訳）岩波文庫、一九七一、七三年

D・ベル『資本主義の文化的矛盾』全三冊（林雄二郎訳）講談社学術文庫、一九七六－七七年

R・N・ベラー「現代アメリカ文化におけるキリスト教と東洋宗教」（古屋安雄訳）（大橋健三郎編『総合研究アメリカ　第六巻　思想と文化』研究社出版、一九七六年）所収。これは第六章注(7)にあげられている *The New Religious Consciousness* 中のベラーの論文 "The New Religious Consciousness and the Crisis in Modernity" とほぼ同一内容である。

R・N・ベラー他『心の習慣』（島薗進、中村圭志訳）みすず書房、一九九一年

A・ブルーム『アメリカン・マインドの終焉』（菅野盾樹訳）みすず書房、一九八八年

D・ブーアスティン『アメリカ人――大量消費社会の生活と文化』（新川健三郎、木原武一訳）河出書房新社、一九七六年

A・D・チャンドラー『アメリカ産業における近代企業の成立』（鳥羽欽一郎、小林袈裟治訳）東洋経済新報社、一九七九年

H・コックス『世俗都市』（塩月賢太郎）新教出版社、一九八七年

J・デューイ『学校と社会』（宮原誠一訳）岩波文庫、一九五七年

J・デューイ『民主主義と教育』全二冊（松野安男訳）岩波文庫、一九七五年

W・E・デュ・ボイス『黒人のたましい』岩波文庫、一九九二年

E・H・エリクソン『ライフサイクル、その完結』（村瀬孝雄・近藤邦夫訳）みすず書房、一九八九年

E・H・エリクソン他『老年期――生き生きとしたかかわりあい』（朝長梨枝子・朝長正徳訳）みすず書房、一九九七年

H・フィンガレット『論語は問いかける――孔子との対話』（山本和人訳）平凡社ライブラリー、一九九四年

P・フレイレ『被抑圧者の教育学』AALA教育・文化叢書Ⅳ（小沢有作、楠原彰、柿沼秀雄、伊藤周訳）亜紀書房、一九七九年

J・K・ガルブレイス『ゆたかな社会』（鈴木哲太郎訳）岩波書店、一九七八年

G・グティエレス『解放の神学』（関望、山田経三訳）岩波現代選書、一九八五年

J・ハーバーマス『公共性の構造転換――市民社会の一カテゴリーについての研究』（細谷貞雄、山田正行訳）未來社、一九九四年

J・ハーバーマス『コミュニケーション的行為の理論』全三冊（河上倫逸、M・フーブリヒト他訳）未來社、一九八五－八七年

A・ホックシールド『セカンド・シフト、第二の勤務――アメリカ　共働き革命のいま』（田中和子訳）朝日新聞社、一九九〇年

P・ケネディー『大国の興亡』全二冊（鈴木主税訳）草思社、一九八八年

R・S・リンド、H・M・リンド『ミドゥルタウン』（抄訳：中村八郎訳）青木書店、一九九〇年

J・ロック「寛容についての書簡」（生松敬三訳）（『世界の名著32　ロック、ヒューム』中央公論社、一九八〇年、所収）

A・マッキンタイア『美徳なき時代』（篠崎榮訳）みすず書房、一九九三年

C・W・ミルズ『ホワイト・カラー——中流階級の生活探究』（杉政孝訳）、東京創元社、一九八二年
H・リチャード・ニーバー『キリストと文化』（赤城泰訳）日本基督教団出版局、一九六七年
H・リチャード・ニーバー『責任を負う自己』（小原信訳）新教出版社、一九六七年
ラインホールド・ニーバー『アメリカ史の皮肉』（オーテス・ケーリ訳）社会思想研究会出版社、一九五四年
ラインホールド・ニーバー『教会と社会の間で——牧会ノート』（古屋安雄訳）新教出版社、一九七一年
ラインホールド・ニーバー『道徳的人間と非道徳的社会』（大木英夫訳）白水社、一九九八年
ラインホールド・ニーバー「道徳的人間と非道徳的社会」（武田清子、高木誠訳）（『世界大思想全集　社会・宗教・科学思想篇30　バルト、ニーバー』河出書房新社、一九六〇年、所収）
R・ニクソン『リアル・ウォー——第三次世界大戦は始まっている』（國弘正雄訳）文藝春秋、一九八四年
T・パーソンズ『社会的行為の構造』全五冊（稲上毅、厚東洋輔訳）木鐸社、一九七四-八九年
T・パーソンズ『社会体系論』（佐藤勉訳）青木書店、一九七四年
C・S・パース「人間記号論の試み」（上山春平、山下正男訳）（原題 "Some Consequences of Four Incapacities"）（『世界の名著59　パース、ジェームズ、デューイ』中央公論社、一九八〇年、所収）
K・ポラニー『大転換——市場社会の形成と崩壊』（吉沢英成、野口建彦、長尾史朗、杉村芳美訳）東洋経済新報社、一九七五年
D・リースマン『孤独な群集』（加藤秀俊訳）みすず書房、一九六四年
A・シュレジンガー・ジュニア『アメリカ史のサイクル』全二冊（猿谷要監訳）パーソナルメディア社、一九八八年
A・スミス『道徳情操論』（光林富男訳）日光書院、一九四八-四九年
A・スミス『国富論』全三冊（大河内一男監訳）中央公論社、一九七六年
A・ド・トクヴィル『アメリカの民主政治』全三冊（井伊玄太郎訳）講談社学術文庫、一九八七年
J・ウィンスロップ「キリスト教徒の慈愛のひな型」（大下尚一訳）（『アメリカ古典文庫15　ピューリタニズム』研究社、一九七六年、所収）
飛田茂雄『アメリカ合衆国憲法を英文で読む』中公新書、一九九八年。ここには合衆国憲法の邦訳一〇種の比較と著者の訳がある。本書第六章注（2）において参照させて戴いた。

訳者あとがき

本書は次に記す書物の全訳である。

Robert N. Bellah, Richard Madsen, William M. Sullivan, Ann Swidler, Steven M. Tipton, *The Good Society*, Alfred A. Knopf, Inc., 1991.

なお、一九九二年にはVintage Booksよりペーパーバック版が刊行されている。

本書は一九八五年刊行の同じ五人の著者らによる*Habits of the Heart: Individualism and Commitment in American Life*（島薗進・中村圭志訳『心の習慣』、みすず書房、一九九一年）の「続編」である。この『心の習慣』は、アメリカの原書はもとより、邦訳においても、学術書としては例外的に広範な読者を獲得している。売れ行きが一過性のものではなく、息の長いコンスタントなものであることは注目されてよい。『心の習慣』はアメリカ社会に典型的に現われている現代社会のあり方の問題点を論じたものである。その議論のすべてが共鳴を呼んでいるわけではないとしても、著者らの問題提起には深いものがあったということだろう。

『心の習慣』は、自己の内部に沈潜して物を考えようとする現代的傾向に抗して、ある開かれた言説のフォーラムをもたらすことを目的として書かれたものだ。『心の習慣』の読者がそれぞれなりの疑念と発見を通じて、今日の社会のあり方を見る新しい視点を得たのであれば、それはフォーラムの始まりであるかもしれない。本書『善い社会』はこのフォーラムに資するべく、同じ著者らが、問題の別の側面を別の語り口で論じたものである。もちろん本書は完結した書物であるから、『心の習慣』と無関係に読んでも差し支えない。本書で用いられている言語は開かれた言語であり、現代社会に暮らす誰もが理解できるように書かれている。

今私は言説の開かれたフォーラムと書いた。その意味は、「善い社会」という本書の題名について考えることによってさらに明らかになるかもしれない。訳者としては日本語の選択には注意を払っているつもりだが、題名を「善い社会」とするにあたって気懸りな点がないわけでもない。これは原題「グッド・ソサエティー」の直訳である。率直で骨太な言葉であるが、これを日本語で「善い社会」と書いたとき、深い共感を呼ぶような明快な表現となっているだろうか。それともこれは漠然とした一般的表現にすぎるであろうか。

改めて考えてみると、私たちは、みなそれぞれに善い社会のあり方を求めていると言える。まずは、折りにつけ発せられる社会に対する不満がある。もっと積極的には、あれこれのシステムの改革の提唱がある。それらはみな、さまざまな形をとった、社会の「善さ」を求める声であろう。ところで、一般に、分かりやすく実行に移しやすい提案というものは、その効果や範囲が限定されたものとなりがちである。また、それらの提案は、社会のある特定の領域や立場に偏って発せられたものであることが多い。問題は、人間の意見にはそうした限定があるのに、世界の現実にはそうした限定がないということである。現実というのは、あらゆる要素が相互作用的に流通しあって出来あがっているものだ。部分の解決を図っても、それらを足し合わせた全体はボタンの掛け違いのような無様な結果をもたらすということになりかねない。私たちはどこかの時点で、社会の全体というものを、社会全体の善さというものを見通そうという努力をしなければならない。そうした努力に向けて人々を誘《いざな》おうとしているのが、本書『善い社会』なのである。開かれた対話のフォーラムとはそういう意味で言ったものだ。

本書の第一章は「理解する」と題されている。社会の複雑なありようと相互連関、そして相互の矛盾を理解するためのウォーミングアップだ。問題の大きさ、複雑さを概観したのち、著者らの考察は、経済、政治、外交、教育、宗教、家庭といった種々の社会的世界を巡礼のようにめぐり始める。ときには歴史を追い、ときにはインタビューを交える。本書は具体的にはアメリカ社会を論じたものである。一九九〇年前後といえばアメリカが不況に苦しんでいた時代であるが、本書の記述にはそうした状況を反映した特殊性がある。だが、著者らが考察しているのは本質的問題であり、時代や地域を超えた普遍性をもっている。本書は、現代社会という、ばらばらに分業化され、各セクターが内閉化へ向かおうとしている社会の危うさを論じることを主題としている。同じく高度に分業化された社会である現代日本にも、そのまま当てはまる内容である。

さて、今も書いたように、人々の間に受け入れられやすい提言というものは、適用範囲、受益者の範囲が限定されたものとなりがちである。だが、問題はそればかりではない。現代社会における提言は、しばしば社会の成員に対するサービスの増大や、それぞれの権利の防衛ないし確保を過激に訴えるものとなる傾向がある。この場合、受益者である社会の成員一人一人のあり方は不変のものと前提し、それ以外の何か

（システムであったり、当面見えない他人のあり方であったり）を変えることばかりを論じることになる。もちろん必然性のある議論もあるだろう。のっぴきならない状況からの緊急の声ということもある。だが、一般的には、個人のあり方を不変数として、他の条件ばかりの改変で物事の解決を図ろうというのには無理がある。個人もまた変わるし、変わらなければならない。そういう視点を組み入れた議論でなければ、真の意味で有効な提言とはなり得ないのではないか。

さらに考えてみれば、そもそもの個人のあり方が、社会によって作られた側面をもっている。人間にはもって生まれた自然的な個性があるが、それがそのまま各人の日々の暮らしのあり方を決めているわけではない。消費者の好みが流行や宣伝によって作られることは、生産者も当の消費者も知っている。国によって、地域によって、時代によって、生活様式によって、知識や情報のあり方によって、人々の判断の仕方や性格までが変わる。個人が主体として能動的に働く側面と、受動的に形成される側面が半々であるならば、善い社会のあり方を考えていくときの不動の出発点に個人を置くことには問題があるだろう。究極的なところで個人の尊厳を冒してはならないという意味で、個人を出発点に置くのはよいとしても、それだけではいささか抽象的である。個人の具体的なありようは決して不動のものではない。

個人と社会との微妙で相互的な関係を無視し、各人の申し立てのままに各人の自我のあり方を追認していくようなやり方を取るならば、「善い社会」の議論は不毛なものになるだろう。著者らによれば、ロック的伝統の強いアメリカ社会には、こうした抽象的、原理主義的な「個人主義」が強固に根を張っている。この個人主義の言語が、社会と個人のあり方についての自由な考察を妨げ、議論をいつも抽象的理念の応酬へと歪め、不要な対立を生み、敵意と挫折を悪循環的に再生産している。本書は、こうした閉じた言語に対する批判の書でもある。このあたりのところは、前著『心の習慣』の議論を受け継ぐものだと言ってよいだろう。日本はよく言われるように「集団主義」の国であるが、少なくともここで言われている限りの定義においては、日本もまた「個人主義」の言語が社会の公式言語として通用している社会である。この点でも、本書の議論は日本人にとって他人事ではない内容を備えているのである。

ところで、一般の学術書に比べたとき、本書や『心の習慣』の特徴として、具体性への志向とでもいったものが挙げられるかもしれない。本書は、善い社会のための磐石の理論的基礎を打ち立てようというものではない。確かに、理論というものは、社会において不毛なイデオロギーとして流通する傾向がある。体系的考察を欠いてはいけないけれども、市民や各種専門家たちに、各人の判断が社会にどのような意味をなすものか具体的に考えてみることを促す、世話役的な役割というものも必要であろう。世の中にはエキスパートもいれば普通の市民もいる。革新主義者もいれば保守主義者もいる。科学者もいれば宗教的な人もいる。経済的な成功者もいれば失敗者もいる。偶然多数派に生まれ落ちた人もいれば、気づけば少数派であった人もいる。どの立場からの意見も、広い世界のなかにおいては、絶対化できるほど完全なものではない。著者らは、学者としての立場さえもいわば相対化して、市民生活の具体的現実を見る一つの目として、市民に語りかけようとしている。本書の結論の章において、「注意」を払うこと、すなわち現実をありのままに看ることを提唱しているが、やはりこれはいちばん訴えたかったことであろう。しかし、注意を払うとはいったいどのようなことか。そうした疑問をもって本書を読み返すのがいちばん有効な読み方かもしれない。

本書の言語は一般の学術書に比べて市民に開かれた平易なものであるけれども、しかしもちろん理論的な考察を抜きにして書かれたものではない。本書の理論的な立場については、まず、「共同体主義《コミュニタリアニズム》」として紹介するのがよいだろう。序論では、『心の習慣』において示された著者らの立場は、しばしばこの「共同体主義」に位置づけられていると書かれている。そして著者らもそれを否定はしないのであると。共同体主義とは、いったいどのようなものであるのか、これが登場したアメリカの思想的環境を眺めながら、簡単に記すことにしよう。

アメリカ現代史は、大恐慌とニューディールの時代から書き起こすのが普通である。最も図式的な書き方をすると、六〇年代の末までは福祉国家型のニューディール路線がおおむね社会全般の支持を得ていたが、公民権運動の不完全な成果、ベトナム政策の泥沼化、若者の反体制文化の出現、不況という流れのなかで、この路線は行き詰まりの状況を迎える。従来のやり方が批判され、社会の平等や弱者の人権を重んじる立場、主として経済的な自由を重んじる立場、あるいは道徳的な保守の立場と、種々の立場の違いが先鋭化していく。

こうした時代の転回点にあって、理論的に重要な位置を占めているのが、一九七一年出版のジョン・ロールズの『正義論』である。これは公正としての正義を明らかにするという形で、個人の自由のための基礎づけと、不遇者の利益保護のための不平等のあり方の規定を打ち立てたものであった。この立場は、結果の公正のための政府の介入を認めるものであったが、ロールズより出発したロバート・ノージックは、政府の介入を否定し、むしろ市場の仕組みを称揚する徹底的な自由主義理論を打ち立てた。ノージックの立場は、リバタリアニズムと呼ばれるが、日本語では自由至上主義、自由擁護論、自由尊重主義などと訳される。ロールズとノージックとは、ニューディール型リベラリズムを引き継ぐか否定するかという点において反対の立場に立つものである。

共同体主義というのは、こうした対立を言わば横から見る者たちの立場である。ロールズやノージックなど哲学的リベラルたちの理論的想定そのものに落とし穴があると彼らは見ている。社会の原理を明らかにしようというとき、人間の原始的状態、前提抜きの白紙状態からものを考えることになりがちであるが、しかし、現実の人間は、いつも最初から社会によって具体的に規定されて生きているものである。共同体主義は、リベラルの立場が「負荷なき自己」という抽象的個人から出発する「個人主義」であることに対し、いわばそのバイアスを是正しようとする動向であると言えるかもしれない。共同体主義者として知られる理論家は、マイケル・サンデルやアラスデア・マッキンタイアなどである。個人の自由や権利とは異なる次元を強調する共同体主義者たちの議論においては、「善」や「徳」や「責任」などが鍵概念として働いている。

本書もまた、共同体主義の流れに属するものであるが、ただ、このネーミングには誤解を呼ぶようなところがあると著者らは書いている（序論）。共同体と言えば、小さな集団、原理的には特殊主義的な、閉じた集団を指すことが多い。しかし、著者らが言いたいことの要点は、個人が特定の箱に収まっているということではなくて、個人は自らを貫く社会的な力によって他者と結びついているということである。あるいは、個人のみを実在と考える立場を排して、社会的なものの実在性を認めようということである。本書の付論では「社会実在論」の系譜として、これをパースやデューイ、ラインホールド・ニーバーやリップマン（本書の表題は彼の著作から借りてきたものだ）に跡付けている。つまり、世間で主流と見られている福祉型リベラリズムや市場中心型リバタリアニズムに対抗しようという著者らの立場は、歴史的には何も特異なものではなく、かえってアメリカの古典的思想家たちの立場に近いもの、善き伝統の温故知新であるということであろう。

本書において繰り返し強調されているのは「制度」という言葉である。「制度」というのははっきりとした形や規制を伴った半ば実体的な社会的習慣であるが、この概念の具体性と一般性とは、個人を裏から捉えて、かつ広い世界へとつなげるのに極めて有効なものと思われる。個人が集まって社会の制度を作るばかりでなく、制度が個人を養育し、言葉を与え、アイデンティティーを供給する。制度を考えるとは、この相互的な関係を考えるということである。個人のあり方を問わず、社会の単なるシステムの改変ばかりを論じるやり方と、一切を個人の実存的意識や道義的責任や生物学的性格に帰するやり方のどちらにとっても、発想の転換となる視点である。図と地ということでは、個人は見えやすい図であり、制度は図の裏に広がる地である。図よりも地の方が厚い内実をもっているとさえ言えるかもしれない。本書の分かりやすい記述を通じて、制度という視点のもつ豊かな可能性がはっきりと見えてくるのではないだろうか。

なお、ここで、もう一つ説明を加えておきたいことがある。個人なるものが本書においてどう扱われているかである。アメリカ的ライフスタイルの主流である個人主義に反対し、個人の自由や権利を確定しようとするリベラリズムに批判的であると言うと、では、本書は個人の尊厳、人権といったものに冷たいものであると思われかねない。しかし、著者らはそのような主張を行なおうとしているのではない。本書をよく読むと、著者らは経済的な転落者や民族的少数派、女性、同性愛者といった構造的弱者に同情的である。もちろん社会的・経済的強者といえども安定した身分ではないし、相互依存的な社会の中では絶対的に優位な立場など存在しない。著者らの言いたいことは、不安定で矛盾に満ちた現実そのものをまず看よ、ということである。そして個人のあり方のどのような発現形においても、その裏に複雑な制度的な力の流れがあるということを洞察せよ、ということである。現実を見るというときに、まず何を見るか。個々の人生以外に見るものがあるはずはない。個人はいわば自然と文化と社会の種々の力の結節点である。諸力の結合の仕方は無数に異なるのだから、個人の置かれた状況も無限に多様である。この多様性を厳として受け入れる著者らは、その上で、個から普遍へ向けての地道な共同性発見の作業を目論もうとしているのである。対話の地道な積み上げというのが、本書の訴えることの核心にある。これは結論の章における「注意（気遣い）」「責任」「育成」というキーワードにも関係している。また、第五章では時間をかけて共同的・身体的に学ばれる知、命題的な知よりも広い知、あるいはレトリックの知について論じられているが、これもこうした「地道さ」の文脈においてよく理解できるものである。

以上のように、個人主義によらず、イデオロギーによらず、既成の制度を鵜呑みにもせず、といって制度を忌避するのでもなく、エキスパートの知や科学的知を絶対視することも退け、単なる伝統回帰も宗教的ドグマも退けるといった「あれでもない、これでもない」という本書の立場は、しかし、では何をよすがにものを考えたらよいのか、という不安を呼び起こすものであるかもしれない。何よりもまずいのは、現代社会において当たり前のようにして求められる即時的な解答、安心効果が得られる手際のよい手法である。私たちは、とかく手っ取り早い結論に飛びつきがちであり、そのために、自己と世界のありようを虚心に眺めるという試みをいつの時点でも回避してしまう。人々にこの省察のチャンスを与える場として、著者らが重視しているのは、宗教的な言説と習慣の場である。この点は本書の主張の根幹に関わるものである。

私たちは、社会と個人のあり方を真剣に問い直そうとするとき、自己と世界が無限に関わりあっていること、自己と世界についての日常の思いなしが不確かなものであることを深く見通すことが必要であろう。だが、この無底と不確定とを看取したとしても、なお、世界には意味があり、愛があるという平常の認識に戻ってくることは可能であろうか。何も大死一番の悟りを得よというのではなくとも、こうした自覚の両方向の働きの可能性を（種々のメタファー、物語、そして身体的習慣を通じて）既に語っているものが、いわゆる「宗教」のなかに認められる。善い社会について偏見なく考えようという本書のオープンな基本的スタンスと、無と生の両極を見通そうという「宗教的な」姿勢とは、ここに呼応しあうのである。

現代のアメリカは、原理化された個人主義や科学主義というバイアスと、それに危機を感じて伝統と本人たちが考えたものに凝り固まろうとするもう一つの原理主義のバイアスとに分極化する傾向があるらしい（これは現在の日本でも同じである）。両者の立場とも不毛なものだ。この不毛が訪れる前に、人々はもっと豊かな知の広がりを知るべきだと著者らは考えている。市民は宗教の語る物語にもっと耳を傾けてよいし、宗教は世俗の現実をありのままに認識する必要がある。第七章において、メキシコ国境で不法入国者にミサを提供している神父が紹介されているが、この素朴で政治的には困りものの姿勢のなかに、高度なリアリティーが象徴されていると言う。市民はこうしたメタファーから学ぶことができると著者らは考えている。もちろん、本書の論旨は、宗教にも反省的対話に臨むことを求めるものとなっている。象徴の抽象性のなかに閉じ籠りがちな宗教もまた、自らの語る「神」や「救済」といった言葉の裏にある社会的内実を再認識する必要がある。宗教的に認識する者も、そこに制度が働いていることを忘れてはいけないということである。

以上、本書における基本的論点を整理してみた。ここでさらに、日本人にとって本書はどういう意味をもつのかという点を少し補足してみたいと思う。日本人として気になるのは、やはり個人主義なるものの位置づけなのではないだろうか。公共哲学を目指す本書の議論は、閉じた抽象的言語としての「(極端な) 個人主義」を批判するものであった。ところで、日本でふつう問題とされるのは、社会に根を張った「集団主義」である。日本人はこの集団主義を脱して個を確立しなければならないと、明治以来言われ続けている。これは間違った議論なのだろうか。

実は、本書の著者の一人であるベラーは、この日本的集団主義の問題に早くから気づいていた一人である。そもそも彼は日本をフィールドとする社会学者であった。デビュー作は一九五七年の『徳川時代の宗教』である。丸山眞男によって高く評価されたこの本において、ベラーは徳川時代以来の日本人の集団主義と業績達成主義に注目している。日本人のこうした傾向は、経済の近代化にとっては有利な要因として働いているというのであるが、問題はそうした経済の近代化が真の意味での自由社会の確立へすんなりとつながるようなものであるかどうかである。このあたりの曖昧さを丸山眞男に指摘されて、ベラーは大いに考えさせられた。要するに日本人は目先の集団生活と集団的業績へと閉じていく傾向がある。もちろんこうした閉鎖性はオープンな対話のフォーラムとは対極にあるものである。

アメリカでは徹底した個人主義が社会と世界に対する開かれた姿勢にとっての障害となっているとすれば、日本の集団主義は同様の悪循環をより過激な形で行なっている。アメリカと違って日本のややこしいところは、表面的にはアメリカ的な個人主義の言語が流通していることである。一人一人の日本人はダブルバインド的な規制のなかで自らを周囲の他者に融合させて暮らしている。そんな日本人もまた、自分の判断は自分の判断、自分の好みは自分の好みだと感じている。そして消費者として、権利の主張者として、経済的自由主義の演じ手として、アメリカ的な形式に従って自己の生活を語ろうとする。場合によっては、個人主義は建て前、本音は別だと割りきっているのかもしれない。

日米両様の閉鎖的思考回路に対しては、ベラーは「倫理的個人主義」に目覚めることを提唱している。これは『心の習慣』や『徳川時代の宗教』(岩波文庫改訳版) の日本語版前書きに書かれていることだ。ベラーは、個人は社会的な因果の網の目に捉えられた存在だと考えているが、そうした場の直中において、倫理的に超越することは可能であるし、またそれが必要だと言っているのである。個人に英雄的な身振りを求めているのではない。ただ、自己実現や競争という名の世間体への自縛を少しでも和らげ、自分や自分の属するサークルを外部から眺める視点を得られるようになれば、それだけでも違いは大きいということだ。それは、いわゆる自己啓発プログラムや神秘主義的修行などのような、内面へのひとりごと的沈潜によって得られることではなく、かえって、広い（空間的にではなく、社会・文化・生活の層・質において広い）世界に無限に立ち現われる他者を知ることによって得られる姿勢である。この主張が本書に書かれている「公共哲学」の立場と異なるものでないことは明らかであろう。

アメリカ個人主義は、個人と社会との望ましい関係からは外れた無責任なものであるとベラーらは診断した。これが正しいとすれば、日本の集団主義や本音と建て前の二重構造、あるいは「日本的曖昧さ」「無責任構造」といったものが、アメリカ的明確さ、ドライさ、徹底性よりも一方的に悪いものだとはできないわけである。日本にだけ矛盾があるのではない。日本的矛盾を見据えることによって、人間社会が多かれ少なかれ抱え込まざるをえない矛盾そのものが理解できるはずである。黒船に慌てて回心したサムライたちのように、アメリカ流儀を輸入してその場を取り繕っても、ボタンの掛け違いがまた一つ進行するだけかもしれないのだ。

一九九〇年代、日本社会は不況と社会的混乱に見舞われるようになった（おかげで社会の「善さ」とは何かを問おうという試みにも次第に真実味が感じられるようになってきたようである）。アメリカは底力を見せ、情報・通信時代を切り開き、世界中の経済的構造変革を促している。自然や社会や個人の潜在能力を貪るように開発することが、二一世紀文明を生み出す（そして日本がそれに乗り遅れないための）鍵であるかのように言われている。一方、これとはまるで異次元の話として、世界各地の社会的苦境やSF的規模の環境破壊のニュースが伝えられ、その深刻さを憂慮する声が絶えることはない。混迷としか言いようのない状態であるが、これを抽象的に総括し、言説の力を放とうとする前に、私たちはまず、混乱や齟齬や対立も含めて、デリケートな構造が私たちの足元にあることに注意を払う必要はないだろうか。先にも述べたように、本書の結論の章では、（信頼の眼差しで）よく注意を払うことがいかに大事であるかが書かれている。そうした注意によって、相互依存的で危うい現実を救う善い制度——道徳的（社会的）エコロジー——が涵養されるのである。本書のこの独特な視点から私たちは学ぶことができるように思う。テクノロジーや経済の発展が飛躍的なものであるからこそ、つけの持ち送りの圧迫を受けているエコロジーの危機の度合いもまた飛躍的に大きくなっているのだから。

五人の著者の業績

ベラーは、一九五七年の *Tokugawa Religion*（池田昭改訳『徳川時代の宗教』岩波文庫、一九九六年）で日本論を発表した。その後、宗教社会学者として主に近代化と宗教の関係を論じ、六〇年代末期の信頼の危機の時代にはアメリカ市民宗教論を展開して、アメリカの公共的対話を支える道徳的凝集力を表わそうとした（なお、ベラーは六七年にそれまでいたハーバードからカリフォルニア大学バークレー校に移っている。これはアメリカの宗教の今を知りたいという動機からであろう。現在は同校社会学名誉教授である）。市民宗教論は、一九七〇年の論文集、*Beyond Belief*（第一部・第二部　河合秀和訳『社会変革と宗教倫理』未來社、一九七三年。第三部　葛西実・小林正佳訳『宗教と社会科学のあいだ』未來社、一九七四年）や、一九七五年の *The Broken Covenant*（松本滋・中川徹子訳『破られた契約』未來社、一九八三年）で展開されている。

市民宗教論は、アメリカ文化の多元的性格を捉えるには適切な問題設定ではなかったようである。文化的同一性ばかりでなく、差異の側面も十全に語れる言語が必要である。若手のティプトン、サリヴァン、スウィドラー、マドセンの参加によって一九八五年に完成された *Habits of the Heart: Individualism and Commitment in American Life*（島薗進・中村圭志訳『心の習慣』みすず書房、一九九一年）は、ベラーが見通した問題をアメリカ市民の言語空間の分析という形を通じて捉えなおそうとしたものだと言える。『心の習慣』は広範な読者を獲得したが、この議論の内容を跡付けるための読本、*Individualism and Commitment in American Life: Readings on the Themes of Habits of the Heart*も直後に刊行されている。そして冒頭に述べたように、一九九一年に、本書『善い社会』が刊行されることになる。

ベラーとともにグループをつくっている他の四人は、カウンターカルチャー以降の世代に属する。このカウンターカルチャーについては、本書の宗教の章を担当したティプトンが一九八二年に *Getting Saved from the Sixties* にまとめている。彼は禅を含むアメリカの三つの新宗教運動を取り上げて、アメリカ社会の倫理的伝統や表現主義との関わりを論じている。これは『心の習慣』の議論に影響を与えたと思われる。ティプトンは、現在はエモリー大学の宗教社会学教授である。

哲学を専門とするサリヴァンの重要な著作は、*Reconstructing Public Philosophy*（一九八二年）である。「公共哲学の再建」という表題からも分かるように、これは『善い社会』の理論的基盤を提供するものとなっている。ベラーやティプトンと同じく六〇年代のいわゆるリベラリズムの危機を問いの出発点に置きつつ、サリヴァンは、ジョン・ロールズやロバート・ノージックなど、哲学的リベラルの個人主義的な理論の限界を指摘している。また、彼にはプロフェッショナリズムの歴史と職業倫理の低下について論じた *Work and Integrity: The Crisis and Promise of Professionalism in America*（一九九五年）という著作がある。サリヴァンは現在ラサール大学で教えている。

ベラーと同じUCバークレーで社会学を教える教育専門のスウィドラーの主著は、*Organization Without Authority : Dilemmas of Social Control in Free Schools*（一九八〇年）である。彼女は、人種論との関係で物議をかもした知能指数分布（ベル曲線）に対する批判の書 *Inequality by Design*（Claude S. Fischer 他、一九九六年）の共同執筆者の一人でもある。

中国の政治文化について研究しているマドセン（カリフォルニア大学サンディエゴ校社会学教授）には、*Morality and Power in a Chinese Village*（一九八四年）、*China and the American Dream : A Moral Inquiry*（一九九五年）、*China's Catholics : Tragedy and Hope in an Emerging Civil Society*（一九九八年）といった著作がある。九八年の本は近年台頭してきた中国のカトリック教徒（など種々の宗教信者）と中国「市民」社会との関わりを論じたものである。こうしたテーマは、かつて日本の宗教と近代化ないし「市民」社会との関わりを考察したベラーの関心を見事に引き継ぐものだと言えよう。

『心の習慣』は東京大学宗教学研究室の島薗進教授と私との共訳であったが、今回は私が一人ですべてを訳した。前回は、訳しつつもはっきりとは見通せないでいるものを、島薗さんの教示によってようやくぎりぎり理解していたという感じであったが、今回は、だいぶ話が見えるようになった。とはいえ、経済、政治、教育、宗教、外交と広大な領域におよぶ本書の議論を一人の人間が訳すというのは、不遜な試みであったかもしれない。宗教学専攻の私が翻訳したことには問題もあるかもしれない。読者諸兄の批判を待ちたい。

そもそも私がベラーの宗教学に関心を抱いたのは、北大の宗教学研究室で学んでいたときに、土屋博教授が市民宗教論を取り上げられたからである。思えば、キリスト教的な思考の奥行きを垣間見させてくださったのは土屋先生であった。奥行きといえば、校閲していただいた島薗教授から教わったのもまさにそれであると思う。お二人には、表層の開発ばかりでなく、地道な育成というもののもつ意味を教えていただいた。改めて感謝の意を表したい。

最後になるが、公共哲学の再構築のために広範な議論を展開された山脇直司氏には、本あとがきの推敲にあたって貴重なアドバイスをいただいた。本書が見ようとしているものをさらに複眼的に理解するためには氏の著作が大いに役に立つのではないかと思うので、ここに紹介させていただく（『新社会哲学宣言』創文社、一九九九年）。なお、作業に協力してくださったわが宗教学の同輩、秋山淑子さん、文章のチェックなど丁寧な編集の仕事をしてくださったみすず書房の栗山雅子さん、横大路俊久さんにもお礼を申し述べたい。

二〇〇〇年九月

中村　圭志

索　引

ナ

マ

著者略歴

ロバート・N・ベラー（Robert N. Bellah）
1927年オクラホマ州に生まれる．ハーヴァード大学卒業．同大学院でタルコット・パーソンズを師として社会学，極東言語学を専攻．ハーヴァード大学中近東研究センター研究員，ハーヴァード大学教授，カリフォルニア大学バークレー校の社会学の教授を歴任．著書に『社会変革と宗教倫理』（河合秀和訳，1973）『宗教と社会科学のあいだ』（葛西実・小林正佳訳，1974）『破られた契約』（松本滋・中川徹子訳，1983，いずれも未來社）『徳川時代の宗教』（池田昭訳，岩波文庫，1996）などのほか，本書と同じメンバーによる共著『心の習慣——アメリカ個人主義のゆくえ』（島薗進・中村圭志訳，みすず書房，1991），*Imagining Japan: The Japanese Tradition and its Modern Interpretation*（2003）がある．

リチャード・マドセン（Richard Madsen）
カリフォルニア大学サン・ディエゴ校教授，社会学．著書 *Morality and Power in a Chinese Village*, 1984; *China and the American Dream: A Moral Inquiry*（1995）; *China's Catholics: Tragedy and Hope in an Emerging Civil Society*（1998）. なお，サリヴァン，スウィドラー，ティプトンと共著で『心の習慣』と本書の内容をさらに探究した *Meaning and Modernity: Religion, Polity, and Self*（2001）を著している．

ウィリアム・M・サリヴァン（William M. Sullivan）
カーネギー教育推進財団 Preparation for the Professions Program 研究員，哲学．著書 *Reconstructing Public Philosophy*（1982）; *Work and Integrity: The Crisis and Promise of Professionalism in America*（1995）.

アン・スウィドラー（Ann Swidler）
カリフォルニア大学バークレー校教授，社会学．著書 *Organization Without Authority: Dilemmas of Social Control in Free Schools*（1980）. 共著 *Inequality by Design*（1996）.

スティーヴン・M・ティプトン（Steven M. Tipton）
エモリー大学（Candler School of Theology）教授，宗教社会学．著書 *Getting Saved from the Sixties: Moral Meaning in Conversion and Cultural Change*（1982）; *Public Pulpits: Methodists and Mainline Churches in the Moral Argument of Public Life*（2008）.

訳者略歴

中村圭志〈なかむら・けいし〉1958年，北海道小樽市に生まれる．北海道大学文学部卒業．東京大学大学院人文科学研究科修了，宗教学専攻．編集者・翻訳家．著書：『信じない人のための〈宗教〉講義』（みすず書房，2007）『信じない人のための〈法華経〉講座』（文春新書，2008）．訳書：ベラー他『心の習慣——アメリカ個人主義のゆくえ』（共訳，みすず書房，1991），増澤知子『夢の時を求めて——宗教の起源の探究』（玉川大学出版部，1999），アサド『宗教の系譜——キリスト教とイスラムにおける権力の根拠と訓練』（岩波書店，2004），同『世俗の形成——キリスト教，イスラム，近代』（みすず書房，2006），リズン『1冊でわかるファンダメンタリズム』（岩波書店，2006），ラフルーア，ベーメ，島薗進編著『悪夢の医療史——人体実験・軍事技術・先端生命科学』（共訳，勁草書房，2008）ほか．

R. N. ベラー

R. マドセン　W. M. サリヴァン
A. スウィドラー　S. M. ティプトン

善い社会

道徳的エコロジーの制度論

中村圭志訳

2000年10月13日　第1刷発行
2009年 9 月10日　第2刷発行

発行所 株式会社 みすず書房
〒113-0033 東京都文京区本郷5丁目32-21
電話 03-3814-0131(営業) 03-3815-9181(編集)
http://www.msz.co.jp

本文印刷所 理想社
扉・カバー印刷所 栗田印刷
製本所 鈴木製本所

ISBN 4-622-03842-0
[よいしゃかい]
落丁・乱丁本はお取替えいたします